Hans-Werner Goetz

Leben im Mittelalter

Hans-Werner Goetz

Leben im Mittelalter

vom 7. bis zum 13. Jahrhundert

Büchergilde Gutenberg

Mit 34 Abbildungen im Text

Lizenzausgabe für die Büchergilde Gutenberg,
Frankfurt am Main, Olten, Wien,
mit freundlicher Genehmigung der
C.H. Beck'schen Verlagsbuchhandlung (Oscar Beck), München

Satz: Appl, Wemding
Druck: May & Co, Darmstadt
Printed in Germany
ISBN 3 7632 3309 1

Vorwort

Die *Alltagsgeschichte* bildet eine erst in jüngster Zeit entdeckte oder auch wiederentdeckte Art der Vergangenheitsbetrachtung, die nicht zuletzt deshalb großen Zuspruch findet, weil hier, abseits der großen, «historischen» Ereignisse, die Kleinigkeiten des täglichen Lebens wichtig werden, die zum Erfahrungshorizont eines jeden Menschen gehören, ihn unmittelbar berühren und auf diese Weise vielleicht zu einer verstärkten Identifikation mit der Vergangenheit, zu einem aktiven Geschichtsbewußtsein führen. Der Alltag eröffnet daher unbestritten einen wichtigen Aspekt unserer Vergangenheit. Wenn die noch junge Alltagsgeschichte dennoch bereits heftige Diskussionen und Kontroversen ausgelöst hat, die trotz mancher Annäherungen noch keineswegs abgeschlossen sind, so liegt das weniger an ihrem Gegenstand, dessen Relevanz weithin anerkannt ist, als vielmehr an einer oft noch unreflektierten Begrifflichkeit, einer noch unvollkommenen und zu wenig kritischen Handhabung neuer Methoden sowie einer manchmal theoriefeindlichen Haltung einiger Autoren, aber auch an einer gelegentlichen Überschätzung der Ansprüche an eine Alltagsgeschichte. Eine moderne Alltagsgeschichte, die dem wissenschaftlichen Standard genügen will, muß ihre Fragestellungen und Ergebnisse in die Methoden und Erkenntnisse der heutigen Geschichtswissenschaft einordnen. Erst aus einer gegenseitigen Befruchtung erwächst eine sinnvolle Erweiterung unseres Geschichtsbildes. Die Auseinandersetzungen und Unklarheiten machen es nötig, sich in der Einleitung mit dem Gegenstand etwas eingehender zu befassen.

Daß es trotz der ständig zunehmenden Zahl alltagsgeschichtlicher Arbeiten bisher keine hinreichende, zusammenfassende Darstellung des Alltagslebens *im früheren Mittelalter* vom siebten bis zum Beginn des dreizehnten Jahrhunderts, des hier behandelten Zeitraums, gibt (vgl. u. S. 16), ist kein Zufall, sondern begründet sich aus mangelnden Vorarbeiten und vor allem aus der Quellenlage. Eine Alltagsgeschichte des früheren Mittelalters zu schreiben, ist heute noch nicht möglich; sie zu erforschen, übersteigt die Kräfte eines einzelnen. Forschungsstand und Quellenlage dürfen freilich nicht zu einer Ausklammerung dieses in mancherlei Hinsicht bedeutenden und interessanten Zeitalters führen; vielmehr ist es wichtig, hier einen Anfang zu wagen, Wege zu öffnen und Probleme aufzudecken und so einen Zugang und erste Einblicke in die verschiedenen Formen und Möglichkeiten eines Alltagslebens im früheren Mittelalter zu vermitteln. Das (und nicht mehr) ist das Ziel dieses Buches, das sich als ein erster, sicherlich noch unvollkommener Versuch versteht. Seinen Ertrag wird der Leser nur dann richtig einzuschätzen wissen, wenn er die besonderen Voraussetzungen des Gegenstandes und die beschränkten Zielsetzungen des Autors berücksichtigt, die unbedingt vorab zu erläutern sind, um übertriebene Erwartungen und Folgerungen zu vermeiden.

1. Ziel dieses Buches kann nach den Vorbemerkungen nicht eine möglichst plastische Beschreibung des Alltagslebens sein; vielmehr soll der Alltag verschiedener Lebenskreise, die in der Einleitung näher erläutert sind, jeweils vor seinen besonderen *Bedingungen und Hintergründen* betrachtet werden, die a) durch Institutionen, b) den Lebensraum (die Umwelt) und c) die darin lebenden Menschen und ihre Beziehungen zueinander geprägt werden. Die Darstellung folgt also der Leitfrage, wie sich der Alltag in seine institutionellen, räumlichen und sozialen Umwelteinflüsse einfügte bzw. welche Möglichkeiten des Alltagslebens sich unter den gegebenen Voraussetzungen boten. Diese beschränkte Fragestellung, die den Alltag unter ganz bestimmten Aspekten betrachtet, nimmt einerseits Rücksicht auf den Forschungsstand, weil über das geistige, soziale und politische Umfeld des Lebens im Mittelalter bereits einige gründliche, neuere Untersuchungen vorliegen, die nutzbringend zu Rate gezogen werden können. Andererseits berührt sie einen Themenbereich, auf den letztlich jede Alltagsgeschichte hinsteuern muß, denn der Alltag vollzog sich nicht in einem isolierten, von Staat und Gesellschaftsordnung losgelösten Raum, sondern war darin eingebettet, wirkten doch politische, wirtschaftliche, religiöse und kulturelle Entscheidungen und Verhältnisse ständig auf den einzelnen zurück; umgekehrt konnte die Gesellschaft nur auf solchen Strukturen aufbauen, die das Leben und Denken der Masse zuließen. Vor diesem Hintergrund soll hier über das Alltagsleben das bei dem heutigen Forschungsstand wissenschaftlich Vertretbare zusammengetragen werden.

2. Die *zeitliche Begrenzung* rechtfertigt sich einmal aus der Tatsache, daß über das weit besser dokumentierte Spätmittelalter inzwischen mehrere Überblicke vorliegen (vgl. u. Anm. E/21), zum anderen liegt zwischen beiden Epochen aber auch ein tiefgreifender Strukturwandel, der ohne Zweifel auch das Alltagsleben beeinflußt hat. Es ist daher nicht statthaft, den spätmittelalterlichen Alltag einfach auf frühmittelalterliche Verhältnisse zu übertragen; sie sind vielmehr gesondert zu untersuchen.

3. Das Leben selbst kann bei dem breiten Spektrum des Themas selbstverständlich nur *exemplarisch* betrachtet werden. Die Beispiele sind, soweit es möglich ist, so ausgewählt, daß sie nach heutigem Wissen über das Mittelalter *Typisches* belegen, doch sind wir oft genug auch auf mehr oder weniger zufällig erhaltene oder bekannte Einzelbeispiele angewiesen; manches bleibt noch durch eine künftige Spezialforschung zu kon-

trollieren. Der Wunsch, typische Lebensformen zu beschreiben, und der breite Überblick zwingen zu Verallgemeinerungen und zur Vernachlässigung der vielfach vorhandenen zeitlichen, sozialen und vor allem landschaftlichen Unterschiede.

4. Das Buch ist ursprünglich aus einer Einführungsvorlesung für Geschichtsstudenten erwachsen. Es wurde für den Druck zwar gründlich umgestaltet; geblieben ist aber das Ziel, eine *Einführung* in den Gegenstand zu bieten, die sich an einen breiten Leserkreis, Studenten ebenso wie alle an der Geschichte und am Mittelalter Interessierte, richtet, um sie an das Thema und die mittelalterliche Geschichte überhaupt heranzuführen. Dem Mediävisten bieten die Einzelinformationen wenig Neues, wohl aber darf deren Ausrichtung auf die gezielte Fragestellung nach ihrer Wirkung auf das Alltagsleben den Anspruch auf neue Einsichten erheben.

Das Literaturverzeichnis am Ende des Bandes beschränkt sich auf die wichtigsten und einschlägigen, vor allem neueren, grundlegenden und überblicksartigen Titel, die zu Rate gezogen wurden; seine Ordnung folgt der Gliederung des Buchs. Daß viel Wichtiges infolge der getroffenen Auswahl unerwähnt bleiben muß, versteht sich von selbst. Zu einzelnen Aspekten herangezogene Arbeiten sind zusätzlich in den Anmerkungen genannt; hier finden sich auch die Quellenbelege, die der Einfachheit halber, soweit möglich, zweisprachigen Ausgaben folgen. Zitate sind grundsätzlich ins Deutsche übersetzt. Dagegen bleiben allgemeinere Aussagen, die den in entsprechenden Abschnitten des Literaturverzeichnisses (LV) oder in entsprechenden Anmerkungen genannten, jeweils einschlägigen Werken zu den einzelnen Themenbereichen entnommen sind, unbelegt, um den Apparat zu entlasten.

Die folgende Darstellung versteht sich als erster Aufriß, nicht als ein abgeschlossenes Ergebnis. Vieles bleibt zu tun. Wenn dieses Buch auch zu detaillierteren Studien über das Alltagsleben anregte, so wäre ein Wunsch des Autors erfüllt. Dem Beck-Verlag und seinem zuständigen Lektor, Herrn Peter Schünemann, danke ich für die bereitwillige Aufnahme in das Verlagsprogramm, für eine schnelle Drucklegung und eine hervorragende Zusammenarbeit. Dem Leser erhoffe ich eine ertragbringende Lektüre.

Bochum, März 1986 Hans-Werner Goetz

Inhalt

Einleitung: Alltag und Lebenswelt –
Zur Begründung einer Alltagsgeschichte des Mittelalters 13

I. Mensch, Natur, Kultur: Bedingungen des Alltagslebens
im Mittelalter 20
Bevölkerung, Siedlungsraum und Horizont: 20 Zeitgefühl, Klima und anthropologische Lebensbedingungen: 24 «Kultur» des Mittelalters: 29

II. Die Familie 34
1. Haus und Sippe 34
2. Die Ehe 39
a. Eheschließung 39
b. Der Einfluß der Kirche 43
c. Ehescheidung 46
3. Die Ehefrau 49
4. Liebe und Sexualität 54
5. Die Kinder 61

III. Kloster und Mönchsleben 65
1. Die Institution: Das benediktinische Mönchtum des Abendlandes 66
a. Die Geschichte des mittelalterlichen Mönchtums 66
Anfänge und benediktinisches Mönchtum: 66 Klosterreform und neue Orden: 68
b. Die Funktion des Klosters 74
Die Klostergründung: 74 Das Kloster als Bestandteil der Kirche – Seelsorge, Bildung, Fürsorge: 76 Das Kloster als Bestandteil der Welt – Das Eigenkloster: 81 Das Kloster als Bestandteil der hohen Politik – Die Reichsklöster: 84
2. Der Raum: Das Kloster als Lebensraum des Mönchs 87
3. Die Menschen: Die Klostergemeinschaft 92
a. Die Aufnahme 92
b. Der Konvent 93
c. Verwaltung und Klosterämter 96
Der Abt: 96 Die Klosterämter: 98
d. Beziehungen der Klöster untereinander und zur Außenwelt . . 99

4. Das Klosterleben 100
Asketisches Gemeinschaftsleben nach der Regel – Ideal und Wirklichkeit: 101 Der Tagesablauf: 105 Die Mahlzeiten: 107 Körperpflege und Kleidung: 110 Ordnung: 112

IV. Bäuerliches Leben in der Grundherrschaft 115
1. Die Institution: Das System der mittelalterlichen Grundherrschaft 116
a. Begriff der Grundherrschaft 116
b. Funktion und Organisation der Grundherrschaft als Wirtschaftsform 117
c. Die Herrschaftsrechte 122
2. Der Raum: Bauernhaus, Hufe, Fronhof und Dorf 128
a. Das Bauernhaus 128
b. Die Hufe 129
c. Das Dorf 132
d. Pfarrei und Markt 136
3. Die Menschen: Bauerntum und Hörigenverband 137
a. Bauern im Mittelalter 137
b. Der Hörigenverband 143
4. Das Leben des Hufenbauern 147
a. Die Arbeit 147
Landarbeit: 147 Weinbau: 152 Viehzucht: 153 Weiterverarbeitung: 154 Frauenarbeit: 156
b. Leistungen und Erträge 158
Dienste: 158 Abgaben: 159 Ertrag und Belastung: 162
c. Bauernleben außerhalb der Arbeitszeit 163

V. Rittertum und höfisches Leben 165
1. Die Institution: Fürstentum, Fürstenhof und höfische Kultur . . . 165
2. Der Raum: Die mittelalterliche Burg 172
3. Die Menschen: Das hochmittelalterliche Rittertum 177
4. Das höfische Leben 189
a. Alltag und höfische Kultur 189
b. Die Höhepunkte: Feste und Turniere 193
c. Sonstiger Zeitvertreib 199

VI. Stadt und Bürgertum 201
1. Die Institution: Entstehung und Entwicklung der mittelalterlichen Stadt 202
a. Der Stadtbegriff 202
b. Anfänge und Wurzeln der mittelalterlichen Stadt 204
c. Herrschaft und Freiheit in der mittelalterlichen Stadt 213

2. Der Raum: Topographie und Bebauung der Stadt 220
Immunitätsbezirke: 222 Märkte: 222 Mauern und Straßen: 222 Gebäude: 226
3. Die Menschen: Bürger und Stadtbewohner 230
Größe: 230 Schichten der Stadtbevölkerung: 231
4. Ansätze zu einem städtischen Leben 236

Schluß: Alltag und Lebenswelt im Mittelalter – ein Resümee 240

Anhang 247
Abkürzungen 247
Anmerkungen 249
Literaturverzeichnis 283
Abbildungsnachweis 294
Register 297

Einleitung

Alltag und Lebenswelt – Zur Begründung einer Alltagsgeschichte des Mittelalters

Alltagsgeschichte ist ein Reizwort für die einen, die Entdeckung einer neuen, eigentlich interessierenden Vergangenheit für die anderen. Alltagsgeschichte ist so modern, daß man sie heute kaum mehr eigens rechtfertigen muß. Sie ist modern aber nicht im Sinne einer Modeerscheinung, sondern weil sie zeitgemäß ist und den heutigen Bedürfnissen an die Geschichte entgegenkommt, die sich nicht auf die hohe Politik beschränken, sondern das tägliche Leben der Menschen mit ihren Verhaltens- und Ausdrucksformen einbeziehen wollen, vor allem auch der «einfachen» Menschen, die nicht die Weltgeschichte bewegt haben und doch untrennbar dazugehören. Eine Alltagsgeschichte entspricht dem wachsenden Geschichtsbewußtsein breiter Bevölkerungsschichten, weil sie nicht wenige politisch Handelnde, sondern alle Menschen für geschichtswürdig erachtet und zum zentralen Gegenstand historischer Forschung erhebt. Alltagsgeschichte vermittelt gleichsam zwischen einer «politischen Hochgeschichte» und einer sozioökonomisch orientierten, strukturellen «Basisgeschichte», indem sie den Menschen zwischen beiden Polen betrachtet. Die Betonung des Menschen war in den Anfängen sicher auch eine Reaktion auf die wenig erzählende, sondern eher beschreibende Strukturgeschichtsschreibung der letzten Jahrzehnte, die Ereignisse zu langfristigen Prozessen zusammenfaßte, den überindividuellen Wirkkräften ihre besondere Beachtung schenkte und Erklärungen mit Hilfe von Theorien suchte.[1] Die ideologisierende Tendenz macht die Alltagsgeschichte aber auch höchst umstritten. Es ist daher unumgänglich, sich vorab Klarheit über ihren Gegenstand, ihre Ziele, ihren Wert und ihre Grenzen zu verschaffen.

In der «Entdeckerfreude» der ersten Phase, die sich mit Vorliebe der jüngsten Vergangenheit zuwandte und hier mit der Befragung lebender Zeugen («oral history») eine neue Quellengattung erproben konnte, verzichtete man zunächst auf eine theoretische Grundlegung und begnügte sich mit der Präsentation konkreter Fallbeispiele.[2] Eine Reflexion erfolgte zunächst von philosophischer[3] und soziologischer,[4] erst danach auch von historischer Seite.[5] Sie erwies sich schon deshalb als notwendig, weil Begriff und Funktion einer Alltagsgeschichte sehr verschiedenartig aufgefaßt und bewertet wurden bis hin zu einer «sozialistischen» und «grünen» Geschichtsschreibung im Zusammenhang mit den als Reaktion auf die Universitätshistorie entstandenen Geschichtswerkstätten.[6] Die ersten Schwierigkeiten erwachsen bereits aus dem *Begriff des Alltags*, der in den meisten Lexika bezeichnenderweise übergangen wird. Bisher hat man «Alltag» in der Regel als einen «Gegenbegriff» verwendet:[7] als Werktag im Gegensatz zum Festtag, als das Wiederkehrende (Elias: die «Routine») im Gegensatz zum Einmaligen, als das Privatleben im Gegensatz zur «öffentlichen» Geschichte, als Geschichte des kleinen Mannes im Gegensatz zu den großen Persönlichkeiten und Ereignissen, um nur die wichtigsten Abgrenzungen zu nennen.[8] Mit einem zusammenfassenden (nicht unproblematischen) Begriff wird Alltagsgeschichte daher gern als «Geschichte von unten» charakterisiert; man könnte sie auch als eine «Geschichte von innen» bezeichnen, insofern sich darin die Sicht der Betroffenen aus ihrem eigenen Erfahrungsbereich heraus widerspiegelt.

Die angeführten Begriffsbestimmungen leiten sich allerdings auch aus der Tatsache ab, daß Alltagsgeschichte heute zumeist als Arbeitergeschichte betrieben wird. Das entspricht einem legitimen Nachholbedürfnis, darf allerdings nicht dazu verleiten, den Alltagsbegriff selbst unangemessen einzuschränken. Tatsächlich sind mit den Definitionen jeweils nur Ausschnitte aus dem Alltag erfaßt, der nicht allein ein Phänomen der Unterschichten bildet, weil jeder Mensch seinen Alltag hat, nicht nur den Werktag, sondern auch Freizeit, Feiertage, Ferien einschließt, nicht nur das Wiederkehrende, sondern auch Höhepunkte des individuellen Lebens, nicht nur das Privatleben, sondern auch die Stellung des Privatmannes im öffentlichen Leben umfaßt. Einig ist man sich darin, daß Alltagsgeschichte mehr ist als die «materielle Kultur», die einen Aspekt und eine wichtige Quelle bildet,[9] aber erst sozialgeschichtlich auszuwerten ist. Alltag ist menschliches Leben inmitten der materiellen Kultur. Dieses Leben aber spielt sich in einer bereits prägenden Umwelt ab. Alltagsgeschichte fragt daher, wie diese Lebensbedingungen von den Betroffenen wahrgenommen, erlebt und nach ihren Bedürfnissen gestaltet werden; sie ist «subjektbezogene Umweltanalyse»,[10] schließt, so muß man ergänzen, aber auch die unbewußt auf den Menschen einwirkenden Lebensbedingungen ein. Sucht man zusammenfassend eine positive, nicht aus Gegenbegriffen abgeleitete Definition, dann kann man «Alltag» vielleicht als das menschliche Leben selbst in seinem (Tages-)Ablauf im Rahmen der jeweiligen Lebensverhältnisse umschreiben. Alltagsgeschichte wäre demnach die Erforschung und Beschreibung dieses Lebens an Menschen vergangener Zeiten (bis hin zur Gegenwart).

Einer so verstandenen Alltagsgeschichte können menschliche Einzelschicksale nur *Beispiele*, nicht Selbstzweck sein; Erkenntnisziel ist letztlich der «Durchschnittsmensch» (als Summe vieler Einzelschicksale), das «Man», wie Heidegger sagt, oder der «Jedermann».[11] Einen solchen

«Durchschnittsmenschen» gibt es freilich nicht in der Realität, sondern nur das Typus, als verallgemeinertes, strukturgeschichtlich begriffenes Konstrukt der Geschichtswissenschaft, das nur dann realitätsnah bleibt, wenn man darüber den Einzelfall nicht vernachlässigt.[12] Insofern ist auch Alltagsgeschichte auf das Leben der Menschen und seine Rahmenbedingungen angewandte Strukturgeschichte im Sinne einer typisierenden Darstellung vor dem Hintergrund geschichtswirkender Kräfte.[13] Das bedeutet einmal, daß die ausgewählten Beispiele möglichst repräsentativ für ihre Zeit sein müssen, und erfordert letztlich eine quantitative Einordnung, ein Postulat, das sich für das frühere Mittelalter angesichts der Quellenlage freilich oft nicht wird einlösen lassen. Zum andern dürfen Unterschiede nicht zu sehr eingeebnet werden, ist Alltag vielmehr (je nach der Gesellschaft) zu differenzieren nach Stand und Herkunft, Alter und Geschlecht, Bildung und Beruf, Nationalität und Religionszugehörigkeit, Landschaft und Mobilität. Alltagsgeschichte ist hier – in enger Anlehnung an Verhaltensforschung, Mentalitätsgeschichte und Volkskunde[14] – auf die Ergebnisse und Methoden der Sozialgeschichte angewiesen. Drittens schließlich müssen die Quellenbelege sorgfältig auf ihre Aussagekraft für das Alltagsleben hin befragt werden. Das gilt auch und gerade für Quellen, die für eine politische Geschichte, für deren Zwecke die modernen Methoden der Quellenkritik ursprünglich entwickelt worden sind, uninteressant scheinen, die jetzt aber aussagekräftig werden, wie Rechnungsbücher und Inventare, vor allem aber die gern herangezogenen Beispiele aus Kunst und Literatur, die als Fiktion noch nicht die Wirklichkeit widerspiegeln und denen durchaus eine Tendenz, etwa der Repräsentation oder Moral, innewohnt;[15] mittelalterliche Literatur ist geradezu als fiktionaler Gegenentwurf zur Realität bezeichnet worden,[16] ihr Wirklichkeitsgehalt liegt nicht in der Erzählung selbst, sondern in den dahinter stehenden Intentionen, in der Mentalität und Ideologie, den Emotionen und dem Gefühlsleben ihrer Träger.[17] Sie ist daher – ähnlich den Rechtsquellen, die eine Norm wiedergeben – erst auf ihren Realitätsgehalt hin zu überprüfen.[18]

Eine so verstandene Alltagsgeschichte kann nicht losgelöst von den Fragestellungen und *Methoden* der übrigen Geschichtswissenschaft betrieben werden, der sie verpflichtet bleibt: Sie muß methodenbewußt arbeiten – der Streit um die Alltagsgeschichte ist im Grunde ein Methodenstreit und weniger ein Streit um den Gegenstand –; sie muß quellenkritisch verfahren, indem sie die Nachrichten, die meist in völlig anders gelagerten Zusammenhängen überliefert sind, nicht ungeprüft übernimmt, und die Methoden und Ansätze der modernen Geschichtswissenschaft, nicht zuletzt auch der Theoriebildung, aufgreifen.[19] Die Alltagsgeschichte hat keine eigenen Methoden, sondern ist – was nicht immer beachtet wird – *der* historischen Methode verpflichtet, und sie darf sich nicht von vornherein einer subjektiven Parteilichkeit unterwerfen.[20] Erst auf dieser Grundlage bildet sie eine wichtige Ergänzung als eine besondere Perspektive der Geschichtsbetrachtung (Niethammer) und unterscheidet sich von der Kulturgeschichte des 19. Jahrhunderts.

Wie jede Geschichtsschreibung darf sich auch die Alltagsgeschichte nicht auf die Erforschung der gegenwartsnahen Zeiten beschränken; auch wenn eine fernere Vergangenheit wie *das frühere Mittelalter* nicht mehr zum eigenen Erfahrungsbereich zählt, so kommt dem mittelalterlichen Alltag doch die gleiche Bedeutung zu wie dem Mittelalter insgesamt im Rahmen der gesamten Geschichte; er ist daher ebenso wichtig für das Geschichtsbild wie der Alltag anderer Epochen. Allerdings wird es aufgrund der Verständnisschwierigkeiten notwendig sein, den historischen Kontext ausführlicher zu erläutern als in neueren Epochen. In den letzten Jahren ist eine Reihe von Sammelbänden und zusammenfassenden Arbeiten über den Alltag des späten Mittelalters erschienen,[21] während entsprechende Versuche über das frühe und hohe Mittelalter in unserem Sprachraum noch ausstehen.[22] In Frankreich beschäftigen sich dagegen mehrere Bände der umfangreichen Reihe «La vie quotidienne ...» mit dieser Epoche,[23] sind tatsächlich aber, kaum zufällig, eher als Strukturgeschichten (unter Einbeziehung der Lebensverhältnisse und der Mentalitäten) denn als Alltagsgeschichten zu charakterisieren: Eine hinreichend konkrete und gesicherte Alltagsgeschichte des früheren Mittelalters zu schreiben, die unseren Fragestellungen genügt, ist aufgrund der Quellenlage weithin unmöglich, weil die damaligen Zeitgenossen ganz andere Intentionen verfolgt und nirgends den Alltag um seiner selbst willen beschrieben haben, sondern sich im Gegenteil am Alltäglichen vollkommen uninteressiert zeigten; so bieten die Quellen allenfalls sporadisch und beiläufig verstreute Informationen, die aus sämtlichen Quellenarten erst mühsam zu sammeln, kritisch zu sichten und auszuwerten wären. Eine solche Arbeit steht noch bevor; die Ergebnisse werden immer lückenhaft bleiben. Das Ziel dieses Buches ist, wie bereits im Vorwort ausgeführt, zwangsläufig bescheidener: Es möchte exemplarisch, aber im Sinne des oben beschriebenen Alltagsbegriffs, die von den heutigen sehr verschiedenen Bedingungen und Möglichkeiten des Alltagslebens dieser Epoche vorstellen und die Ursachen der typischen Lebensgestaltung in der eigenen Umwelt aufdecken.

Nun gibt es, wie erwähnt, gar nicht *das* Alltagsleben, sondern, wie schon Arno Borst betont hat, eine Reihe verschiedener Lebens*formen*, die Borst als geschichtlich eingeübte Verhaltensweisen geschichtlicher Gemeinschaften definiert.[24] Das Alltagsleben ist, wie auch die Mentalität, von verschiedenen Faktoren bestimmt, von denen zwei besonders wichtig sind: die Zugehörigkeit zu bestimmten Gruppen und Schichten der mittelalterlichen Gesellschaft einerseits und der davon nur bedingt abhängige Lebensraum andererseits.

Die Lebensform ist zunächst einmal kasten-, standes-, klassen- oder schichtenspezifisch. Das abendländische Mittelalter kannte nun weder solche religiös bestimmten Kasten noch wirtschaftlich bedingte Klassen – das Adelsbewußtsein stützte sich nicht auf das Eigentum an Produktionsmitteln, das bäuerliche Bewußtsein erst sehr spät und vereinzelt auf den Wert der bäuerlichen Arbeit –, wohl aber rechtlich orientierte *Stände* (Klerus – Laien; Freie – Unfreie; Ritter – Bauern), die sich allerdings erst allmählich ausbildeten bzw. voneinander abgrenzten, *und* vom sozialen Ansehen (Status) abhängige *Schichten*, die sich im Mittelalter mangels eindeutiger Kriterien jedoch nur schwer fassen lassen.[25] Ist eine Abgrenzung im einzelnen demnach problematisch, so ist der Einfluß der Gruppenzugehörigkeit auf die Lebens- und Denkweise doch offenkundig. Es ist seit langem bekannt, daß das frühere Mittelalter, das Gerd Tellenbach ein «porträtloses Zeitalter» nennt, keinen Blick für das Individuum hatte.[26] Weder in der Geschichtsschreibung noch in der Kunst interessierte der Mensch als einzelner, sondern entweder in Ausübung seiner Funktion oder als Angehöriger einer Gruppe: Der Mensch war eingeordnet in die *Gemeinschaft*, die ihm zu leben erst ermöglichte (Schmid). Es gab viele Formen solcher Bindungen, in die man meist hineingeboren wurde: Der mittelalterliche Mensch war als Person Glied seiner Familie, seines Stammes, seines Königreiches, als Christ Glied der einen Kirche, die sich in der Pfarrgemeinde manifestierte, als Rechtsperson Angehöriger seines Standes, als Nichtfreier Höriger seiner Herrschaft. Neben den geburtsbedingten gab es auch freiwillige Bindungen (die freilich nicht durchweg individuell, sondern oft von den Eltern und Angehörigen oder von der gewohnheitsmäßigen Norm bestimmt wurden): Man konnte etwa als Mönch in ein Kloster eintreten oder einer Bruderschaft (Schwurgemeinschaft) angehören, wie sie in verschiedenen Formen und mit verschiedenen Zielsetzungen vorkamen. Ein bekanntes Beispiel bilden die Gilden, die erst seit dem 11. Jh. als Vereinigungen vornehmlich von Kaufleuten hervortraten, im frühen Mittelalter aber noch in eine Reihe anderer «geschworener Einungen» *(coniurationes)* und Mahlgemeinschaften *(convivia)* eingeordnet waren, die charakteristischen Formen der frühmittelalterlichen Gruppenbildung, die sich offenbar eng an Dorf und Pfarrei anschlossen.[27] Hingegen bildeten die spätmittelalterlichen Zünfte schon wieder Zwangsgemeinschaften.

Solche Bindungen waren auch von dem abgegrenzten *Raum* bestimmt, in dem sich das Alltagsleben vollzog: Der Mensch war zum Beispiel Bewohner und damit Angehöriger seines Dorfes oder seiner Stadt. Wenn es, wie Borst aufzeigt, im Mittelalter verschiedene Lebensformen gab, dann vor allem deshalb, weil das Leben sich in unterschiedlichen Lebensräumen vollzog, zumal der Horizont des mittelalterlichen Menschen, der mit Ausnahme des Reichsadels und der Bischöfe aus seiner gewohnten Umgebung kaum einmal herauskam und nur mangelnde Kommunikationsmöglichkeiten besaß, begrenzt war. Es dürfte einsichtig sein, daß das Leben auf dem Lande anders aussah als in der Stadt, das Leben auf einer Burg oder in einer Pfalz anders als im Kloster. Innerhalb eines Raumes aber gab es wiederum unterschiedliche Lebensformen verschiedener sozialer Gruppen, verlief der Alltag des Adligen anders als der seines Knechtes, während beide funktional aufeinander bezogen waren: Hebt die Sozialgeschichte eher solche Unterschiede zwischen den Gruppen hervor, so geraten bei einer raumorientierten Betrachtungsweise die Bindungen zwischen den Menschen in den Blick, so daß das gesamte Beziehungssystem erfaßt wird. Der Alltag bestimmte sich also von der raum- und gruppenabhängigen Lebenswelt als Hintergrund des Alltagslebens,[28] von der Umwelt und ihren Bedingungen, die das Leben prägten, aber auch ihrerseits vom Menschen nach seinen Bedürfnissen gestaltet wurden. Auf solche Wechselbeziehungen ist hier besonders zu achten. Dabei sollen exemplarisch fünf mittelalterliche Lebenswelten vorgestellt werden.

Nach einer kurzen Einführung in die allgemeinen Bedingungen des mittelalterlichen Lebens im ersten Kapitel ist im folgenden Abschnitt die *Familie* als kleinste soziale Einheit zu betrachten, deren Lebenswelt das Haus bildete. Sie ist von grundlegender Bedeutung, weil sie als ideelle Keimzelle auch anderer Gemeinschaften angesehen wurde; das Mittelalter verstand sowohl die Klostergemeinschaft als auch den Hörigenverband einer Grundherrschaft als *familia* und interpretierte selbst ein staatliches Bündnissystem gelegentlich in spätantik-byzantinischer Tradition als «Familie der Könige». Hier sind zunächst nur die allgemeinen Charakterzüge zu behandeln, während die schichtenspezifischen und lebensraumabhängigen Merkmale in den folgenden Kapiteln zu berücksichtigen sind.

Das dritte Kapitel widmet sich einer Form des geistlich-kirchlichen Lebens, dem *Mönchtum* und seiner Lebenswelt, dem Kloster, dem besonders im frühen und hohen Mittelalter eine herausragende Funktion in der mittelalterlichen Gesellschaft zukam, die nicht nur das religiöse, sondern auch das soziale, politische, wirtschaftliche und geistige Leben betraf, während die alten Orden im späteren Mittelalter an Bedeutung verloren und die einflußreichen, neuen Bettelorden vornehmlich dem Lebenskreis der Stadt zuzurechnen sind.

Das vierte Kapitel beschäftigt sich mit dem bäuerlichen Leben auf dem Lande und greift hier das für das Mittelalter sicher typischste Beispiel heraus, nämlich die Sozial- und Lebensform der mittelalterlichen *Grundherrschaft*, die auch die Sozialbindungen zwischen dem Grundherrn und seinem Hörigenverband einschloß und daher im früheren Mittelalter einen schichten- und standesübergreifenden Lebensraum bildete, während sie später mehr und mehr zur reinen Wirtschaftsform wurde.

Das fünfte Kapitel behandelt gleichsam den Gegenpol, nämlich das Leben der *Herrenschicht* am Hofe, also das vorwiegend hochmittelalterliche «höfische Leben». Die Herren waren im Prinzip mit den Grundherren identisch, doch interessiert hier vor allem die politisch-soziale Führungsschicht der Fürsten und Könige, also das Leben an einem Fürstenhof.

Das abschließende Kapitel schließlich sucht das Leben der sich ausbildenden bürgerlichen Schichten in der früh- und hochmittelalterlichen *Stadt* zu erfassen, deren tragende Rolle allerdings erst im späten Mittelalter begann und die in dieser frühen Epoche gewissermaßen noch einen Fremdkörper in der agrarisch bestimmten Welt des Mittelalters bildete, aber dennoch ständig an Bedeutung gewann und aus der Struktur des Mittelalters nicht wegzudenken ist.

Mit diesen fünf Lebenskreisen scheint mir insgesamt ein großer Teil des früh- und hochmittelalterlichen Lebens erfaßt, sind vor allem fünf spezifische Lebensräume behandelt, die zusammen einen guten Einblick in die Verhältnisse der damaligen Zeit zu geben vermögen. Da die vorgenommene Aufteilung den Eindruck einer strikten Trennung zwischen den Lebensräumen erwecken könnte, sei gleich betont, daß natürlich auch Beziehungen zwischen den einzelnen Gemeinschaftsformen bestanden haben.[29]

Innerhalb der großen Kapitel über einzelne Lebenswelten wird die Darstellung (mit Ausnahme der anders zu strukturierenden ersten beiden Kapitel) zunächst die Bedingungen des Alltagslebens behandeln, nämlich

1. die jeweilige Institution,
2. den zugehörigen Lebensraum,
3. die Träger des Lebenskreises vorstellen, die Menschen, die in dieser Umwelt lebten, um vor diesem Hintergrund
4. schließlich Möglichkeiten und (ansatzweise) Ablauf des Alltagslebens einzugrenzen.

I. Mensch, Natur, Kultur

Bedingungen des Alltagslebens im Mittelalter

Bevölkerung, Siedlungsraum und Horizont. Unabhängig von der jeweiligen Lebensform gab es typisch mittelalterliche Lebensbedingungen, die allen Menschen gemeinsam waren. Sie resultierten aus einem Wechselverhältnis zwischen der vorgefundenen, natürlichen Umwelt und dem Eingriff des Menschen in die Natur einschließlich der Regelung des menschlichen Zusammenlebens. Der zur Verfügung stehende Lebensraum war abhängig von der landschaftlichen Gestaltung und der Zahl der darin lebenden Menschen. Für die *Bevölkerung* im Mittelalter fehlen allerdings verläßliche Angaben. Im späten Mittelalter bieten Steuer- und Haushaltslisten aus einzelnen Städten oder aus Frankreich (*Etats des feux* von 1328) zumindest Anhaltspunkte; im Früh- und Hochmittelalter ist man dagegen auf Hochrechnungen aus wenigen Aufstellungen angewiesen, die – aus ganz anderen Zwecken angefertigt – jeweils nur Ausschnitte aus einem begrenzten Raum zu einem bestimmten Zeitpunkt erfassen. Zwar scheint schon Ludwig der Fromme Zählungen der zum Heeresdienst verpflichteten Freien angeordnet zu haben,[1] doch kennen wir keine Ergebnisse, ja wir wissen nicht einmal, ob sie überhaupt stattgefunden haben. (Bei den Verhältnissen einer weitgehend schriftlosen Gesellschaft wäre das tatsächlich nur schwer vorstellbar.) Urbare (Besitz- und Abgabenverzeichnisse einer Grundherrschaft) eignen sich dann zu demographischen Berechnungen, wenn sie, wie das berühmte Polyptychon des Klosters Saint-Germain-des-Prés bei Paris von ca. 820 die Zahl der Bauern und Familienmitglieder auf den Hufen angeben, doch werden hier weder Knechte noch Bauern erfaßt, die der besagten Grundherrschaft nicht angehörten, so daß die demographische Auswertung heftig umstritten ist.[2] Zuverlässigere Angaben liefert als Ausnahmefall allein das sog. Domesday Book für England um das Jahr 1086, das (soweit erhalten) Grundbesitz und Bewirtschafter des gesamten Landes verzeichnet. Archäologen und Anthropologen tragen mit Skelettuntersuchungen auf mittelalterlichen Friedhöfen bei, indem sie die Zahl der Bestatteten, den Anteil von Männern, Frauen und Kindern, das Lebensalter und eventuelle Krankheiten ermitteln. Nur selten jedoch sind ganze Friedhöfe ergraben, deren Belegungsdauer bekannt ist. Hochrechnen lassen sich alle so gewonnenen Zahlen, die in sich schon nicht eindeutig sind, nur unter Berücksichtigung der (ebenfalls geschätzten) Siedlungsdichte. Es gibt folglich keine Bevölkerungsgeschichte des Mittelalters, sondern nur einzelne Schätzungen, die, je nach ihrer Grundlage, erheblich voneinander abweichen, aber doch allesamt gemeinsame Tendenzen erkennen lassen, die kurz zu erläutern sind.[3]

Im Vergleich zu heute war Europa im früheren Mittelalter nur dünn besiedelt, doch gab es räumliche Unterschiede. Die größte Bevölkerungsdichte wiesen im christlichen Abendland die Städtelandschaften in der Lombardei und auch in den Niederlanden, von den Ländern Frankreich und Italien auf. Zunächst wurden vorzugsweise Küstengebiete, Flußtäler und fruchtbare Ebenen besiedelt, in Deutschland vor allem der Niederrhein, Niedersachsen, die Rhein-Main-Tiefebene und die Oberrheinebene, aber auch die Täler von Mittelrhein, Mosel, Lahn, Neckar, Tauber und Main sowie das untere Weserbergland und die Schwäbische Alb; kaum besiedelt waren anfangs im Norden die Geest-, Marsch- und Moorgebiete, im Süden die Berglandschaften, und fast menschenleer blieben die höheren Mittelgebirge. Dabei ist jedoch eine zeitliche Entwicklung erkennbar: Wüstungen, Rückgang des Ackerbaus und Pestepidemien lassen zu Beginn auf eine Abnahme der Bevölkerung im Zuge der Völkerwanderung (4.–6. Jh.) bzw. auf eine Fortsetzung des bereits in der Spätantike einsetzenden Rückgangs um vielleicht ein Drittel schließen. Spätestens seit dem 9. Jh. nahm die Bevölkerung dann wieder zu, wie nun auch die immer größer werdenden Kirchen bezeugen; bis zum Jahr 1000 dürfte sie sich etwa verdoppelt haben. In den beiden folgenden Jahrhunderten war die Wachstumsrate dann besonders hoch, so daß sich die Bevölkerung bis zur ersten Hälfte des 14. Jh. wohl wiederum verdoppelt hat. Danach aber setzte – auch, jedoch kaum ausschließlich, als Folge der schweren Pestepidemien seit 1347 – ein schneller Rückgang ein, bei dem manche Gegenden mehr als 50% ihrer Einwohner einbüßten.

Die Bevölkerungsschwankungen wirkten auf den *Siedlungsraum* zurück. Vor allem anfangs gab es große siedlungsfreie Gebiete, bedeckten doch im frühen Mittelalter riesige, vielfach unzugängliche Wälder als natürliche Barrieren zwischen den Siedlungen das Land, so daß die Dörfer oft mehr oder weniger abgeschiedenen Siedlungsinseln glichen.[4] Immer wieder zitiert wird ein Bericht Lamperts von Hersfeld von 1073 über die Belagerung Heinrichs IV. durch die Sachsen in der auf drei Seiten von einem ausgedehnten Wald umgebenen Harzburg; auf der Flucht zogen die Belagerten drei Tage lang ohne Essen auf einem kaum bekannten Pfad durch das Dickicht.[5] Selbst dichtbesiedelte Landschaften wie die Ile-de-France bestanden im 9. Jh. noch zu zwei Fünfteln aus Wald. Der Siedlungsraum war also von vornherein durch die natürliche Landschaft eingeengt, und es ist bezeichnend, daß Initialminiaturen gern den Kampf von Mensch und Tier gegen die Pflanzenwelt darstellen. Allerdings ist auch hier eine Entwicklung festzustellen: Mit zunehmender Bevölkerung wurde neuer Lebensraum notwendig, vor allem, als im Gebiet des Frankenreichs gegen Ende des 8. Jh., in Frankreich sogar schon ein Jahrhundert früher, die Zeit der großen Eroberungen zu Ende ging und man gezwungen war, neuen Siedelraum durch Kultivierung der Moore, Eindeichung des Küstenlandes an der Nordsee oder Erschließung der höheren Lagen in Gebirgsgegenden, vor allem aber durch Rodungen in den Wäldern zu schaffen, die ihren Höhepunkt im 12./13. Jh. erreichten. Anfangs baute man die bestehenden Dörfer aus, später wurden auch neue Siedlungen gegründet, die sich nicht selten wie ein Kranz um ältere Orte legten. Die zahlreichen Dorfnamen auf -hagen, -holz, -wald, -rode, -rath, -ried oder -reuth zeugen noch heute von diesem Ursprung.[6] Solche Rodungen waren nicht selten auf Mönche, vor allem Zisterzienser, zurückzuführen, die sich gern in einsamere Gegenden zurückzogen, sie waren vor allem aber ein Werk der Bauern. Die Bevölkerungsvermehrung war allerdings nicht der einzige Grund für die Rodungen: Seit Walter Janssen festgestellt hat, daß Wüstungen (d. h. verlassene Siedlungen) nicht erst ein Charakteristikum des 14./15. Jh. bilden, sondern sich, ebenso wie – zum Teil gleichzeitige – Neugründungen, über das gesamte Mittelalter mit Schwerpunkten in der Karolingerzeit und im 12./13. Jh. verteilten und viele Dörfer überhaupt nur eine begrenzte Zeit lang Bestand hatten, muß man annehmen, daß die frühmittelalterlichen Siedlungen auch aus anderen, noch unbekannten Gründen, vielleicht wegen der Erschöpfung des Bodens, verlassen wurden.[7]

Eine Folge der Bevölkerungszunahme aber war zweifellos die Ostsiedlung des 12. und 13. Jh., die einen Teil des Bevölkerungsüberschusses auffing und zur allmählichen Eindeutschung der slawischen Gebiete jenseits von Elbe und Saale bis hinunter nach Siebenbürgen führte. Dabei handelte es sich meist um organisierte Unternehmungen, bei denen ein Lokator im Auftrag eines Grundherrn die Vermessung und Verteilung des Bodens vornahm und anschließend oft weiterhin als Dorfschulze die Obrigkeit im Dorf vertrat.[8] Insgesamt wuchsen die Dörfer im hohen Mittelalter in vielen Gegenden enger zusammen und lagen oft nur noch wenige Kilometer auseinander; der Kontakt war einfacher geworden. Um 1300 war das Netz der Siedlungen dichter als je zuvor und auch als jemals wieder, denn mit dem Bevölkerungsrückgang des späten Mittelalters begann auch eine erneute Ausdehnung des Waldes auf Kosten des bereits kultivierten Landes.

Trotz vorübergehender Siedlungsdichte blieb der geographische Einblick, blieb der Lebensraum des einzelnen Menschen aber sehr begrenzt. Sieht man einmal von hohem Adel und hoher Geistlichkeit, die über weitgestreute Besitzungen verfügten und sich immer wieder am Hof des reisenden Königs einfanden, und von den Fernhändlern ab, so blieben *Reisen* für den normalen Menschen ein seltenes Erlebnis, das durch die

Abb. 1 Gefahren der Straße: Ein Reisender wird von Räubern überfallen und ausgeraubt (Herrad von Landsberg, Hortus deliciarum, 12. Jh. Illustration zum Gleichnis vom barmherzigen Samariter).

Straßenverhältnisse noch erschwert wurde.[9] Der Mönch Richer von Reims berichtet von einer Reise nach Chartres, wo er seltene Schriften einsehen wollte.[10] Der Straßenverlauf war nicht eindeutig und dem Mönch nicht bekannt, so daß er sich mehrfach verirrte; das Packpferd war den Anstrengungen nicht gewachsen und brach schon bald zusammen; die Brücke über die Marne nach Meaux wagte der Mönch in der Dunkelheit wegen der vielen Löcher kaum zu betreten. Hinzu kam die Furcht vor Räubern (vgl. Abb. 1). Erst nach mehr als drei Tagereisen kam Richer schließlich in Chartres an. Der alternde Einhard brauchte wegen seines schwachen Körpers von Aachen nach Seligenstadt sieben Tage.[11] Hilfsmittel zur Orientierung gab es nicht. Mittelalterliche Weltkarten paßten zwar die antiken Vorlagen ihren Bedürfnissen an, waren aber nicht geographisch, sondern in erster Linie heilsgeschichtlich orientiert.[12] Im 11./12. Jh. brach dann eine Zeit der Mobilität und der Reisen an; die ausgebesserten Straßen wurden von Pilgern aller Schichten, Vaganten und Studenten bevölkert; jetzt entstanden gesonderte Pilgerhospitäler und bald auch kommerzielle Gasthäuser, die die Aufnahme in Klöstern oder Privatunterkünften ergänzten.[13] Die Masse vor allem der Bauern blieb in ihrem Lebensraum allerdings weiterhin auf das Dorf beschränkt, mit gelegentlichem Kontakt zu Nachbardörfern und zum nächstgelegenen Markt; eine (Pilger-)Fahrt in fernere Gegenden blieb eine aus dem Alltagsleben herausragende Ausnahme. Für Informationen war man auf die Berichte der durchreisenden Kaufleute angewiesen. Der Horizont des mittelalterlichen Menschen war in der Regel also sehr begrenzt.

Zeitgefühl, Klima und anthropologische Lebensbedingungen. Wie die Menschen von der natürlichen Umwelt in ihrem Lebensraum abhängig waren, diesen aber auch künstlich verändern konnten, so wurde auch ihre Lebensweise in erheblichem Maß von der Natur bestimmt, die mit dem Zeitrhythmus und dem Wetter unbeeinflußbare Bedingungen schuf. Die *Zeit* hat tatsächlich einen doppelten Charakter: Als physikalische Zeit bildet sie ein Naturphänomen, dem der Mensch – schon durch sein Altern – unentrinnbar unterworfen ist und die er nicht verändern, wohl aber für seine Bedürfnisse nutzbar machen, einteilen und – jeweils zu einem bestimmten Bezugspunkt – messen kann. So entsteht die «historische» oder «soziale» Zeit, die Zeit des Menschen.[14] In welcher Weise bestimmte Naturzyklen, etwa der Rhythmus der Sonnenaktivität, den Menschen unbewußt durch Zunahme bestimmter Krankheiten oder psychischer Stimmungen beeinflussen, ist noch kaum erforscht und war dem Mittelalter völlig unbekannt. Der Zeitablauf selbst aber wurde selbstverständlich bewußt erlebt. Die «natürliche» Zeit bestand aus dem Jahr mit seinen Jahreszeiten (als Periode des Erdumlaufs um die Sonne) und dem Tag mit dem Wechsel von Tag und Nacht (als Periode der Erdumdrehung), während der Monat (als Mondphase) weniger bedeutsam war und die siebentägige Woche ebenso wie die Stundenzählung künstliche, vom Menschen geschaffene Zeiteinteilungen bildeten. Der Mensch zählte die Zeit, indem er Systeme der Zeitrechnung schuf, und gerade dem Mittelalter, dem eine einzelne Zeitangabe meist nicht genügte, hat man eine Datierungssucht nachgesagt, doch beschränkte sich das auf die Gebildeten, auf den Bereich der Politik und des Rechts, und war sicherlich Ausdruck der Unsicherheit gegenüber der Chronologie. Der einfache Mensch verfolgte keine Jahreszahlen und wußte wohl nicht einmal, wann er geboren war. Um so wichtiger wurden für die bäuerliche Gesellschaft aber der Rhythmus der Jahreszeiten und der Wechsel von Tag und Nacht. Die Nacht war dunkel und nur notdürftig durch Talglichter oder (in reicheren Häusern) Wachskerzen zu erhellen und daher für viele Aktivitäten ungeeignet: Alltags- und Arbeitsleben waren an den Tag gebunden, der mit dem Sonnenaufgang und dem Krähen der Hähne begann und mit dem Sonnenuntergang endete. Das «tägliche» Leben dauerte in unseren Breiten im Sommer daher weit länger als im Winter. Eine genaue Zeitmessung gab es nicht; man bestimmte die Tageszeit nach dem Stand der Sonne und allenfalls nach dem Glockengeläut der nahen Kirche. Lediglich im kirchlichen und klösterlichen Bereich bedurfte man überhaupt genauerer Zeitbestimmungen, um die Stundengebete (im Drei-Stunden-Rhythmus) pünktlich einzuhalten. Hier kannte man daher primitive «Uhren»: Kerzen von bestimmter Länge, die eine gewisse Zeit brannten, (teilweise mobile) Sonnenuhren, die allerdings nur am Tag bei gutem Wetter funktionieren konnten, und als Kostbarkeit Wasseruhren, die Clepsydrae, an deren Zeiger (dem Wasserstandsanzeiger) sich das Fortschreiten der Zeit ablesen ließ, die bei Frost allerdings nicht mehr funktionstüchtig waren, weil das Wasser gefror.[15] Eine Gesandtschaft Harun al Raschids überbrachte Karl dem Großen bereits im Jahre 807 eine kostbare Wasseruhr, die dem Fränkischen Reichsannalisten noch als ein Wunderwerk erschien.[16] Erst später wurden auch Sanduhren gebräuchlich. Alle diese Uhren waren relativ ungenau und außerdem auf menschliche Bedienung angewiesen, weil der Wasserbehälter immer wieder aufgefüllt oder die Sanduhr umgedreht werden mußten. Mechanische Räderuhren sind, immer noch ohne Minutenanzeiger, nicht zufällig erst seit dem ausgehenden 13. Jh. bekannt und erst im 14./15. Jh., vor allem als Turmuhren, weiter verbreitet, als eine bürgerliche Stadtgesellschaft nach genauerer Terminplanung verlangte und damit eine neue Epoche des menschlichen Verhältnisses zur Zeit einleitete. Das Charakteristikum der Zeit im früheren Mittelalter war also die Ungenauigkeit (Leclercq). Zwar unterschied die wissenschaftliche Theorie sehr genau Stunden zu 4 Punkten *(puncti)*, 10 Minuten, 15 Teilen *(partes)*, 40 Momenten *(momenta)*, 60 Zeichen *(ostenta)* und 22 560 Atomen[17] – ein Atom dauerte also 0,16 Sekunden! –, doch war man tatsächlich nicht einmal in der Lage, auch nur Stunden einigermaßen genau zu messen. Man wird daraus nicht auf eine Gleichgültigkeit gegenüber der Zeit schließen dürfen, wie behauptet worden ist, wohl aber gegenüber einer exakten Zeit: Das mittelalterliche Leben verlief nicht nach einem festen «Stundenplan»: Zeit war wichtig, weil sie das Handeln begrenzte, aber ein Naturphänomen, das man nicht beeinflussen konnte; bei der Zeitplanung kam es daher selten auf Stunden oder gar Minuten an.

Ähnlich abhängig wie von der Zeit war man von einem anderen Naturphänomen, dem *Klima;* der mittelalterliche Mensch war ihm restlos ausgeliefert. Hier spielen vor allem zwei Faktoren, nämlich Temperatur und Feuchtigkeit eine Rolle.[18] Langfristige Schwankungen bestimmen die Pflanzenwelt und damit auch die Agrarkonjunkturen (Mittelalter und Neuzeit gelten nach der vorherrschenden Bewaldung als Zeit der Rotbuche); Klimaverschlechterungen mit langandauernden Dürreperioden können zu großen Veränderungen führen; so nimmt man heute vielfach an, daß die germanische Völkerwanderung auch klimatisch bedingt war. Umgekehrt können auch Warmzeiten durch das Schmelzen des Polareises eine Überflutung der Nordseeküsten verursachen. Die heutige Küstengestalt hat sich im wesentlichen erst im Mittelalter ausgebildet; zuvor war das Gebiet bis zu den Halligen besiedelt; später rissen Sturmfluten immer wieder Land weg; so bildeten sich vor allem 1219 weite Teile des Jadebusens, 1277/87 des Dollart.

Insgesamt herrschte – gemessen an der Dicke der Jahresringe alter Bäume, bestimmten Pollenarten und anderen Beobachtungen und unbeschadet regionaler Unterschiede – nach einer feuchtkühlen Periode seit etwa 300 n.Chr. vom 8. bis zum 13. Jh. ein günstiges Klima, mit einer feuchteren und kälteren Zwischenperiode im 9. Jh. und einem «Klimaoptimum» von 1150–1300: Auch wenn die Temperaturen nur um 1 °C über den heutigen lagen, waren die Folgen doch weitreichend. In dieser Zeit, die wohl nicht zufällig mit der Epoche des Ausbaus und des Bevölkerungswachstums zusammenfiel, nahm auch die Landwirtschaft einen gewaltigen Aufschwung. Seit dem 13. Jh. trat dann, wenn man dem Vordringen der Gletscher und den sich häufenden Nachrichten über zufrierende Flüsse folgt, eine Wetterverschlechterung ein.

Die Zeitgenossen erkannten solche langfristigen Änderungen natürlich nicht, waren dafür aber um so mehr von den kurzfristigen Schwankungen abhängig, denn diese entschieden über die Ernte und damit über *Hungersnöte*, Preise und Mangelkrankheiten. So erklärt es sich, daß Annalen und Chroniken sehr genau über Regenfälle und Frost, Naturkatastrophen und Trockenperioden berichten. Die Fränkischen Reichsannalen vermelden zum Beispiel zum Jahre 820: «In diesem Jahr hatten die anhaltenden Regengüsse und die überaus feuchte Luft große Übel im Gefolge. Unter Mensch und Vieh wütete weit und breit eine Seuche mit solcher Heftigkeit, daß es kaum einen Strich Landes gab im ganzen Frankenreich, der von ihr verschont geblieben wäre. Auch das Getreide und das Gemüse ging bei dem fortwährenden Regen zugrunde und konnte entweder nicht eingebracht werden oder verfaulte in den Scheuern. Nicht besser stand es mit dem Wein, der in diesem Jahr einen höchst spärlichen Ertrag gab und dabei noch wegen des Mangels an Wärme herb und sauer wurde. In einigen Gegenden aber war, da das Wasser von den ausgetretenen Flüssen noch in der Ebene stand, die Herbstaussaat ganz unmöglich, so daß vor dem Frühjahr gar kein Korn in den Boden kam.»[19] Es gibt unzählige Berichte solcher Art.[20] Die Landwirtschaft war völlig vom Wetter abhängig; war der Winter zu lang, so daß Weideflächen fehlten, kamen die Haustiere vor Hunger und Kälte um;[21] war der Sommer zu trocken, verdorrte das Getreide, war er zu feucht, verfaulte es. Hinzu kamen gelegentlich Bedrohungen durch wilde Tiere und Heuschrecken, die in kurzer Zeit ganze Felder leerfraßen. Jede Mißernte, teils regional, teils weiter verbreitet, hatte Hungersnöte zur Folge, die zu Preissteigerungen führten und manchmal durch Geschäftemacher zu Wucherpreisen ausgenutzt wurden: Eine Anekdote Notkers von St. Gallen prangert einen Bischof an, der sein Getreide der höheren Preise wegen zurückhielt, während andere Hunger litten.[22] Sozialer verhielt sich der Mainzer Erzbischof Hrabanus Maurus während der Hungersnot von 850, als er befahl, täglich mehr als 300 Arme zu speisen, während ein Mann auf dem Weg nach Thüringen sogar sein Kind zu opfern gedachte, um zu überleben; nur durch ein «Wunder» wurde der Junge gerettet, weil gerade in diesem Moment zwei Wölfe eine Hirschkuh zerrissen, deren Fleisch die Hungerleidenden nun verzehren konnten.[23] Solche Wunder – die eben nicht alltäglich waren – schufen oft die einzige Abhilfe, denn im allgemeinen war man machtlos. Ein königliches Kapitular aus der Zeit Karls des Großen[24] befahl, bei Unglücksfällen wie Hunger oder Seuchen nicht erst ein königliches Edikt abzuwarten, sondern sogleich um Gottes Gnade zu beten (was wohl auch nicht immer half). Ein anderes Kapitular ordnete bei einer drohenden Hungersnot gar ein Fastengebot an,[25] eine für die Hungerleidenden selbst sicherlich überflüssige, jedoch ebenfalls religiös motivierte und an die Reicheren und Mönche gerichtete Maßnahme, galt die Mißernte doch allgemein als Strafe Gottes. 873 zogen die Priester einem Heuschreckenschwarm mit Reliquien und Kreuzen entgegen, um den Schaden abzuwehren.[26] Hungersnöte waren während des ganzen Mittelalters verbreitet und traten im 12. Jh., also einer Zeit des Aufschwungs, sogar eher noch häufiger auf als vorher. Insgesamt gab es im Mittelalter viele Arme *(pauperes)*, die – ganz oder zeitweise – auf die Fürsorge der Klöster angewiesen waren.[27]

Die Folge der Hungersnöte waren Seuchen und *Krankheiten*. Die ärztliche Kunst war wenig entwickelt, Krankenpflege ebenfalls Sache der Mönche. Erst unter arabischem Einfluß entwickelte sich die Medizin seit dem hohen Mittelalter weiter; in den Städten des späten Mittelalters entstanden Spitäler, die sich mehr und mehr auf die Krankenpflege spezialisierten. Gegen leichtere Krankheiten halfen Kräuter, ansonsten galt der Aderlaß als Allheilmittel. Im übrigen konnte man wieder nur auf ein Wunder hoffen, und die Mirakelgeschichten sind voll von mysteriösen Heilungen, weil jede Genesung von schwerer Krankheit wie ein Wunder wirken mußte; die Kranken eilten zu den Reliquien der Heiligen, weil sie sich davon mehr Wirkung versprachen als von ärztlicher Hilfe. Neben den Mirakelbüchern geben Skelettuntersuchungen Auskunft über den Gesundheitszustand der Menschen im Mittelalter.[28] Nach diesen Quellenzeugnissen waren Mangelkrankheiten und Seuchen die häufigste Folge der vielen Hungersnöte. Eine ständige Gefahr bedeutete auch die Lepra; die Aussätzigen wurden aus Angst vor einer Ansteckung aus der Gesellschaft ausgesondert und vor allem aus den Städten ferngehalten;

Typhus, Pocken und Cholera, in den Mittelmeerländern Malaria, außerdem Tuberkulose, Ruhr und andere Krankheiten waren meist tödlich; ferner gab es zahlreiche Gelähmte und von rheumatischen Erkrankungen Geplagte, Blinde und Halbblinde – Brillen sind erst seit dem 14. Jh. bekannt –, Epileptiker und Geisteskranke (die «Besessenen» des Mittelalters). Schlecht war nach Skelettuntersuchungen auch der Zustand der Zähne, obwohl Karies in einer Zeit, die noch keinen Zucker kannte, seltener vorkam. Hingegen verheilten Knochenbrüche oft erstaunlich gut.

Krankheiten waren oft auch die Folge mangelnder *Hygiene.* Zwar kannte man schon im Mittelalter Bäder, Heizung und Abort, doch blieb das ein nur wenigen zugänglicher Luxus. Wenn strenge Mönchsregeln andererseits das Vollbad aus Gründen der Askese auf zweimal im Jahr (Weihnachten und Pfingsten) beschränkten oder Bischof Udalrich von Augsburg aus dem gleichen Motiv in der Fastenzeit nur einmal zu baden pflegte,[29] so gehörte das Bad sonst offenbar zu den regelmäßigen Gewohnheiten, war die allgemeine Badefreudigkeit wohl doch erheblich größer (und nicht nur mit Vergnügungen sonstiger Art verknüpft, die die spätmittelalterlichen Badehäuser bereithielten). Öffentliche Bäder gab es bereits seit dem 12. Jh.

Wen Hungersnöte und Krankheiten verschonten, der fiel vielleicht Kriegen, Fehden und Räuberunwesen zum Opfer. Die Folge war eine entsprechend niedrige *Lebenserwartung,* die im Durchschnitt nur bei 25–32 Jahren lag, doch war für diesen extrem niedrigen Wert die hohe Kindersterblichkeit von teilweise bis zu 40% verantwortlich. Wer Kindheit und Jugend überstand, konnte damit rechnen, etwas älter zu werden, als Mann im Durchschnitt rund 47, als Frau rund 44 Jahre.[30] (Die Sterblichkeit bei den Männern wurde durch die Kriege offenbar weniger beeinträchtigt als bei den Frauen durch die Risiken der Geburt. Karl der Große überlebte drei Frauen, was aussagekräftig, doch nicht unbedingt typisch ist.) Sicher gab es soziale Unterschiede, doch lag selbst das Durchschnittsalter der Könige noch unter 50 Jahren. Alte Leute waren also eher selten und wurden teils wegen ihrer Erfahrung geachtet, teils aber auch als eine Belastung für die vom Hunger bedrohte Gesellschaft empfunden; in der Exegese wurde das Alter oft düster ausgemalt,[31] und im «Ruodlieb», einer lateinischen Dichtung des 11. Jh., führte die Mutter dem Sohn, allerdings um ihn zum Heiraten zu bewegen, die Schrecken des Alters vor Augen: Die alte Frau habe getrübte Augen, eine triefende Nase, wacklige Zähne, hängende Brüste, strähniges Haar, einen stampfenden Schritt; der alte Mann sei hilfsbedürftig und werde verspottet, wenn er noch einmal tanzen wolle.[32] Daß drei Generationen in einer Familie zusammenlebten, bildete wohl eher die Ausnahme.

Männer lebten nicht nur länger, sie waren nach Skelettuntersuchungen anscheinend auch erheblich größer (um mehr als 10 cm im Durchschnitt) und außerdem in der Überzahl (im Verhältnis von ca. 114/118: 100). Die Ursachen dafür sind noch ungeklärt. Solche Faktoren wirkten zwangsläufig auf die Zusammensetzung der Gesellschaft und das Zusammenleben der Menschen zurück, auch wenn konkrete Auswirkungen noch näher erforscht werden müssen.

«Kultur» des Mittelalters. Der Mensch suchte der Gefahren Herr zu werden, indem er in die Natur eingriff, und damit seinerseits eine Kultur[33] und eine Umwelt mit neuen Bedingungen des Alltagslebens schuf: durch den Gebrauch technischer Hilfsmittel und Verfahrensweisen, die seine Handlungen, vor allem seine Arbeit, bestimmten; durch den institutionellen Rahmen (Staat, Verwaltung und Gesetzgebung), die politische Organisation und die Regelung des Rechtslebens; durch die gewachsenen Wirtschaftsstrukturen und die Bedeutung des Geldwesens und vor allem durch die sozialen Bindungen und Konventionen, die nötig waren, weil die Menschen in aller Regel als Gruppen agierten, und von denen noch im einzelnen die Rede sein wird; schließlich durch die typisch mittelalterliche Vorstellungswelt bzw. eine schichten- und gruppeneigene Mentalität, durch das Denken und Verhalten, das die Lebensweise begleitete und bestimmte und in der anscheinend – allerdings auch aufgrund der Quellenlage – Religion (und Aberglaube) eine beherrschende Rolle einnahmen. Unser Thema sind nicht die Vorstellungen, und doch wird unvermeidbar immer wieder auch von den Mentalitäten die Rede sein, vermittelt doch menschliches Handeln und Denken überhaupt erst ein Wissen über die Vergangenheit. In diesem Zusammenhang ist auch an die Bedeutung der Sprache (und Sprachnorm) zu erinnern, die im Mittelalter ein besonderes Problem bildet, weil die überlieferte Kultursprache, das Latein, lediglich Übersetzung aus den Volkssprachen war, in denen der mittelalterliche Mensch dachte und redete.

Zur «Kultur» des Menschen und zweifellos zu einer Alltagsgeschichte gehören nicht zuletzt auch Lebensgewohnheiten, Gestaltung des Äußeren und sonstige Errungenschaften, gehören künstlerisches[34] und handwerkliches Schaffen. Entscheidend für den Lebensunterhalt sind die *Eßgewohnheiten*, die zwar schichtenspezifische Unterschiede, aber auch gemeinsame Tendenzen aufweisen.[35] Wichtigste Quellen sind die Abgabenlisten der Bauern einerseits und Pflanzen-, Samen- und Pollenreste andererseits, im 7. Jh. auch die Grabbeigaben der Oberschicht; wertvolle Aufschlüsse liefert schließlich die Untersuchung mittelalterlicher Latrinen.[36] Hauptnahrungsmittel war überall das Getreide, das zu Brot und Brei, aber auch zu Bier verarbeitet wurde[37] und außerdem als Viehfutter diente; angebaut wurden anfangs vor allem Spelt (Dinkel) und Gerste, in geringeren Mengen, zumindest in den nördlichen Gebieten, auch Hafer und Weizen; später wurde Roggen zur beliebtesten Getreideart.[38] Getreideprodukte deckten den Bedarf an Kohlehydraten. Daneben aß man Käse, Gemüse (Sellerie, Rüben, Kohl, Kürbis), Beeren, Obst (Äpfel, Birnen, Pflaumen, Kirschen) und Nüsse, die die notwendigen Proteine, Salze und Vitamine bereitstellten; Fett gewann man aus Ölpflanzen (Lein, Mohn). Einziger Süßstoff war Honig; Gewürze waren, sofern sie nicht dem eigenen Kräutergarten entstammten, sehr teuer. Fleisch bildete bis zur Merowingerzeit zumindest in den Oberschichten ein wichtiges Nahrungsmittel, wie sich aus Grabbeigaben, Geräten (zum Beispiel Bratspießen) und Tierknochenfunden in Siedlungen ablesen läßt, doch breitete sich allmählich der Getreideanbau auf Kosten der Viehhaltung aus (Abb. 2). Im Mittelalter war Fleisch daher wohl keine alltägliche Speise

Abb. 2 «Hic coquitur caro» – «Hier wird Fleisch gekocht» (Ausschnitt aus dem Teppich von Bayeux, Ende 11. Jh.).

mehr und zumal in einfachen Haushalten besonderen Gelegenheiten vorbehalten. In der Regel pökelte man es ein, da die Tiere vor dem Winter geschlachtet wurden, damit man sie nicht durchfüttern mußte. (Der November hieß deshalb in der bäuerlichen Denkweise auch «Schlachtmonat»). Ein schwäbischer Grundbesitzer, der sich gegen eine Landschenkung im Kloster versorgen ließ, erhielt täglich Brot, Bier, Gemüse und Milch, aber nur an Festtagen auch Fleisch.[39] Wegen der zahlreichen Fastentage waren, zumindest auf herrschaftlichen Tischen, auch Fische wichtig. Insgesamt hat man sich das Mahl eher kärglich vorzustellen, und in den paradiesischen Träumen vom Schlaraffenland stand nicht zufällig die Vorstellung von vollen Bäuchen im Vordergrund; andererseits imponiert auf Herrenhöfen und in städtischen Konsumzentren die Vielseitigkeit der selbst produzierten oder importierten Nahrungsmittel, die durchaus für eine Variationsbreite der mittelalterlichen Küche sprechen. Man wird hier eben mit großen Unterschieden zwischen den Schichten und Haushalten rechnen müssen. Bei entsprechenden Gelegenheiten wurde gern und viel getrunken, vor allem Wein und Bier. Wenn ein Kapitular verbot, jemanden zum Trinken zu zwingen,[40] so mutet das fast modern an: Trinken war auch ein soziales Ereignis.

Geschirr und Geräte waren, abgesehen von wenigen Luxus- und Prunkartikeln, vor dem 13. Jh. recht primitiv und ohne große Unterschiede zwischen adligen oder städtischen Haushalten. Sie bestanden meist aus Holz (und sind daher kaum erhalten) oder aber aus Keramik, die durchweg bereits Drehscheibenware war und von bestimmten Zentren aus exportiert wurde.[41] Farben und Formen variierten je nach Region und Zeit. Im frühen Mittelalter waren im Westen und Norden Deutschlands vor allem die rheinischen Produkte zunächst der Badorfer Keramik des 8.–10. Jh., teilweise rot bemalter Kugeltöpfe und -kannen sowie eiförmiger Vorratsgefäße aus hellgelbem Ton, später (9.–12. Jh.) der Pingsdorfer Keramik verbreitet, hartgebrannter, meist helltoniger Ware mit Standboden und roter oder rotbrauner Bemalung. Becher, Kessel, Pfannen, Töpfe (Grapen), Kannen und Schüsseln aus Metall oder Bronze stellten eine seltene Kostbarkeit dar.[42]

Das Äußere der Menschen wurde vor allem durch ihre *Kleidung* geprägt,[43] die auch den Stand erkennen ließ, sich im früheren Mittelalter bei den verschiedenen Schichten aber eher in Qualität und Schmuck als in der Form unterschied; erst seit dem 13. Jh. kamen strenge Kleiderordnungen für die einzelnen Stände auf. Materialien waren vor allem Leinen, Flachs und Wolle, gelegentlich als ein aus dem Osten eingeführter Luxusartikel auch Seide. Im frühen Mittelalter wurden besonders die «friesischen» (oder eher flandrischen) Tuche geschätzt. Wichtigstes und für ärmere Schichten oft einziges Kleidungsstück des Mannes war die Tunika, ein knielanger Rock; darunter trug man in der Regel ein eben-

Abb. 3 Die Kleidung vornehmer Franken: Dedikationsbild für Karl den Kahlen (Ausschnitt) (Vivianbibel, Tours, um 845/46).

falls knielanges Hemd. «Unterhosen» *(bruech, femoralia)* waren bekannt, setzten sich aber erst seit dem 13. Jh. allgemein durch; die Beine wurden durch umwickelte Strümpfe oder Hosen bedeckt; die ledernen Schuhe waren aus einem Stück gearbeitet und oben zusammengenäht. Die «fränkische» Kleidung (Abb. 3), die Notker etwa an Karl dem Großen beschreibt und die aus scharlachfarbenen Leinenhosen und darüber geschnürten Schienbeinbinden bestand, wurde damals bereits kaum mehr getragen und hatte wohl nur noch Trachtencharakter.[44] Zur Kleidung der Frau zählte ein langes Unterkleid und ein zunächst etwas kürzeres, später ebenfalls langes Obergewand mit weiten Ärmeln. Vor allem verheiratete Frauen trugen ein Kopftuch oder einen Schleier. Wer es sich leisten konnte, besaß einen oben mit einer Fibel und eventuell mit einem Gürtel zusammengehaltenen Mantel. Die Kleidung war insgesamt noch wenig körperbetont; eine (sich wandelnde) Mode entwickelte sich eigentlich erst seit dem hohen Mittelalter und war vorher auf das Aufgreifen fremder (italienischer oder byzantinischer) Einflüsse bei den Oberschichten beschränkt.

Der Alltag selbst bestand vor allem aus der täglichen Arbeit, den Mahlzeiten, vereinzelten Formen der Unterhaltung und des Vergnügens und aus sozialen Kontakten und Kommunikation, sämtlich abhängig von Stand, sozialem Status, «Beruf» und Lebenswelt, aber überall vollzogen in der Gemeinschaft und vielfach bestimmt durch eingeübte Verhaltensweisen. Das Leben unterlag zumindest der mittelalterlichen Theorie nach einer festen Ordnung; die uns heute alltäglich anmutenden Nebensächlichkeiten besaßen sehr häufig einen symbolischen Sinn.[45] Die alltägliche Gewohnheit wurde unterbrochen durch Höhepunkte des Lebens, durch Hochzeiten, Geburten, Besuche hoher Persönlichkeiten im Ort, kirchliche Feiern und Feste des Arbeitslebens (Maifest, Erntefest); auch hier war das meiste gewohnheitsmäßig durch Bräuche geregelt, wenn wir über die konkrete Gestaltung auch nur sehr wenig wissen.[46] Solche Höhe- oder auch Tiefpunkte (wie Sterbefälle) waren soziale Ereignisse, an denen die ganze Gemeinschaft teilhatte. Die vielfältigen Gefahren ließen die Menschen im Mittelalter um so mehr nach Geborgenheit in gesellschaftlichen Bindungen in ihren Lebenskreisen und Lebensgemeinschaften suchen, die nun im einzelnen zu beschreiben sind. Der Alltag (einschließlich des Arbeitslebens) vollzog sich zunächst einmal im Kreise der Familie, die daher, unbeschadet der Standesunterschiede, vorab in ihren allgemeinen Merkmalen vorgestellt werden soll. Die Familie war der kleinste und natürlichste Lebenskreis, doch im früheren Mittelalter für sich allein nicht mehr lebensfähig, sondern – wenngleich noch als fester Bestandteil und in der Regel als Arbeits- und Rechtseinheit («Familienbetrieb») berücksichtigt – eingeordnet in die übergreifenden Gemeinschaften, die anschließend betrachtet werden sollen.

II. Die Familie

Familia hatte im Mittelalter verschiedene Bedeutungen:[1] Es bezeichnete die Hausgemeinschaft oder den Verwandtschaftsverband im heutigen Sinn, aber, davon abgeleitet, auch die Klostergemeinschaft der Mönche oder den Hörigenverband im Rahmen der Grundherrschaft. Ein gerade für das Mittelalter aussagekräftiges Beispiel bildet der Bereich der Kirche: Zwischen ihr und dem Priester bestand gewissermaßen eine geistliche Ehe; daher war ihm eine weltliche Ehe verboten (eine Ansicht, die sich allerdings erst allmählich durchsetzte; mindestens bis zur großen Kirchenreform des 11. Jh. waren Priesterehen noch recht häufig).[2] Als *sponsa* (Braut) *Christi* verstanden sich sodann sowohl die Nonne als auch die Kirche selbst. Zu den am meisten ausgelegten Bibelbüchern zählte im Mittelalter das Hohelied (der Liebe), indem man die biblische Liebesmetaphorik auf Christus und seine Braut, die Kirche, bezog. Man hat in bezug auf diesen gesamten Komplex von einer «mystischen Ehe» gesprochen.[3] Solche Bedeutungen werfen ein bezeichnendes Licht auf das spezifisch mittelalterliche Verständnis; in diesem Kapitel soll allerdings die Familie im weltlichen Sinn behandelt werden.

1. Haus und Sippe

Die Familie des Mittelalters war keineswegs eindeutig definiert;[4] sie beinhaltete, wie erwähnt, sowohl den Verwandtschaftsverband als auch die Hausgemeinschaft, ohne daß beide Formen strikt getrennt wurden. (Wir sprechen noch heute vom «Königshaus», wenn wir die Familie meinen.) Der Verwandtschaftsverband als Ganzes, die Sippe, umfaßte im engeren Sinn (als agnatische Familie) die Blutsverwandten, im weiteren Sinn (als kognatische Familie) bezog sie die Verschwägerten ein. Zu großen Feiern und Festtagen kam manchmal die ganze Familie zusammen;[5] sie war im Mittelalter noch durch eine enge Zusammengehörigkeit und ein Einheitsbewußtsein geprägt – was freilich nicht ausschloß, daß auch damals Familienmitglieder miteinander in Zwist gerieten – und bildete eine Einheit auch im öffentlichen Leben, in der Regel aber nicht mehr eine Siedelgemeinschaft oder einen gesonderten Lebensbereich. Dieser manifestierte sich vielmehr im Haus. Die Hausgemeinschaft aber war nur teilweise mit dem Familienverband identisch; sie war einerseits aus der Großfamilie ausgegliedert und umfaßte nur noch die auf einer Ehe basierende Kernfamilie, also Mann, Frau und Kinder, sowie gelegentlich Eltern oder Seitenverwandte, die im Hause lebten, schloß dafür aber, als Familie in einem weiteren Sinn, alle anderen im Haus wohnenden Personen ein, also vor allem das Gesinde, das eben mit zur Familie gehörte, aber auch Gäste, die nur vorübergehend im Hause lebten, nicht zu vergessen die Verstorbenen, die in dem vielfältig ausgeprägten Gedächtnis der Familienmitglieder weiterlebten.[6] Sehen wir uns die Struktur dieser beiden Grundeinheiten, Haus und Sippe, etwas näher an.

Das *Haus* war im Mittelalter, in germanischer Tradition, herrschaftlich organisiert und damit auf den Mann bezogen. Räumlich gesehen, bildete es eine feste, schon früh durch einen Zaun abgegrenzte Einheit,[7] in der allein der Hausherr die rechtlich legitimierte Gewalt, die Munt, über sämtliche Hausgenossen ausübte. Der «Staat», d.h. der König mit seinen Organen, konnte die Rechte des Hausherrn nicht beschneiden und zunächst nur dann eingreifen, wenn mehrere Häuser oder Sippen sich befehdeten, und auch das lediglich dann, wenn er angerufen wurde. Das Haus war also ein autonomer Friedens- und Rechtsbezirk, in dem die private und öffentliche Sphäre zusammenfielen, weil der Hausherr auch Funktionen wahrnahm, die wir heute als staatlich bezeichnen würden. Nach der bis heute geltenden, von Otto Brunner und Walter Schlesinger entwickelten Theorie war die Munt (mit Einschränkungen) Ursprung und Keimzelle aller Herrschaftsformen des Mittelalters; auch die mittelalterliche Königsherrschaft trug noch deutliche Züge einer erweiterten Hausherrschaft (mit Hofämtern), und in der Grundherrschaft bestimmte der Grundherr über seine *familia*, den Hörigenverband.[8]

Im Todesfall ging in germanischer und frühmittelalterlicher Zeit der Hausherrenstuhl samt der Herrschaft auf den ältesten Sohn über, während die Brüdergemeinschaft erhalten und Gesamterbe blieb. (Das gilt wieder auch für das fränkische Königtum; weil alle Söhne ausgestattet werden mußten, kam es in fränkischer Zeit immer wieder zu Reichsteilungen, während das Reich insgesamt eine Einheit bilden sollte.) Die Witwe ging beim Tod des Mannes in die Munt des ältesten Sohnes über und wurde von diesem versorgt; war er noch minderjährig, so verwaltete sie den Besitz; oft erhielt sie aber auch einen Teil des Besitzes auf Lebenszeit.[9] Töchter waren erst nachrangig erbberechtigt, wenn keine Brüder da waren,[10] manchmal, wie im alamannischen Recht, nur dann, wenn sie standesgemäß heirateten. Auch hier mußte freilich nicht alles so harmonisch verlaufen, wie die Rechtsnorm es vorsah; sicher gab es auch Auflehnungen der Söhne gegen das Regiment des Vaters, wie wir es von Königssöhnen her kennen, die oft genug gegen den Herrscher rebellierten, um selbst an die Macht zu kommen. Tatsächlich war die Familie als Hausgemeinschaft dauernden Änderungen unterworfen: Jüngere Brüder zogen aus und gründeten ein eigenes Haus mit eigener Familie, die

Schwestern wurden verheiratet und gingen damit in Haus und Munt ihres Gatten über. Erst im Verlauf des Mittelalters rückte man mehr und mehr von der Idee der Brüdergemeinschaft ab und teilte den Grundbesitz – zumindest in einigen Gegenden wie in Alamannien – unter die Söhne auf (Realteilung); der Besitz des einzelnen wurde dadurch immer kleiner, wenn nicht – etwa über die Heirat – neue Besitzquellen erschlossen wurden. Andernorts ging der Besitz ungeteilt an den ältesten Sohn über; die jüngeren Brüder wurden «abgeschichtet», d. h. sie erhielten eine materielle Abfindung. Das war eine Ursache für eine soziale Mobilität. Jüngere Adelssöhne bildeten bald ein Problem; selbst häufig ohne Besitz, mußten sie sich in den Dienst größerer Herren begeben. Das Rittertum des hohen Mittelalters findet von daher ebenso eine Erklärung wie die Bereitschaft, auf den Kreuzzügen eine neue Heimat zu suchen. Auch der meist schon früh von den Eltern bestimmte Eintritt in ein Kloster war ein beliebter Ausweg. Das «Haus» hat im Laufe des Mittelalters also eine Entwicklung durchgemacht: Anfangs Grundeinheit und Kern der Herrschaft, löste es sich im Zusammenhang mit den Änderungen im Erbrecht im Laufe der Zeit zu einer kleineren Einheit mit beschränkteren Rechten auf.

Wie das Haus, bildete auch die *Sippe* nach den sog. germanischen Volksrechten eine öffentlich-rechtliche Institution, deren Bedeutung allerdings umstritten ist.[11] («Sippe» war kein zeitgenössischer Begriff.) Auch sie war ein Friedens- und Rechtsverband, der nach innen für Frieden und nach außen für Schutz sorgte. Verwandte leisteten zum Beispiel Eidhilfe vor Gericht; bei Streitfällen waren sie ursprünglich die Verhandlungspartner, die das Bußgeld für einen Totschlag oder eine Verletzung aushandelten, falls sie nicht auf der Blutrache bestanden. Das später von den Volksrechten für solche Fälle festgeschriebene Wergeld (Manngeld) war von der Sippe des Täters aufzubringen und an die Sippe des Geschädigten zu zahlen. Die Familie wachte auch über die Moral. Gregor von Tours, der bedeutendste Geschichtsschreiber der Merowingerzeit, berichtet von einer Frau, die sich mit einem Priester einließ und dafür von ihren Verwandten lebendig verbrannt wurde; den Priester nahm man gefangen und zwang ihn zur Zahlung eines Bußgeldes.[12] Nur ganz allmählich drängten auch hier die staatlichen Organe die Rechtshoheit der Sippe zurück; der einzelne blieb aber in seinen Familienverband eingegliedert, der auch später noch für Schäden haftbar gemacht werden konnte.

Ist die Funktion der Sippe als Rechtsverband auch unbestreitbar, so bleiben die Kompetenzen im einzelnen doch ebenso undeutlich wie ihre konkrete Abgrenzung. Wichtiger in unserem Zusammenhang ist zweifellos die Frage, wie die Familie im frühen Mittelalter überhaupt aussah. Die konkreten Verwandtschaftsgrade festzustellen, stößt jedoch auf erhebliche Schwierigkeiten, weil die Quellen uns nur selten Abstammungsverhältnisse überliefern und die Menschen nach germanischer Sitte nur noch einen *Namen* trugen.[13] Diese Einnamigkeit erlaubt meist keine eindeutige Identifizierung bestimmter Personen, geschweige denn eine genealogische Bestimmung der Abstammung. So überrascht es nicht, wenn die Familie des Frühmittelalters sich selten über einen längeren Zeitraum hinweg verfolgen läßt. Empfand man das früher nur als Hindernis für Genealogie und Personenforschung, so hat die vor allem von Karl Schmid gestellte Frage, weshalb die Personen eigentlich nicht eindeutig bestimmbar sind, inzwischen wertvolle Aufschlüsse über die Familienstruktur, vorab des Adels, im früheren Mittelalter zutage gefördert.[14] Tatsächlich wurde der Name, der im germanischen Sprachkreis zunächst mit einer bestimmten Bedeutung behaftet war,[15] bald zum Bestandteil der Familientradition und des «Erbgutes», weil in einer Familie gern bestimmte Namen an die Kinder weitergegeben wurden.[16] Da die germanischen Namen in der Regel zweigliedrig waren (Chlodo-vech), gab es zwei Möglichkeiten der Nachbenennung: Entweder vererbte sich der ganze Name oder aber nur ein Namenglied, das Stammglied oder das Endglied (sog. Namenvariation). Anfangs herrschte die zweite Methode vor. Zwei Söhne des Merowingerkönigs *Chlod*wig (Chlodo-vech) hießen *Chlod*omer und *Chlot*har; gern angeführt wird auch das (allerdings fiktive) Sagenbeispiel Hilde*brand* und Hadu*brand*. Seit dem 8./9. Jh. wurde es dagegen, zuerst beim Adel, zunehmend beliebter, den ganzen Namen (vom Vater, Großvater oder einem anderen Familienmitglied) zu vererben. Dadurch bildeten sich bestimmte Leitnamen aus, die ohne weitere Anhaltspunkte – etwa Besitznachfolge am gleichen Ort – zwar noch nicht für eine Identifizierung, eine Zuweisung zu einer bestimmten Familie oder gar für die Bestimmung des genauen Verwandtschaftsverhältnisses im Sinne der älteren Genealogie ausreichen, zumal es gegen ältere Annahmen keine festen Regeln der Namenweitergabe gab, aber doch Ausdruck eines namengebundenen *Familienbewußtseins* sind, so daß man nach ihnen gern die ganze Sippe benennt (wie Karolinger, Konradiner, Ottonen etc.). Karl, Ludwig oder Pippin waren zum Beispiel typische Karolingernamen. Der Name war dadurch nicht nur Vor-, sondern auch Sippenname (Schmid), der einzelne oft schon vom Namen her erkennbar in den Familienverband eingeordnet. Der Verfasser der Vita Bennonis etwa erwähnt ausdrücklich, daß dieser spätere Bischof von Osnabrück einen in seiner Familie üblichen Namen *(ex cognationis denominatione)* erhielt.[17] Es kam sogar vor, daß nach dem Tod eines Sohnes ein anderer einfach «umgetauft» wurde, damit der Name in der Familie erhalten blieb; Karlmann, ein Sohn Karls des Großen, wurde zum Beispiel später in Pippin umbenannt. Das Namengut richtete sich dabei durchaus nicht nur nach der Familie des Mannes, sondern ebenso, wenngleich in geringerem Maße, nach der Frau. Folglich herrschte im frühen Mittelalter kein streng agnatisches Bewußtsein vor, wie wir es von den Fürstenhäusern der Neuzeit her gewohnt sind, sondern ein kognatisches: Die Verwandtschaft der Frau schien prinzipiell ebenso wichtig wie die des Mannes. Schmid spricht deshalb von einer Sippenstruktur im Gegensatz zum (hoch- und spätmittelalterlichen) Adelshaus oder -geschlecht. («Sippe» ist hier allerdings in einem weiteren Sinn verwendet.) Die Namen wurden dabei gern der sozial höher stehenden Familie entnommen, um den sozialen Aufstieg anzuzeigen. Das beste Beispiel bilden die Karolinger selbst, deren Namen kaum der Familie des Bischofs Arnulf von Metz und seines Sohnes Ansegisel, sondern der Familie Pippins des Älteren folgten – Ansegisel hatte Pippins Tochter Begga geheiratet –, weil die Hausmeier eine höhere Stellung bekleideten als die Arnulfinger. Diese Verhältnisse erklären aber, weshalb sich eine frühmittelalterliche Familie selten über mehr als zwei oder drei Generationen verfolgen ließ: weil sie nämlich durch Einheirat dauernd ihren Namenbestand und damit auch ihr Familienbewußtsein änderte, die «Familie» sich also von Generation zu Generation wandelte. Gedenkbucheinträge, die ganze Familien dem Gebetsgedenken eines Klosters empfahlen, bilden hier noch ein fast unerschöpfliches Arbeitsfeld. Da in solchen Einträgen oft auch Bischöfe und Äbte in ihren Familienzusammenhang eingegliedert waren,[18] schuf das geistliche Amt keine strikte Trennung zwischen Klerus und Laien, vielmehr blieb der Familienzusammenhang gewahrt, eine Tatsache, die gern übersehen wird, wenn man im Mittelalter «Kirche» und «Welt» als Gegensätze begreift.

Das Selbstbewußtsein der Adelsfamilien war von der Stellung und Funktion ihrer höchsten Amtsträger geprägt; besonders wichtig waren die «Königsnähe» durch Bekleidung hoher, staatlicher Funktionen oder die Einheirat in das Königsgeschlecht (bzw. beides); die Familien in Königsnähe wandelten sich dabei von König zu König (Schmid). Wir besitzen aus dem frühen 9. Jh. ein gutes Dokument eines solchen Adelsbewußtseins in dem als Anleitung für ihren Sohn Wilhelm 841/43 verfaßten «Handbuch» der Dhuoda, der Gemahlin des Grafen Bernhard von Septimanien:[19] Dhuoda legte ihrem Sohn besonders drei Dinge ans Herz: reinen Glauben an Gott, Treue gegenüber dem König und Familientradition, und sie fügte vorsorglich eine Liste der Verwandten an. Das Bewußtsein der Familie aber orientierte sich auf den Königshof hin. Andere Familien richteten ihr Interesse auf ein Bistum und suchten immer wieder Angehörige auf einen bestimmten Bischofsstuhl zu bringen; in Konstanz folgten im 9. Jh. drei Salomone aufeinander. Auch die Heiligenvita war vielfach eine von Verwandten geschriebene Form der Familientradition;[20] später wurden eher Adelstitel ausschlaggebend. Gelang es einer Familie nicht, ihren Mitgliedern immer wieder hohe Stellungen zu verschaffen, so stieg sie sozial ab (Schmid). Wir erkennen daran, wie sehr das Bewußtsein der Adelsfamilien des frühen Mittelalters von ihren Würden und Ämtern abhing.

Ein *Wandel in der adligen Familienstruktur* trat erst im hohen Mittelalter ein. Schon vorher galten Söhne als wichtig für eine legitime Erbfolge, und Heilige wurden gern um einen Sohn angefleht. Im 11./12. Jh. gewann der Adel, und zwar zunächst bezeichnenderweise der kleinere Adel, der nicht allen von vornherein bekannt war, einen festen Bezugspunkt in seiner Stammburg, nach der er sich nun benannte.[21] (Davon leitete sich das Adelsprädikat «von» ab.) Die Familie war bald kein offener Sippenverband mehr, sondern ein festes Geschlecht, ein «Haus», in dem das agnatische Prinzip vorherrschte. Die Adelsfamilien begannen, ihre *genealogiae* in Listen oder Stammbäumen festzuhalten, und gaben eigene Hausgeschichten in Auftrag.[22] Die Familie hatte einen festen Mittelpunkt gefunden, der auch der Genealogie von nun an genauere Aussagen ermöglicht.

Haben wir bisher die Struktur der Adelsfamilien betrachtet, so waren die noch wenig untersuchten Verhältnisse bei den *Unterschichten* grundsätzlich offenbar ähnlich:[23] Die Hörigen waren – entgegen älterer Meinung – in der Regel, wenn auch nicht durchweg, verheiratet,[24] wobei der Herr anfangs wohl das Recht hatte, den Ehepartner zu bestimmen[25] oder das Paar, etwa bei Verkauf, wieder zu trennen. Imma, die Gemahlin Einhards, verwendete sich bei einer Freundin für deren Knecht, der eine Freie geheiratet hatte, dann aber aus Furcht vor seinem Herrn nach Seligenstadt entflohen war und dort um Asyl gebeten hatte.[26] Auch hier gab es also Familien und Familienzusammenhänge. Die Namen der Kinder waren ebenfalls denen beider Elternteile nachgebildet.[27] Der Hinweis mag an dieser Stelle genügen, da auf die bäuerliche Familie im Kapitel über die Grundherrschaft noch genauer einzugehen ist.

2. Die Ehe

a. Eheschließung

Gründungsmoment und Grundlage der Familie bildete die Ehe. Die Eheschließung war ursprünglich ein ebenfalls sippenrechtlicher Vorgang, der zur Versippung zweier Familien führte, deren Einverständnis folglich notwendig war. (Im abendländischen Kulturkreis waren überall sippenexogame Ehen üblich.) Eine St. Galler Formel aus dem 9. Jh. über die Ausstattung einer Ehefrau begann mit den Worten: «Hiermit sei allen (Menschen) bekanntgemacht, daß ich mit der Zustimmung unserer beider Eltern deine Nichte namens N. zur Frau nehme».[28] (Der Oheim spielte im germanischen Recht eine besondere Rolle, zumal wenn der

Vater verstorben war.) Mit der Heirat ging die Frau aus der Munt, also dem Schutz wie der Herrschaft, der Eltern in die Munt des Ehemannes über (Abb. 4). Daß solche Ehen oft eher dem Willen der Eltern als der Verheirateten und vor allem der Braut entsprachen, liegt auf der Hand;

Abb. 4 Eine mittelalterliche Hochzeit: Die Eltern präsentieren die Braut (Herrad von Landsberg, Hortus deliciarum, 12. Jh. Illustration zu Luc. 14,20.).

erst im Laufe der Zeit forderten kirchenrechtliche Bestimmungen eine Einwilligung der Braut, bis die Ehe schließlich allein zwischen Bräutigam und Braut geschlossen wurde.[29] Dennoch wurden viele Ehen auch weiterhin schon früh von den Eltern gestiftet. Das kanonische Mindestalter betrug später 14 Jahre für den Mann, 12 Jahre für die Frau, das durchschnittliche Heiratsalter dürfte beim Mann zwischen 20 und 24, bei der Frau zwischen 14 und 16 Jahren gelegen haben, möglicherweise werden hier die wenigen bekannten Beispiele von Frühehen aber auch überbewertet.[30] Zumindest bei den Oberschichten war die Eheschließung häufig ein Mittel des sozialen Aufstiegs und eine politische Angelegenheit, so daß, zumal bei Frühehen, Liebesheiraten wohl kaum allzu häufig vorkamen. Die zweite Ehe Ludwigs des Frommen mit der Welfin Judith stürzte das Fränkische Reich bekanntlich in eine schwere Krise, weil entgegen den früheren Reichsteilungsplänen nun noch der nachgeborene Karl (der Kahle) ausgestattet werden mußte. Dadurch kam es zu den Brüderkämpfen, die erst in der Teilung von Verdun (843) eine weitgehende Lösung fanden.[31]

Die Eheschließung selbst vollzog sich in festen *Formen:* Der *petitio* (Bitte im Sinne von Werbung) folgte die Verlobung *(desponsatio),* die durchaus bindenden Charakter hatte, und schließlich die Hochzeit selbst *(nuptiae).* Zuvor zahlte der Bräutigam die Brautgabe, das Wittum *(dos),* zunächst an die Sippe der Braut, später an die Braut selbst,[32] in deren Besitz sie, gewissermaßen als Witwenversorgung, zumindest teilweise verblieb. Bei begüterten Personen bestand das Wittum in der Regel aus einem Landgut mit Haus, Speichern, Ländereien, Vieh und Hörigen, außerdem aus Kleidern und Schmuck. Der Wert richtete sich nach dem Vermögen des Bräutigams; Ludwig der Deutsche schenkte seinem Sohn Karl 76 Hufen im Breisgau, mit denen der Sohn die Frau, «die sein Herr (Vater) ihm gab», «dotieren» konnte.[33] Die erhaltenen Heiratsurkunden sprechen oft eine Strafandrohung gegen die Verwandten aus; man mußte also damit rechnen, daß die Erben des Mannes der Frau das Wittum wieder streitig machen würden. Erbe des in die Ehe eingebrachten Gutes war nämlich nicht der Ehegatte, sondern, wenn keine Kinder da waren, jeweils die Familie des Mannes oder der Frau.[34] Die «Trauung» (*traditio,* also eigentlich die Übergabe) war ein feierlicher, und zwar weltlicher und öffentlicher, durch Zeugen abgesicherter Rechtsakt, bei dem das Jawort das entscheidende Element bildete.[35] Danach folgte die «Heimführung» der Braut in das Haus des Mannes und die «Beschreitung» (bzw. Beliegung) des Ehebettes vor den Verwandten, die den Brautleuten wohl noch schnell letzte Ratschläge erteilten. Nach der Hochzeitsnacht erhielt die Frau die «Belohnung» in Form der Morgengabe, die aber bald, auch begrifflich *(dos),* mit dem Wittum verschmolz. In christlicher Zeit kam schließlich noch der Segen des Priesters hinzu.

Die hier beschriebene Muntehe setzte sich im Verlauf des frühen Mittelalters allgemein durch. Anfangs gab es daneben aber noch andere *Eheformen:* Nicht immer wurde die Ehe durch einen Vertrag zwischen den Sippen, sondern auch durch Frauenraub (ohne Einwilligung der Braut) bzw. Frauenentführung (mit ihrer Einwilligung, aber gegen den Willen der Familie) geschlossen. Volksrechte, Kapitularien und Konzilsbeschlüsse wandten sich schon früh gegen ein solches Verfahren; das älteste fränkische Recht, der «Pactus legis Salicae», drohte selbst demjenigen mit der Todesstrafe, der eines anderen Sohn oder Tochter anstiftete, ohne Zustimmung der Verwandten zu heiraten.[36] Die Häufigkeit solcher Sanktionen weist aber darauf hin, daß Frauenraub in fränkischer Zeit noch recht verbreitet war. Auch später kam er noch vor, war aber wohl auf einzelne Fälle beschränkt. Thietmar von Merseburg, ein Geschichtsschreiber des frühen 11. Jh., erzählt, ein Graf Liuthar von der Nordmark habe im Jahre 998 die Tochter des Markgrafen Ekkehard von Meißen für seinen Sohn Werner erbeten; die Sippen traten zusammen, und Ekkehard gab zunächst seine Zustimmung, zog sie dann aber aus unbekannten Gründen wieder zurück; daraufhin entführte Werner die Braut. Die Äbtissin Mathilde von Quedlinburg, die zu jener Zeit das Reich verwaltete, rief zur Verfolgung des Friedensbrechers auf. Gegen den Willen der Braut beschlossen die Großen auf einem Magdeburger Reichstag die Rückgabe der Frau, die nun bis zum Tode des Vaters warten mußte, dann allerdings zu ihrem Mann zurückkehrte.[37] (Man wird also nicht behaupten können, daß Liebe im Mittelalter gar keine Rolle gespielt habe.)

Betraf die Entführung nur die Form der Ehe*schließung*, so gab es anfangs auch eine weitere Form der Ehe, die anstelle oder auch neben der Muntehe geschlossen wurde: die sogenannte *Friedelehe.* Sie beruhte auf der Willensübereinkunft von Mann und Frau und war damit – oft im Gegensatz zur politisch bestimmten Muntehe – gewissermaßen eine «Liebesehe» (althochdeutsch *friudila* = Freundin, Geliebte). Sie wurde ohne Trauung und Brautgabe, aber mit Morgengabe vollzogen und war ebenfalls öffentlich. Der Mann konnte also nur eine Ehefrau, aber, falls er es sich leisten konnte, mehrere Friedelfrauen haben; der Frau hingegen war es anscheinend versagt, ihrerseits mehrere Friedelehen einzugehen. Bei den merowingischen und frühkarolingischen Königen lassen sich die verschiedenen Eheformen noch nebeneinander beobachten.[38] Bald aber wurde die Friedelehe von der Kirche verurteilt, mehr und mehr in die Nähe des Konkubinats gerückt und in der Praxis davon kaum mehr unterschieden. Eine Konkubine aber hatte keine Rechte. So wirkte die alleinige Anerkennung der Muntehe schließlich auch auf die oben beschriebene Familienstruktur und das Erbrecht zurück (Mikat). Konkubinen gab es nebenbei natürlich weiterhin, vor allem auch Kebsverhältnisse zwischen einem Freien oder Adligen und einer Unfreien; sie galten zumindest anfangs weder als Ehebruch noch als Ehe, weil Ehen außerhalb des eigenen Standes nach germanischem Recht untersagt waren; wohl aber besaßen die Kinder ein gewisses Recht auf Versorgung. Uneheliche Königssöhne waren zwar von der Erbfolge ausgeschlossen, aber sie wurden doch gut ausgestattet oder erhielten ein hohes Amt. Daß ein Herr gern ein Verhältnis mit einer seiner Mägde anfing, die in seiner unmittelbaren Umgebung lebten, wird man sich vorstellen können, und anfangs hatte er gewissermaßen auch ein Recht dazu, bis die Kirche auch hier Grenzen zu setzen versuchte: Nach einem kanonischen Handbuch Reginos von Prüm aus dem frühen 10. Jh. sollte, wer als verheirateter Mann mit der eigenen Magd schlief, ein Jahr Buße tun, während für die Magd 40 Tage genügten, sofern sie nicht eingewilligt hatte.[39] Die freie Frau, die sich mit einem Knecht einließ, wurde erheblich strenger, nämlich mit dem Tode, bestraft.[40] In solchen Bestimmungen zeigt sich die kirchliche Einflußnahme.

b. Der Einfluß der Kirche

Die Eheschließung war im frühen Mittelalter trotz des großen kirchlichen Einflusses ein weltlicher Akt. Die Kirche kannte keine spezielle Form der Eheschließung, war aber meist durch den Segen des Priesters beteiligt, der seit dem 4. Jh. bezeugt ist. Zwischen dem 9. und dem 12. Jh. wurde dafür ein fester kirchlicher Ritus entwickelt.[41] Seit dem 12. Jh. wurde die kirchliche Einsegnung immer üblicher; es gab auch das Aufgebot, und der Brauch wurde üblich, daß der Priester der Braut einen Ring aufsteckte. Die Ehe wurde nun als Sakrament aufgefaßt.

Gab es vorher auch keine priesterliche Trauung, so wirkte die Kirche durch *Ehetheorie* und kanonisches Eherecht doch maßgeblich in den Ehealltag hinein. Dabei befand sie sich zunächst im Zwiespalt, weil die Ehe auch als eine Institution des Sündenstandes galt; in der Ewigkeit brauchte man, wie ein Schriftsteller des 10. Jh. feststellte, keine Hochzeiten und keine Vermehrung mehr, da die Zahl der Gerechten erfüllt sein würde.[42] Die Bewahrung der *Jungfräulichkeit* galt vor allem anfangs als hohes Ideal; die Heiligenviten der Spätantike und des frühen Mittelalters verbanden Märtyrertum – das Heiligenideal schlechthin – bei Frauen gern mit dem Ideal der Jungfräulichkeit und verehrten heilige, christliche Jungfrauen, die sich einem heidnischen Mann verweigerten und dafür den Märtyrertod starben, oder sie handelten von verheirateten Frauen, die der Ehe entfliehen wollten.[43] Vielfach wiederholt wurde das Gleichnis von den drei «Ständen», das im «Speculum virginum» aus dem 12. Jh. eine bekannte künstlerische Darstellung fand: Die Ehefrauen brachten danach die 30fache Ernte ein, die Witwen schon die 60fache – offenbar war es selig, den Mann zu überleben –, die Jungfrauen aber die 100fache.

Keuschheit vor der Ehe war ohnehin selbstverständliche Forderung; so aber galt es als verdienstvoll, die Keuschheit auch in der Ehe zu bewahren. Gregor von Tours erzählt anläßlich einer von den Eltern vorbestimmten Hochzeit eines Mannes aus senatorischem Adel mit einer reichen Erbtochter, die Frau sei am Hochzeitstag in tiefe Trauer geraten und habe schließlich gestanden, daß sie sich bereits Christus verlobt habe und mit dieser Ehe nun ihre Chancen auf das Paradies dahinschwinden sehe; beide gelobten, fortan eine Ehe in Keuschheit als Ausdruck wahrer Liebe zu führen, die sich zuguterletzt noch in einem Wunder offenbarte, denn nach dem Begräbnis fand man die zuvor getrennten Gräber plötzlich vereint.[44] Daß ein solches Wunder bereits den Ausnahmefall anzeigt und das Ideal kaum der alltäglichen Wirklichkeit entsprach, versteht sich von selbst. Man war wohl auch geneigt, Kinderlosigkeit nachträglich als Zeichen heiliger Keuschheit zu interpretieren, wie im Fall Kaiser Heinrichs II. und seiner Gemahlin Kunigunde. In dieser Zeit hatte sich das Ideal jedoch bereits verschoben: Nicht mehr Jungfrauen, sondern überwiegend verheiratete Frauen wurden jetzt heiliggesprochen.

Trotz anfänglicher Idealisierung der Ehelosigkeit stand die ambivalente kirchliche Theorie der Ehe insgesamt doch positiv gegenüber: Die Ehe war nicht nur relativ gut als eine dem Sündenstand gemäße Einrichtung, sondern von Gott bereits mit der Schöpfung eingesetzt, so daß vielfach schon der paradiesische Zustand, obgleich (noch) kinderlos, als Ehe interpretiert wurde; sie war die natürliche Lebensgemeinschaft von Mann und Frau.[45] Auf mancher Abbildung von Ehepaaren krönt oder segnet Christus die Ehepartner, reichen diese sich die rechte Hand; auf Gräbern finden sich häufig gemeinsame Grabplatten von Mann und Frau. Auch der (dreifache) *Zweck der Ehe* galt als gut: Sie diente, zuerst und gewissermaßen verpflichtend, der Fortpflanzung; nach mancher Theorie begann die Ehe nicht mit der Trauung, sondern mit dem ersten Geschlechtsverkehr.[46] Die Ehe sollte nach Meinung der Theologen ferner der Verbreitung der Liebe förderlich sein – demnach führte die Ehe zur Liebe, nicht umgekehrt[47] – und schließlich mit Berufung auf den Apostel Paulus Unzucht *(fornicatio)*, d.h. jede Form außerehelicher Sexualität, vermeiden helfen; man hat die Ehe daher auch als «legitimierte Unzucht» charakterisiert. Freiwillige Keuschheit galt aus dieser Sicht keineswegs nur als Ideal: Im Gegenteil, karolingische Kapitularien stellten es unter Strafe, nicht mit dem eigenen Ehepartner zu schlafen (was folglich auch vorgekommen sein muß).

Vor diesem Hintergrund griff das kirchliche *Eherecht* als Wächter über die Rechtmäßigkeit der Ehe und des Ehealltags entscheidend in die Praxis ein; die Synoden entwickelten eine rege Ehegesetzgebung, kirchliche Bußbücher prangerten eheliche Verfehlungen an und gestatten auf diese Weise einen Blick in die Wirklichkeit.[48] Das kirchliche Eherecht, das, wie erwähnt, von der Muntehe ausging, verlangte eheliche Treue. Ehebruch, besonders der Frau, wurde streng bestraft. Der Mann mußte meist eine mehrjährige Buße bis zu sieben Jahren auf sich nehmen und während dieser Zeit Enthaltsamkeit üben (manchmal auch gegenüber der eigenen Frau, die auf diese Weise gleich mitbestraft wurde), und es war verboten, jemanden zu heiraten, mit dem man zuvor Ehebruch begangen hatte.[49] Wieweit solche Rechtsbestimmungen in der Praxis tatsächlich angewandt wurden, wissen wir allerdings nicht. Hier hatte man sich auch mit recht merkwürdigen Fällen auseinanderzusetzen; in Tribur beriet man über die Möglichkeit, daß ein Mann mit der (im Hause lebenden) Schwester der Frau schlief, ohne es zu merken, und damit «schuldlos schuldig wurde»[50] (ein später in der Epik beliebtes Motiv). Die Regel war freilich bewußter Ehebruch, der trotz der strengen Strafen vorkam: Ein angeblich vom Teufel besessener Gutsverwalter in Utrecht deckte beim Exorzismus plötzlich Ehebruch und Unzucht vieler Mitmenschen auf und erzeugte dadurch verständlicherweise Verwirrung und Streit in der Stadt.[51]

Das Kirchenrecht griff aber schon in die Eheschließung selbst ein, indem es festlegte, wen man überhaupt heiraten durfte. Bereits nach germanischem Recht waren Ehen mit engen Verwandten, mit der Frau eines anderen oder mit Frauen aus einem anderen Stand ausgeschlossen. Dazu zählte auch die angeheiratete Sippe; ein Edikt Childeberts von 596 verbot den königlichen Gefolgsleuten die Ehe mit der Frau des Bruders, der Schwester der Frau und Blutsverwandten der Eltern;[52] Heirat mit einer (zweiten) Frau des Vaters wurde mit der Todesstrafe geahndet. Die germanische Vorstellung zählte die Verwandtschaft nach Magschaften und benutzte das Bild des Körpers: Den Kopf bildeten das Ehepaar mit Kindern und Geschwistern; im Schultergelenk standen Großeltern, Enkel, Onkel und Tanten, Neffen und Nichten; im Ellbogengelenk Urgroßeltern, Urenkel, Großneffen usw. Die christliche Theorie zählte dagegen nach Verwandtschaftsgraden, das heißt nach dem Abstand vom Stammvater in der direkten und in der Seitenlinie: Ehepaar und Geschwister bildeten den 1. Grad, Kinder, Eltern sowie Kinder der Geschwister den 2. Grad usw.; häufig überlieferte Verwandtschaftstafeln halfen bei der Übersicht. Das Kirchenrecht verbot Verwandtenehen zunächst bis zum 7., später bis zum 4. Grad, ohne daß sich hier eine einheitliche Handhabung durchsetzte.[53] Für den weitverzweigten Adel wurde es damit allerdings oft schwierig, überhaupt noch passende Ehepartner zu finden. Hatte das Konzil von Orléans von 541 noch die Heirat mit einer *filia aliena*, einer Frau nichtfränkischer Herkunft, verboten,[54] so wurde dieses Prinzip bald zwangsläufig aufgegeben. Obwohl es tatsächlich viele Verwandtenehen gab – Pippin I. war beispielsweise mit Bertrada, einer Großnichte seiner Großmutter Plektrud, der Gemahlin Pippins des Mittleren, verheiratet, also im 3. Grad verwandt –, die teilweise von der Kirche angeprangert, aber auch umgekehrt als Scheidungsgrund geltend gemacht wurden, richtete sich die Mehrzahl der Ehen wohl doch nach den kirchenrechtlichen Bestimmungen. Das verstärkte die Neigungen zu Mischheiraten zwischen Partnern aus verschiedenen Gesellschaftsschichten und förderte die oben angesprochene Möglichkeit des sozialen Aufstiegs mittels der Ehe.[55]

c. Ehescheidung

Die Auflösung einer Ehe war zunächst wohl eine relativ einfache Angelegenheit, die durch die christliche Theorie der Unauflöslichkeit der Ehe seit dem 9. Jh. dann immer stärker eingeschränkt wurde. Anfangs konnte die Ehe durch beiderseitige Übereinkunft oder einseitig durch Verstoßung der Frau seitens des Mannes aufgelöst werden, falls ein hinreichender Grund vorlag, z. B. weil ein Partner, den man für frei hielt, tatsächlich unfrei war oder später unfrei wurde,[56] bei Ehebruch der Frau oder – bereits unter christlichem Einfluß – bei dem Eintritt eines Partners in ein Kloster,[57] nach Jonas von Orléans im 9. Jh. ursprünglich auch bei körperlichen Gebrechen oder Armut, Gründen, die er allerdings schon nicht mehr anerkennen wollte.[58] Die Synode von Tribur von 895 wies dann auch Rechts- oder Standesungleichheit als Scheidungsgrund zurück;[59] selbst Ehebruch galt bald nur noch bedingt als hinreichender Grund; anerkannt blieb regelmäßig allein der Nachweis, daß die Ehe von vornherein, etwa wegen zu naher Verwandtschaft, ungültig geschlossen war. Eine Wiederheirat wurde schon nach fränkischem Volksrecht erschwert und setzte die Zahlung eines «Reifgeldes» durch den zweiten Mann und die Zustimmung der Verwandten des ersten Mannes voraus: Die Frau mußte sich gewissermaßen von der Sippe des ersten Mannes freikaufen, vor Zeugen eine Bank mit Stühlen bereitstellen, Bett und Bettdecke schmücken und dann zurücklassen; erst dadurch erhielt sie Frieden vor den Verwandten und durfte zwei Drittel ihrer Ehegabe (dos) mit in die neue Ehe nehmen. Beim Mann verhielt es sich ähnlich.[60] Nach kirchlichem Recht wurde eine Wiederheirat dann bei strenger Strafe verboten, solange der Ehepartner noch lebte.[61]

In der Praxis war die Auflösung einer Ehe, zumal in höheren Kreisen, wie die Ehe selbst aber nicht nur eine Rechtsfrage, sondern auch eine politische Angelegenheit. Vier bekannte Beispiele mögen das verdeutlichen:

1. Zur Zeit der Merowinger gab es kaum Probleme in dieser Hinsicht. *Charibert*, ein Sohn Chlothars I., von 561 bis 567 König im Teilreich von Paris, nahm nach Gregor von Tours zuerst Ingoberga zur Frau, vergnügte sich dann mit zwei ihrer Dienerinnen, verließ Ingoberga und nahm eine von ihnen, Merofledis, zur Frau, heiratete außerdem aber noch die

Schäferstochter Theudogildis und dann Marcoveifa, die Schwester der Merofledis. Dafür wurde er, allerdings nicht wegen der Wiederheirat, sondern wegen der Verschwägerung und ohne große Wirkung, exkommuniziert. Erst der als Gottesurteil verstandene Tod der Marcoveifa beendete den Zustand.[62]

2. Im 9. Jh. war alles schon sehr viel schwieriger geworden. Geradezu Berühmtheit hat die Scheidungsaffäre *Lothars* II. erlangt, in einer Zeit, als die Kirche begann, stärker auf Einhaltung der Ehe zu achten.[63] Lothar hatte 855 die hochadlige Thietberga, eine Schwester des Laienabtes Hucbert von St. Maurice, geheiratet, strebte aber seit 857 eine Scheidung an, um seine Geliebte oder vielleicht Friedelfrau Waldrada zu heiraten, die er schon seit seiner Jugend kannte und die ebenfalls adlig war.[64] Wieweit dabei Liebe im Spiel war, wie Regino von Prüm in seiner Chronik behauptet, läßt sich nicht mehr nachprüfen. Fest steht aber, daß Thietberga kinderlos geblieben war, während Lothar von Waldrada einen Sohn hatte, der bei einer Heirat Nachfolger in seiner noch ungesicherten, von den Oheimen bedrohten Herrschaft geworden wäre. (Die späteren Reiche bildeten sich in dieser Zeit ja erst aus.) Da die Unfruchtbarkeit Thietbergas als Scheidungsgrund bereits nicht mehr ausreichte – in solchen Fällen pflegte man an das biblische Beispiel Saras zu erinnern, die dem Abraham noch mit 90 Jahren einen Sohn geboren hatte –, wurde Thietberga Blutschande mit ihrem Bruder vorgeworfen. (Man mußte also schon recht massiv werden, um einen hinreichenden Grund zu finden.) Zwar konnte sie sich von der Anklage zunächst durch ein Gottesurteil reinigen, wurde dann jedoch dazu veranlaßt, ein Geständnis abzulegen, so daß die Ehe doch noch geschieden wurde. Da damit eine Wiederheirat aber immer noch ausgeschlossen blieb, mußte Lothars Ehe auf einer Synode von Aachen 862 überhaupt für ungültig erklärt werden. Erst jetzt konnte Lothar sich mit Waldrada vermählen bzw. suchte man diese als seine von vornherein rechtmäßige Gattin hinzustellen, während Thietberga ins Westfrankenreich floh und an den Papst Nikolaus I. appellierte: Die Erzbischöfe Thietgaud von Trier und Gunthar von Köln, die die Scheidung durchgeführt hatten, wurden abgesetzt, obwohl die päpstlichen Legaten Lothars Ehe mit Waldrada zuvor anerkannt hatten. Der neue Legat, Bischof Arsenius von Orte, zwang Lothar unter Androhung des Bannes, Thietberga wiederaufzunehmen (865); der König aber konnte seine Gemahlin dazu bewegen, nun ihrerseits den Papst um Annullierung ihrer Ehe zu bitten. Dazu war Nikolaus jedoch nur unter der Bedingung bereit, daß beide fortan ehelos leben würden. Arsenius exkommunizierte Waldrada und verbot Lothar für alle Zeiten, sie zu heiraten (866). Nach dem Tod Nikolaus' I. bat Lothar den neuen Papst, Hadrian II., 867 noch einmal um eine Scheidung; er begab sich nach Rom und unterzog sich einer Abendmahlsprobe, um seine Unschuld zu erwei-

sen, doch bevor es zu einer erneuten synodalen Untersuchung kommen konnte, starb Lothar auf dem Rückweg; sein Tod wurde von den Zeitgenossen als Gottesurteil empfunden. Lothar hatte sein über Jahre hinweg so konsequent verfolgtes Ziel nicht erreicht; sein Reich wurde im Vertrag von Meersen 870 zwischen seinen Oheimen Karl dem Kahlen im Westen und Ludwig «dem Deutschen» im Osten aufgeteilt, ein Schritt auf dem Wege zur Entstehung Deutschlands und Frankreichs.

3. Ein weiteres bekanntes Beispiel bildet die Eheaffäre *Ottos von Hammerstein* im frühen 11. Jh.[65] Dieses Mal wurde die Ehe wegen zu naher Verwandtschaft – beide waren im 4. Grad miteinander verwandt – von außen gegen den Willen der Partner bedroht. Dabei schien es nicht unwichtig, daß dem Kaiser, Heinrich II., die Ehe des Konradiners mit Irmingard aus politischen Gründen – Otto und seine Familie zählten zu den Gegnern des Kaisers – wie auch wegen territorialer Gegensätze zum Erzbischof von Mainz nicht genehm war. Eine Synode von Nimwegen 1018 exkommunizierte die Eheleute, die mehrfachen Vorladungen nicht gefolgt waren und auch diesen Spruch nicht beachteten. Eine Mainzer Synode von 1023 urteilte dennoch weniger streng, weil Otto sich angeblich gebessert hatte; in Seligenstadt suchte man gar die Verwandtschaftsgrade anders zu berechnen und verbot Appellationen nach Rom; der Prozeß fand nämlich vor dem Hintergrund einer Kraftprobe zwischen dem deutschen Episkopat und dem Papst statt, an den Irmingard appelliert hatte! Als der Papst dem Mainzer Erzbischof Aribo verbot, das Pallium zu tragen, löste das einen Proteststurm der deutschen Bischöfe aus. Das Verfahren gegen Otto von Hammerstein aber wurde schließlich auf Bitten des neuen Kaisers, Konrads II., eingestellt.

4. Ein letztes Beispiel (nach dem Bericht Lamperts von Hersfeld) stammt aus dem späteren 11. Jh.:[66] Auch König *Heinrich IV.* wollte sich von seiner Gemahlin Bertha scheiden lassen, ohne allerdings einen triftigen Grund vorbringen zu können. Er sei nicht imstande, hieß es, die eheliche Gemeinschaft mit ihr zu vollziehen *(cum ea maritalis copiam habere).* Um wieder heiraten zu können, schwor er, die Jungfräulichkeit seiner Gemahlin bewahrt zu haben. Den Anwesenden aber erschien das (so Lampert) mit der Würde des Königs unvereinbar. Als die Fürsten und Bischöfe auf einer Synode von Mainz dennoch bereit schienen, dem König nachzugeben und die Ehe zu scheiden, erhob der päpstliche Legat, Petrus Damiani, Einspruch, weil ein König nicht ein so unchristliches Beispiel geben dürfe. Die Großen schlossen sich dem an, und Heinrich mußte seine Gemahlin behalten (die dann auch, etwa bei seinem berühmten Canossagang, stets an seiner Seite blieb). Erst nach ihrem Tod (1087) konnte Heinrich zum zweiten Mal heiraten.

Die vier Beispiele verdeutlichen, welche Entwicklung die Unauflöslichkeit der Ehe im Laufe der Jahrhunderte genommen hat. Scheidungen

Abb. 5 Spätere Darstellung einer Ehescheidung durch den Priester, der den Ehemann von Frau und Kind trennt (Sachsenspiegel, Heidelberger Bilderhandschrift, um 1330).

wurden immer schwieriger; ihre Durchsetzung aber hing nicht nur von dem zunehmenden Einfluß der Kirche (Abb. 5), sondern in erheblichem Maß von den politischen Konstellationen ab. Wie häufig Scheidungen, vor allem auch in den unteren Gesellschaftsschichten, vorkamen, wissen wir nicht. Wenn kirchliche Synoden sich jedoch immer wieder mit ihnen beschäftigten, so stellten sie wohl doch ein ernsthaftes Problem dar.

Daß Ehe und Hausgemeinschaft in Theorie und Rechtspraxis im wesentlichen von der Herrschaft des Mannes bestimmt wurden, ist schon deutlich geworden. Um so wichtiger aber scheint es, auch die Rolle der Frau im Rahmen der Familie näher zu beleuchten.

3. Die Ehefrau

Über die Frau im Mittelalter ist in letzter Zeit soviel geschrieben worden, daß es trotz aller Wissenslücken unmöglich ist, ihre Stellung in der mittelalterlichen Gesellschaft kurz zusammenzufassen.[67] Um ihre Funktion in der Familie richtig einschätzen zu können, sind zumindest aber einige allgemeine Bemerkungen vorauszuschicken. Daß die Frau im Mittelalter gegenüber dem Mann erheblich benachteiligt war, ist eine feststehende Tatsache: Frauen waren aus der Amtskirche und von der aktiven Beteiligung am Gottesdienst – nicht freilich vom religiösen Leben[68] – und weithin auch von politischen Ämtern ausgeschlossen. Bei der Beurteilung solcher Verhältnisse ist allerdings zweierlei zu bedenken: Einmal wurde die Minderschätzung auch von den Frauen selbst noch nicht als diskriminierend, sondern als natürlich empfunden; es gab noch kein Emanzipationsbewußtsein. Die Frau galt als von Natur aus anders; Isidor von Sevilla verband in seiner etymologischen Enzyklopädie *vir* (Mann) mit *virtus* (d.h. Tüchtigkeit, aber auch Tugend!), *mulier* (Frau) aber mit *mollitia* (d.h. Schwäche, aber auch Zärtlichkeit). Die Nonne Liutbirg, die im 9. Jh. lebte, hätte, so versichert ihr Biograph, der ihre mannhafte Stärke bewunderte, *docibilis,* Lehrmeisterin, sein können, wenn die Schwäche des Geschlechts dem nicht entgegengestanden hätte.[69] In Ständespiegeln, die im allgemeinen zwischen gesellschaftlichen Funktionen (als König, Bischof, Richter, Bauer usw.) unterschieden, erschienen Frauen manchmal als eigene Gruppe mit spezifischen Merkmalen und Gewohnheiten; dieser «Stand» der Frauen begegnet in der Hierarchie nicht zufällig ziemlich am Schluß.[70]

Zum anderen bedeutete die Minderstellung keineswegs Mißachtung, vielmehr sollte die Frau besonders geehrt und vor allem geschätzt werden; wirklich frauenfeindliche Äußerungen begegnen erst in der bürgerlichen Literatur. Schutz und Herrschaft bedingten sich im Mittelalter gegenseitig; die Ehefrau, die der Munt des Mannes anvertraut war, stand also unter seiner Vormundschaft, aber auch unter seinem Schutz. Die germanischen *Volksrechte* zeugen von einer patriarchalischen Familienordnung und griffen in das eheliche Leben nur wenig ein; dafür suchten sie die Frau aber vor anderen Männern und deren Zudringlichkeit zu schützen. Bereits das älteste fränkische Volksrecht, der «Pactus legis Salicae», drohte hier hohe, gestaffelte Geldstrafen an: Wer den Finger einer freien Frau berührte, zahlte 15 Schillinge, wer den Arm berührte, 30, wer sich bis zum Ellenbogen vorwagte, 35, wer die Brust berührte, «so daß Blut herausspritzte», 45 Schillinge.[71] Im alamannischen Recht lagen die Bußsätze niedriger, dabei ging es aber nicht mehr um (schmerzhafte) Berührung, sondern um Entblößung: Wer einer unverheirateten, freien Frau unterwegs *per raptum* – also gewissermaßen in einem Akt von «Vergewaltigung», nämlich gegen ihren Willen – das Haupt entblößte, zahlte drei (oder sechs),[72] wer ihre Kleider bis zum Knie hob, sechs Schillinge; wer sie soweit anhob, daß ihre Genitalien *vel posteriora* sichtbar wurden, zahlte 12 Schillinge; sollte er sie gar «verunzüchtigen» *(fornicaverit),* so waren 40 Schillinge fällig. Bei einer verheirateten Frau verdoppelten sich die Bußsätze.[73] Witwen wurden vor allem während ihrer Trauerzeit von 30 Tagen vor zudringlichen Männern geschützt.[74] Besonderer Schutz wurde schließlich schwangeren Frauen zuteil. Solche Bestimmungen führten allmählich zu einer rechtlichen Besserstellung, zumindest aber zu einer gewissen Rechtssicherheit der Frau; selbst rechtsfähig war sie dagegen nicht, sondern bedurfte meist eines Vogts, der sie vor Gericht vertrat. Erst in manchen Stadtrechten des hohen Mittelalters wurden Mann und Frau rechtlich einander gleichgestellt.[75]

Die germanische Auffassung von der Schutzbedürftigkeit der Frau traf sich mit der *christlichen*, vor allem der paulinischen *Lehre*.[76] Der Apostel Paulus hatte geboten, daß die Frau dem Mann untertan, aber auch von diesem zu lieben sei (Epheser 5, 22ff.). Theologisch begründet wurde die – in der christlichen Anschauung keineswegs von Anfang an vorhandene – rechtliche Minderstellung der Frau seit den Kirchenvätern gern damit, daß Eva aus einer Rippe Adams erschaffen und als erste vom Teufel verführt worden sei; mittelalterliche Künstler stellen die Frau (Eva) deshalb immer wieder als Werkzeug des Teufels dar, und zwar vor allem in der Zeit der Kirchenreform des 11./12. Jh., die sich gegen die weit verbreitete Priesterehe wandte; hinzu kommt nämlich, daß gerade unsere Gewährsmänner, Kleriker und Mönche, in der Frau aus begreiflichen Gründen das größte Hindernis auf ihrem Weg zum Heil und das Werkzeug der Versuchung schlechthin erblickten; diese offenbare Tendenz warnt zugleich aber vor einer zu weitgehenden Verallgemeinerung solcher Bilder und Anschauungen.

Tatsächlich war das christliche Bild der Frau keineswegs nur von diesen negativen Implikationen bestimmt, stand doch der sündigen Eva die reine Gottesgebärerin Maria gegenüber, deren Kult besonders im Spätmittelalter enorme Ausmaße annahm. Auf künstlerischen Darstellungen wird die Frau deshalb nicht nur verführt, sie zertritt andererseits auch den Kopf der Schlange. Auch die Kirche *(Ecclesia)* wird stets als Frau, als gekrönte Königin, abgebildet. Die christliche Anschauung, die ihrerseits nur Ausdruck des Zeitgeistes ist, ist daher ebenso für eine Minderstellung wie für eine Hochschätzung der Frau verantwortlich zu machen. Im 12. Jh. legte man dann auch den Schöpfungsakt entsprechend aus. Nach Hugo von St. Viktor, der die Ehe als Partnerschaft verstand, und (danach) Petrus Lombardus hat Gott die Frau eben nicht aus dem Kopf Adams erschaffen, als ob sie seine Herrin wäre, und auch nicht aus seinem Fuß, als ob sie seine Dienerin wäre, sondern aus der Rippe, damit sie ihm als Gefährtin zur Seite stehe.[77] Die Heilsaussichten für das ewige Leben galten ohnehin für Frauen und Männer in gleichem Maße. (Dennoch ergab eine Durchzählung der überlieferten Heiligenviten, daß – mit zeitlichen Schwankungen – im Durchschnitt nur 14% aller Heiligen weiblich waren; die meisten heiligen Frauen gab es vom 8. bis zum frühen 10. Jh., die wenigsten im 6. und wieder im 11. Jh.).[78] Tatsächlich waren die Frauen aber ein wichtiger Faktor im religiösen Leben. In der Zeit der Christianisierung nahmen sie oft als erste den christlichen Glauben an und bekehrten ihre Männer, wie zum Beispiel die Burgunderin Chrodechilde den Frankenkönig Chlodwig in einer für das Abendland grundlegenden Entscheidung. Viele Frauen lebten vor allem seit der karolingischen Zeit in Nonnenklöstern und Stiften[79] und genossen hier auch eine gewisse Bildung; einige traten selbst mit gelehrten Schriften hervor wie Hrotsvith von Gandersheim, Hildegard von Bingen oder Herrad von Landsberg. Als Vorsteherinnen der klösterlichen *familia* übten die Äbtissinnen auch politische Rechte aus. Wer das Leben einer Nonne lediglich als Flucht der Frau aus der vom Mann beherrschten Welt deuten will,[80] übersieht, daß es mindestens ebenso viele Mönche wie Nonnen gab; vorrangiges Motiv war zweifellos die Religiosität. Auch an der im 12. Jh. einsetzenden religiösen Erneuerungsbewegung hatten die Frauen einen ebenso entscheidenden Anteil[81] wie an den Häresien, denen sie nach dem Festwerden der Amtskirche stärker zuströmten (Schulenburg).

Als Ausdruck sozialer Hochschätzung der Frau gilt auch der *Minnesang* des Hochmittelalters, der zumindest der Dame in der höfischen Gesellschaft eine Mittelpunktsfunktion zuwies. Im Minnesang konnte sich die Frau, die in dieser Zeit oft gebildet und in der zeitgenössischen Literatur bewandert war, sogar – platonisch – einem anderen Mann als dem Gemahl zuwenden und den Dienst eines Ritters entgegennehmen.

Rechtsprechung, Theologie und der Ausschluß von kirchlichen und politischen Ämtern wirkten gemeinsam darauf hin, daß man das Tätigkeitsfeld der Frau zwar nicht ausschließlich, jedoch vornehmlich und zunehmend in *Haus und Familie* ansiedelte. Dabei ist selbstverständlich zwischem dem Auftreten einer Königin oder einer Edelfrau, einer Bäuerin, einer Städterin – und hier wieder zwischen einer Patrizierin, einer Handwerkerfrau und einer Magd – zu unterscheiden. (Darauf wird in späteren Kapiteln noch einzugehen sein.) Venantius Fortunatus beschreibt im 6. Jh. in der Lebensbeschreibung der hl. Radegunde,[82] wie diese im Kloster den Boden wischte, Holz herbeitrug, Feuer machte, Wasser aus dem Brunnen holte, kochte und abwusch. Das waren für die Königin Radegunde natürlich völlig ungewöhnliche, asketische Übungen, ansonsten aber offenbar die normalen Tätigkeiten der Frau bzw. ihrer Mägde; Edelfrauen und reiche Bürgerinnen hatten solche Arbeiten zu überwachen. Die Bindung an das Haus machte die Ehefrau dennoch nicht zur «Hausfrau»; die Anschauung, daß die Frau in erster Linie den Mann zu umsorgen hatte, setzte sich erst im reichen Bürgertum des späten Mittelalters durch; im übrigen blieb die Frau in den familiären Wirtschaftsbetrieb integriert, in dem ihr ganz bestimmte Arbeiten zufielen, vor allem die Textilarbeit (in allen Phasen), auf dem Lande aber etwa auch die Sorge für das Vieh. Der Frau oblagen darüber hinaus Kindererziehung, Krankenpflege und alles, was mit Hygiene und Badewesen zusammenhing. Eine geschlechtsspezifische Rollenverteilung hat es also durchaus gegeben. In künstlerischen Miniaturen zum Genesisbericht (Abb. 6) oder auch auf der berühmten Bernwardstür in Hildesheim (um

1015) erscheint Adam nach der Vertreibung aus dem Paradies mit der Hacke bei der Landarbeit, Eva beim Stillen eines Säuglings unter einem aufgespannten Segeltuch als einer Art Zelt (was keineswegs abwertend gemeint war). Später wurden Hacke und Spindel zu Symbolen für Mann und Frau: Das Haus galt – trotz der Munt des Mannes – im wirtschaftlichen Sinn gewissermaßen als Sphäre der Frau.

Abb. 6 Rollenverteilung der Geschlechter in der mittelalterlichen Vorstellung: Adam und Eva nach der Vertreibung aus dem Paradies (Grandvalbibel, Tours um 840; Ausschnitt).

In beschränktem Maße nahmen Frauen aber auch am *öffentlichen Leben* teil. Zumindest Königinnen, über die wir noch am besten unterrichtet sind, zogen vielfach mit dem König und dem Hof im Lande umher und standen der «Kammer», dem «intimsten» Teil des Hofes, damit aber auch der gesamten Hofverwaltung einschließlich des königlichen Schatzes vor.[83] Hier, im Haus bzw. am Hof, konnte die Tätigkeit der Frau, nicht zuletzt als Stellvertreterin des Mannes, also durchaus politische Funktionen einschließen. Die Königin stellte seit dem ausgehenden 9. Jh. sogar Urkunden im eigenen Namen aus, intervenierte bis zur Stauferzeit in Urkunden und wurde mehrfach als *consors regni*, als Teilhaberin an der Königsherrschaft, bezeichnet.[84] In besonderem Maße nahm Gisela, die Gemahlin Konrads II., an dessen Regierung Anteil. Da die Könige mehrfach noch unmündig waren, kam der Königsmutter oft auch die Funktion der Regentin zu, wie der legendären Brunichild in der Merowingerzeit, Theophanu und Adelheid für Otto III. oder (zuletzt) Agnes für Heinrich IV., ohne daß jemand daran Anstoß nahm.[85] (Alle genannten Königinnen kamen aber nicht zufällig aus fernen Ländern als Fremde nach Deutschland.) Das «Privilegium minus» von 1156 ließ erstmals sogar Erbinnen im österreichischen Herzogtum zu. Überhaupt konnte die Frau über ihren Besitz in der Regel selbst, mit Hilfe eines Vogts, verfügen, und war nicht selten an Besitzübertragungen beteiligt,[86] wenngleich hier in der karolingischen Zeit vielleicht eine rückläufige Tendenz zu verzeichnen ist;[87] vielfach agierte sie aber auch im Namen des Mannes; bei dessen Abwesenheit leitete sie ohnehin die gesamten Geschäfte. Ausgehend von ihrer häuslichen Funktion, vermochte sich zumindest die hochgestellte Frau also auch einen gewissen Platz im öffentlichen Leben zu erobern. Am selbständigsten konnte, zumal solange die Kinder noch unmündig waren, die Witwe handeln, die von der Gesellschaft anscheinend in besonderem Maße anerkannt wurde.

Die volle Integrierung in den Arbeitsprozeß führte im Mittelalter dennoch nicht zu einer Emanzipation der Frau. Es scheint charakteristisch für diese Zeit, daß die Frau – vielleicht stärker als in späteren Jahrhunderten – im gesellschaftlichen Leben durchaus geachtet und angesehen war, ohne daß man die Vorstellung der naturbedingt schwachen, schutzbedürftigen und verhältnismäßig rechtlosen Frau aufgab. Die Unterscheidung der Geschlechter galt als natürliche Bedingung der geschaffenen Ordnung, an der es nichts zu deuten gab.

4. Liebe und Sexualität

In der ehelichen Beziehung zwischen Mann und Frau spielt die *Liebe* sicherlich eine Rolle, wenn man auch kaum erwarten darf, daß der Eheall-tag vornehmlich durch Liebe geprägt ist. Es wurde bereits erwähnt, daß die Ehe nach mittelalterlicher Theorie nicht als Folge, sondern als Voraussetzung gefühlsmäßiger Zuneigung galt. «Liebe» *(amor, dilectio, caritas)* war im Mittelalter zwar ein vielgebrauchter, allerdings vornehmlich auf die Gottes- und Nächstenliebe bezogener Begriff; die eheliche (oder außereheliche) Liebe, wurde zunächst allenfalls beiläufig erwähnt. Das änderte sich schlagartig im 12. Jh., als man, wie vor kurzem dargelegt wurde, die Liebe wiederentdeckte (Dinzelbacher). Die Anfänge lagen erneut im religiösen Bereich. Zwar sind «Gottesliebe» und menschliche Liebe nicht gerade gleichzusetzen, doch beweist die Vielzahl von Schriften mit Titeln wie «De diligendo Deo» eine geänderte Mentalität: Man sah in Gott nicht mehr nur den fernen, unbeeinflußbaren Weltenherrscher, sondern wollte ihm nah sein. Die hochmittelalterliche Mystik übertrug gar irdische Liebeserfahrungen auf die Visionen und schilderte Gottesbegegnungen als Liebesabenteuer bis hin zum Austausch von Zungenküssen mit Gott. Bei Rupert von Deutz heißt es: «Ich war erst zufrieden, wenn ich ihn (Gott) mit Händen berührte, umarmte und küßte ... ich hielt ihn, umarmte ihn, küßte ihn lange. Ich spürte, wie zögernd er diese Liebkosungen zuließ – da öffnete er selbst beim Küssen seinen Mund, damit ich tiefer küssen könne».[88]

Natürlich ist das symbolisch gemeint, aber das Symbol hat nach mittelalterlicher Vorstellung einen viel höheren Wirklichkeitsgehalt als heute. Die neue Einstellung zeigte sich im übrigen auch in der Kunst: Auf Madonnendarstellungen schmiegte sich das Jesuskind nun vielfach eng an seine Mutter. In der Bibelexegese, der wichtigsten Disziplin theologischer Betätigung im Mittelalter, gehörte das Hohelied *(Cantica canticorum)*, eine Sammlung von Liebesliedern, nun zu den am meisten kommentierten Bibelbüchern: Die Braut erwartete den Bräutigam in der Hochzeitsnacht. Natürlich wurde auch das im übertragenen Sinn ausgelegt: Der Bräutigam war Christus, die Braut seine Kirche.

Die Wiederentdeckung der Liebe betraf aber auch den «profanen» Bereich. Auffällig ist zum Beispiel die zunehmende Verbreitung von Ovid-Handschriften im 12. Jh.[89] Vor allem aber wurde Liebe zum zentralen Thema der hochmittelalterlichen, höfischen *Literatur*. Man wird hier zuerst an den Minnesang denken, der in seiner typisch deutschen Ausprägung allerdings eher die heimliche und unerfüllte und daher doch züchtige Liebe zwischen einem Mann und einer verheirateten Frau als seiner Herrin zum Gegenstand hat. Manchmal ahnte die Frau gar nichts von dieser Liebe; manchmal belohnte sie den Sänger aber auch mit einem freundlichen Blick oder einem flüchtigen Kuß. Die Stimmung zumindest des frühen deutschen Minnesangs war traurig: *liep âne leit mac niht sîn*, hieß es (Liebe ohne Leid gibt es nicht), sei es wegen der Untreue des Mannes, sei es, weil die Gesellschaft zu wachsam war und man deshalb nicht wagen durfte, dem Liebesbegehren nachzukommen: Minne war oft Liebesdienst ohne angemessenen Lohn, «ritterliche» Liebe, die auf eine gewaltsame Eroberung der Frau verzichtete. So zumindest stellte Liebe sich im literarischen Ideal dar (Abb. 7).[90]

Ein anderes, wenngleich ebenso idealisiertes Bild entwerfen die hochmittelalterlichen Heldenepen, in denen der ritterliche Kampfesmut des Helden stets durch seine Liebe zu einer Frau gespeist wird: Titelfiguren sind immer wieder Liebespaare wie Erec und Enîte oder Tristan und Isolde. Anders als im Minnesang mündete die Liebe hier aber sehr schnell in die Ehe ein. (Das war auch in der Liebestragödie Tristan und Isolde beabsichtigt, in der allerdings die falschen Partner den Liebestrank zu sich nahmen.) «Erec und Enîte», ein Epos des bedeutendsten französischen Dichters Chrétien de Troyes, das Hartmann von Aue dann ins Deutsche übertrug, bildet ein typisches Beispiel: In einem ersten Handlungsgang gewann der Königssohn Erec die schöne Enîte und machte sie zu seiner Frau. Dann aber wurde er nach höfischer Sitte schuldig, weil er vor lauter Liebe seine Ritterpflichten vernachlässigte; Enîte selbst mußte ihn daran erinnern. So brachen beide zu einer zweiten, gefahrvollen Aben-

Abb. 7 Höfische Liebe (Albrecht von Johannsdorf in der Heidelberger Manessehandschrift, Anfang 14. Jh.)

teuerfahrt auf, in deren Verlauf Erec sich wiederfand und zugleich den wahren Charakter der Liebe erkannte: Höfische Liebe war eine soziale Aufgabe. Das alles ist zwar nicht mit dem Alltag zu verwechseln, doch suchte die höfische Gesellschaft in solcher Liebesauffassung zweifellos ihr Ideal. Vor der Liebe mußten (in der Literatur) sogar Standesschranken fallen, wie in dem französischen «Roman» Jehan et Blonde, in dem es dem verarmten Landadligen Jehan nach vielen Mühen gelang, seine geliebte Schülerin, die Grafentochter Blonde, gegen den Willen ihres Vaters zu entführen und zu heiraten. Die Gesellschaft war allerdings erst dann wieder in Ordnung, als der König Jehan zum Grafen erhob und damit Blonde ebenbürtig machte: Liebe «adelt».

Daß Liebesmühen im übrigen nicht nur Bestandteil der wirklichkeitsfernen Dichtung waren, beweist das Beispiel Herzog Wilhelms von Aquitanien, eines der ersten Troubadoure, der sich wegen seiner Beziehung zur Vicomtesse von Châteaurault sogar vom Bischof bannen ließ und mit diesem eine Fehde begann.[91] Im allgemeinen war die «höfische Gesellschaft» aber wohl weit weniger von der Liebe bestimmt, als die Literatur erahnen läßt. Die deutsche Dichtung schien der Wirklichkeit, die vor- und außereheliche Beziehungen des Mannes offenbar weit mehr tolerierte als solche der Frau, hier bewußt ein Liebesverhalten entgegenzusetzen, das dem geradezu widersprach.[92] Die französische Literatur dagegen war oft wirklichkeitsnäher. In der Troubadourlyrik gab es durchaus Anspielungen auf körperliche Liebe (die sog. «niedere Minne» der deutschen Dichtung). Die Literaturgattung der Romanze beschrieb dagegen die Sehnsucht eines Mädchens nach einem fernen Freund. Die Pastourelle, das Hirtenlied, handelte meist von einem Ritter, der ein Hirtenmädchen verführte, doch wurde dieses Motiv auch abgewandelt: In einem Gedicht des Gavaron Grazelle schwanden dem Ritter nach dreimaligem Verkehr unter dem Gespött des Hirtenmädchens die Kräfte; in einem anderen Lied vergewaltigte sogar das Mädchen den Mann:[93] Literatur wird hier zur Parodie.

Folgt man den Dichtern, dann war die Schönheit einer Frau der erste und unfehlbare Grund für den Mann, sich ungeachtet aller Hindernisse zu verlieben. (Enîte erhielt auf ihrem Ritt gleich mehrere Heiratsanträge; Iwein verliebte sich auf den ersten Blick in die verwitwete Gattin seines Todfeindes.) Das Schönheitsideal des Mittelalters folgte allerdings eigenen Gesetzen. Als schön bezeichnet im 12. Jh. ein Zisterzienser, freilich ein Mönch, z. B. die Brüste, «die nur etwas hervorstehen und mit Maßen schwellen».[94] Liebe wurde im 12. Jh. sogar zum Gegenstand didaktischer Prosaschriften und wissenschaftlicher Traktate, ohne daß man sie wirklich erklären konnte. Französische Minnelehren definierten sie einfach als «Verrücktheit des Geistes»,[95] und ein französischer Geistlicher, *Andreas Cappellanus*, der ein ganzes Buch über die Liebe *(De amore)* als eine

Mischung zwischen wissenschaftlicher Lehre und Satire schrieb, definierte eingangs: «Liebe ist eine angeborene Leidenschaft (oder auch: ein angeborenes Leiden: *passio quaedam innata*), die beim Anblick oder unmäßiger Vorstellung der Gestalt des anderen Geschlechts entsteht» – deshalb, so glaubte Andreas später, könne der Blinde nicht lieben – «worüber man über alles die Umarmung des anderen wünscht und alle Gebote der Liebe aus beiderseitigem Wunsch nach Umarmung heraus erfüllen will.»[96] *Amare* bedeutet «ergreifen»; wer liebt, ist in den Fesseln der Begierde gefangen (1, 3/S. 9). Liebe ist für Andreas nur zwischen den Geschlechtern eine «natürliche Handlung» (1,2/S. 6). Sie kann aus mehreren Gründen entstehen; Andreas nennt: Figur, Charakter, Redegewandtheit, Reichtum und Leichtgläubigkeit (1,6/S. 14). Auf fast 200 Textseiten folgen – streng nach ständischer Zugehörigkeit getrennt – Dialoge als Anleitungen für den Beginn eines Liebesgesprächs, das natürlich dem Mann zukommt (allerdings gebe es Männer, denen es beim Anblick einer Frau die Sprache verschlage). Im übrigen folgt die Liebe festen Regeln, und Andreas zählt eine Reihe von Geboten auf (S. 106/310ff.): Man solle zum Beispiel die Keuschheit der Geliebten bewahren, sich nicht in die Frau eines anderen oder eine Frau aus anderem Stand verlieben, sondern nur in jemanden, den man auch heiraten würde. Andreas untersucht auch die Symptome der Liebe wie Eifersucht, Erbleichen und Herzklopfen beim Anblick des Geliebten oder Schlaf- und Appetitlosigkeit. Liebe könne nur zwischen zwei Menschen stattfinden; wer mehr Liebhaber hat, liebe nicht wirklich; daher verdränge eine neue Liebe die ältere. Liebe sei auch nicht fest, sondern sie wachse oder schwinde; deshalb beschreibt Andreas in einem zweiten Buch, wie man Liebe bewahren oder vollkommene Liebe noch steigern kann (wenn auch ein Mittel wie vom Geliebten zu träumen, nicht unbedingt zureichend scheint). Liebe zerbreche, wenn die Treue gebrochen werde; eine einmal zerbrochene Liebe aber lasse sich nicht mehr wiederbeleben. Zum Schluß zitiert Andreas noch eine Reihe von Urteilen der typisch französischen «Liebesgerichte»: Im hohen Mittelalter ist die Liebe zu einem allseits interessierenden Gegenstand geworden.

Über den «Alltag» des (nicht zwangsläufig) ehelichen Liebeslebens, die *Sexualität*,[97] schweigen solche Quellen; mittelalterliche Dichter erschöpfen sich hier allenfalls in leichten Anspielungen. Warum soll ich etwas beschreiben, das ohnehin jeder kennt, fragt der Dichter der Erzählung «Moritz von Craûn».[98] Offene Worte wie in der satirischen Erzählung Ruodlieb,[99] wo ein bejahrter Ehemann die Frau mit ihrem jugendlichen Liebhaber ertappt, waren selten: «Zum Busen griff die eine Hand, beim Bein die andere verschwand/Doch sie verbarg das mit dem Kleid, sie legte es darüber breit» (so in der Übersetzung von Langosch). Zuvor schildert der Dichter folgendes Liebesgespräch (7, 85f.): «Als

Lohn verlange ich von dir:/sei dreimal heut zu willen mir!/Sie gab zur Antwort: Kannst zehnmal du/und willst du öfter, mach nur zu!» In einer Bestimmung des Konzils von Tribur von 895 wird der Geschlechtsakt immerhin recht deutlich umschrieben: Die Frau sei «von den Stacheln der Wollust durchbohrt» *(libidinis perforata aculeis)*.[100] Mehr erfahren wir von einer ganz anderen Seite her, nämlich aus den bereits erwähnten kirchlichen Bußbüchern,[101] die allerdings ihrerseits nicht die Wirklichkeit beschreiben wollten, sondern Bußen für sexuelle Verfehlungen festlegten. Immerhin ist etwas, das verboten werden mußte, vorgekommen und damit Realität, wenn wir auch über deren Ausmaß wenig wissen. Jede sexuelle Betätigung war danach an zwei Bedingungen geknüpft: an die eheliche Gemeinschaft und an das Motiv der Zeugung, denn man betrachtete bereits den Samen als Kreatur, die natürlich nicht vergeudet werden durfte.[102] Damit waren, zumindest nach kirchlichem Willen, nicht nur außereheliche, sondern auch selbstbezogene und gleichgeschlechtliche Betätigungen als «widernatürlich» *(contra naturam)* ausgeschlossen. Was im Einzelfall konkret gemeint ist, ist allerdings nicht leicht zu ermitteln, da solche Vergehen meist unter dem Begriff der Unzucht zusammengefaßt wurden. Nach Reginos Handbuch sollten Frauen, die mit sich oder einer anderen Unzucht trieben, drei, Nonnen sogar sieben Jahre büßen; die gleiche Strafe traf Männer, wenn sie «im Rükken» *(in tergo)*, ein Jahr, wenn sie «zwischen den Schenkeln Unzucht trieben» *(inter femora fornicantes)*.[103] Hier wie auch sonst wurde Homosexualität – oft «Sodomie» genannt – also nicht strenger bestraft oder mehr verachtet als andere «Verfehlungen», aber auch nicht geringer; ob sie im Hochmittelalter – zumal in Klerikerkreisen – weiter verbreitet und sogar weithin geduldet wurde, wie man vor kurzem behauptet hat,[104] läßt sich kaum entscheiden, da die Belege (meist Gedichte) allenfalls homoerotische Neigungen bezeugen. Als «widernatürlich» galt auch beim heterosexuellen Verkehr jede unnormale «Stellung», darunter auch die Rückenlage des Mannes *(retro)*, die offenbar als einer Zeugung abträglich galt, allerdings nur mit einer geringen Buße (meist 40 Tage) belegt wurde; dagegen wurden Oral- und Analverkehr *(in tergo)* streng geahndet; Regino nannte das «sodomieartig» und verhängte eine dreijährige Buße; andere Bußbücher forderten die gleiche Bußzeit wie für vorsätzlichen Mord, nämlich 7 Jahre.

Wenn die Zeugung Ziel des ehelichen Verkehrs war, so mußte auch jeder Versuch einer Empfängnisverhütung untersagt werden. Die Bußbücher kennen eine ganze Reihe solcher Methoden, von denen die «Onanie», wie das Mittelalter nach dem biblischen Beispiel Onans den coitus interruptus nannte, und vor allem Kräutersäfte, die die Frau vorher oder nachher in die Scheide goß, offenbar die gebräuchlichste Art der Kontrolle waren. Erlaubt war kirchlicherseits allenfalls Enthaltsamkeit. Umgekehrt waren aber auch sexuelle Aufputschmittel verboten. Auch hier war der Phantasie keine Grenze gesetzt. So lesen wir davon, daß männlicher Samen der Nahrung der Frau oder Menstruationsblut dem Essen des Mannes untergemischt wurden.[105] Bekannt und natürlich untersagt waren schließlich Versuche der Abtreibung, allerdings mit wenig modernen Methoden; auch hier sollten in der Regel Kräutersäfte weiterhelfen.[106] Das Dekret Burchards von Worms aus dem 10. Jh. reduzierte die Strafe immerhin, wenn die Mutter aus Armut handelte.[107]

Hatten die Kirchengesetze jede Geburtenkontrolle untersagt, so schränkten sie andererseits mit ihren Vorschriften (ungewollt) die Geburtenhäufigkeit wieder ein, indem sie Enthaltsamkeit für eine ganze Reihe kirchlicher Festzeiten forderten, wie zur Adventszeit, in der gesamten Fastenzeit, in der Pfingstwoche, an Sonntagen, teilweise auch am Mittwoch und Freitag sowie vor oder nach der Kommunion. Enthaltsamkeit war außerdem eine beliebte Buße für sexuelle Verfehlungen. Schließlich war Geschlechtsverkehr während der Menstruation, während und nach der Schwangerschaft und gelegentlich sogar in der Hochzeitsnacht untersagt. Solche Verbote entsprangen wohl primär Vorstellungen von einer Unreinheit und waren weniger zum Schutz der Frau gedacht, deren Sexualbedürfnis man kaum beachtete. Dabei hatte schon Liudprand von Cremona, ein Geschichtsschreiber am ottonischen Hof des 10. Jh., von einer Frau, freilich einer Griechin, zu berichten gewußt, die dem Herzog Tedbald von Spoleto die Meinung sagte, weil er die Gefangenen einer eroberten Stadt, darunter auch ihren Ehemann, entmannen lassen wollte; damit, so argumentierte sie, würde Krieg tatsächlich nicht gegen die Männer, sondern unerhörterweise gegen die Frauen geführt; der Herzog könne den Männern gern Augen, Nase, Hände oder Füße abschneiden, denn diese Körperteile gehörten dem Mann selbst, nicht aber die Hoden, denn sie gehörten der Frau und dienten ihrer Befriedigung und dem Kindersegen.[108] Aber Liudprand berichtet das eben als eine humorvolle Ausnahme *(ludibrium)*.

Daß auch außerehelicher Verkehr, besonders in höheren Kreisen, durchaus üblich war, haben wir bei der Besprechung der Eheformen bereits feststellen können. Der vorhin erwähnte Liudprand von Cremona, der den italienischen Königen wenig gesonnen war, berichtet, König Hugo von Italien habe seiner Gemahlin die eheliche Liebe verweigert und sich stattdessen seinen zahlreichen Konkubinen zugewandt, von denen er dreien besonders zugetan war: Von Pezola, einer Unfreien, hatte er einen Sohn, den er später zum Bischof von Piacenza machte, von Roza eine Tochter, von Stephanie einen Sohn, der es gar bis zum Erzbischof von Mailand brachte. «Und da der König nicht der einzige war, der sie voll in Anspruch nahm (so schließt Liudprand), entstammen ihre Kinder unbekannten Vätern».[109] Wenn der gleiche Liudprand das Leben der

Marozia schildert, die einen Sohn von einem Papst (Sergius) gebar, den sie später, als sie sich in dem Markgrafen Wido von Spoleto mit dem Herrn über die Stadt Rom liierte, selbst zum Papst wählen ließ,[110] so wird man darin sicher kaum mehr den normalen Alltag sehen dürfen. Ebensowenig aber wurde die Praxis den kirchlichen Verboten völlig gerecht. Man hätte die oben erwähnten Strafen nicht androhen müssen, wenn es die entsprechenden «Delikte» nicht gegeben hätte.

5. Die Kinder

Trotz der auferlegten, sicher nicht durchweg eingehaltenen Zeiten der Enthaltsamkeit und trotz mancher Versuche der Empfängnisverhütung waren die meisten Ehen durchaus fruchtbar. Wissenschaftlich vermochte man die *Geburt* kaum hinreichend zu erklären. Mann und Frau stießen, so glaubte man, beim Orgasmus jeweils Samen aus. Der überschüssige weibliche Samen würde gesammelt und bei der Menstruation ausgeschieden; bis dahin steige das sexuelle Verlangen der Frau unentwegt an. Unfruchtbarkeit der Frau erklärte Wilhelm von Conches im 12. Jh. aus der spezifischen Zusammensetzung der Körpersäfte.[111] Komme der Samen bei der Zeugung in der rechten Hälfte der Gebärmutter zu liegen, so werde ein Junge, falls in der linken Hälfte, ein Mädchen geboren; lag der Samen nahe zur Mitte, so zeige der Junge weibliche, das Mädchen mannhafte Eigenschaften.[112] Dagegen waren Geschlecht wie auch Charakter des Kindes nach Hildegard von Bingen von der Stärke der Liebe und des Samens abhängig: Nur bei kräftigem Samen und beiderseitiger Liebe werde ein starker, kluger und tugendreicher Junge geboren.[113]

Es gab durchaus kinderreiche Familien, doch war das kaum die Regel. Karl der Große hatte – allerdings von acht verschiedenen Frauen – 18 Kinder, davon von seiner zweiten Gemahlin Hildegard allein neun, von denen aber nur sechs überlebten. Karls Nachfolger hatten schon erheblich weniger Nachkommen, und bekanntlich starben die Karolinger schließlich im Mannesstamm aus. Friedrich Barbarossa hatte (von zwei Gemahlinnen) 11 oder 12 Kinder, von denen neun überlebten, sein Enkel Friedrich II. hatte von vier Gemahlinnen noch zehn Kinder, zwei Generationen später waren dennoch auch die Staufer im Mannesstamm ausgestorben. Selbst eine relativ hohe *Kinderzahl* konnte also den Fortbestand eines Geschlechts nicht garantieren. Möglich war sie ohnehin nur deshalb, weil Männer aus höheren Kreisen oft mehrfach hintereinander heirateten, zumal die Frauen, wie eingangs erwähnt, meist früher verstarben. Die Männer waren dann vielfach älter als ihre Frauen; die zweite Gemahlin Barbarossas, Beatrix, war zwischen zwölf und vierzehn Jahren alt, als der damals etwa 44jährige Kaiser sie heiratete. Die einzelne

Frau gebar nach Messungen am Schambein weiblicher Skelette – wenn es erlaubt sei, das statistische Ergebnis mit Bruchzahlen anzugeben – genau 4,2 Kinder, doch ist das nur ein Durchschnittswert; viele Frauen starben wegen der Risiken bei der Geburt schon vorher, andere brachten entsprechend mehr Kinder zur Welt. Die tatsächliche Kinderzahl in der Familie lag wegen der Fehlgeburten und der hohen Säuglingssterblichkeit niedriger. Auf manchen Friedhöfen betrug der Prozentsatz der Bestatteten unter 7 Jahren bis zu 50%, wobei es noch umstritten ist, ob Säuglinge, die bereits vor der Taufe starben, zumindest vor dem 10. Jh. überall ordnungsgemäß bestattet wurden; auch später noch wurden Nichtgetaufte nicht wie üblich geostet, da sie nach kirchlicher Auffassung keine Teilhabe am ewigen Leben hatten. Vor kurzem hat man drei Züricher Friedhöfe des 7.–11. Jh. im Hinblick auf die *Kindersterblichkeit* untersucht.[114] Auf den beiden älteren Friedhöfen fehlen Säuglinge ganz, auf dem Münsterhof waren von 167 Bestattungen 24 Totgeburten und Neonaten (Nulljährige) (= 14,4%), 8 Säuglinge (bis 1jährig) (= 4,8%) und 45 Kinder und Jugendliche (bis zu 18 Jahren) (= 27%). 19% der Kinder waren also vor dem zweiten Lebensjahr, weitere 27% bis zu einem Alter von 18 Jahren verstorben. Nur 54% überlebten und wurden (in unserem Sinn) erwachsen.[115] Nimmt man die Ergebnisse zusammen, dann können die Familien nicht allzu groß gewesen sein; sie bestanden im Durchschnitt wohl aus den Eltern und zwei oder drei lebenden Kindern. Das entspricht genau auch den vieldiskutierten, in der Regel wohl doch vollständigen Zahlen des Polyptychons von St.-Germain-des-Prés bei Paris von ca. 820: Diese bäuerlichen Familien hatten – wenn man nur die Paare und Elternteile mit Kindern rechnet – in Ausnahmefällen bis zu neun und mehr Kindern, im Durchschnitt aber lebten augenblicklich gerade 2,5 Kinder im Hause.[116]

Auffällig ist in Saint-Germain zudem ein deutlicher Überschuß an Söhnen (144 : 100), der so auf natürlichem Wege nicht zustandegekommen sein kann. Die Erklärung, daß Mädchen bei der Geburt häufiger getötet wurden, wenn man sie nicht ernähren konnte – zumal auf größeren Höfen mit ausreichender Ernährungsbasis der Anteil der Mädchen anstieg[117] – ist allerdings zu Recht auf Skepsis gestoßen.[118] Zweifellos hat es *Kindestötungen* gegeben; in einigen germanischen Volksrechten waren sie anfangs sogar erlaubt, und sie betrafen wohl vor allem Mädchen. Altfrid berichtet noch im 9. Jh. in der Vita Liudgeri[119] von der früheren heidnischen Sitte der Friesen, Kinder töten zu dürfen, bevor sie Nahrung zu sich genommen hätten; Liudgers Mutter sollte auf Geheiß seiner Urgroßmutter von einem Diener ertränkt werden, wurde jedoch auf wunderbare Weise am Leben erhalten. Von der Rettung eines Kindes, das der Vater während einer Hungersnot schlachten wollte, war schon in der Einleitung die Rede (o. S. 27). Solche Berichte sind aber selten, und man wird die Zahl der stets angeprangerten Kindestötungen sicher nicht zu hoch veranschlagen und das Fehlen von Kindern auf frühmittelalterlichen Friedhöfen kaum damit erklären dürfen, daß sie in Massen umgebracht wurden.[120] Dagegen befaßten sich Synoden auch mit Müttern, die ihre Kinder versehentlich im Schlaf erdrückt hatten.[121] Häufiger schon wurden Säuglinge, die man nicht ernähren konnte, ausgesetzt, mit Vorliebe vor Kirchentüren, wie wir aus Synodalberichten erfahren. So gab es eine größere Anzahl von Waisen nicht nur deshalb, weil die Eltern verstorben waren.

Dennoch ist die früher vertretene Ansicht, daß man Kinder im allgemeinen als Belastung empfand und ihnen wenig *Liebe* entgegenbrachte, heute widerlegt. Schon die Bestattungen mit Denkmal und die erhaltenen Trostbriefe an Eltern, deren Kind verstorben war,[122] widersprechen einer solchen Einschätzung; spätestens seit dem 10. Jh. wurden auch Kleinkinder als volle Mitglieder der Gesellschaft angesehen. Mehr Wahrscheinlichkeit besitzt die aus der Kunst abgeleitete Ansicht, daß man Kinder lange Zeit nicht kindgemäß, sondern als «kleine Erwachsene» betrachtet und behandelt hat.[123] Wenn Christus seit dem 12. Jh. häufiger als Kind dargestellt wird, so kündigt sich hier zweifellos ein Mentalitätswandel an; den erwachsenen Gesichtsausdruck Christi und die Kindheitsdarstellung in Heiligenviten wird man allerdings auch damit erklären können, daß die Frühreife hier eben als Ausnahme bewußt hervorgehoben wird. Insgesamt hat man Kinder ohne jeden Zweifel liebevoll behandelt und kindgemäße Spiele zugelassen; die Kindheit endete freilich erheblich früher als heute, denn man wollte Kinder möglichst schnell zu Erwachsenen heranbilden. Der *Erziehung* kam damit eine wichtige Aufgabe zu, und sie begann sehr früh. Kleinkinder unterstanden ganz der Obhut der Mutter bzw. einer Amme. Spätestens mit sechs oder sieben Jahren war die Kindheit zu Ende und man begann mit der Ausbildung. Einhard berichtet uns von der Erziehung der Kinder Karls des Großen:[124] Zunächst wurden alle in den *liberalia studia*, dem Grundwissen, ausgebildet; die Söhne lernten dann Reiten, den Umgang mit Waffen und die Jagd, die Töchter Handarbeit mit Spinnrocken und Spindel. Das wird man als typisch für die Erziehung adliger Kinder ansehen dürfen, die möglichst schnell an das Waffenhandwerk herangeführt werden sollten.[125] Laienbildung blieb allerdings vor dem 12. Jh. den höchsten Familien vorbehalten. In bäuerlichen Kreisen wurden Kinder sicherlich schon früh zur Mitarbeit herangezogen. Mit der frühen Volljährigkeit mit 12 Jahren (nach salischem Recht) galten sie als erwachsen; Adelssöhne konnten im hohen Mittelalter nun zu Rittern geschlagen werden, Königssöhne die Herrschaft übernehmen. Nur der Geistliche brauchte eine längere Ausbildung, denn vor dem 30. Lebensjahr durfte man nach kanonischem Recht in der Regel nicht zum Priester geweiht werden. Die geistliche Lebensform des Mönchs wird uns im nächsten Kapitel beschäftigen. Obwohl der Mönch selbst keine Familie im hier beschriebenen Sinn gründen konnte, läßt die Klostergemeinschaft als Ganzes durchaus Züge der Familienstruktur und des Familienlebens erkennen.

III. Kloster und Mönchsleben

Das Klosterleben bildet die wichtigste, in seiner Bedeutung kaum zu überschätzende und ständig auf die übrige Gesellschaft zurückwirkende Form des religiösen Lebens im Mittelalter. Ursprünglich als laikale Lebensform bewußt von der Amtskirche getrennt, wurde das Mönchtum bald Bestandteil der Kirche, die im Mittelalter ohnehin eine ungleich gewichtigere Rolle spielte als heute. Die Mönche bildeten gewissermaßen einen dritten Stand zwischen Klerikern und Laien; ihre Lebensform wurde aber auch für Kleriker- und Laiengemeinschaften zum Vorbild. Die Bedeutung zeigt sich bereits in der großen Zahl der Mönche und Klöster. Mönche waren nicht wie heute eine seltene Randerscheinung, nicht Außenseiter der Gesellschaft, sondern eine alltägliche und notwendige, voll in das gesellschaftliche Leben integrierte Einrichtung. Man mag darüber staunen, daß eine Zeit, die große Ernährungsprobleme hatte, sich so viele Mönche leistete, die selbst wenig produzierten und daher zusätzlich ernährt werden mußten, doch bekräftigt dieser Tatbestand an sich schon die Bedeutung des Mönchtums. Das christliche Mittelalter leistete sich Mönche, damit diese für die anderen Menschen beteten. Der Mönch genoß seinem sozialen Rang nach ein hohes Ansehen, das Mönchtum galt weithin als die vollkommenste Lebensform überhaupt. Entsprechend groß war der Einfluß der Klöster und ihrer Äbte auf das religiöse, kulturelle, gesellschaftliche, politische und auch wirtschaftliche Leben, während das Kloster selbst eine nahezu autarke Einheit bildete. Lange Zeit waren die Klöster zudem die wichtigsten Bildungsinstitute; die Ausbildung, die seit der Karolingerzeit bis in das hohe Mittelalter weithin auf Klerus und Mönche beschränkt war, fand vornehmlich in den Klosterschulen statt. Im früheren Mittelalter traten daneben die Domschulen der Bischofskirchen und Stifte, erst im späteren Mittelalter entstanden die Universitäten, die sich jedoch nur allmählich aus der kirchlichen Leitung befreien konnten. Die Rolle der Klöster griff zwangsläufig über den Bereich des Religiösen hinaus, weil die Religion weit stärker in das Alltagsleben integriert war als heute; das Mönchtum des Mittelalters war nicht nur Bestandteil der Kirche, sondern auch der «Welt», vor allem der herrschaftlichen Welt. «Mönchtum des Mittelalters zwischen Kirche und Welt» nannte Joachim Wollasch sein Buch über das mittelalterliche Mönchtum. Auch das Kloster konnte sich, entgegen der ursprünglichen Absicht, nicht der für das Mittelalter so typischen Verschmelzung von Weltlichem und Geistlichem entziehen. Mittelalterliches Mönchtum war gewissermaßen das Herrenleben in seiner religiösen Ausprägung. Darin liegt ein wesentlicher Grund für seinen Erfolg, liegt auch die historische Bedeutung des Mönchtums, um deretwillen der Mediävist sich einfach mit der Klostergeschichte beschäftigen muß. Dennoch widersprach dieser weltliche Aspekt dem ursächlich religiösen Ziel und führte tatsächlich immer wieder auch zu Konflikten. Bevor wir uns mit dem Leben selbst befassen, empfiehlt sich daher ein Überblick über die wechselvolle Geschichte und die Funktionen dieses Instituts.

1. Die Institution: Das benediktinische Mönchtum des Abendlandes

a. Die Geschichte des mittelalterlichen Mönchtums

Anfänge und benediktinisches Mönchtum. Das Mönchtum ist entstanden aus dem Wunsch nach *Askese* (ασκειν = sich üben; *exercitium* sagen die lateinischen Quellen): Mönchtum ist «Übung» im Kampf gegen Sünde und Welt, entsprungen aus dem Wunsch nach einem wahren religiösen Leben in Christusnachfolge und Armut; die Mönche selbst nannten sich *pauperes Christi.* Wesentliches Merkmal war daher seit dem 3. Jh. die Trennung von der übrigen christlichen Gemeinde. Das Mönchtum entstand im Osten, in Palästina, Syrien, Kleinasien, vor allem in Ägypten, in zwei Formen: Das Eremitentum bedeutete Einzelleben in Entsagung und Abgeschiedenheit, das Koinobitentum, zuerst von Pachomios (†346) in Ägypten propagiert, war religiöses Gemeinschaftsleben und wurde die für das Abendland bestimmende Form des Mönchtums, deren Kennzeichen ein gemeinsames Leben im Kloster, die *vita communis,* war. (Oft führte der Weg vom Eremitendasein zum Mönchsleben.) Diese Gemeinschaft verstand sich wiederum als «Familie». Gemeinschaftsleben aber erforderte eine (straffe) Leitung unter einem Abt *(abba),* dem «Vater» der Familie, und eine Ordnung, die bald in einer Reihe von Mönchsregeln verbindlich gemacht wurde. Leben nach gemeinsamer Regel aber hatte eine Vereinheitlichung der Lebensform zur Folge: Es bildeten sich Mönchsorden. Während für das byzantinische Mönchtum schon früh die Regel des Basilius von Cäsarea (um 330–379) wegweisend wurde, entstanden im Abendland in der zweiten Hälfte des 4. Jh. eher private «Hausklöster», die aber von Anfang an in die kirchliche Organisation eingebunden wurden. Von den zahlreichen Ordnungen des 5. Jh. sind die Regel des Kirchenvaters Augustin, die sog. Magisterregel und vor allem die wohl etwas jüngere und davon abhängige Regel Benedikts von Nursia (um 480–um 560) zu nennen, die wegweisend für das abendländische, eben «benediktinische» Mönchtum werden sollte. Letztere war entstanden, weil der große Zulauf von Benedikts Gründungen zunächst in Subiaco im Aniotal und später in Monte Cassino eine straffe Regelung erforderlich machte; bis sie zur alleingültigen Regel des abendländischen Mönchtums wurde, sollten allerdings noch Jahrhunderte vergehen.

Das mittelalterliche Mönchtum kam zunächst über *Südgallien* ins Abendland. Dort gab es vor allem zwei Formen monastischen Lebens: Das martinische Mönchtum, das sich auf den Bischof Martin von Tours (†397), den späteren Reichsheiligen der fränkischen Könige, berief, trat für eine aktive Weltzuwendung ein; es hatte weder einen festen Sitz noch eine feste Ordnung, übte von seinem Ursprungsgebiet in Aquitanien aus aber einen großen Einfluß im gesamten Frankenreich aus.[1] Noch bedeutender war das Rhonemönchtum mit den wichtigsten Zentren in Marseille (St. Viktor) und auf der Insel Lérins, einem 410 gegründeten Flüchtlingskloster der von den Franken vertriebenen nordgallischen Aristokratie, das sowohl für die Entwicklung des abendländischen Klosters zum Adelskloster als auch hinsichtlich seiner literarischen Tätigkeit wegweisend wurde und im Laufe des 6. Jh. ebenfalls in das übrige Frankenreich hineinwirkte. Bildung galt zunächst nämlich als einem christlichen Leben durchaus abträglich, und es dauerte eine geraume Zeit, bis die Kirche sich zumindest zu dem Teil der antiken Bildung bekannte, der für den Glauben und für theologische Studien notwendig war, dann aber wurde sie zu dem Vermittler antiker Bildung ins Abendland schlechthin. Dem Mönchtum kam dabei die entscheidende Rolle zu. Im 5./6. Jh. war es bereits ein bedeutender Faktor in Kirche und Religion. Viele Bischöfe und auch Päpste (wie Gregor der Große) stammten aus den Reihen der Mönche; die enge Verbindung von Kloster und Bistum wiederum förderte die weitere Ausbreitung des Mönchtums; Mönche erhielten jetzt teilweise auch die geistlichen Weihen und konnten im Pfarrdienst eingesetzt werden. Mindestens ebenso wichtig wie die Eingliederung in die Amtskirche aber war die Förderung durch Königtum und Adel, ohne deren Rückhalt der Erfolg unmöglich gewesen wäre. Im 7. Jh. wurde auch Nordgallien bis zum Rhein, vor allem das Gebiet um Mosel und Maas, eine dichte Klosterlandschaft. Nach 690 griffen die Gründungen über den Rhein hinaus.

Neue Impulse erhielt das gallische Mönchtum durch die Mission der *Iren und Angelsachsen*. Die Iren, die die mittelalterlichen Quellen «Scoti» nannten, hatten eine eigene Form kirchlichen Lebens entwickelt, in dessen Zentrum das Kloster stand; der Abt war zugleich Bischof oder diesem übergeordnet. Die irische Mission entsprang dem Ideal der *peregrinatio*, dem Fremdsein in der Welt, einer «asketischen Heimatlosigkeit»,[2] die eine Loslösung von allen Bindungen an die Familie, die Heimat, auch das eigene Kloster beinhaltete und daher zu einer dauernden Wanderschaft trieb. Erster und bedeutendster Vertreter auf dem Kontinent war Columban, der (seit ca. 590), allerdings auch durch Verstimmungen mit den fränkischen Königen weitergetrieben, nacheinander mehrere Klöster gründete: Annegray, Luxeuil und Fontaine im Frankenreich, dann Bregenz in Alamannien und schließlich Bobbio im italienischen Langobardenreich, die, voran Luxeuil, ihrerseits durch eine ganze Reihe von Tochtergründungen weiterwirkten; darüber hinaus übte die strenge Klosterregel Columbans großen Einfluß aus. Die eigentliche Wirkung lag aber erst in der «zweiten Generation», die nicht mehr allein aus Iren, sondern aus vom irischen Missionsgeist beeinflußten Franken (sog. Irofranken) bestand.[3]

Die zweite Missionswelle ging von den an Rom gebundenen Angelsachsen aus, deren berühmtester, Bonifatius, der Gründer des Klosters Fulda, schließlich den Auftrag erhielt, die fränkische Kirche in Germanien insgesamt zu organisieren und dadurch entscheidenden Einfluß für die Folgezeit gewann. Auch für die Angelsachsen war die enge Verbindung von Kloster und Bistum (an einem Ort) kennzeichnend;[4] der Bischof war zugleich Abt, das Bistum nun aber die entscheidende Institution. Der angelsächsischen Mission verdankte das Mönchtum die Ausbreitung östlich des Rheins bis in den bayerischen Raum hinein. Unter ihrem Einfluß strebte man auch nach einer Vereinheitlichung. Befolgten die Klöster bis dahin meist eine Mischregel, so forderten gallische Synoden seit dem 7. Jh. die Alleinbefolgung der Benediktregel, die als «römische Regel» galt und vielleicht durch Papst Gregor d. Gr. und Columban selbst Eingang ins Frankenreich gefunden hatte.[5] Damit wurde eine Entwicklung eingeleitet, die sich allerdings erst viel später, nämlich unter Ludwig dem Frommen durch die Reform Benedikts von Aniane, durchsetzen konnte: Dieser aquitanische Abt (Witiza), der sich mit dem angenommenen Namen ausdrücklich auf Benedikt von Nursia berief, erreichte auf drei Aachener Synoden von 816 bis 819 die ausschließliche Geltung der Benediktregel im ganzen Reich. Erst danach kann man wirklich von einem benediktinischen Mönchtum sprechen, wenn sich der Prozeß in manchen Gebieten auch noch durch das gesamte 9. Jh. hinzog. Die Benediktregel wurde ergänzt durch *consuetudines*, Ausführungsbestimmungen, die zu regeln suchten, was Benedikt nicht oder nicht genau genug angesprochen hatte, allerdings weit weniger einheitlich und in einzelnen Punkten heftig umstritten waren.[6]

Klosterreform und neue Orden. Benedikt von Aniane stand am Beginn einer Reihe von Klosterreformen, die trotz der typisch mittelalterlichen Symbiose von Religion und Gesellschaft der Diskrepanz zwischen religiösem Ziel des Mönchtums und gesellschaftlicher Funktion des Klosters entsprangen und periodisch zu einer Selbstbesinnung des Mönchtums auf die alten Ziele führten.[7] Wo ein Kloster seine religiösen Pflichten zu sehr vernachlässigte, erfüllte es seinen Zweck nicht mehr und mußte reformiert werden. Die Geschichte des Mönchtums ist daher stets auch eine Geschichte der Klosterreformen, die sich allerdings keineswegs gegen die weltlichen Herren richteten, sondern im Gegenteil oft von diesen – auch gegen den Willen der Mönche – durchgeführt wurden. Der Reformgeist Benedikts war letztlich von kurzer Dauer, die klösterliche Zucht ließ mancherorts bald wieder nach, so daß schon zu Beginn des 10. Jh. eine neue Reformwelle zu verzeichnen ist, die zwei Schwerpunkte hatte: in Burgund, wo mit *Cluny* 909/10 ein Kloster gegründet wurde, das später den größten Einfluß ausüben sollte, und in Lothringen (Brogne bei Namur, Dijon, vor allem Gorze bei Metz, das maßgeblich in das deutsche Reich hineinwirkte). Während diese verschiedenen Bewegungen früher allesamt unter dem Begriff der «cluniazensischen Reform» zusammengefaßt wurden,[8] hat Kassius Hallinger die bis zur Gegensätzlichkeit reichende Eigenständigkeit der einzelnen Reformansätze bewußt gemacht, die sich schon äußerlich in der Kleidung unterschieden; erst in Cluny entstand das «schwarze Mönchtum» mit der stoffreichen, weit- und langärmeligen Talarkukulle *(froccus)*, die schließlich als die Mönchskleidung schlechthin galt. Diese Reformen waren der tatkräftigen Unterstützung der weltlichen Herren zu verdanken: Brogne war ein Kloster des Eigenklosterherrn Gerard, der zugleich Abt war, Cluny eine Gründung des Herzogs Wilhelm I. («des Frommen») von Aquitanien, der auf die Abtwürde verzichtete, sich dafür jedoch die Vogteirechte vorbehielt und damit den zukunftsträchtigen Weg wies: Der Adlige war nicht mehr – wie häufig in der spätkarolingischen Zeit – Laienabt, nicht mehr geistlicher Vater,[9] wohl aber, seinem Stand gemäß, Vogt und damit weltlicher Schutzherr des Klosters, eine Funktion, die weiterhin mit Rechten und Einkünften verbunden war, jedoch den religiös-geistlichen Bereich des Klosters unangetastet ließ. Der Adlige gewann auf diese Weise Anteil an der Religiosität, ohne auf seine Rechte zu verzichten. Die Klöster wurden ihrerseits noch stärker in die Adelswelt integriert: Der Adel machte umfangreiche Schenkungen und brachte dafür Angehörige seiner Familien als *conversi* (eigentlich: Bekehrte) in den Klöstern unter, Mönche, die nicht schon von Kind auf, sondern erst im Alter ins Kloster eintraten.[10] Überhaupt entstammten die Mönche zunehmend dem Adel, bis in vielen Klöstern schließlich nur noch Adlige aufgenommen wurden. Dieser ständegeschichtliche Aspekt der Reform, die Aristokratierung des Mönchtums, lief parallel dem geistesgeschichtlichen, nämlich der Verchristlichung und der Aufnahme religiöser Strömungen durch den Adel.[11]

Inhalt dieser *Reformen* war die Erneuerung der Ordnung und die striktere Einhaltung der nun überall durch *consuetudines* ergänzten Regel, die dadurch interpretiert und auch den veränderten Bedürfnissen angepaßt wurde. Durchsetzung und Ausbreitung der Reform erfolgten meist so, daß ein neuer, angesehener Abt über ein zu reformierendes Kloster gesetzt wurde und zumindest ein Teil der Mönche aus einem bereits reformierten Kloster stammte, dessen «Consuetudines» man ebenfalls übernahm. Das gelang nicht immer ohne den Widerstand der alten Mönche, die das angenehmere Leben verständlicherweise nicht aufgeben wollten; manchmal mußten sie regelrecht vertrieben werden.[12] Thietmar von Merseburg polemisierte zu Beginn des 11. Jh., als König Heinrich II. sich sehr für eine Klosterreform einsetzte, gegen die Einsetzung eines Reformabtes im Kloster Berge: «Tatsächlich sind Menschen, deren neuartiges Auftreten in Kleidung und Lebensweise Lob findet, oft nicht das, was sie vorgeben.»[13] Der Siegeszug der Reform war dennoch nicht aufzuhalten. Durch das System der Ausbreitung von einem bereits reformierten Kloster aus entstanden «Filiationen»; allein von Gorze aus lassen sich nach Hallinger zehn Filiationsgruppen unterscheiden, doch ist der Tatbestand damit sehr vereinfachend dargestellt, denn meist hatte ein Kloster mehrere «Väter» und stellte sich aus einer Reihe von Vorlagen die eigene «Klostergewohnheit» zusammen. Nur Cluny entwickelte allmählich eine Sonderform, weil alle von hier aus reformierten Klöster dem Abt von Cluny unterstellt blieben und nicht von einem eigenen Abt, sondern von einem Prior geleitet wurden.[14] Auf diese Weise entstand ein eng zusammengehöriger Klosterverband, der zur Zeit Odilos (1. Hälfte 11. Jh.) 64 Klöster umfaßte; auf dem Höhepunkt waren es weit über 1000 Klöster, davon fast 900 allein in Frankreich. Im Deutschen Reich hatte Cluny dagegen lange Zeit keinen rechten Erfolg, ganz im Gegensatz zur Reform von Gorze und ihrer Tochtergründung St. Maximin in Trier, die dem ottonischen Reichskirchensystem aufgeschlossen gegenüberstanden und die Herrenrechte nicht antasteten. Cluny war auch hier einen eigenen Weg gegangen, indem schon Wilhelm von Aquitanien das Kloster unmittelbar dem Papst unterstellt hatte. (Der Prozeß der tatsächlichen Herauslösung aus der Bischofsherrschaft zog sich allerdings noch über 100 Jahre hin.) Cluny war kein Vorkämpfer gegen das Eigenkirchenwesen und den Feudalismus und kein unmittelbarer Wegbereiter des Investiturstreites, wie man früher glaubte, wohl aber mündete die neue, asketische Religiosität, an der die Cluniazenser maßgeblichen Anteil hatten, schließlich in die große Kirchenreform des 11. Jh. ein, in die sich auch der sog. Investiturstreit eingliederte. Es ist bezeichnend, daß Cluny gerade in dieser Zeit (auf dem Umweg über das italienische Kloster Fruttuaria) erstmals auch im Reich Fuß faßte, wo um 1080 Hirsau in Schwaben reformiert wurde.[15] Wiederum erfüllten diese Reformklöster auch politische Zwecke: Es waren vorwiegend Dynastenklöster der aufsteigenden Fürsten, die den Kampf gegen das Reichskirchensystem und gegen den König aufnahmen.[16] Erneut aber gab es verschiedene Richtungen. Nach dem Bericht Lamperts von Hersfeld wirkte Siegburg, eine Gründung des Kölner Erzbischofs Annos II.,[17] bereits wieder auf Lothringen und Frankreich, die Ausgangszentren der Reform, zurück.[18] Hier waren manche Klöster also schon wieder reformbedürftig. Dabei wetteiferten die einzelnen Reformrichtungen um den Erfolg: Lampert polemisierte gegen die Mönche aus Siegburg, gegen die er sich in Saalfeld mit seinen Vorstellungen nicht hatte durchsetzen können.[19]

Abb. 8 Reformmönchtum: Ein Zisterziensermönch bei der Erntearbeit (Augustinhandschrift, Citeaux, 12. Jh.: Q-Initiale).

Hatten solche Reformen sich stets an den alten Idealen orientiert, so erwuchs aus einem wiederaufkommenden Eremiten- und Armutsideal als Reaktion auf die reich gewordenen Klostergemeinschaften gegen Ende des 11. und vor allem im 12. Jh. eine wirklich neuartige und entscheidende Welle der Reform: Die Mönche besannen sich auf das alte Ideal der Einsamkeit und wollten ein «evangelisches» oder «apostolisches Leben» führen. Der Erfolg einzelner Unternehmungen machte (meist in der zweiten Mönchsgeneration) eine Regelung notwendig, deren Ausbreitung zur Entstehung *neuer Orden* führte: Kamaldulenser, von Romuald von Ravenna in Camaldoli bei Arezzo gegründet (1023/26), und Kartäuser, von dem Kölner Domherrn Bruno in Chartreuse bei Grenoble ins Leben gerufen (1084), verbanden Eremitentum und klösterliches Koinobitentum. Die Mönche bewohnten ein eigenes Haus, das aber an Kirche und Gemeinschaftsräume angeschlossen war. Der bedeutendste dieser Orden waren zweifellos die *Zisterzienser*,[20] deren schmucklose und einheitliche Kirchen ohne großen Westbau das Armutsideal schon äußerlich dokumentierten. Robert gründete 1070 ein Kloster in Molesme (nahe Cluny), dann 1098 ein Kloster in Cîteaux (südlich Dijon), das er mit einem bezeichnenden Namen *Novum monasterium* nannte. Eine feste Ordnung entstand erst unter dem dritten Abt, dem Engländer Stephen Harding (1108–33), mit der (allerdings in Stufen ausgebildeten) «Charta caritatis». Oft gab es Doppelklöster für Mönche und Nonnen. Ausgeschlossen waren auch die anfangs die Mönche an Zahl übertreffenden Konversen, Laienbrüder verschiedener Schichten, die ebenfalls ein Gemeinschaftsleben führten, aber keine (Voll-)Mönche waren, ihren eigenen Wohn- und Kirchenbereich hatten und im wesentlichen als Diener und Arbeiter der Mönche fungierten und den Kontakt zur Außenwelt übernahmen, vor allem in der Landwirtschaft, als Handwerker, Pfleger, Händler oder Verwalter.[21] Aber auch die Mönche selbst griffen zumindest anfangs auf das alte Ideal der Arbeit zurück, denn die ältesten Statuten von Cîteaux bestimmten: «Die Mönche unseres Ordens müssen von ihrer Hände Arbeit, Ackerbau und Viehzucht, leben.»[22] Manche Buchminiatur zeigt einen Zisterziensermönch bei der Rodung oder Landarbeit (Abb. 8). Das Armutsideal verbot fremde Einkünfte, so daß man auf möglichst autarke eigene Höfe angewiesen war, die von Konversen verwaltet wurden. Diese, entgegen der allgemeinen Entwicklung der Grundherrschaft in Eigenwirtschaft betriebenen Grangien wurden dank ihrer Überschüsse und einer gezielten Gütererwerbspolitik teilweise zu Musterhöfen, wie die Zisterzienser überhaupt wesentlichen Anteil an den Fortschritten und Neuerungen der Landwirtschaft im hohen Mittelalter hatten.[23] Durch die Gründung von Tochterklöstern, die ihrerseits weitere Zisterzen gründeten, bzw. durch Anschluß alter Klöster an die Reform, breitete sich der Orden vom Kerngebiet zwischen Seine, Saône und Maas schnell über ganz Europa aus; bis 1153 gab es bereits 344 Zisterzen (davon waren 66 allein von Clairvaux aus gegründet), während in den ehemals bedeutenden, alten Reichsklöstern meist nur noch wenige Mönche lebten. Das 12. Jh. gilt, nicht zuletzt dank des bedeutendsten Zisterziensermönchs, Bernhards von Clairvaux, geradezu als «zisterziensisches Zeitalter». Die einzelnen Zisterzen, die in bewußtem Gegensatz zu dem «alten» Mönchtum, nämlich den früheren Reformorden wie den Cluniazensern, jeweils unter einem eigenen Abt standen, bildeten einen Klosterverband, der an Cîteaux gebunden blieb, wo als oberste Instanz jährlich ein Generalkapitel aller Zisterzienseräbte stattfand. Die Abgrenzung von dem älteren Mönchtum zeigte sich auch in der einfachen, ungefärbten Kleidung, die die Zisterzienser im Gegensatz zu den «schwarzen» Cluniazensern zu «weißen» Mönchen machte.

Anders als unter Benedikt von Aniane und mehr noch als im 10. Jh. bestand das Ergebnis dieser Reform nicht in einer Vereinheitlichung, sondern in einer weiteren Aufsplitterung des Mönchtums. Die Cluniazenser gaben sich nicht kampflos geschlagen, so daß ein erbitterter (Gelehrten-)Streit um den besseren Weg zum Heil, die wahre *vita religiosa*, entstand. In seiner «Apologia ad Guillelmum abbatem» warf Bernhard von Clairvaux den Cluniazensern vor, sie hielten die Mönchsregel nicht ein und äßen und tränken zuviel; die Gesunden würden sich in Krankenbetten legen, weil sie dort Fleisch zu essen bekämen; er beanstandete die reiche Kleidung – Mönchskukulle und Ritterkleid seien aus demselben Stoff gemacht –, die reiche Architektur und teure Ausstattung der Kirchen und Klöster mit Gold und Silbergeräten sowie das fürstliche Reitergefolge der Äbte mit bis zu 60 Pferden; die Äbte seien nicht Klosterväter *(patres monasteriorum)*, sondern Burgherren *(domini castellorum)*, nicht Seelenlenker *(rectores animarum)*, sondern Territorialfürsten *(principes provinciarum)*. Petrus Venerabilis, der Abt von Cluny, antwortete darauf, das eigentliche Anliegen des Mönchs sei die Liebe *(caritas)*, wie sie nur im alten Mönchtum zu finden sei, und warf den Zisterziensern seinerseits einen unmenschlichen Schematismus vor.[24] Die Kanonistik mußte darüber entscheiden, ob ein Wechsel von einem Orden zum anderen erlaubt sei, und gestattete meist nur den Übertritt zu einem strengeren Orden. Kampf um den rechten Weg und Vielfalt der Lebensformen (innerhalb des Mönchtums) waren typisch für das 12. Jh., das die Verschiedenartigkeit akzeptieren lernte. Der Bischof Anselm von Havelberg rechtfertigte ausdrücklich die verschiedenen Formen der Religiosität als gleichberechtigte Wege zum Heil und setzte damit neue Akzente, und der Zisterzienserbischof Otto von Freising schloß seine Chronik mit einem Lobpreis des Mönchtums (ganz gleich welcher Richtung), um dessentwillen Gott allein noch das fällige Ende der Welt hinausschob.[25] Die Mönchsreform wirkte im übrigen auf den Klerus zurück; die neuen Orden der Regularkanoniker wie Prämonstratenser oder Augustinerchorherren erneuerten auch hier das alte Ideal der *vita communis*.

Der Erfolg vor allem der Zisterzienser brachte dem neuen Orden allerdings bald selbst den Reichtum, den man bei den Cluniazensern angeprangert hatte. Schon am Ende des 12. Jh. war das abendländische Mönchtum reif für neue Reformen, die zu einer weiteren Differenzierung führten. Ausgangspunkt war wieder das Armutsideal, das zu Beginn des 13. Jh. in einer völlig neuen Richtung, den Bettel- oder *Mendikantenorden*, verwirklicht wurde, die Armut nicht nur für den einzelnen Mönch, sondern auch für das Kloster forderten und ihren Wirkungskreis, in dem die Predigt im Mittelpunkt stand, bewußt in die Städte verlegten, die die älteren Mönche ebenso bewußt gemieden hatten, und damit zugleich die Wandlung vom Adelsmönchtum zu einem Mönchtum des Bürgertums symbolisierten. Die Mendikanten waren die Vorkämpfer des späten Mittelalters in Seelsorge, Wissenschaft und Häresiebekämpfung (Inquisition). Damit ist der zeitliche Rahmen dieser Darstellung aber bereits überschritten. Der Überblick über die Geschichte des Mönchtums hat deutlich gemacht, daß man sich die Lebensweise des Mönchs nicht so einheitlich vorstellen darf, wie die Berufung auf eine einzige Regel vermuten läßt. Das Leben wurde aber nicht nur von den mönchisch-religiösen Zielen, sondern auch von den vielfältigen Funktionen des Klosters in der früh- und hochmittelalterlichen Gesellschaft bestimmt, die nun zu betrachten sind.

b. Die Funktion des Klosters

Die Klostergründung. Folgt man den stereotypen Heiligenleben früher Mönche und Äbte, so suchten sich diese für ihre Zellen eine möglichst unzugängliche Stätte in der Einöde, fernab aller Zivilisation: Mönchtum bedeutete ja Abkehr von der (zivilisierten) Welt. Columban gründete sein Kloster *Luxeuil* in einer einsamen Gegend, in der noch Reste eines alten Römerlagers standen, jetzt aber nur noch wilde Tiere lebten.[26] Eine solche «Einöde» jedoch betraf, wenn sie nicht überhaupt symbolisch gemeint war, allenfalls die Anfänge. So bedeutende Klöster wie Luxeuil wurden bald zu vielbesuchten Zentren; in Gallien lagen sie oft von vornherein nur vor den Mauern der Städte, wenn auch nicht in den Städten selbst. In mancherlei Hinsicht typisch ist die frühe Geschichte des Klosters *St. Gallen:* Im Jahre 612 gründete der Irofranke Gallus, ein Schüler Columbans, eine Zelle an der Steinach, die später nach ihm benannt wurde, und auch er suchte sich dafür einen abgeschiedenen Platz aus. Die Vita berichtet von Kämpfen, die er auf wunderbare Weise bestand: «äußeren» Kämpfen gegen Bären, die die Einsamkeit versinnbildlichten und die er vertrieb, und «inneren» Kämpfen gegen die Versuchung durch den Teufel in Gestalt nackter Nixen, die er gleichfalls vertrieb.[27] Die zweite Phase begann mehr als 100 Jahre später und stand, wie bei vielen anderen Klöstern von Anfang an, bereits unter weltlichem Einfluß: Um 724 gründete der Adlige Walram, der Tribun im Arbongau am Bodensee, an der Stelle der alten Galluszelle auf seinem Eigenbesitz ein Kloster, das bald zu einem Zentrum der Alamannen wurde; als die Franken sich in Alamannien durchsetzten, übergab der aus Churrätien stammende Abt Otmar – auch das ist typisch – das Kloster dem ersten Karolingerkönig Pippin. Es folgten Auseinandersetzungen mit den nun eingesetzten fränkischen Grafen, Warin und Ruthard, die Otmar schließlich gefangensetzten. Der Abt starb in der Verbannung (ein Grund, ihn später heiligzusprechen, zumal man seine Gebeine zehn Jahre danach noch unversehrt vorfand). Daneben hatte das Kloster Auseinandersetzungen mit dem Bistum Konstanz zu bestehen, das ebenfalls seine Ansprüche anmeldete. Als der Abt Johannes (759–81) bald auch Bischof von Konstanz wurde, sank St. Gallen zu einem zinspflichtigen, bischöflichen Eigenkloster ab. Erst 854 wurde der Zins im Ulmer Vertrag vor dem König abgelöst. Schon vorher war das Kloster zum Reichskloster geworden, das dem König als oberstem Herrn unterstand.

Die Geschichte St. Gallens veranschaulicht die Entwicklungsphasen eines Klosters wie auch den weltlichen Einfluß: Klöster ohne einen Herrn waren allenfalls in der Frühzeit denkbar. Gerade die irisch-angelsächsischen Missionare hatten von Anfang an die Bindung zu Königshaus und Hochadel gesucht: Die Klöster waren Bestandteil der fränkischen Reichskultur.[28] Spätere Gründungen verliefen anders als in Luxeuil oder St. Gallen. Als der spätere Bischof Liudger von Münster ein Kloster gründen wollte, reiste er zunächst nach Rom und Montecassino und brachte von dort die Benediktregel und Reliquien mit. Nach einiger Suche nach einem geeigneten Standort entschied er sich für *Werden* an der Ruhr, erwarb hier nach 799 durch Kauf, Tausch und Schenkungen Grundbesitz und begann mit dem Kloster- und Kirchenbau. Die Mönche lebten bis zu deren Fertigstellung noch in Zelten.[29] Mußte in Werden noch der Wald gerodet werden, so war von einer wirklichen Einöde bald keine Rede mehr. Die sächsischen Frauenklöster der Karolingerzeit zum Beispiel wiesen vielmehr durchweg eine verkehrsgünstige Lage an Fernhandelsstraßen in der Nähe einer Burganlage auf, die die Beziehung zur Stifterfamilie und die Einordnung in den adligen Herrschaftskomplex kennzeichnete.[30] Die bayerischen Klöster lagen ebenfalls verkehrsgünstig mit Verbindungen zu den einzelnen Besitzungen, vorwiegend an Flüssen und Seen und (als Vorposten) in Grenzgegenden.[31] Abgeschiedenheit und Nähe zur Zivilisation schlossen sich auch nicht grundsätzlich aus, weil das Land noch wenig besiedelt war (vgl. o. S. 21 f.). Die größeren Klöster erhielten aber bald ihrerseits eine zentrale Funktion und waren Ausgangspunkt einer Handwerker- und Kaufleutesiedlung in unmittelbarer Nähe. Manche Stadt (wie etwa auch St. Gallen) verdankte ihre Entstehung einer vorangegangenen Klostergründung.

Diese Zentralität war zwangsläufig Folge des Gründungsaktes, der von vornherein bestimmte Ziele verfolgte. *Klostergründer* waren zunächst die Könige, im Frankenreich also Merowinger und Karolinger, die zahlreiche Klöster auf Reichsgut, also vornehmlich zwischen Loire und Maas und besonders im Pariser Becken, unter den Karolingern dann im Maas-Moselraum,[32] gründeten und als Reichsklöster in das Herrschaftssystem einbezogen. Klostergründer waren sodann die Kirchen, vor allem die Bistümer, die ihre Klöster ebenfalls unter ihrer Herrschaft hielten, und schließlich der Adel, der auf seinem Grundbesitz, verstärkt in bestimmten Phasen, sog. «Hausklöster» stiftete, die sich allerdings oft nicht halten konnten und seit der Karolingerzeit an Bischöfe oder Könige tradiert wurden. Dadurch wuchs die Zahl der bischöflichen und vor allem der unter königlicher Herrschaft stehenden Reichsklöster gewaltig an. Erst nach 1045 brach die Welle solcher Traditionen ab; stattdessen übergab man die Klöster nun häufiger dem Papst.[33]

Die Gründe für das Interesse von Königtum und Adel an den Klöstern sind zunächst im traditionellen Selbstverständnis der Herrschenden als Hüter der Religion wie überhaupt in religiösen Überzeugungen zu suchen, entsprangen jedoch ebenso der Funktion des Klosters als Machtinstrument, das sich ganz in die Herrschaftsstrukturen eingliederte. Betrachten wir zunächst die religiösen, danach die weltlichen Funktionen und Bindungen des frühmittelalterlichen Klosters.

Das Kloster als Bestandteil der Kirche – Seelsorge, Bildung, Fürsorge. In seiner ursprünglichen und eigentlichen Bestimmung war das Kloster natürlich eine Stätte monastischen, also religiösen Gemeinschaftslebens nach bestimmten Regeln, das dem Seelenheil des einzelnen Mönchs diente und noch ausführlicher zu beleuchten sein wird.[34] Dieses monastische Leben «im Dienst des Herrn» aber wurde gleichsam von der gesamten Gesellschaft und besonders dem Klostergründer und seiner Familie in Anspruch genommen, indem die Mönche verpflichtet wurden, nicht nur für sich selbst, sondern auch für andere zu beten. Die Mönche gedachten in ihren Messen der verstorbenen und lebenden Mitglieder der Gründerfamilie und beteten für deren Seelenheil, dann – unter angelsächsischem Einfluß – auch für das Heil anderer Menschen, die sich mit den Mönchen verbrüderten oder aufgrund besonderer Leistungen, z. B. Schenkungen, sich deren *Gebetsdienst* erwarben und deren Namen in die liturgischen Verbrüderungs- und Gedenkbücher eingetragen wurden.[35] (Der mittelalterliche Mensch konnte gar nicht genug tun für sein ewiges Seelenheil; es wurde zwar kaum weniger gesündigt als heute, aber man tat viel, um seine Sünden wiedergutzumachen.) Dieser Gebetsdienst wurde fest geregelt: Die Mönche des Klosters Aadorf im Thurgau, des Hausklosters des Linzgaugrafen Udalrich im späteren 9. Jh., sollten beispielsweise täglich drei Messen und wöchentlich drei Psalter für die verstorbenen sowie eine Messe für das Heil der lebenden Familienmitglieder singen.[36] Zunächst gedachte man der Eingetragenen einzeln, als deren Zahl aber überhand nahm, mußte man sich mit einem summarischen Gedächtnis begnügen.

Da das Kloster in die kirchliche Organisation eingegliedert war, unterstand es in geistlicher Hinsicht der Jurisdiktions- und Weihegewalt des *Bischofs*. Der Versuch Pirmins, seine Klöster aus der bischöflichen Observanz zu lösen, hatte sich gegenüber der straffen Kirchenorganisation des Bonifatius nicht durchsetzen können.[37] Die Klöster besaßen demnach keine Weiheautonomie; wann immer ein Altar, eine Kirche, ein Abt geweiht werden mußten, geschah das durch den zuständigen Bischof, dem die Klöster in der Merowingerzeit sogar noch zu Gastung und Abgaben verpflichtet waren. Erst in der Reformperiode vor allem des 12. Jh. wandten sich die Klöster selbst gegen die bischöflichen Hoheitsrechte.

Als Teil der Amtskirche übernahmen die Abteien kirchliche Aufgaben. So wurden die Mönche zunehmend in die *Seelsorge* einbezogen; die Klosterkirche wurde zumeist auch Pfarrkirche. Empfingen anfangs nur wenige Mönche die geistlichen Weihen (als Subdiakon, Diakon und Priester), um den Gottesdienst im Kloster zu gewährleisten, so nahm deren Zahl vor allem im Laufe des 9. Jh. erheblich zu, bis schließlich die überwiegende Mehrheit der Mönche zugleich Kleriker war. In St. Germain-des-Prés bei Paris bildeten die geweihten Mönche im 8. Jh. noch die Minderheit, im Laufe des 9. Jh. aber erreichte fast jeder Mönch im Laufe seines Lebens einen Weihegrad;[38] im Jahre 838 waren in St. Denis 65% der Mönche geweiht; in St. Gallen besaßen 42 von den 101 Mönchen des Jahres 895 allein die Priesterweihe.[39] In der Aufbauphase des Reichs wurden den Klöstern mit Vorliebe auch *Missionsaufgaben* übertragen. Fulda zum Beispiel war unmittelbar als Missionskloster für Thüringen gegründet worden. (Solche Klöster konnten dann leicht in eine Krise geraten, als spätestens im 9. Jh. die Christianisierung abgeschlossen war und man nach neuen Funktionen suchen mußte.) Mit der Mission verbreiteten die auch mit fränkischen Mönchen besetzten Klöster, von den Königen bewußt gefördert, zugleich die fränkische Reichskultur; Karl der Große beschenkte zum Beispiel nach der Eroberung des Langobardenreichs die italienischen Klöster, um mit ihrer Hilfe Italien in das Reich einzugliedern.

Diese Aufgaben erfüllten die Klöster deshalb, weil sie – von den Vätern kaum so beabsichtigt – die *Zentren der Bildung und Erziehung* waren, die überhaupt erst einen Teil der klassisch-antiken Bildung ins christliche Abendland herübergerettet hatten. In seiner *Admonitio generalis* von 789 verfügte Karl der Große, daß jedes Kloster eine Schule und Schulbücher besitzen sollte[40] («Schulbücher» waren damals «Lehrerhandbücher»). In größeren Klöstern bildete eine sog. innere Schule die künftigen Mönche aus, zumal es, im Gegensatz zur Frühzeit, üblich wurde, bereits Kinder als *pueri oblati* in die Obhut der Klöster zu geben. Eine «äußere Schule» sorgte für den Unterricht der späteren Kleriker, die dann als Weltgeistliche an die Kirchen gingen. In den Klosterbibliotheken wurde das gesamte Wissen der Zeit gesammelt. Neben Schulbüchern über die sieben «freien Künste» *(artes liberales)* – Grammatik, Rhetorik, Dialektik; Arithmetik, Astronomie, Geometrie und Musik, die damalige «Allgemeinbildung»[41] – fanden sich hier in erster Linie natürlich Bibel und liturgische Bücher für den Gottesdienst (Sakramentar, Antiphonar, Missale), Bibelkommentare, Predigten, Heiligenviten und

Klosterregeln, dann die Schriften der Kirchenväter, die im ganzen Mittelalter maßgeblich blieben, daneben aber auch wissenschaftliche Traktate und Enzyklopädien, vor allem die «Etymologiae» des Bischofs Isidor von Sevilla, von denen weit über 1000 Handschriften erhalten sind, ferner historiographische Werke, Gedichte, Gesetze, antike Autoren, kurz: das gesamte Schriftgut. Die Bibliotheken waren natürlich unterschiedlich groß, und nicht zufällig hieß die Bibliothek meist *armarium* (d.h. Schrank bzw. Truhe), weil sie oft nur aus einer Holztruhe bestand, in der die wertvollen Bücher aufbewahrt wurden. Bedeutende Klöster aber hatten einen größeren Bestand, der uns aus zahlreichen erhaltenen Bibliothekskatalogen bekannt ist.[42] Im St. Galler Katalog aus dem 9. Jh. finden sich über 400 Titel.

Die Schreib- und Abschreibtätigkeit war eine wichtige Beschäftigung vieler Mönche – «Kopieren» bedeutete damals eben noch mühsames Abschreiben –; der schreibende Mönch bildet eines der häufigsten Miniaturbilder, die ebenfalls von künstlerisch begabten Mönchen gemalt wurden (Abb. 9). Noch typischer als die Bibliothek war für das Kloster daher das Skriptorium, die Schreibstube oder Schreibschule. Besonders die Karolingerzeit war die große Zeit des Abschreibens und der Überlieferung alten Kulturgutes; die wertvollen Pergamentcodices enthielten jeweils eine ganze Reihe von Schriften, die manchmal eher zufällig, oft aber auch ganz bewußt zusammengestellt wurden. Die sog. «Karolingische Renaissance» war im wesentlichen das Werk der Klöster und Mönche, die auch «die» Schrift des Mittelalters, die «Karolingische Minuskel», schufen. Schreiben galt als verdienstvoll: Ein Chorherr aus Klosterneuburg wollte mit seinem Codex nicht nur sich selbst, sondern allen Brüdern, Vorgängern, Nachfolgern und Freunden zum Seelenheil verhelfen. Ordericus Vitalis erzählt in seiner im frühen 12. Jh. entstandenen «Kirchengeschichte», ein recht sündiger Mönch hätte seine Seele retten können, weil Gott jede Sünde mit einem geschriebenen Buchstaben aufrechne und in diesem Fall gerade ein Buchstabe übriggeblieben sei.[43] Man unternahm manche Anstrengung, um in den Besitz einer seltenen Schrift zu gelangen, wie die oben (S. 23) erwähnte Reise des Mönchs Richer von Reims nach Chartres zeigt.

Freilich wurde im Kloster nicht nur abgeschrieben, sondern die gelehrten Mönche, oft die Klosterlehrer selbst, verfaßten in Anlehnung an die Überlieferung und meist im Auftrag eines Höheren, auch neue Werke.[44] Auch die Geschichtsschreibung entstand großenteils in den Klöstern. Klosterannalen hielten schon früh die wichtigsten Ereignisse fest; später verfaßte man ganze Klostergeschichten oder Abtsgesten. Besonders seit dem 11. Jh. wuchs das Bedürfnis, die eigene geschichtliche Tradition schriftlich festzuhalten: Der Gründungsakt wurde zunächst in Urkunden aufgenommen, dann in selbständigen Gründungsberichten

Abb. 9 Typische Mönchsarbeit: Ein schreibender Mönch (Notker von St. Gallen) (aus einer verlorenen Notkerhandschrift. Foto bei von den Steinen, Homo Caelestis).

(Fundationes) und schließlich in eigenen Klostergeschichten niedergeschrieben.[45] Zum unverzichtbaren Bestandteil der Klosterbibliotheken zählten nicht zuletzt auch die Lebensbeschreibungen (Viten) und die Wundergeschichten (Miracula) der im eigenen Kloster verehrten Heiligen, die immer wieder überarbeitet wurden, um sie dem jeweiligen Zeitgeschmack anzupassen, und sicherlich zu der beliebtesten «Erbauungslektüre» als Vorbild für das eigene Klosterleben gehörten. Je ruhmvoller die Wundertaten des Heiligen waren, desto mehr stieg außerdem das Ansehen des eigenen Klosters. Die Klöster wurden zu Zentren der Heiligenverehrung und Wundertätigkeit – bei den Wundern handelte es sich meist um Krankenheilungen – und manchmal zu regelrechten Wallfahrtsstätten.

Schließlich waren die Mönche noch auf einem anderen Gebiet der Kultur kreativ tätig, nämlich im Bereich der *Kunst.* Mönche schufen nicht nur die kostbaren Einbände der Pracht-Codices und schmückten die Seiten mit Miniaturen aus, sondern stellten oft auch die liturgischen Geräte und andere Kostbarkeiten her oder betätigten sich als Baumeister.

In einer Zeit, in der es von «staatlicher» Seite noch keinerlei Sozialpolitik gab, fiel den Mönchen eine dritte große Aufgabe an der Gesellschaft neben Seelsorge und Bildungstradition zu: die *Sozialfürsorge.* Die Versorgung der Alten, Kranken und Schwachen lag zunächst in den Händen der Familie, die allerdings vielfach selbst so verarmt war, daß man auf die Hilfe der Kirchen und Klöster angewiesen war. Der Mönch war nämlich «von Berufs wegen» zu Nächstenliebe und Fürsorge verpflichtet: «(Am Tor) sitzt ständig ein frommer, gottesfürchtiger Bruder und empfängt alle ankommenden Gäste, Pilger und Armen freundlich und gütig wie Christum selber und geleitet sie zunächst in den Betsaal, darauf führt er sie in die Gastzelle, nachdem er ihnen zuvor die Füße gewaschen und dann in Demut alle Dienste der Nächstenliebe geleistet hat», schrieb Otto von Freising in seinem bereits erwähnten «Loblied» auf das Mönchtum.[46] An bestimmten Tagen wurden die Armen im Kloster gespeist und verpflegt, gebadet, rasiert und eventuell bekleidet. Größeren Klöstern waren regelrechte Armenhäuser (Xenodochia) angegliedert.[47] Armenspeisung galt als Teil des Totengedenkens und entsprang damit einem religiösen Zweck: Die Mönche gedachten in ihren Messen bestimmter Verstorbener, deren Tagesration jeweils ein Armer erhielt. Die marxistische Forschung deutet die Funktion der Sozialfürsorge gern als bewußte Dämpfung der Spannungen zwischen Arm und Reich seitens der Kirche;[48] (tatsächlich drohte von den Ärmsten aber die geringste Gefahr). Der Franzose Georges Duby stellt demgegenüber nüchterner fest, daß auf diesem Wege ein großer Teil der Abgaben der durch die Oberschicht ausgebeuteten (aber auch versorgten) Hörigen wieder an die (unversorgten Teile der) unteren Gesellschaftsschichten zurückfloß.[49] Dieser Kreislauf gehörte gewissermaßen zum natürlichen Gesellschaftsbild des Mittelalters (und ermöglichte zudem selbstverständlich noch ein herrengemäßes Leben der Herren). Die Armenspeisungen konnten jedoch durchaus Ausmaße annehmen, denen die Klöster nicht mehr gewachsen waren, so daß manche Klostergemeinschaft darüber regelrecht verarmte. Die Toten, sagt Wollasch, zehrten die Lebenden in Gestalt der Armen auf.[50]

Zur Sozialfürsorge gehörte auch die Aufnahme und Bewirtung von Pilgern und Reisenden (zumal es «Gasthäuser» vor dem 12./13. Jh. nur in sehr beschränktem Umfang gab).[51] Größeren Klöstern war deshalb ein Gästehaus angegliedert. Die Benediktregel bestimmte:[52] «Alle Gäste sollen wie Christus empfangen werden ... und allen erweise man die gebührende Ehre, besonders den ‹Glaubensgenossen› *(domestici fidei)* und den Pilgern.» Hatte Benedikt noch keinerlei Unterschiede gemacht, so empfing man spätestens seit karolingischer Zeit die Gäste ihrem Stand gemäß, wurden Armen- und Gästehaus streng getrennt. Es gab wohl auch «Dauergäste» («mit Vollpension»): Ein schwäbischer Grundbesitzer schenkte dem Kloster St. Gallen im Jahre 873 Ackerland zum Nutzen der *domus peregrinorum,* damit er dort bis an sein Lebensende leben konnte und ernährt und bekleidet würde, nämlich jährlich ein Leinenkleid und ein Wollkleid und alle drei Jahre einen Mantel und Schuhe empfing.[53]

Schließlich oblag auch die Krankenpflege den Mönchen. Soweit ärztliche Versorgung und medizinische Kenntnisse im Mittelalter überhaupt verbreitet waren, finden wir sie in Klöstern, wo ein Kräutergarten für die notwendigen Heilmittel sorgte und die Kranken in einem angegliederten Hospital verpflegt werden konnten. Armen- und Krankenhaus waren dabei oft identisch.

Das Kloster als Bestandteil der Welt – Das Eigenkloster. Standen bei den bisher besprochenen Funktionen die religiösen Aufgaben im Vordergrund, so erwuchsen weitere Pflichten aus dem «weltlichen» Charakter des Klosters, als Eigenkloster im Besitz und auf dem Eigengut des Gründers und seiner Familie, die auf diese Weise am religiösen Leben teilhaben wollten. Adel und Bischöfe machten sich zunächst wieder die Frömmigkeit der Mönche durch die bereits erwähnte Gebetshilfe nutzbar. Sodann stand das Kloster natürlich den Mitgliedern der Gründerfamilie offen, die Mönche werden wollten. Das Eigenkloster wurde damit auch zur «Versorgungsanstalt» für nachgeborene Söhne (und half so, eine weitere Teilung des Erbguts zu verhindern), sowie vor allem für Töchter (die man nicht verheiraten konnte oder wollte), und wurde gern aus solchem Anlaß gegründet. Der Adel stiftete daher mit Vorliebe Nonnenklöster, denen die Töchter meist als Äbtissinnen vorstanden. Das von den sächsischen Herzögen, den Liudolfingern, gegründete Kloster Gandersheim wurde nacheinander von drei Töchtern des Herzogs Liudolf und seiner Gemahlin Oda geleitet, nämlich von Hathumod, die bei ihrem Amtsantritt gerade 12 Jahre zählte, Gerberga und Christina, und auch die vierte Äbtissin, Liutgard, war wohl eine Verwandte.[54] Selbst bei Klostertraditionen an den König behielt sich der Tradent (bis zur cluniazensischen Reform) oft die Abtwürde für sich und seine Nachkommen vor, wenn das Institut der «Laienäbte» auch wohl nur im 9. Jh. weiter verbreitet war (Felten). Vor allem traten der Gründer oder seine Gemahlin gern in hohem Alter, wenn sie die Geschäfte den Söhnen überließen, in ihr Kloster ein; das religiöse Leben am Lebensabend sollte noch einmal die Chancen für das Seelenheil vergrößern; beim Mann deutete das meist auf den nahen Tod hin; Witwen aber gingen häufig ins Kloster; auch Oda wurde nach Liudolfs Tod Nonne in Gandersheim. Oft dienten diese Stiftungen auch als Grablege für die Gründerfamilie: Liudolf und Oda, Hathumod und Gerberga wurden in Gandersheim begraben. Doch auch andere sicherten sich durch Schenkungen (gewissermaßen als «Rentenversicherung») frühzeitig einen Lebensabend im Kloster (zumal es eine anderweitige Altersversorgung außerhalb der Familie nicht gab): Wieder gingen religiöses Motiv und wirtschaftlicher Zweck Hand in Hand. Der Frankenkönig Karlmann, der Bruder Pippins I., entsagte 747 der Herrschaft und wurde Mönch im Benediktkloster Monte Cassino. Um nicht erkannt zu werden, gab er sich als Mörder aus und ließ sich schwere Bußen auferlegen. Erst als der Koch ihn wiederholt schlug, deckte ein Begleiter seine wahre Herkunft auf, und Mönche und Abt warfen sich Karlmann als ihrem wahren Herrscher zu Füßen.[55] Die Geschichte dieses «Aussteigers» zeigt Karlmanns Wunsch, sich das Seelenheil durch das Leben eines einfachen Mönchs zu erwerben, aber auch die Schwierigkeit eines Königs, aus seiner Rolle auszubrechen.

Das Eigenkloster übte als *«Hauskloster»* aber auch eine symbolische Funktion aus: Es war das religiöse und damit auch das kulturelle Zentrum der Adelsfamilie und integrierte gewissermaßen die verschiedenen Stände der Laien, Mönche und Geistlichen, die so den Familienzusammenhang wahren konnten.[56] Die Klöster wurden zu einem Zeichen der Einheit von Kirche und Adel im Mittelalter. Darin (und nicht in einer drohenden Verweltlichung als Entartung von der ursprünglichen Aufgabe) wird man den Normalfall erblicken müssen. Die Klostergründung hob das Ansehen des Adels und griff damit bereits über den primär religiösen Zweck hinaus. Die Gründung war, wie man gemeint hat, gewissermaßen ein Akt der «Selbstheiligung» des Gründers und seiner Familie (Prinz), die auf diese Weise etwas von ihrer im Christentum zunächst verlorengegangenen, sakralen Stellung zurückgewannen, ohne allerdings zu wirklichen Heiligen zu werden.

Nun wäre das Mittelalter nicht das Mittelalter, wenn der religiöse Zweck nicht zugleich seine materiellen Vorteile brächte: Das Eigenkloster war auch Exponent der *Adelsherrschaft* (Prinz). Es war Pfalzort, wo der Herr, wann immer er wollte, Unterkunft fand und bewirtet wurde; der Klosterherr verfügte über das Klostergut, das durch zahlreiche Schenkungen anderer bald weit über die ursprüngliche Stiftungsschenkung seitens des Gründers hinauswuchs; das Klostergut von Aadorf sollte nach einer urkundlichen Bestimmung ausdrücklich dem Nutzen des Grafen Udalrich und seiner Familie sowie dem Lebensunterhalt der Brüder dienen.[57] Die Mönche konnten zu mancherlei Leistungen, vor allem für den Schriftverkehr oder als Boten, herangezogen werden; die Vasallen des Klosters mußten, wie auch der Abt, Heeresdienste leisten.[58] Der soeben erwähnte Grundbesitz, der Voraussetzung für den Unterhalt der Mönche und die Erfüllung der verschiedenen Funktionen wie auch für die Bau- und künstlerische Tätigkeit war, trug sehr zum weltlichen Charakter der Klöster bei. Man schenkte als Beitrag für das eigene Seelenheil, um Rechtsstreitigkeiten aus der Welt zu schaffen, sich oder einem Kind den Eintritt ins Kloster zu erkaufen oder den Besitz bei langen Reisen gut verwaltet zu wissen. Die meisten Schenkungen waren sogenannte Prekarien, die dem Schenker die Nutzung auf Lebenszeit gegen eine Zinszahlung an das Kloster sicherten. Die Besitztraditionen von allen Seiten ließen den Grundbesitz mancher Klöster derart anwachsen, daß die bedeutendsten unter ihnen zu den größten Grundherren und fortschrittlichsten Wirtschaftsbetrieben im Lande zählten, die ihren Mönchen ein vergleichsweise angenehmes Leben von den Abgaben der hörigen Bauern ermöglichen konnten. Das Kloster St. Gallen verfügte um 900 über fast 2000 Zinsbauern. Infolge der vielen Einzelschenkungen war der Klosterbesitz weit gestreut; mit seiner Verwaltung wurden einzelne Mönche als Pröpste betraut, die den Grundbesitz bereisten; St. Emmeram in Regensburg besaß um 1030 dreiunddreißig Herrenhöfe, die jeweils einem Mönch für eine gewisse Zeit unterstellt wurden; umgekehrt mußten die Erträge und Abgaben der Bauern zum Kloster geschafft werden. Daraus ergab sich ein dauernder Kontakt mit der Außenwelt, der allein schon ein abgeschiedenes Leben beeinträchtigte.

Grundbesitz und Kontakt mit der Außenwelt erforderten einen Schrift- und Rechtsverkehr, so daß die Abteien zu selbstverantwortlichen *Rechtsinstituten* wurden, die seit dem hohen Mittelalter auch zum Führen eines Siegels berechtigt waren und zumindest zur Verteidigung ihrer Ansprüche kanonistische Sammlungen anlegten.[59] Im Laufe der Klostergeschichte kam es oft zu Auseinandersetzungen der Klöster mit ihren Herren, Vögten und Bischöfen, die die Grundherrschaft und die Autonomie bedrohten, aber auch zu Streitigkeiten zwischen Abt und Konvent um die Lebensführung oder um Rechte und Mitsprache der Brüder.

Das Kloster als Bestandteil der hohen Politik – Die Reichsklöster. Am stärksten in die großen Aufgaben der mittelalterlichen Gesellschaft und Politik eingegliedert waren die von den Königen selbst gegründeten oder an den König tradierten Reichsklöster,[60] die sich königlicher Förderung erfreuten, dafür aber im Dienst des Reiches standen, eine Entwicklung, die in der späten Merowingerzeit begann und seitdem immer stärkere Ausmaße annahm; seit der 1. Hälfte des 8. Jh. traten Äbte auf Konzilien verstärkt neben die Bischöfe; Abtei und Bistum galten bald als nahezu gleichgewichtige Endstufen einer geistlichen Karriere. Die Karolinger betrieben eine regelrechte, durchdachte *Klosterpolitik*,[61] die oft ganz konkrete Ziele verfolgte. So förderte Karl der Große in den Jahren zwischen 775 und 782, also der Zeit der Eroberung Sachsens, die thüringischen Klöster Hersfeld und Fulda, die hier offenbar Aufgaben der Mission und Frankisierung erfüllen sollten.[62]

Welche Mittel dem Königtum zur Verfügung standen, sei erneut am Beispiel St. Gallens erläutert, das auch hier eine typische Entwicklung zeigt. Neben umfangreichen Landschenkungen sind in erster Linie Rechtsverleihungen zu nennen. St. Gallen, das sich angeblich schon Pippin kommendiert hatte, erhielt 818 von Ludwig dem Frommen die *Immunität* verliehen. Damit war das Kloster unmittelbar dem König unterstellt und der Amtsgewalt des Grafen entzogen; die königlichen Amtsträger durften den Immunitätsbezirk zur Ausübung ihrer Amtsgeschäfte, etwa um Gericht abzuhalten oder Abgaben einzutreiben, nicht mehr betreten. Die Klöster wurden dadurch in ihrer Verwaltung autonom und durften selbst Gericht über die in der Immunität lebenden Menschen halten. Die Ausübung dieser ehemals gräflichen Rechte wurde durch den Klostervogt wahrgenommen, einen Laien, der im hohen Mittelalter, als die Vogtei bei großen Adelsgeschlechtern erblich wurde, allerdings mehr und mehr auch in Konkurrenz zum Kloster geriet, weil er nun seinerseits als Klosterherr auftrat. Seit Ludwig dem Frommen war die Immunität mit dem Königsschutz (und damit der Königsherrschaft) verknüpft, die das Kloster noch enger an den König band.

Das zweite wichtige Privileg, das St. Gallen ebenfalls schon 818 verliehen wurde, war das Recht der freien *Abtwahl*. Auch darin zeigt sich die königliche Herrengewalt, denn eigentlich stand es dem König zu, den Abt einzusetzen, und gerade auf diesem Wege suchten die Könige sich den Einfluß über die Klöster zu sichern, indem sie die Abteien an treu ergebene Gefolgsleute, in karolingischer Zeit auch an Laien, verteilten und, wie die anderen Ämter, gewissermaßen als Lehen vergaben. Umgekehrt erstrebten die Großen solche Abteien zur Abrundung ihrer Macht: Das Kloster war zu einem attraktiven Herrschaftsinstrument geworden, das, zuerst im Westen, verstärkt eingesetzt wurde, als die Eroberungen abgeschlossen und große Landschenkungen nur noch auf Kosten des

Königsgutes möglich waren (Felten). Mancher Adlige erwarb mehrere Abteien, so daß der Abt oft nicht mehr selbst im Kloster anwesend war. Wo die Grafen nicht selbst Äbte wurden – und der Laienabbatiat verschwand, wie erwähnt, bereits im 9. Jh. wieder –, suchten sie zumindest ihren Verwandten unter den Mönchen die Abtswürde zu verschaffen. Das Recht der freien Abtwahl schuf hier eine gewisse Abhilfe, besagte allerdings lediglich, daß die Mönche einen Abt aus ihren eigenen Reihen wählen und vorschlagen durften; die Wahl selbst galt stets nur vorbehaltlich der königlichen Zustimmung und wurde erst durch die königliche Investitur rechtskräftig. Die Auseinandersetzungen um die Wahl wurden gleichsam in das Kloster hineingetragen.

Um die Versorgung der Brüder nicht zu gefährden, begann man seit dem 9. Jh., eine *mensa fratrum* und eine *mensa abbatis* zu unterscheiden, Gut und Einkünfte also unter Abt und Konvent aufzuteilen. Einige Äbte hatten ihren Klöstern nämlich in einem Maße Güter entzogen, daß diese an den Rand des Ruins gerieten. Aus diesem Grund gedachten die «Gesta abbatum Fontanellensium» der Leitung des Abtes Teutsind, der ein Drittel des Klosterguts entwendet und an seine Verwandten und königlichen Vasallen verteilt hatte, als einer «Tyrannis», nicht einer «Regierung» *(regimen)*,[63] und noch im 11. Jh. beklagten sich die Mönche von Fulda über ihren Abt Widerad, weil er «Güter der Kirche widerrechtlich an Dienstmannen verlieh und die Menge der Lebensmittel der Brüder, die durch die freigebigen früheren Äbte festgesetzt worden war, verringerte», während der König den Abt schützte.[64]

Die Förderung der Klöster war bei allem religiösen Hintergrund, der zweifellos eine Rolle spielte, doch kein Selbstzweck; die Freiheiten schmälerten nicht die königlichen Herrschaftsrechte, sollten die Klöster aber in die Lage versetzen, ihren Pflichten nachzukommen. Dazu zählte zunächst wieder der schon behandelte Gebetsdienst, nun für die Könige und ihre Familie, aber auch für die Vorgänger. Konrad I., der ja selbst kein Karolinger mehr war, verfügte in seinem Stift Weilburg ein Gebetsgedenken sowohl für seinen Vater wie für die Karolingerkönige.[65] Sodann waren die Klöster zum Zeichen der königlichen Herrschaft zu jährlichen Abgaben, *dona regia*, verpflichtet. St. Gallen zum Beispiel hatte nach einer Urkunde von 854 jährlich zwei Pferde und zwei Schilde mit Lanzen abzuliefern;[66] ähnliche Leistungen wird man auch bei anderen Abteien annehmen dürfen.[67] Schließlich waren Reichsklöster wie die Bistümer zum *servitium regis* verpflichtet. Dazu zählte zunächst die *Königsgastung*, die Aufnahme und Bewirtung des reisenden Königs und seines Gefolges. Der Herrscher stand im allgemeinen jenseits jeder Kritik, ein Besuch galt trotz der hohen Belastung als eine Ehrung, der man sich gern erinnerte, manchmal wurde er sogar in die Reihen der Brüder aufgenommen.[68] Abt und Mönche gingen ihm entgegen, und gemeinsam zog man in feierlicher Prozession und nach festgelegtem Zeremoniell in die Klosterkirche ein.[69] Ekkehard von St. Gallen berichtet stolz von einem Besuch Konrads I. zum Weihnachtsfest.[70] Dem König war es sogar gestattet, mit den Mönchen im Refektorium zu essen und an ihren Versammlungen teilzunehmen, eine Ehrung, die anderen – und sogar dem Bischof Salomon von Konstanz – streng verweigert wurde. Konrads besonderes Augenmerk galt den Schülern, die der Reihe nach vorlesen durften; daß er ihnen drei Tage Freizeit zum Spielen gestattete, war sicher ganz unmittelalterlich und unklösterlich und sollte die Milde des Königs verdeutlichen. Wenn Ekkehard betont, daß Konrad mit dem einfachen Essen der Mönche vorlieb nahm – und das waren nicht einmal Brot und enthülste Bohnen, die der Propst erst für den folgenden Tag in Aussicht stellte –, so will er dieses bescheidene königliche Verhalten sicherlich als vorbildlich herausstellen. Den dritten Tag beendete Konrad allerdings mit einem Fest, nachdem er dem Klosterheiligen zuvor einige Güter mit der Auflage geschenkt hatte, «daß unsere eingeschriebenen Brüder zum Entgelt für unser gestriges Mahl während der Festwoche des hl. Otmar ... auch zu meinem Gedächtnis üppiger schmausen sollen.» Ekkehard fährt fort: «Vorzeitig begann das Mahl; es füllte sich der Saal; kaum brachte der Lektor einen einzigen Satz vor: Die Liebe, die kein Unrecht kann eingehen, sie durfte die Zucht mit Fug verschmähen. Niemand sprach, dies oder das sei eigentlich verwehrt, obzwar man's früher nie gesehen und nie gehört. Nie atmeten sie dort in der Klosterluft von Wild und Fleisch den gewürzten Duft. Gaukler tanzten und sprangen; Musikanten spielten und sangen. Niemals erlebte der Saal des Gallus von sich aus solchen Jubelschall.» Ekkehard scheint es nicht zu stören, daß hier in einem fort gegen die Klosterregel verstoßen wurde. Nur der Schlußsatz enthält eine leichte Anspielung: «Der König, unter dem Klang der Lieder, schaute auf die gesetzteren Brüder und lachte über einige von ihnen, denn da ihnen alles neu war, verzogen sich ihre Mienen.» Der König hatte das Recht, die Regeln (ausnahmsweise und sicher zur Freude manch eines Mönchs) zu lockern, so daß Ekkehards Schilderung eher in unser Kapitel «Hofgesellschaft» als in das «Klosterleben» zu passen scheint. Ob sich das Ganze tatsächlich so oder ähnlich zugetragen hat, ist ohnehin fraglich, denn Ekkehard schrieb über 200 Jahre nach den Ereignissen. So gibt die Anekdote weniger Auskunft über die Realität als darüber, wie man sich im Kloster einen guten König vorstellte und was man von ihm bei einem Besuch erwartete. Insgesamt haben die Könige ihre Klöster weit weniger zur Gastung herangezogen als Pfalzen und Bistümer und hier kaum Regierungsgeschäfte betrieben, sondern die Zeit zum Gebet genutzt.

Die zweite Leistung im Rahmen des *servitium regis* war der *Kriegsdienst:* Die Äbte selbst führten auf den Heereszügen des Königs oder in dessen Auftrag ein Kontingent aus den Klostervasallen, und bedeutende Reichsklöster hatten oft ebensoviele Panzerreiter zu stellen wie die Bischöfe.[71] Überhaupt waren es vor allem die Äbte, auf die der König zurückgriff und die die Verbindung zwischen Kloster und Königshof hielten. Sie wurden zu diplomatischen Missionen oder als Königsboten eingesetzt und waren, wie die Interventionen in Königsurkunden zeigen, häufig am Hof anwesend. Abt Grimald von St. Gallen (841–72) war zugleich Abt von Weißenburg im Elsaß (einer ebenfalls bedeutenden Reichsabtei) und vor allem als Erzkanzler Ludwigs des Deutschen Vorsteher der königlichen Kanzlei und der Hofkapelle, die für den Gottesdienst am Hof ebenso verantwortlich war wie für den gesamten königlichen Schriftverkehr. Es ist begreiflich, daß er kaum noch im Kloster anwesend war.

Am Rande sei noch eine letzte Zweckentfremdung der Klöster angeführt: Da es Gefängnisse nicht gab, verfügte man stattdessen öfter die Zwangseinlieferung in Klöster,[72] vor allem von «politischen Gefangenen» (Aufständischen), darunter auch Königssöhnen, wie Karlmann, einem Sohn Karls des Kahlen, der nach seiner Blendung auf Fürsorge angewiesen war, oder Hugo, dem Sohn Lothars II. Die «Mönchung» war in der Regel eine Begnadigung von der Todesstrafe. Sie stellte die Klöster begreiflicherweise aber vor neue Probleme. Zwölf Fuldaer Mönche beklagten sich daher 812 in einem Beschwerdebrief an Karl den Großen über solche und andere Zweckentfremdungen, nachdem ein Kleriker, der einen Mönch ermordet hatte, zwangsweise in ihr Kloster eingeliefert worden war, und sie forderten eine strengere Einhaltung der Regel; bestimmte Ämter (z. B. in der Küche) sollten Mönchen vorbehalten bleiben.[73]

Die Reichsklöster bildeten insgesamt ein wichtiges Element der königlichen Regierung wie überhaupt der Politik, in der Karolingerzeit ebenso wie dann im «ottonisch-salischen Reichskirchensystem», in das sie sich einfügten. Die vielfältigen Funktionen mußten zwangsläufig auf das Leben des einzelnen Mönchs und des ganzen Konvents zurückwirken, bestimmten aber auch die Klosterbauten und gestalteten den Raum des monastischen Lebens zu einem funktionalen System aus.

2. Der Raum: Das Kloster als Lebensraum des Mönchs

Ekkehard schildert in seinen Casus s. Galli,[74] wie Salomon, der Kanzler des Königs und spätere Bischof von Konstanz, immer wieder versuchte, «barfuß, aber mit der Kapuze bekleidet» (damit man ihn nicht erkennen sollte) in die innersten Räume des Klosters St. Gallen, in dem er erzogen worden war, einzudringen. «Nun war es jedoch ... immer ganz wider die Gewohnheit und ist es noch, daß jemand, der nicht von unserer mönchischen Tracht ist, unser Innerstes betritt, zumal bei Nacht. Da es üblich ist, zwei Brüder über unsere Klausur wachen zu lassen, faßte man den Plan, daß eben diese Wächter, da nur sie sprechen durften, ihm bei seinem Eintreten mit dem Licht entgegentreten und ihn leise fragen sollten, wer er sei.» Als Salomon von einem älteren Mönch im Kirchhof entdeckt wurde, bat er: « ‹Ehrwürdiger Vater, laß mich wenigstens hier nebenan in die Kapelle von St. Peter gehen! Habe ich dort mein Gebet verrichtet, werde ich nachher niemals wieder in dieser Tracht die Klausur betreten, es sei denn unter Führung eines der Oberen, so wie es die Klostersatzung bestimmt. Mit deiner Hilfe aber und der hierzu geeigneten Brüder will ich morgen den Abt bitten, daß es mir erlaubt sei, im Mönchsgewand in die Klausur einzutreten, mit euch wie ein Mönch in ihr zu leben und sie wieder zu verlassen, draußen aber vor meinen Rittern und den anderen wie sonst im Kleide des Weltgeistlichen mich zu bewegen.› ‹Möge dir vielmehr›, antwortete der andere, ‹der hl. Gallus eingeben, daß du das Mönchskleid, ziehst du es einmal an, deiner Lebtage nicht wieder ablegst, außer zu der den Mönchen gewohnten Stunde.› » Die Geschichte, sei sie nun wahr oder nicht, ist in mancherlei Beziehung bezeichnend für das Mönchtum: Wir erfahren etwas über die Schweigepflicht und die Mönchskleidung wie auch über den Konflikt, in den der mächtige Salomo, der später sogar Abt des Klosters wurde, die Mönche brachte. Der derzeitige Abt erfüllte ihm daher auch seinen Wunsch in der Hoffnung, er möge wirklich Mönch werden; Salomon dankte es ihm mit reichen Schenkungen an das Kloster. Dieses Entgegenkommen wird aber deutlich als Ausnahme entschuldigt: Die *Klausur (claustrum)*, der engere Lebensbereich des Mönchs, blieb in seiner eigentlichen Bestimmung anderen streng verschlossen; als Kern der tatsächlich weit umfassenderen Klosteranlage gab sie dem ganzen Kloster seinen Namen. Der Mönch selbst aber unterlag der *stabilitas loci:* Er durfte sein Kloster nicht mehr bzw. nur kurzfristig mit ausdrücklicher Genehmigung des Abtes verlassen, wenn es nötig werden sollte, und selbst das galt als gefährlich. Benedikt hatte bestimmt: «Von der Reise zurückgekehrt, sollen sich die Brüder noch am selben Tag zu allen kanonischen Gebetsstunden am Schluß des Gottesdienstes zu Boden werfen und alle um ein Gebet bitten um der Fehler willen, die ihnen vielleicht auf der Reise durch Sehen oder Hören von etwas Bösem oder durch unnützes Reden unterlaufen sind. Und keiner nehme sich heraus, einem anderen alles zu berichten, was er außerhalb des Klosters sah und hörte; denn das richtet großen Schaden an.»[75] (Man kann sich gut vorstellen, wie die Neugierde der anderen Mönche den Zurückkehrenden bedrängte.) Die Aachener Reformsynoden von 816/17 suchten noch einmal den Ausgang der Klosterinsassen zu drosseln. Gegen Ende des 10. Jh. aber beschwerte sich Abt Rodulf von St. Remi auf einer Synode, daß Mönche oft allein ohne Zeugen das Kloster verließen.[76] Auch diese Bestimmung wurde also nicht immer eingehalten.

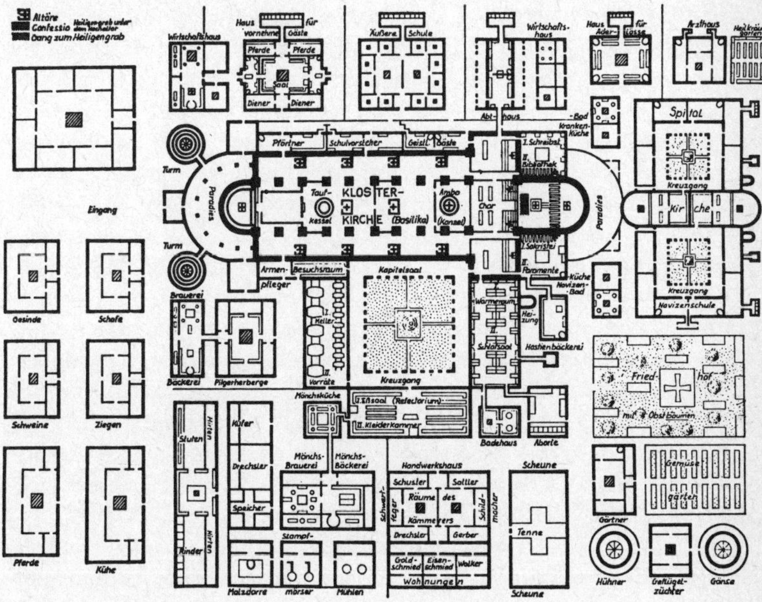

Abb. 10 Das Kloster als Lebensraum: Der St. Galler Klosterplan (1. Viertel 9. Jh.) (aus: HDWSG 1, S. 100).

Zum *Klosterbau* selbst äußerte sich Benedikt nur unbestimmt:[77] Die Anlage sollte möglichst so gewählt sein, daß sich alles Notwendige, nämlich Wasser, eine Mühle, ein Garten und die verschiedenen Werkstätten, innerhalb des Klosters befänden. Nur beiläufig werden verschiedene Räumlichkeiten genannt. Mittelalterliche Klosterbauten sind, abgesehen von Kirchen, nicht erhalten, eine vollkommene Klosteranlage können wir uns aber an einem einzigartigen und vielbeachteten Dokument aus dem frühen 9. Jh. veranschaulichen: dem sog. *St. Galler Klosterplan* (Abb. 10).[78] Dabei handelt es sich nicht um die getreue Wiedergabe des St. Galler Klosters, sondern um einen wohl im Süden des Reichs entstandenen Musterplan aus dem Umkreis der Reform Benedikts von Aniane und der Aachener Synoden von 816/17,[79] der gerade deshalb aber besonders aussagekräftig ist. Die Gesamtanlage umfaßte 154 × 205 m. Die verschiedenen Trakte spiegeln die klösterlichen Funktionen wider: Im Mittelpunkt lag natürlich *der religiöse Trakt* mit Kirche und Klausur, in dem sich, beinahe ausschließlich, das Leben der Mönche abspielte. Die

Klosterkirche (mit einer Länge von 116 m, einer Breite von 39 m und einer Höhe von 19 m) war nach den Originalmaßen 360 Fuß lang, 120 Fuß breit und 60 Fuß hoch: Diese symbolisch begriffenen Zahlen bildeten also jeweils ein Vielfaches von 60. Die Kirche hatte zwei Rundtürme, die den Erzengeln Michael und Gabriel geweiht waren, und (unten) eine Krypta zur Aufnahme der Reliquien; ihr waren im Norden, also nach außen hin, die Zellen des Pförtners, des Schulvorstehers und Unterkünfte für Mönche, die zu Besuch kamen, vorgelagert; an der Nordostecke befanden sich Schreibstube (unten) und Bibliothek (oben), im Nordwesten die Sakristei (unten) und eine Kammer für die liturgischen Gewänder (oben). Im Süden der Kirche schloß sich in Form eines Kreuzgangs das *claustrum*, der abgeschlossene Lebensraum der *vita communis* der Mönche, an; zur Innenseite lag ein kleiner Hof, der in manchen Klöstern auch als Friedhof benutzt wurde; nach außen hin standen die zweigeschossigen Gebäude, und zwar im Norden der Kapitelsaal als Versammlungsraum der Mönche, darunter der «Lesegang» mit Sitzbänken, im Osten das Dormitorium, der gemeinsame Schlafsaal, darunter ein (einzig beheizter) Wärmeraum, im Süden ein Kleiderraum, darunter das Refektorium, der gemeinsame Speisesaal, im Westen Keller und Vorratsräume; zwischen Refektorium und Keller lag die Küche; außerdem waren ein Baderaum und eine Toilette vorgesehen.

Im Osten der Anlage befanden sich Gebäude, die noch der religiösen Funktion entsprangen, aber aus der Klausur ausgegliedert werden mußten: Das waren einmal die Unterkünfte der Novizen und Schüler (der Mönchsschule, also der künftigen Mönche), die das eigentliche Kloster noch nicht betreten durften, zum anderen das Spital, das wegen der Ansteckungsgefahr nach außen verlegt wurde. Beide waren im St. Galler Plan aber nach der Form kleiner Klöster jeweils mit eigenem Kreuzgang angelegt, in deren Mitte eine eigene, kleine Kirche lag. An das Spital (den Bereich der Krankenfürsorge) angeschlossen waren ein Aderlaßhaus, ein Ärztehaus und ein Kräutergarten.

Die Gebäude im Norden dienten dem *Kontakt zur Außenwelt:* ein Haus für vornehme Gäste mit Ställen und eigener Bäckerei, die äußere Schule und – mit bezeichnender Lage gemäß der herrschaftlichen Stellung des oft nicht im Kloster anwesenden Abts – ein eigenes Abthaus (Abtei) mit Wirtschaftsteil. Dagegen waren die Pilger in einem ebenfalls mit eigener Bäckerei und Brauerei ausgestatteten Haus nahe der Klausur untergebracht, wo auch der Armenpfleger seine Unterkunft hatte. Die Nähe zur Klausur belegt, daß man hier noch die eigentlichsten Aufgaben des Mönchs außerhalb des engeren Mönchslebens sah.

Den gesamten Süden und Westen nahm *der Wirtschaftstrakt* ein, der dem Unterhalt der Mönche diente und mit den Bestimmungen anderer Statuten erstaunlich übereinstimmte.[80] Hier gab es einen Obst- und Gemüsegarten, Ställe für Hühner und Gänse, eine große Kornscheune, ein Haus für verschiedene Handwerke wie Schuster, Sattler, Schildmacher, Drechsler, Gerber, Schmied (andere Statuten nennen noch Pergamentmacher, Maurer und Zimmerleute), ferner Mühle, Stampfe und Darre; Brauerei und Bäckerei waren mit der Küche verbunden. Im Westen lagen Ställe für das Großvieh (Pferde, Kühe, Schweine, Ziegen, Schafe) mit Unterkünften für die Hirten und Knechte. Trotz der zahlreichen Außenbesitzungen sollte der große Wirtschaftsteil in unmittelbarer Nähe des Klosters offenbar sicherstellen, daß das Notwendigste im Eigenbetrieb hergestellt wurde, wobei im übrigen auch die Mönche selbst sich handwerklich nützlich machten (vor allem in Backstuben, Brauhäusern und Küche, die der Klausur deshalb am nächsten lagen, während Holz- und Metallverarbeitung eher von spezialisierten Handwerkern betrieben wurden, die keineswegs nur für den Eigenbedarf produzierten [Schwind]). Die Klostergemeinschaft war, wie kürzlich festgestellt wurde, eine «religiöse Leistungsgesellschaft».[81]

Stellt der St. Galler Plan auch ein Idealkloster dar, so ist sein Prinzip einer Klosteranlage doch gängig und vielfach (wenn auch nicht in dieser Perfektion) bestätigt. So berichten etwa die «Gesta Aldrici episcopi Cenomannensis»,[82] Bischof Aldrich habe ein Nonnenkloster errichtet mit einer Hauptkirche und einem *claustrum* mit *refectorium, dormitorium, cellarium et cetera officina;* wieder finden sich sämtliche Bereiche der *vita communis;* in der Mitte lag eine Quelle für die Wasserversorgung. Der St. Galler Anlage sehr ähnlich war auch der Klosterbau von Cluny (II) zur Zeit Odilos (um 1000).[83] Wie immer bildeten Kirche und Kreuzgang den Mittelpunkt, im Ostflügel befanden sich Kapitelsaal, Parlatorium, Lese- und Arbeitssaal und Dormitorium, im Südflügel Wärmestube und Refektorium, im Westflügel Küche, Vorratsraum und Bücherstube. Die Aufteilung der Räume wich also geringfügig von St. Gallen ab, während das Prinzip erhalten blieb. Im Osten der Kirche befanden sich wieder Krankenkloster und Krankenhaus, im Norden ein Gästehaus mit Abteilungen für Männer und Frauen sowie die Armenherberge, im Westen Stallungen, darüber jetzt die Wohnung der Laienbrüder (Konversen), wie sie für Cluny typisch wurden, im Süden Werkstätten und Backstube, dazwischen nun das Noviziat. Cluny verfügte bereits über eine zweifache Kanalisation für frisches und verbrauchtes Wasser.

Insgesamt war das mittelalterliche Kloster ein funktionaler Zweckbau, der den verschiedenen Aufgaben der Mönche Rechnung trug und doch ein monastisches Leben ermöglichte. Als dritter Bestimmungsfaktor dieses Mönchslebens sind nun noch die Mönche selbst zu betrachten, die vor allem als Gemeinschaft hervortraten.

3. Die Menschen: Die Klostergemeinschaft

a. Die Aufnahme

Die Motive, Mönch zu werden, konnten sehr verschieden sein. Cäsarius von Heisterbach, der im frühen 13. Jh. schrieb, schilderte im 1. Buch seines «Dialogus miraculorum» in einzelnen Beispielgeschichten verschiedenartige Beweggründe: Ein künftiger Mönch war Augenzeuge eines Wunders, das ein Abt vollbrachte, und dadurch so beeindruckt, daß er sich zum Klostereintritt entschloß; ein anderer riß schon als Kind aus dem Elternhaus aus, weil er seine Berufung zum Mönchsleben spürte – nicht alle Eltern waren offenbar darüber erfreut –; ein dritter wurde Mönch, um der drohenden Todesstrafe zu entgehen (und damit auch lebenslänglich für ein Verbrechen zu büßen); meist war die Sorge um das Seelenheil die treibende Kraft; Cäsarius selbst hörte von einer Vision über das ewige Leben, wonach Maria den Mönchen persönlich den Schweiß von der Stirn wischte; diese Aussicht wollte er sich nicht entgehen lassen und trat ins Kloster ein.[84] Die meisten allerdings dürften nicht aus eigenem Entschluß Mönch geworden sein, sondern wurden bereits als Kinder von ihren Eltern an ein Kloster gegeben und dort als *pueri oblati* erzogen, unter Aufsicht *(custodia)* und in Zucht *(disciplina)* gehalten, wie die Benediktregel (c. 63,18) vorschrieb, um dann, wenn sie herangereift waren, in der Regel mit 15 Jahren, Mönche werden zu können. Andere traten erst im hohen Alter ein, um noch schnell, aber rechtzeitig für ihre Sünden zu büßen.

Die Mönchsgemeinschaft bildete eine abgeschlossene Familie, der man schon bald nicht mehr ohne weiteres beitreten konnte. Die Aufnahme in ein mittelalterliches Kloster war vielmehr an zwei *Bedingungen* geknüpft: Einmal bedurfte es einer Aufnahmeschenkung, die zunächst freiwillig war, aber mehr und mehr zur Gewohnheit wurde. Da nach der Benediktregel (c. 58,24) die Aufgabe des persönlichen Besitzes Voraussetzung für ein Mönchsleben war, vermachte man zumindest einen Teil dieses Besitzes dem Kloster. Benedikt hatte bestimmt (c. 59,4): «Wenn sie dem Kloster etwas als Almosen geben wollen, sollen sie über das Gut, das sie schenken wollen, eine Urkunde ausstellen.» Aus dem «Almosen» wurde später meist ein beträchtliches Landgut; wir besitzen eine ganze Reihe von Urkunden über solche Schenkungen, die dem Tradenten oder einem seiner Kinder die Aufnahme in ein Kloster (sofort oder bei Bedarf) öffnen sollten. Mönchtum setzte in der Regel daher Grundbesitz voraus, viele Klöster wurden allmählich zu reinen Adelsklöstern.

Zum andern mußte man eine innere Eignung für das Klosterleben erweisen: Die Benediktregel (c. 58,1 ff.) verordnete als Eingewöhnung eine vier- bis fünftägige Prüfung und mehrere Tage im Gästehaus. Danach lebte man als Novize in der vom *claustrum* abgesonderten *cella noviciorum* unter der Aufsicht eines älteren Mönchs. Nach zwei Monaten wurde die Regel verlesen, nach weiteren sechs Monaten ein zweites Mal, nach weiteren vier Monaten ein drittes Mal. Dann erst, also nach einem Jahr, wurde man in die Mönchsgemeinschaft aufgenommen und durfte fortan das Kloster nicht mehr verlassen: Der künftige Mönch leistete die Profeß, d.h. er versprach, fortan im Kloster zu bleiben *(stabilitas loci)*, sittlichen Lebenswandel *(conversatio morum)* und Gehorsam *(oboedientia)* (RB 58,17); anschließend wurde ihm die Mönchskleidung angelegt, und er war als volles, wenngleich jüngstes Mitglied in die Gemeinschaft aufgenommen.

b. Der Konvent

Das Profeßalter spielte eine wichtige Rolle bei der *Rangordnung* innerhalb des Konvents, denn die Mönche waren keineswegs alle gleichgestellt. Es gab vielmehr eine feste Rangfolge, die im Chor wie auch bei der Kommunion und bei anderen Gelegenheiten streng beachtet wurde. Jeder Mönch hatte im Chor einen ihm zugewiesenen Platz, der sich nach seinem Eintritt ins Kloster bestimmte (RB c. 2,19; 60–62), doch konnte die Reihenfolge (schon bei Benedikt c. 62,6) nach allgemeinem Ansehen und Lebenswandel abgeändert werden; nur die geistlichen Weihegrade sollten nach dem Willen Benedikts unberücksichtigt bleiben; dennoch sind Mönchslisten gelegentlich auch nach den Weihegraden, häufiger allerdings nach dem Profeßalter gegliedert.

Die Benediktregel unterschied pauschal zwischen zwei Gruppen, den «älteren» (*seniores* oder auch *priores*, also eigentlich den «früheren») und den «jüngeren» Mönchen *(iuniores)*. Die Älteren verdienten eine entsprechende Achtung: «Die Jüngeren sollen ihre Älteren ehren, die Älteren ihre Jüngeren lieben.» Auch die Anreden waren festgelegt: Der ältere sagte zum jüngeren Mönch *frater* (Bruder), der jüngere zum älteren *nonnus* (Großvater), der Abt war für alle gleichermaßen *dominus* (Herr) und *abbas* (Vater) (RB 63,10ff.). Der Jüngere sollte dem Älteren stets Platz machen und sich erst wieder setzen, wenn der Ältere es ihm gestattete. Es gab aber auch Spannungen zwischen den im Kloster erzogenen (gebildeten) und den erst später eingetretenen Mönchen. Gelegentlich hören wir auch von «Generationsproblemen» im Konvent: Der bereits erwähnte Abt Widerad von Fulda, der in dem (übrigens mit Waffengewalt ausgetragenen) Streit mit dem Bischof von Hildesheim um den Platz neben dem Erzbischof unterlegen war, außerdem Klostergut verschleudert und das Ansehen des Klosters geschädigt hatte, traf bei seiner Rückkehr in Fulda auf eine erbitterte Opposition bei den Mönchen, zumal er noch die

Lebensmittelration verringerte. Als der Abt einlenken wollte, waren «die Älteren und Reiferen» geneigt, ihm zu verzeihen, während die «Jugend» keine Gnade walten lassen wollte. Sechzehn Mönche verließen schließlich das Kloster, um den König um Absetzung des Abtes zu bitten. In der Königspfalz aber herrschte Entsetzen über einen solchen Regelverstoß, der schwerer wog als die Mißwirtschaft des Abtes; der König schickte die Rädelsführer in Haft, die übrigen wurden vor ein Gericht gestellt, teilweise ausgepeitscht und aus dem Kloster verstoßen oder auf andere Klöster verteilt: Die Ordnung im Kloster war wiederhergestellt; Fulda aber würde, wie Lampert schreibt, noch lange unter der Erinnerung an diese Schandtat leiden.[85]

Neben dieser «inneren» Gliederung der Mönchsgemeinschaft ist vor allem deren Zusammensetzung nach Zahl und Herkunft der einzelnen Mitglieder interessant, die seit einiger Zeit vor allem anhand der verschiedenen Konventslisten intensiv erforscht wird. Wegweisend ist hier ein vor wenigen Jahren abgeschlossenes fünfbändiges Werk über das Kloster Fulda, das den gesamten Personenbestand erschließt und in ersten Ansätzen auszuwerten sucht.[86] Aus einem Vergleich der verschiedenen Mönchslisten, der (in Fulda allerdings einmaligen) Totenannalen und der übrigen Überlieferung lassen sich die Entwicklung der Konvente und die Außenbeziehungen des Klosters erkennen. Die *Zahl der Mönche* war natürlich von Kloster zu Kloster verschieden, schwankte aber auch in den einzelnen Konventen im Laufe der Zeit. Sie war nicht unbegrenzt, sondern vom Klostervermögen abhängig; der Klostereintritt setzte im Prinzip also den Tod eines Mönchs voraus, doch gab es in der Praxis wohl doch einen erheblichen Spielraum, wie die Schwankungen beweisen. Es gab Zwergklöster mit 2–5 Mönchen, mittlere und Riesenklöster. Montier-en-Der in der Champagne, eines der ältesten Klöster Nordfrankreichs, bestand um 1050 aus 35 Mönchen;[87] in Remiremont lebten in fränkischer Zeit gut 80 Nonnen;[88] in St. Gallen gab es im Jahre 895 101 Mönche;[89] eine Mönchsliste aus St. Germain bei Paris zählte zur Zeit Irminos (zu Beginn des 9. Jh.) 213 Namen (die aber wohl nicht alle dem Konvent angehörten), unter Ebroin (zur Zeit Ludwigs des Frommen) waren es 123 Namen; in St. Denis lebten zur gleichen Zeit 132 Mönche; in St. Martin bei Tours waren es zur Zeit Karls des Großen (808/11) sogar 218 Namen.[90] In dieser Größenordnung bewegten sich die bedeutendsten Klöster. Am besten sind wir wieder über Fulda unterrichtet: Die Hrabanliste aus dem 9. Jh. hat 602 Namen, die allerdings nicht alle in das Mutterkloster gehörten, sondern zum großen Teil in den von Fulda abhängigen Nebenklöstern untergebracht waren. Im Hauptkloster lebten um 822 ca. 134 Mönche. Die Entwicklung im 10. Jh. war bezeichnend: Um 928 war mit 142 Mönchen der absolute Höhepunkt erreicht, 935 (nur 7 Jahre später) waren es noch 116, 952 nur noch 79, ein deutliches Zeichen für die abnehmende Bedeutung und den sinkenden Reichtum dieses einst wichtigsten Reichsklosters östlich des Rheins: Die schwankenden Zahlen bieten so ein Spiegelbild der sich wandelnden Bedeutung des Klosters. In der Reformzeit bestanden einst so bedeutende Reichsklöster wie St. Gallen oder Reichenau nur noch aus wenigen Mönchen, während die neuen Orden, zunächst die Cluniazenser, später vor allem die Zisterzienser, einen gewaltigen Zulauf erhielten und sich größenmäßig mit den oben genannten Konventen vergleichen lassen.

Untersuchungen über die *Altersstruktur* im Kloster Fulda (anhand eines Vergleichs aufeinanderfolgender Listen) beweisen, daß die Mehrzahl der Mönche bereits in frühen Jahren in das Kloster eintrat und zumindest eine ganze Reihe von ihnen ein hohes Alter erreichte. Zwar kennen wir keine genauen Zahlen, doch lag die Lebenserwartung der Mönche zweifellos über dem Durchschnitt. Rund ein Viertel der ehemaligen Fuldaer Schüler taucht in späteren Listen nicht mehr auf; sie sind also entweder verstorben oder (häufiger) nicht im Kloster geblieben.[91]

Über die *Herkunft* der Mönche sind bisher nur bruchstückhafte Aussagen möglich. Anfangs standen die Klöster wohl allen Schichten, auch Unfreien, offen, um sich im Laufe der Zeit zunehmend sozial abzuschließen. Vor allem bedeutende Klöster waren im Mittelalter im wesentlichen, wenn nicht ausschließlich, mit Adligen besetzt. Die landschaftliche Herkunft der Mönche gibt Aufschluß über den (sich wandelnden) Einzugsbereich eines Klosters, der mit der Verbreitung des Besitzes im wesentlichen übereinstimmte. In St. Gallen zum Beispiel überwogen in der Frühzeit noch churrätisch-romanische Namen, um allmählich mehr und mehr alamannisch-germanischen Namen Platz zu machen und so eine Neuorientierung des Klosters anzudeuten. Daß viele Mönche aus der engeren Umgebung stammten, versteht sich von selbst, doch reichte der Einzugsbereich bedeutender Klöster zum Teil in weit entfernte Regionen hinein; so kamen die Fuldaer Mönche anfangs nicht nur aus Thüringen, sondern auch aus Sachsen und sogar aus Bayern und anderen Gegenden. Im 9. Jh. zeigt der Namensbestand auch hier eine Umorientierung: Stammten zuvor viele Mönche vom Mittel- und Oberrhein, so überwog nun das Grabfeld (am Main) als Besitzlandschaft.[92]

Aussagekräftig ist, nach den Namen zu urteilen, schließlich auch die familiäre Herkunft der Mönche: Über mehrere Generationen hinweg begegnen häufig die gleichen Mönchsnamen. Das könnte ein Hinweis dafür sein, daß eine Familie im Laufe der Generationen immer wieder Angehörige in dasselbe Kloster schickte. Diese Beobachtung wird gestützt durch die Tatsache, daß Mönchs- und Tradentennamen oft identisch waren; in Fulda kamen fast 82% der Tradentennamen auch als Namen der Fuldaer Mönche vor.[93] Für genauere Aussagen bedarf es aber noch vieler Einzeluntersuchungen.

Ein so heterogen zusammengesetzter Konvent bedurfte einer straffen Leitung, wie auch die verschiedenen, vom Kloster übernommenen Funktionen und das monastische Leben selbst eine Verwaltung erforderten, die sich in den Klosterämtern manifestierte.

c. Verwaltung und Klosterämter

Der Abt. Abba war das hebräische Wort für Vater; der Abt[94] sollte nach dem Willen Benedikts der Vater der Mönchsfamilie sein, eine Stellung, die verschiedene *Funktionen* einschloß: Er war Stellvertreter Christi im Kloster (wie der Bischof Stellvertreter Christi in seiner Diözese war), geistlicher Vater der Mönche *(pater spiritualis)*, Lehrer *(magister)*, aber auch *paterfamilias* in antiker Tradition mit umfassender Herrschaftsbefugnis in seinem Hause: Die Benediktregel gab dem Abt große Macht und ermahnte ihn deshalb ständig zu verantwortungsbewußtem Handeln: Der Abt war verantwortlich für seine «Jünger» (RB 2,6f.), Vorbild in seinen Taten (RB 2,12) und trug Sorge vor allem für die Seelen der Mönche (RB 2,33f.). Dabei sollte er Strenge mit Milde verbinden und «mehr nützen als führen» *(prodesse magis quam praeesse)* (RB 64,8), eine Wendung, die im Mittelalter zu einem geflügelten Wort wurde. Insgesamt aber schuf Benedikt ein Abtbild, das den Klostervorsteher weit über die Mönche heraushob und damit den Grundstein legte für eine quasifürstliche Stellung des mittelalterlichen Abtes, die die Funktion eines bloßen Klosterleiters weit überstieg, zumal wenn ihm mehrere Klöster unterstanden (Wollasch spricht von «Oberäbten»); in fränkischer Zeit waren Äbte häufig zugleich Bischöfe, manchmal Laien, auf jeden Fall Adlige. Der Abt, der ja auch in einem eigenen Haus wohnte (o.S.90), war auf diese Weise herausgezogen aus seinem Kloster und nahm eine eigentlich politische Stellung ein: Er wurde zum Instrument oder zumindest zum Bindeglied für die Einbeziehung des Klosters in die Politik, in die Welt.

Das schlug sich schon in seiner *Einsetzung* nieder,[95] die aus drei Elementen bestand: der Wahl, der Investitur und der Weihe. Hatte die Magisterregel noch eine Designation durch den Vorgänger vorgesehen, so suchte Benedikt das Ideal in einer möglichst einstimmigen Wahl durch die Klostergemeinde, die den Abt aus ihren eigenen Reihen bestimmen sollte. Voraussetzungen waren vorbildlicher Lebenswandel und Bildung. War keine Einigkeit zu erzielen, so sollte – nach einem folgenschweren Satz – nicht die Mehrheit, sondern die *pars sanior*, der einsichtigere Teil der Wähler, mit Hilfe des Bischofs und der Nachbaräbte, die auf diese Weise Einfluß gewannen, den Ausschlag geben. Die Einsetzung (und wohl auch die Weihe, die Benedikt überging) erfolgten ebenfalls durch den Bischof.

Im Mittelalter wurde der weltliche Einfluß stärker spürbar, das Recht der Abteinsetzung ging an den Eigenklosterherrn, bei Reichsklöstern also an den König, über: Erst das Privileg der freien Abtwahl (vgl. o. S. 84f.) wahrte erneut die von der Benediktregel vorgeschriebene Form; die Investitur mit den Pontifikalien, Kreuz, Mitra und Stab, aber nahm weiterhin der weltliche Herr vor, der einen Kandidaten durchaus auch abweisen konnte. In Reichsklöstern ging eine Gesandtschaft mit dem neugewählten Abt an den Königshof und bat um dessen Bestätigung (Ekkehard[96] berichtet von den Schwierigkeiten einer St. Galler Gesandtschaft, bis Otto I. endlich den jungen Notker, «den Arzt», als neuen Abt bestätigte). Der Bischof (als dritter Beteiligter) nahm weiterhin die Weihe vor.

Daß die Abtei bei solchen Verhältnissen zu einem beliebten, umkämpften Amt wurde, mögen zwei Beispiele aus dem Kloster Fulda verdeutlichen: Hier war 818 nach der Absetzung Ratgers eine Abtwahl fällig, bei der nach dem Bericht der Vita Eigilis[97] zwei Parteien miteinander stritten, die im Grunde zwei Prinzipien verkörperten: Einige wollten einen adligen Mönch als Abt, weil nur er die Macht hätte, das Kloster gegen Grafen und Mächtige zu schützen und ihm dank seiner Würde und seiner Verbindung zum Königshof die nötige Gunst des Herrschers zu erwerben. Die anderen aber argumentierten, daß der Schwache mehr vor Gott gelte, Nichtadel aber bedeute Demut und damit einen Vorzug vor Gott. Ein zweiter Streitpunkt war die Bildung: Die einen wollten einen gelehrten Mann zum Abt, die anderen einen weniger gebildeten, der ihnen nicht das Wort im Munde herumdrehte. Schließlich ging es noch um das Alter: Sollte der Abt ein Greis oder ein Mann in mittleren Jahren sein? Auch eigennützige Argumente spielten hinein: «Es fehlte aber auch nicht an solchen (schrieb Bruun) ... die heimlich flüsterten: ‹Wenn wir dich oder dich zum Oberen machen, wirst du uns dann auch Gutes tun?›» Gewählt wurde zuletzt, wegen seines Ansehens einstimmig, Eigil, ein adliger und gebildeter Mönch, der – und das ist vielleicht weniger bezeichnend – allerdings schon älter war.

Zweieinhalb Jahrhunderte später, im Jahre 1075, als der Kampf gegen die Simonie (Kauf von Kirchenämtern) bereits in vollem Gange war, entbrannte vor dem König erneut ein heftiger Kampf um die Abtwahl, bei dem die Fuldaer Mönche selbst kaum noch eine Rolle spielten, während Bestechung und Wahlversprechen an der Tagesordnung waren: «Wie in einem feierlich angesagten Wettkampf lief da jeder einzelne mit aller Kraft um die Wette: Der eine versprach goldene Berge, der andere ungeheure Lehen aus den Fuldaer Besitzungen, ein dritter außergewöhnliche Dienstleistungen für das Reich, und alle wahrten nicht Maß noch Ziel in ihren Angeboten», schrieb Lampert von Hersfeld,[98] der dem König wenig wohlgesonnen war, in diesem Fall allerdings vielleicht mit ihm übereinstimmte, denn Heinrich IV. bestimmte plötzlich einen sich heftig sträubenden Mönch aus Hersfeld, dem Kloster Lamperts, zum neuen Fuldaer Abt, freilich gegen die Regel und das Privileg der freien Abtwahl. Der Investiturstreit machte das Problem bewußt, änderte in der Praxis aber nur wenig. Der wirklich gute Abt vereinigte ohnehin (wie zufällig) alle guten Eigenschaften in sich: Ansegis, der Musterabt von Fontanelle im frühen 9. Jh., war adlig *(ex nobili Francorum prosapia),* aber noch adliger *(nobilior)* durch sein beispielhaftes Leben – eine häufig gebrauchte Wendung –; er besaß Bildung und wußte sowohl selbst gut zu leben *(bene vivere)* wie auch die Mönche gut anzuleiten *(recte docere);* er stellte die Bauten wieder her, erweiterte den Klosterbesitz und war (in der gängigen Quellensprache) ein «Vater der Mönche» und, dank seiner Armenfürsorge, ein «Förderer der Armen» und «Helfer der Witwen und Waisen».[99]

Die Klosterämter. Die vielfältigen Aufgaben konnte der Abt nicht allein bewältigen, zumal er häufig gar nicht im Kloster weilte. In seiner Entscheidungsbefugnis war er einmal durch die Regel und den – allerdings nicht bindenden – Rat *(consilium)* der älteren Brüder *(seniores)* oder, in wichtigen Fragen, der ganzen *congregatio,* beschränkt (RB 3). Zum anderen hatte schon Benedikt eine Reihe von Klosterämtern vorgesehen, um die verschiedenen Aufgaben zu verteilen; sie wurden vom Abt vergeben und später noch ergänzt. Der Dekan war sowohl Stellvertreter des Abtes wie Interessenvertreter der Mönche; im Laufe der Zeit wurde er mehr und mehr für die geistlichen Belange zuständig. Der Propst *(praepositus)* war dagegen der wirtschaftliche Leiter, dem die Aufsicht über Güter und Besitz oblag. Hatte das Kloster großen Grundbesitz, so gab es mehrere Pröpste. Dem Zellerar unterstanden alle Geräte, Kleider und Vorräte, er war also für den «Haushalt», darunter auch die Küche, verantwortlich. Nach der Benediktregel, die dieses Amt besonders ausführlich behandelt, durfte er daher nicht eß- und trinksüchtig, nicht überheblich, nicht knauserig, aber auch nicht verschwenderisch sein (RB 31,1). Anfangs oblagen ihm alle Aufgaben innerhalb des Klosters, doch fand im Mittelalter eine Ämterteilung statt: Einen Teil seiner Pflichten (wie die Aufsicht über Kleider und Küche) übernahm der Kämmerer *(camerarius),* für die Gäste sorgte ein *hospitarius,* für die Armen manchmal (wie in Cluny) ein *alomoniarius,* für die Küche gelegentlich ein *refectarius,* für die Kranken ein *infirmarius.* Ob alle diese Ämter wirklich vergeben wurden, hing natürlich von der Größe des Klosters ab. Schon in der Benediktregel (c. 66) wurde sodann der Pförtner *(ostiarius,* später *portarius)* erwähnt, der eine eigene Zelle bei der Pforte hatte, um immer zur Stelle zu sein, und ein weiser, älterer Mönch sein sollte, der Rede und Antwort zu stehen wußte (vgl. o. S. 80). Eine wichtige Funktion bekleidete auch der *sacratarius,* der die liturgischen Geräte und Gewänder sowie die Wachslichter, also den Kirchenschatz, verwaltete und die Glocken läutete. Ihm trat später der *custos* zur Seite, der für den Kirchenraum einschließlich der Reliquien zuständig war. Im 9. Jh. kam noch das Amt des Bibliothekars auf, der oft auch Klosterlehrer war und häufig selbst gelehrte Studien betrieb. Daneben gab es eine Reihe kleinerer Ämter oder Unterämter (schon Benedikt sah «Gehilfen» vor); namentlich bekannt sind uns vor allem die Urkundenschreiber, meist jüngere Mönche, die später jedoch häufig in höheren Ämtern begegnen, so daß wir hier den Beginn einer Klosterlaufbahn vor uns haben, die Möglichkeiten zu einem (anscheinend einer festen Rangfolge unterworfenen) «Aufstieg» im Laufe des Mönchslebens bot (auch wenn Benedikt bestimmt hatte, das Alter solle bei der Ämtervergabe keine Rolle spielen). Neben den festen Klosterämtern wurden Mönche aber auch zu anderen Funktionen herangezogen;[100] sie begegnen als Zeugen in den das Kloster betreffenden Urkunden – dazu wählte man vor allem ältere Mönche aus –, als Boten zu Königen, Päpsten, Bischöfen oder anderen Klöstern oder als Priester in den abhängigen Eigenkirchen.

d. Beziehungen der Klöster untereinander und zur Außenwelt

Trotz seines Strebens nach Abgeschlossenheit und Unabhängigkeit stand das Kloster keineswegs isoliert da. Dafür sorgten nicht nur die Bindungen an den Herrn, sondern auch die vielfältigen Beziehungen der Klöster untereinander wie auch zur laikalen Außenwelt, die sich an den Schenkungen, vor allem aber an den Einträgen der erwähnten Memorialüberlieferung in Verbrüderungs- und Gedenkbüchern ablesen lassen (o. S. 76): Verbrüderungen *(fraternitates)* wurden zwischen einzelnen Klöstern getroffen, deren Mönche sich nun gegenseitig ins Gebet einschlossen. Am Beginn stand der sog. Totenbund von Attigny von 762: 22 Bischöfe, 5 Abtbischöfe und 17 Äbte verpflichteten sich dort gegenseitig, beim Tod eines der Verschworenen jeweils 100 Psalmen zu singen und 100 Messen (davon 30 selbst) zu lesen.[101] Die ursprüngliche Ordnung des Reichenauer Verbrüderungsbuches[102] folgte solchen Verbrüderungen mit insgesamt 52 anderen Klöstern und 4 Stiften, wuchs später aber auf über 100 Verbrüderungen an.[103] Manche Konvente wie Fulda meldeten eine Zeitlang regelmäßig die Neuzugänge, damit sie ins Reichenauer Buch nachgetragen werden konnten. Das Gedenken selbst war genau geregelt; nach der Verbrüderung zwischen St. Gallen und der Reichenau (um 800) sollten die Priester beim Tod eines Mönchs aus dem anderen Kloster jeweils drei Messen lesen und die übrigen Brüder einen Psalm und eine Vigilfeier singen; am siebten Tag wurden dann noch einmal 30 Psalmen gesungen, am 30. Tag schließlich wiederum eine Messe gelesen bzw. 50 Psalmen gesungen.[104]

Solche Verbrüderungen geben – neben ihrem eigentlichen Zweck – einen Einblick in die weiträumigen klösterlichen Beziehungen, die im Falle der Reichenau etwa bis zum Pariser Becken im Westen, nach Bayern im Osten und nach Italien im Süden reichten, wenngleich natürlich die alamannischen Klöster überwogen. In dieser Hinsicht erweist sich das Verbrüderungsbuch als ein «Dokument des karolingischen Reichsmönchtums» (Schmid).

Demgegenüber hielten Gedenkbucheinträge die Namen von Wohltätern fest. Die Eintragungen erfolgten in der Regel in Gruppen, die sich meist als Verwandtschaftsverbände ausweisen. (Gruppen, die mit gleicher Hand und gleicher Tinte eingetragen sind, bilden einen solchen Verwandtschaftsverband). Die Gedenkbücher lassen auf diese Weise neben liturgischen Gewohnheiten (Totengedächtnis) und familiären Zusammenhängen (vgl. o. S. 38) auch erkennen, zu welchen Familien und Personen das jeweilige Kloster besondere Beziehungen unterhielt. Eine ähnliche Aussagekraft besitzen die Nekrologe, in denen – ebenfalls zum Zwecke des Totengedächtnisses – die Todesdaten einzelner Personen verzeichnet sind; auch hier deutet die Aufnahme auf einen engeren Zusammenhang mit dem Kloster. Insgesamt ergibt sich oft ein gewaltiges Material; in Cluny etwa umfaßte allein die Totenüberlieferung über 85 000 Namen, wenn eine solche Zahl sicher auch eine einmalige Ausnahme bildet. Für das Kloster Fulda liegt bereits eine erste Auswertung der Außenbeziehungen anhand der Totenannalen vor:[105] Regelmäßig aufgenommen wurden Könige und Erzbischöfe von Mainz – zwischen Fulda und Mainz bestanden von Anfang an enge Beziehungen; mindestens 7 Erzbischöfe kamen aus dem Kloster Fulda –, dann (bis 850 und wieder seit 960) andere Bischöfe, ein Ergebnis des Reichskirchensystems, sowie bestimmte Äbte (z. B. von Hersfeld, Lorsch und Corvey). Der Umkreis war zunächst auf Thüringen, Franken und Ostsachsen beschränkt, weitete sich seit dem 10. Jh. aber erheblich aus: Fulda war nun «ottonisches Reichskloster». Es bedarf noch vieler Forschungen, um hier generalisierende Aussagen zu ermöglichen, doch ist zumindest ein Weg gewiesen, wie man über die Klosterkonvente und ihre Außenbeziehungen zu wichtigen Ergebnissen gelangen kann. Die Mönche selbst aber, die sich um eines religiösen Lebens willen aus der Welt hatten zurückziehen wollen, blieben so auf vielfältige Weise mit der Außenwelt verbunden.

4. Das Klosterleben

Das Mönchsleben[106] war von den bisher besprochenen Faktoren abhängig und ist tatsächlich in den vorausgegangenen Abschnitten schon vielfach mitbehandelt worden: Es bestand (im koinobitischen Mönchtum) der Absicht nach aus einem streng organisierten Gemeinschaftsleben mit primär religiöser Zielsetzung nach einer festen Regel an einem eigens dafür eingerichteten Ort, dem Kloster, war eingebunden in dessen vielfältige Beziehungen und Funktionen und stand nicht zuletzt im Dienst des Klosterherrn. Tatsächlich gab es also immer wieder Unterbrechungen des nun darzustellenden regelgemäßen Lebens, wie sie im Prinzip schon angesprochen sind.

Asketisches Gemeinschaftsleben nach der Regel – Ideal und Wirklichkeit. Gemäß seiner religiösen Zielsetzung wurde die asketische Lebensweise des Mönchs als *Christusnachfolge* verstanden. «Wir wollen eine Schule für den Dienst am Herrn *(scola dominici servitii)* errichten», hatte Benedikt von Nursia im Prolog (45) seiner Regel geschrieben. Auf Buchminiaturen stehen Mönche oft am Fuß des gekreuzigten Christus; in anachronistischer Weise werden selbst die Evangelisten und sogar Engel als schreibende Mönche (mit Tonsur) dargestellt (Abb. 11). Hirsau wurde 1065 – parallel der Zahl der Apostel – von gerade 12 Mönchen besiedelt.[107] In dieser Hinsicht wurde das Mönchsleben gern idealisiert. Odo von Cluny (um 924–42) verstand das Mönchtum in seinen «Collationes» als Verwirklichung der Pfingstkirche (der idealen christlichen Gemeinschaft), als Hinausschreiten über die Welt hinaus (weil ihr Leben schon auf das Jenseits verwies), als Heimkehr in den Urzustand des paradiesischen Lebens und als Vorwegnahme und Verwirklichung des ewigen Friedens, der durch das mönchische Schweigen symbolisiert wurde, und damit als engelgleiches Leben;[108] entsprechend wurde die weite Mönchskleidung als geflügeltes Engelsgewand gedeutet: Die Kapuze entsprach den Schwingen der Cherubim zum Verdecken des Gesichts, die weiten Ärmel den Flügeln.[109] Otto von Freising schrieb in seinem Loblied auf das Mönchtum:[110] «Sie alle führen schon auf Erden ein Leben in himmlischer engelhafter Reinheit und Heiligkeit des Gewissens. Sie leben in einer Gemeinschaft, ... legen sich gleichzeitig schlafen, stehen einmütig auf zum Gebet, nehmen in einem Raum die Mahlzeiten ein und beschäftigen sich Tag und Nacht mit Beten, Lesen und Arbeiten mit so unermüdlichem Fleiß, daß sie es für einen groben Verstoß halten, außer der kurzen Zeit, in der sie den müden Gliedern Ruhe auf kargem Reisiglager oder grober Decke gönnen, auch nur einen winzigen Teil der Stunden ohne Beschäftigung mit dem Göttlichen verstreichen zu lassen, so daß sie sogar bei den Mahlzeiten beständig der Hl. Schrift lauschen und lieber den Geist als den Leib sättigen wollen.» Nun hat Otto von Freising hier ein frisch reformiertes Mönchtum vor Augen, ein Mönchsleben, wie es der Mönch gerne führen wollte, ein Idealbild, wie es sich aus den Regeln oder den stereotypen Lebensbeschreibungen heiliger Mönche ergibt, das man so aber kaum verallgemeinern darf, wie man es etwa in einer Disser-

Abb. 11 Selbsteinschätzung des Mönchtums: Evangelist (Matthäus) und Engel als Mönche (Codex aureus von Canterbury, nach 750).

tation von 1870 lesen kann:[111] «Die feierliche Grabesstille im Kloster wird nur unterbrochen durch die Klänge der Gebetsglocke und die Gesänge der Frommen; die Mönche scheinen den Mund nur zu öffnen, um mit ihrem Gotte oder über ihn zu reden. Hier und da entringt sich wohl auch unwillkürlich ein kurzer Schmerzensschrei der Brust, wenn die

Geißel allzu sehr den Leib zerfleischte, aber das sind denn zugleich die Augenblicke seligsten Genusses. Die überreizten Nerven führen dem krankhaft erregten Gehirn alle die Gestalten vor, welche die Gedankenwelt zu erhaschen strebte. Ein unmittelbarer Verkehr mit der Geisterwelt entschädigt reichlich für Fasten und Geißelung ... Mönche, deren Leiber nur durch den unbeugsamen Willen aufrecht gehalten werden, von Casteiungen und Fasten abgezehrte Gestalten, aber das Auge voll himmlischen Feuers, denn es hatte gerade die gloria in excelsis gesehen.»

Eine solche idealisierte Darstellung setzt die Regel mit der Wirklichkeit gleich. Der Regel gerecht zu werden, war jedoch nicht gerade einfach. Benedikt (c. 4) zählt in endloser Reihung einen Pflichtenkatalog als «Instrumente der guten Werke» auf, der hier nur in Auswahl wiedergegeben sei: «Vor allem Gott den Herrn lieben aus ganzem Herzen, von ganzer Seele, mit aller Kraft. Dann den Nächsten lieben wie sich selbst. ... Keinem andern zufügen, was man selbst nicht möchte. Sich selbst verleugnen, um Christus nachzufolgen. Den Leib züchtigen. Sinnliche Lust nicht hegen. Das Fasten lieben. Die Armen erquicken. Den Nackten bekleiden. Den Kranken besuchen. ... Den Trauernden trösten. Sich dem Treiben der Welt entfremden. ... Böses nicht mit Bösem vergelten. Kein Unrecht tun, aber es geduldig ertragen. Die Feinde lieben. ... Nicht stolz sein. Nicht trunksüchtig. Nicht eßgierig. Nicht schlafsüchtig. Nicht träge. ... [Hier lagen offenbar die Gefahren]. Das Gute, das man an sich bemerkt, Gott zuschreiben, nicht sich selber. [Der vollkommene Mönch vergaß wohl zu leicht die geziemende Demut]. Das Böse aber stets als eigenes Werk erkennen und sich selbst zuschreiben. ... Viel reden nicht lieben. Viel oder schallendes Gelächter nicht lieben. ... Seine früheren Sünden unter Tränen und Seufzen täglich vor Gott im Gebet bekennen. Diese Sünden fortan meiden. Die Begierde des Fleisches nicht befriedigen. Den Eigenwillen hassen. Den Befehlen des Abtes in allem gehorchen, auch wenn er selbst, was ferne sei, anders handeln sollte. ...»

Man wird danach annehmen dürfen, daß die Zahl der perfekten Mönche nicht sonderlich hoch war. Aber man wußte natürlich auch um die Unerfüllbarkeit solcher Forderungen. Es waren gerade die heiligsten, von allen anderen bewunderten Mönche, die sich ob der kleinsten Vergehen schalten, um ihr Heil fürchteten und Dauerbuße leisteten. Der «Normalmönch» brauchte eher eine strenge Kontrolle, wie sie die Regel ebenfalls vorsah. Ideal und Wirklichkeit klafften auch beim mittelalterlichen Mönchtum auseinander. Man wird also davon ausgehen können, daß die mittelalterlichen Mönche weniger Engel als Menschen waren, die ihre Schwächen hatten, über die man sich in klösterlichen Anekdoten sogar gern selbst lustig machte. Als Herzog Friedrich von Schwaben zum Beispiel Limburg belagerte und dadurch eine Hungersnot hervorrief, schlug ein Ritter vor, man solle lieber die fetten Mönche aus dem Kloster auf der Burg verspeisen, als die Burg wegen Nahrungsmangel aufgeben. Daraufhin gaben die erschreckten Mönche die gespeicherten Lebensmittel an die Verteidiger heraus. Von «abgezehrten Gestalten» kann da kaum mehr die Rede sein, zählten doch gerade die Klöster zu den reichsten Grundbesitzern. (Übrigens erzählt diese Geschichte derselbe Otto von Freising, der das Mönchtum als Retter vor dem Untergang der Welt gefeiert hatte).[112] Kehren wir noch einmal zu seinem Chroniktext (o. S. 101) zurück: Daß die Mönche sich am Tage keinen Schlaf mehr gönnten, war regelgemäß und mag vielfach zutreffen, doch begegnet als unausweichliche Folge im Mittelpunkt mancher Geschichte ein vor Müdigkeit eingenickter Mönch. (In einer Anekdote Notkers von St. Gallen[113] hatte der betreffende Bruder bei seinem Regelverstoß dann wenigstens einen visionären Traum, der den Fehltritt ein wenig rechtfertigte). Auch Ottos Nachricht, daß man bei den Mahlzeiten der Heiligen Schrift lauschte, ist wiederum im Prinzip richtig, doch hat Ekkehards Anekdote über Konrads Besuch in St. Gallen (o. S. 86) auch gezeigt, daß die Mönche dem Vorleser nicht immer Beachtung schenkten, sondern sich auf das Essen und das (verbotene) Tischgespräch konzentrierten. Auch das von Otto kurz darauf angesprochene Gebot der Ehelosigkeit und Keuschheit machte sicherlich manchem Mönch zu schaffen; jedenfalls wird die Frau nach zahllosen Erzählungen zu dem Versuchungsobjekt des Teufels schlechthin gegenüber dem Mönch; Standhaftigkeit gegenüber der Frau wird zu einem Kennzeichen der (nicht alltäglichen) Heiligkeit. Manchmal bedurfte es auch eines äußeren Anstoßes zum asketischen Leben: Als die Hersfelder Mönche 1064 beteten und fasteten, weil ein Graf ihnen einen Gutshof entwendet hatte, brüstete sich dieser im Scherz angeblich damit, daß er den im Werk Gottes lässig gewordenen Mönchen zu einem besseren Leben verholfen habe.[114]

Der Alltag des Mönchs war, mit anderen Worten, weniger ein Leben nach der Regel als vielmehr ein (mehr oder weniger gewollter) Kampf um ein regelgemäßes Leben, zu manchen Zeiten auch eine Abkehr davon, ohne daß jemand Anstoß nahm. Die «Norm» des Mönchslebens, von der man ausgehen muß, wenn man den eigentlich beabsichtigten Inhalt des Mönchtums erfassen will, ist daher – vorerst nur exemplarisch – zu kontrollieren durch Geschichten aus der Wirklichkeit, wie sie in Klostergesten begegnen, die zwar oft ihrerseits anekdotenhaft die Schwächen der Mönche herausstellen und damit überzeichnen, aber immerhin ein Gegengewicht zu einem allzu idealisierten Bild bieten. Darauf wird zu achten sein, wenn im folgenden der Tagesablauf des Mönchs behandelt wird.

Der Tagesablauf. Der Tag des Mönchs verging zwischen Gebet, geistlicher Lektüre und Handarbeit; Kernpunkt des monastischen Gemeinschaftslebens war das von Otto von Freising herausgestellte gemeinsame Beten, Schlafen und Essen. Im Mittelpunkt stand natürlich das *Chorgebet,* das den klösterlichen Tagesablauf streng einteilte (Abb. 12). Die festen Termine zwangen die Mönche dazu, auf die Zeit zu achten; daher waren gerade die Klöster Zentren der wenngleich mit primitiven Mitteln betriebenen Zeitmessung (o. S. 24): Als Pippin das Kloster St. Gallen in seinen Schutz nahm, schenkte er ihm eine Benediktregel und eine Glokke, die mit ihren Zeitzeichen den festen Tagesablauf anzeigen sollte. Der Tag begann zwischen Mitternacht und zwei Uhr morgens mit der Matutin (auch Vigilien oder Nocturnes), der Morgenfeier (RB 12 ff.), mit drei Psalmenlesungen samt Responsorien und Alleluia, Laudes, Apostellesung, Responsorium, Hymnus, Bibelvers, Evangelium und Bittgebet – am Sonntag dauerte es noch etwas länger –; Sänger und Vorleser wur-

Abb. 12 Beten als zentrale Aufgabe: Eine Mönchsmesse (Drogo-Sakramentar, Metz, 10. Jh.; D-Initiale).

den jeweils vom Abt bestimmt (RB 47). Bei Tagesanbruch sang man noch einmal Lobgesänge *(laudes)*. Am Tage folgten die sog. kleinen Horen mit jeweils einem Vers, drei Psalmen, Lesung, Gesang und Schlußgebet: die Prim (gegen sechs Uhr), die Terz (gegen 9 Uhr), die Sext (gegen 12 Uhr) und die Non (gegen 15 Uhr); die Zeiten verschoben sich dabei je nach Jahreszeit und geographischer Lage. Die Vesper (gegen 17 Uhr) dauerte wieder etwas länger, mit vier Psalmen und Antiphonen, Lesung, Responsorium, Hymnus, Vers, Lobgesang, Evangelium, Bittgebet, Vaterunser und Schlußgebet. Die Komplet (zwischen 18 und 20 Uhr) schloß den Tag ab.

Danach begann die Nachtruhe, die zwar frühzeitig einsetzte, doch nicht immer ausreichte, wie die erwähnten Klostergeschichten von den ewig müden Mönchen zeigen. Außerhalb der gebotenen Zeiten zu schlafen – Benedikt gestattete noch eine Mittagsruhe –, galt als schlimmes Vergehen. Die Cluniazenser führten die Sitte ein, vor einem schlafenden Mönch eine Laterne aufzustellen, die jener so lange mit sich herumtragen mußte, bis er einen anderen schlafenden Mönch fand.[115] Besonders schlimm war es natürlich, beim Chorgesang einzuschlafen. (Cäsarius von Heisterbach[116] erzählt von einem Mönch, der so oft beim Chorgesang einschlief – «eine ganz entsetzliche Begebenheit» –, daß Christus schließlich selbst vom Kreuz herabstieg und ihn derart ohrfeigte, daß er binnen drei Tagen verstarb). In der Nacht schliefen die Mönche in eigenen Betten in einem gemeinsamen Schlafsaal, dem Dormitorium, nach der Regel angekleidet und – wegen der Kontrolle – bei Kerzenlicht (RB 22,4 f.); oft wachte wohl auch ein Mönch darüber, daß die Brüder wirklich schliefen.

Die Zeit zwischen den Chorgebeten war mit Arbeit ausgefüllt. Zwar steht die bekannte Devise des benediktinischen Mönchtums, *ora et labora* (bete und arbeite), so noch gar nicht in der Benediktregel, doch verlangte schon Benedikt (c. 48) von seinen Mönchen zwischen drei und acht Stunden täglicher *Handarbeit*, nämlich im Sommer nach der Prim und nach der Non, im Winter zwischen Terz und Non, in der Fastenzeit noch etwas mehr. Diese Arbeit bestand, von wenigen Ausnahmen vor allem in Gründungszeiten von Reformklöstern wie den frühen Zisterziensern abgesehen, nicht aus harter Feldarbeit. Zwar hatte Benedikt noch geschrieben (c. 48,7): «Erfordern es die Ortsverhältnisse oder die Armut, daß die Brüder die Feldfrüchte selbst ernten müssen, seien sie darüber nicht traurig; denn nur dann sind sie wahre Mönche, wenn sie wie unsere Väter und die Apostel von der Arbeit ihrer Hände leben.» Doch war den (im Mittelalter vorwiegend adligen) Mönchen harte Arbeit schon bald verpönt; im 12. Jh. war es Ordericus Vitalis bereits selbstverständlich, daß knechtische Arbeit von Bauern verrichtet wurde, während die Mönche Gott in geistiger und geistlicher Weise dienten.[117] (Ein berittener Mönch galt jetzt bereits als standesgemäß). Mönchsarbeit beinhaltete zum Beispiel leichte Gartenarbeit; ein königlicher Gesandter fand nach einer Anekdote Notkers des Stammlers die älteren St. Galler Mönche damit beschäftigt, Brennesseln und Unkraut im Klostergarten zu jäten.[118] Oft war die Arbeit auch handwerklicher Art, vielfach bestand sie aus Schreibarbeit oder speziellen Aufträgen. Benedikt (c. 57) hatte sogar den Verkauf der Erzeugnisse erlaubt, wenn diese etwas billiger angeboten würden als bei den Laien. Die restliche Zeit des Tages verging mit Lesen (vorwiegend von Psalmen). Die Benediktregel (c. 48) sah Lesen vor der Sext, im Winter vor der Terz und nach Tisch vor. Das traf keineswegs den Geschmack aller Mönche, denn Benedikt mußte hinzufügen (c. 48,17f.): «Vor allem aber bestimme man einen oder zwei Ältere, die zu den Stunden, da sich die Brüder mit Lesen beschäftigen, im Kloster umhergehen und nachschauen, ob sich nicht etwa ein träger Bruder findet, der müßig ist oder die Zeit verplaudert, statt eifrig zu lesen», denn «Müßiggang ist ein Feind der Seele» (48,1). In der Fastenzeit sollte jeder Mönch ein Buch aus der Bibliothek erhalten und «von Anfang bis Ende lesen» (RB 48,15). Später bestanden solche Vorbehalte kaum noch; Lesen und Schreiben wurden zur Hauptbeschäftigung des Mönchs.

Manche Brüder waren schließlich mit bestimmten Aufgaben betraut, sei es als «Kontrolleure», sei es, daß sie zur Krankenpflege (c. 36,10), für die Aufnahme von Gästen (c. 53,16ff.) oder zur Armenfürsorge abgestellt waren oder eines der erwähnten Klosterämter ausübten. In wöchentlichem Wechsel wurden Mönche für den Küchendienst abgestellt; am Samstag wurde geputzt und gewaschen, und zusammen mit dem Nachfolger wusch man allen Brüdern die Füße (RB 35). Man hat sich gefragt, ob der vermehrte liturgische Dienst in manchen Reformklöstern wie Cluny überhaupt noch Zeit für Bildung und Arbeit ließ, doch konnten einzelne Mönche, wenngleich nur mit ausdrücklicher Genehmigung, vom Chordienst befreit werden.[119]

Die Mahlzeiten. Die Erwähnung der Küche leitet zu den Mahlzeiten über, die ebenfalls gemeinschaftlich im Refektorium eingenommen wurden. Benedikt verfuhr mit den Mahlzeiten recht sparsam: Er sah nur eine Hauptmahlzeit vor, die im Sommer (außer an Fastentagen) in der 6. Stunde (12 Uhr), im Winter in der 9. Stunde (15 Uhr), in der Fastenzeit erst am Abend (nach der Vesper) eingenommen wurde (RB c. 41). Im Sommer konnte als zweites Mahl ein kalter Imbiß am Abend, doch stets noch bei Tageslicht, hinzukommen. Spätere Consuetudines lassen allerdings erkennen, daß in vielen Klöstern sogar mehr als zwei Mahlzeiten pro Tag üblich waren. (Freilich gab es auch zahlreiche Fastentage). Über die Speisen schrieb Benedikt (c. 39): «Wir glauben, daß zur täglichen Hauptmahlzeit ... zwei gekochte Gerichte ausreichen; wer etwa von der einen Speise nicht essen kann, hat so die Möglichkeit, sich an der anderen zu sättigen ... Ist noch Obst und Gemüse zu haben, so mag noch ein drittes Gericht hinzugegeben werden. – Ein gut gewogenes Pfund Brot soll für den Tag genügen, ob man es nur einmal ißt oder am Mittag und Abend.» Brot bildete die Hauptnahrung, doch gab es zur Abwechslung verschiedene Sorten, aber auch verschiedene Qualitäten; an Fastentagen wurde schlechteres Brot ausgeteilt. Wichtig waren auch Hülsenfrüchte, Eier (in verschiedener Zubereitung), Käse und Fisch; Fleisch war nach Benedikt verboten bzw. für ganz besondere Anlässe vorgesehen, ein Gebot, das von den Consuetudines ständig wiederholt wurde, also grundsätzlich in Kraft blieb, jedoch ebenso häufig überschritten wurde, auch wenn noch Otto von Freising schrieb:[120] «Sie enthalten sich ferner alle des Fleischgenusses. Manche nehmen keinerlei feinere Speisen und keinen Wein zu sich und nähren sich bisweilen nur von Gemüse, bisweilen nur von Brot und Wasser.» Eine Episode in den Casus s. Galli Ekkehards[121] zeigt, daß diese Bestimmung im St. Gallen des 10. Jh. (wie in manch anderem Kloster auch) nicht sonderlich streng befolgt wurde, wenn selbst einer der königlichen Visitatoren, die das Klosterleben kontrollieren sollten, urteilte: «Obzwar ja das Pferd nicht zum Essen erlaubt ist, wünschte ich doch eher, mein Mönch verzehre gehorsamst meinen Zelter, als daß er andere Gebote der Regel überträte. Und daher fälle ich an Benedikts Statt mit Überzeugung den Spruch: Was der freie Entscheid des Abtes genehmigt, mag der Mönch essen und trinken.» Ein Bischof fügte hinzu (indem er sich an die einstige Fischarmut im See erinnerte): «Indessen pflegte damals der größere Teil der Brüder auch kein Fleisch zu essen; ihre Genügsamkeit schien freilich übertrieben. Es gab aber andere, die einzig Geflügel aßen, mit Recht, weil es mit den Fischen zur selben Kreatur gehört. Nur einige dagegen haben in Räumlichkeiten, die der Abt innerhalb der eigenen Wände zur Verfügung stellte, auch Fleisch von Vierfüßlern genossen. Einen vortrefflicheren Mönch aber werde ich, glaube ich, niemals sehen, als einer von ihnen war, der manchmal Fleisch verzehrte.» Zur Zeit Benedikts von Aniane war dagegen noch ein Streit darüber entstanden, ob Geflügel zu den «Vierfüßlern» gehörte oder als Fastentagsgericht zulässig war.[122] Das sonntägliche Essen des Bamberger Domkapitels bestand im 12. Jh. aus acht Gängen, die Hammel- und Schweinefleisch, Huhn und Braten einschlossen.[123] In vielen Klöstern wird es kaum anders gewesen sein. Auch bei den Mahlzeiten konnten Regel und Wirklichkeit also weit auseinanderfallen. Die «Festtage», an denen Benedikt allein ein etwas üppigeres Essen erlaubt hatte, waren manchmal eben recht häufig. Die Tafel des Abtes, der ständig Gäste empfing, unterlag dabei ohnehin anderen Bedingungen. Auch manchem Mönch mochte das abgeteilte Klosteressen nicht ausreichen. Ekkehard berichtet, wie ein Trierer Mönch Sandrat sich bei einem Besuch in St. Gallen von seinem Wächter nächtlich Fleisch geben ließ, bis er erwischt wurde. (Das Peinliche daran war, daß dieser Sandrat zufällig im königlichen Auftrag nach St. Gallen gekommen war, um hier die Regelgemäßheit des mönchischen Lebens zu überwachen).[124]

Zum Essen trank man Wein. Auch hier erlaubte Benedikt täglich nicht mehr als ¼ Liter, und auch das war schon ein Zugeständnis (c. 40,6): «Zwar lesen wir, der Wein sei überhaupt nichts für Mönche; weil man aber in unserer Zeit die Mönche davon nicht überzeugen kann, wollen wir uns wenigstens damit zufrieden geben, daß wir nie bis zur völligen Sättigung trinken, sondern etwas weniger.» Weil Benedikt römische Maße angab, die später außer Gebrauch kamen, entstand bald Streit um die Menge Wein oder Bier;[125] in mancher «Klostergewohnheit» wurde die tägliche Ration offiziell erhöht; zum Teil trank man die beliebten Würzweine (mit Kräutern). Klostergeschichten berichten auch gern von Mönchen, die dem Wein ergeben waren, was meist als vergleichsweise kleine Sünde galt. Zu den «kulturellen» Leistungen des Mönchtums gehörte – neben der Destillation von Alkohol – auch die Einführung von *Tischsitten*, zum Beispiel der Gewohnheit, vor dem Umtrunk die Becher zu erheben und sich anschließend zu verneigen.[126] Bei den Mahlzeiten wurde den Mönchen, wie schon erwähnt, etwas vorgelesen; der nach seiner Begabung ausgesuchte Lektor wurde nach Benedikt für eine Woche bestimmt (c. 38,1 ff.). Ansonsten herrschte bei Tisch wie auch in Dormitorium und Oratorium und – wie in St. Gallen zur Zeit Ekkehards (o. S. 88) – vielfach darüber hinaus tiefes Schweigen. Manche Consuetudines erlaubten Sprechen nur zu bestimmten Stunden. Wollte man sich dennoch verständigen – und beim Essen mußte man sich ja zumindest bestimmte Dinge reichen lassen – so geschah das durch lautlose Gesten. Schon Benedikt hatte solche Zeichen erlaubt. Im Mittelalter entwickelte sich daraus eine regelrechte *Zeichensprache*, die in einer Reihe von Handschriften erläutert wird und häufig sogar Bestandteil der Consuetudines war.[127] Die älteste, wohl nicht vollständige, Kodifikation aus Cluny vom Ende des 11. Jh. enthielt nur 118, die fast gleichzeitige Wilhelms von Hirsau bereits 359 Zeichen. Im 12. Jh. gab es schon eine ganze Reihe solcher Listen. Eine Gruppe von Signa war für das Refektorium gedacht und enthielt Zeichen für Speisen und Getränke. (Wurden z. B. die Hände aneinandergepreßt, so bat man um Käse, eine Schwimmbewegung der Hand war das Zeichen für Fisch, sich mit der Hand an die Gurgel zu fassen, bedeutete Essig). Nebenbei erfahren wir hier auch etwas über den Speiseplan, wenn manche dieser Systeme etwa die unterschiedlichste Zubereitung von Eiern oder die verschiedensten Brotsorten unterschieden. Eine zweite Gruppe betraf das Dormitorium und enthielt Zeichen für Kleidungsstücke, Bettwäsche, Schlafen und Körperpflege, eine dritte galt für Kirche und Gottesdienst, mit Zeichen für die liturgischen Bücher, für Heilige und Feste, eine vierte schließlich faßte Verschiedenes zusammen, bezeichnete Ämter und Tätigkeiten. Dieser Bereich wurde in der Folgezeit so ausgeweitet, daß sich hier schließlich die Möglichkeit zu weitläufigen Gesprächen bot (was sicher nicht mehr im Sinne der benediktinischen Schweigepflicht war).

Körperpflege und Kleidung. Großen Wert legte man im Kloster auf *Hygiene* und Sauberkeit, die Zimmermann anhand der Ordensregeln untersucht hat. Er konnte zeigen, daß das alte Vorurteil von dem asketisch lebenden, die Körperpflege völlig vernachlässigenden Mönch, nicht zutraf. Sicher gab es in dieser Hinsicht wahre Meister der Askese, doch blieb das die Ausnahme. Zwar erlaubten strenge Klosterregeln – wie die Wilhelms von Hirsau – nur zweimal jährlich, nämlich zu Weihnachten und zu Ostern, ein Bad, doch betraf das nur das Vollbad. Die meisten Consuetudines schrieben sogar mehrmaliges tägliches Waschen vor, und nach dem St. Galler Klosterplan gab es ja innerhalb der Klausur ein Badehaus. Samstag war der Tag der Vollreinigung einschließlich des Fußwaschens. Die Consuetudines enthalten meist recht genaue Hygienevorschriften (bis hin zu festgelegten Zeiten für das Austreten).[128] Die Zisterzienser waren gewissermaßen die Erfinder der «Wasserspülung», denn sie legten ihre Klöster gern so an, daß ein Bach durch jene Gebäudeteile floß, in denen Abfall (jeder Art) anfiel. Auch das Rasieren von Bart und Tonsur geschah zu anberaumten Terminen; die Consuetudines regelten, wer wann, wo und wie das warme Wasser bereitete. Die Mönche setzten sich in zwei Bankreihen einander gegenüber und rasierten sich gegenseitig unter dem Absingen von Psalmen. In manchen Klöstern (wie Cluny) erschallte ohnehin den ganzen Tag Psalmengesang: Der gesamte Tagesablauf mit seinen Alltäglichkeiten wurde – so wenigstens wollte es die Regel – als Ritual begangen.

Persönlicher *Besitz* war den Mönchen verboten: «Alles sei allen gemeinsam» hatte Benedikt bestimmt (c. 33,6). Zuwiderhandlungen wurden bestraft, die Betten der Mönche waren vom Abt nach Sonderbesitz zu durchsuchen. Bei seinem (schon erwähnten) Besuch im Kloster St. Gallen hatte König Konrad I. nach Ekkehard die Schüler einzeln vorlesen lassen und jedem zur Belohnung ein Goldstück in den Mund gelegt. Als eines der Kinder dabei heftig schrie und das Gold wieder ausspuckte, kommentierte der König das mit den Worten: «Der da wird einmal ein guter Mönch sein, wenn er am Leben bleibt.»[129] Was die Mönche brauchten, sollten sie nach dem Willen Benedikts (je nach ihren Bedürfnissen!) vom Abt empfangen. Jeder Mönch erhielt sein Bettzeug (RB 22,2), nämlich eine Matratze, ein Bettuch, eine Decke und ein Kopfkissen (RB 55,15), sowie seine *Kleidung.* Die Mönchskleidung bestand im Grunde aus der Kleidung des einfachen, spätantiken Römers,[130] die dann ins Mittelalter einging und erst hier ihr besonderes Aussehen erhielt. Benedikt hatte keine bestimmte Tracht vorgeschrieben, weil diese den Örtlichkeiten angepaßt werden sollte. Erst im Mittelalter, zuerst durch die Reform Benedikts von Aniane, gewann die Kleidung an Einheitlichkeit, um sich dann aber in den einzelnen Orden wieder zu differenzieren, die ja bereits an ihrer Kleidung und deren Farbe erkennbar waren. Das Mönchsgewand bestand aus der Tunika, dem römischen Untergewand bzw. -kleid, und der darüber getragenen Kukulle, einem Mantel in verschiedener Dicke für Sommer und Winter. Auf Reisen gab der Abt nach Benedikt bessere Kleidung und Hosen *(femoralia)* aus, die in den kälteren nördlichen Breiten oft aber auch regelmäßig unter dem Mönchsgewand getragen wurden. Daneben erhielt der Mönch das Skapulier als Arbeitskleid, das später sein Aussehen wechselte: Das mittelalterliche Skapulier (seit Benedikt von Aniane als Skapulierkukulle), ein knielanges Schulterkleid mit angenähter Kapuze, wurde zur normalen Hauskleidung des Mönchs, der zwei Skapuliere (zum Wechseln) erhielt. Die fußlange Talarkukulle mit weiten Ärmeln wurde zum Ausgangsmantel, war aber maßgeblich für die Unterscheidung der Tracht bei den einzelnen Orden. Der Cluniazensermönch trug über der Skapulierkukulle gleichzeitig noch eine stoff- und faltenreiche, langärmelige Talarkukulle (den *froccus*). Zur Kleidung gehörten ferner Strümpfe, Schuhe, Sandalen und Gürtel. Außerdem erhielt jeder Mönch nach Benedikt ein Messer, einen Griffel, eine Schreibtafel, eine Nadel und ein Tuch (c. 55,19). Wer neue Kleider empfing, mußte die alten abgeben (sie wurden dann oft an Arme ausgeteilt). Die korrekte Kleidung des Mönchs wurde sehr wichtig genommen. Das zeigt sich nicht nur in dem Streit der Orden um die richtige Tracht, sondern auch in einer Geschichte des Cäsarius von Heisterbach, die man den Mönchen erzählte: Als ein Zisterzienser im Sterben lag, legte er wegen der Hitze mit Erlaubnis des Abtes die Kapuze ab. Nach seinem Tod aber erschien er den Brüdern noch einmal und berichtete, der hl. Benedikt selbst habe ihn an der Pforte zum Paradies angehalten und ihm den Eintritt verwehrt, weil er nicht dem Ort der Ruhe gemäß angezogen sei. Der Abt gab ihm daraufhin die Kapuze wieder, damit er seiner paradiesischen Bestimmung erneut (und dieses Mal endgültig) entgegenreisen könne.[131] In anderen Zeiten wiederum wich man von der gewohnten Kleidung ab. Abt Rodulf klagte am Ende des 10. Jh., daß manche Mönche bis zu den Ohren reichende Mützen und kostbare, farbige Kleidung trügen, ihre Kutte viel zu eng schnürten und weite Hosen aus feinem Gewebe, die kaum die Schamteile vor Blicken schützten, sowie enge Schnabelschuhe mit Ohren an den Seiten trügen.[132] In schlechten Zeiten wurde allerdings die Zuteilung eingeschränkt, und der Zellerar hatte es nicht leicht, seine Sparpolitik zu rechtfertigen. Ekkehard berichtet von einem (allerdings als «Spinner» bekannten) Mönch namens Heribald, der sich bei einem drohenden Ungarneinfall weigerte, mit den anderen zu fliehen, wenn er nicht sein Jahresquantum Schuhleder erhielt. Seine Bitte wurde nicht erfüllt, und er blieb allein im Kloster zurück. Wider Erwarten überlebte er den Ungarneinfall und berichtete hinterher auf die Frage, wie es ihm ergangen sei: «Sehr gut! Glaubt mir, ich kann mich nicht erinnern, jemals fröhlichere Leute in unserem Kloster gesehen zu haben, verteilen sie doch Speise und Trank mit vollen Händen. Vorher nämlich konnte ich unseren Geizkragen von Kellermeister kaum darum bitten, mir auch nur einmal einen Trunk für meinen Durst zu reichen; sie aber gaben mir, wenn ich bat, im Überfluß.»[133] Die Geschichte wollte den Mönchen natürlich richtiges, nämlich genügsames Leben vor Augen halten.

Ordnung. Die Mönche werden nicht selten gegen die kleinlichen Regeln verstoßen haben. Die Benediktregel sah deshalb auch *Strafen* vor (c. 23): Der Mönch, der gefehlt hatte, wurde zunächst zweimal ermahnt, dann öffentlich zurechtgewiesen und, wenn auch das nichts nützte, aus der Gemeinschaft, das heißt vom gemeinsamen Essen und dann auch vom Chordienst, ausgeschlossen und, wenn nötig, auch körperlich gezüchtigt. Bei der Wiederaufnahme in die Gemeinschaft erhielt er dann den letzten Platz. Besonders wichtig aber war Benedikt die Pünktlichkeit beim Chordienst und beim Essen: «Kommt nun einer (schrieb er c. 43,4 ff.) zur Feier der Nachtwachen erst nach der ‹Gloria› des 94. Psalms, den wir deshalb sehr gedehnt und langsam gesungen haben wollen, stehe er nicht an seinem Platz im Chor, sondern als allerletzter oder an einem abgesonderten Platz, den der Abt für derart Nachlässige bestimmt hat, damit sie von ihm und allen anderen gesehen werden. Dort bleibe er, bis er am Schluß des Gottesdienstes durch öffentliche Genugtuung Buße tut.» Wer beim Essen zu spät kam, wurde – nach zweimaliger Rüge – von der gemeinsamen Tafel ausgeschlossen und erhielt außerdem keinen Wein.

Die Wirklichkeit des Klosteralltags war, wie solche Strafen beweisen, nicht nur regelgemäß, und so räumte auch Benedikt ein (c. 49,1 ff.): «Das Leben des Mönchs soll zwar immer eine Beobachtung der Fastenzeit sein. Da jedoch nur wenige die Kraft dazu haben, mahnen wir, wenigstens in diesen heiligen Tagen der Fastenzeit sein Leben ganz rein zu bewahren und zugleich alle Nachlässigkeiten der anderen Zeit zu sühnen.» Jeder sollte sich, als Opfer, etwas entziehen: Speis und Trank, Schlaf, Reden oder etwas anderes. Die wichtigste Tugend des Mönchs war die Demut, der Benedikt sein längstes Kapitel (c. 7) widmete, die wichtigste Pflicht der Gehorsam: Alle Befehle waren auf der Stelle auszuführen (RB 5,4), auch wenn sie über das eigene Vermögen gingen (RB 68). Wenn jemand merkt (sagt Benedikt c. 71,6 ff.), daß der Obere gegen ihn erzürnt ist, werfe er sich sogleich ohne Zögern auf den Boden und bleibe zu seinen Füßen liegen und leiste solange Genugtuung, bis sich die Erregung durch den Segensspruch gelöst hat.

Das Gemeinschaftsleben auf engem Raum verlangte ebenso wie das hohe geistliche Ziel Zucht und Ordnung; schon deshalb mußte der Abt mit umfangreichen Rechten ausgestattet werden, wurde das tägliche Leben bis in die Einzelheiten hinein gelenkt. Der Alltag des einzelnen Mönchs blieb ein nach Zeit, Ort und Ordenszugehörigkeit variabler Kampf um die Einhaltung der Regel, ein Wechselspiel zwischen gebotener Demut und dem Bewußtsein, einem besonderen Stand anzugehören. Mönch zu sein, bedeutete im Mittelalter nämlich trotz der damit verbundenen Absonderung kein Außenseiterdasein, sondern eine Hebung des Ansehens. Deshalb behielten die Klöster für den Adel ihre Anziehungskraft, ja die Adelsfamilie benötigte geradezu Angehörige im Kloster, die für sie beteten und ihr Gedächtnis aufrechterhielten. Das mittelalterliche Mönchtum wurde so zu einem «aristokratischen Mönchtum»: Der Mönch fühlte sich als *miles Christi*, als «Soldat» bzw. – gemäß dem Bedeutungswandel des Begriffs im hohen Mittelalter – als «Ritter» Christi, er leistete auf seine Weise, nämlich mit Hilfe des Gebets, was der Laienadel mit dem Schwert vollzog: Er kämpfte für den Glauben, zu seinem eigenen Heil ebenso wie als Dienst an der Gesellschaft. Mönchsleben im Mittelalter war *Leben für die Gesellschaft*. Die Klöster unterhielten weiträumige Beziehungen, sie waren eingespannt in die Politik und aus einem funktionierenden «Staat» nicht mehr wegzudenken. Die Regeln wurden dadurch zwangsläufig gelockert, weil die aristokratischen Mönche standesgemäß leben wollten: Schwere Arbeit kam für sie kaum mehr in Frage; die reiche Kleidung der Cluniazenser war nicht eigentlich witterungsbedingt, sondern hatte repräsentative Gründe.[134] Wurden die Grenzen der religiösen Zielsetzung dabei überschritten, so kam es zwangsläufig zu Gegenbewegungen, Reformen, denn das Ansehen des Mönchtums mußte – und auch das lag im Interesse des reformfreudigen Adels – gewahrt bleiben. Die Reglementierung des Lebens in den neuen Orden nahm dabei immer mehr zu, doch wurde mit der Zersplitterung der Mönchsorden auch die Lebensweise immer vielfältiger. Monastisches Leben war also von vielen Faktoren, vor allem von asketischer Zielsetzung und klösterlichen Funktionen, abhängig und wandelte sich von Zeit zu Zeit, hob sich aber doch durch diese gemeinsamen Ziele stets von anderen Lebensformen ab.

Ein solches religiöses Leben im Dienste der Gesellschaft war allerdings nur möglich, weil andere für die Ernährung sorgten und die Mönche, die selbst nichts produzierten, miternährten, es beruhte mit anderen Worten darauf, daß die Bauern einen hinreichenden Überschuß produzierten. (Im Mittelalter sah man das freilich anders und verstand die Abgaben der

Bauern als selbstverständliche Pflicht bzw. Gegenleistung.) Am System der Grundherrschaft – und die Klöster zählten ja zu den bedeutendsten Grundherren – soll im nächsten Kapitel daher die Lebensweise und Lebenswelt der Bauern einschließlich ihrer Beziehungen zu den Herren dargelegt werden.

IV. Bäuerliches Leben in der Grundherrschaft

Das Land bildete im Mittelalter die Ernährungsquelle und die Existenzgrundlage schlechthin: sowohl der Bauern, die es bearbeiteten, als auch der Herren, die es besaßen. (Damit ist schon angedeutet, daß Besitz und Bewirtschaftung auseinanderfallen konnten.) Die Bauern mußten Überschüsse erwirtschaften, um nicht nur sich selbst, sondern darüber hinaus auch die adligen und geistlichen Herren und – über den Markt – zunehmend auch die Bevölkerung der Städte zu ernähren. Die mittelalterliche Kultur war also – anders als die Stadtkulturen der Antike und der modernen Industriegesellschaft – eine *Agrarkultur.*[1] Bereits in der Spätantike hatte ein Prozeß der «Reagrisierung» eingesetzt, der die Städte weithin schrumpfen ließ und das Land in den Mittelpunkt stellte. Im früheren Mittelalter lebten schätzungsweise mehr als 90% der Gesamtbevölkerung auf dem Land, und auch die Städte waren überwiegend noch Ackerbürgerstädte. Landleben war im Mittelalter folglich – ganz im Gegensatz zu dem geringen Niederschlag, den es in den Quellen gefunden hat – die normale, typische Lebensform. Agrarische Denkformen waren noch allen Schichten gemeinsam,[2] das bäuerliche Leben bildete die Grundlage des Alltags schlechthin; kalendarische Monatsbilder befaßten sich in erster Linie mit der Arbeit des Bauern,[3] und als Karl der Große für die Monate deutsche Namen einführen wollte, orientierten sich diese ebenfalls an der landwirtschaftlichen Saison: Der Mai hieß Winnemonat (Wiesenmonat, in dem das Vieh auf die Weide getrieben wurde), der Juni Brachmonat (zum Umbrechen des Brachlandes), der Juli Hewimonat (Heumonat), der August Aranmonat (Erntemonat), der September Witumonat (Holzmonat, zum Holzfällen), der Oktober Windumemonat (der Monat der Weinlese).[4] Auch die Herren wohnten, sieht man einmal von Italien ab, zunächst auf dem Lande. Landbesitz bildete die wirtschaftliche Grundlage schlechthin, die Herrschaft über die Bauern das Mittel, diesen Besitz nutzbar zu machen. Das Leben auf dem Lande war vorwiegend zwar bäuerliches Leben, in der Regel aber eingeordnet in ein herrschaftliches Gefüge. Deshalb ist es berechtigt, als Beispiel für die am meisten verbreitete mittelalterliche Lebensform hier nicht das bäuerliche Leben schlechthin, sondern das Leben in der Grundherrschaft zu betrachten. Die Grundherrschaft war zwar keineswegs die einzige agrarische Lebensform, vielmehr gab es im ganzen Mittelalter immer auch eine nicht zu unterschätzende Zahl freier Bauern; doch scheint das System der Grundherrschaft mit seinen Bindungen zwischen Herren und Hörigen, das zudem auch weit bessere Einblicke in das Sozialgefüge jener Zeit erlaubt, einmal typischer für das Mittelalter zu sein als das Leben eines selbständigen Bauern, zumal es sich um eine gesamteuropäische Entwicklung handelte; zum anderen ist uns das Leben in der Grundherrschaft von der Quellenlage her weit besser bekannt als andere Bereiche des Landlebens; Urkunden über Landschenkungen (Traditionsnotizen) und Besitz- und Abgabenverzeichnisse großer Grundherrschaften (Urbare) vermitteln hier neben Rechtsquellen und bildlichen Darstellungen einen guten Einblick. Betrachten wir zunächst wieder den institutionellen Rahmen des bäuerlichen Lebens: das System der Grundherrschaft.

1. Die Institution: Das System der mittelalterlichen Grundherrschaft

a. Begriff der Grundherrschaft

«Grundherrschaft»[5] ist kein zeitgenössischer, sondern ein moderner Ordnungsbegriff, der, gewissermaßen als Modell, das System der Zustände auf dem Lande widerspiegelt.[6] In der Realität ist Grundherrschaft ein komplexes Sozialgebilde, in dem sich wirtschaftliche, politische und soziale Faktoren überlagern. Die beiden Bestandteile des Begriffs geben einen ersten Einblick in seinen Inhalt (vgl. Abb. 13). Grundherrschaft hat etwas mit Grund und Boden, also mit Landbesitz, zu tun: Die Verfügung über Land ist die unverzichtbare Grundlage jeder Grundherrschaft. Als terminus technicus impliziert der Begriff zugleich eine bestimmte Form der Organisation, Verwaltung und Nutzung: Das ist der wirtschaftliche Aspekt der Grundherrschaft. «Grundherrschaft» beinhaltet darüber hinaus Herrschaftsrechte, die sich aus dem Landbesitz ableiten und an diesen gebunden sind. Herrschaft aber kann man nicht über das Land, sondern nur über die darauf wohnenden Leute ausüben: Das ist der soziale Aspekt der Grundherrschaft. «Grundherrschaft», so lassen sich beide Elemente zusammenfassen, liegt dort vor, wo Landbesitz dazu berechtigt, Herrschaftsrechte über Menschen auszuüben.

Anfänge und Rechtsgrundlagen der Grundherrschaft sind umstritten. Zweifellos bildete die spätantike Wirtschaft mit ihren großen Landgütern ein Vorbild, zumal sich dieses *dominium* – davon leitet sich «Domäne» ab – mit der Schutzherrschaft, dem Patrocinium, des Herrn über die abhängigen und schollengebundenen Bauern, die Kolonen, verband. Dennoch war die mittelalterliche Grundherrschaft in ihrer «klassischen» Ausprägung mit Salland und Hufenland und Diensten der beliehenen Bauern anscheinend eine Neuschöpfung auf den königlichen Domänen der Merowinger in Nordfrankreich,[7] jedenfalls ist sie hier zuerst nachweisbar; in Urkundenformeln sind Elemente der zweigeteilten Grundherrschaft bereits um 600 erkennbar.[8] Die Entstehung des Großgrundbesitzes erklärt sich aus der germanischen Landnahme und der Übernahme der römischen Grundherrschaft durch König und Adel; die geistliche Grundherrschaft ist dagegen vorwiegend aus Schenkungen zusammengewachsen, erst die klösterliche Grundherrschaft ermöglichte den Mönchen die Wahrnehmung ihrer im vorigen Kapitel beschriebenen Aufgaben.[9] Umstritten ist ferner die Frage, ob die Herrschaftsrechte über Land und Leute staatlicher Art, also vom König verliehen oder aber usurpiert waren, ob sie aus dem Grundeigentum selbst (Seeliger) oder erst aus der adligen Stellung des Grundherrn (Dopsch) erwachsen sind.[10] Nach Otto Brunner entstammte alle Herrschaft der Hausherrschaft, und dafür gibt es tatsächlich wichtige Indizien. Bei dem Ursprung der Herrschaftsrechte wird man aber differenzieren müssen: Über die Hörigen am Hof verfügte der Herr aufgrund der Leibeigenschaft; andererseits gerieten immer mehr Freie in Abhängigkeit von einem Grundherrn, sei es, daß sie sich freiwillig in den Dienst und unter den Schutz eines Herrn begaben, sei es, daß sie gewaltsam unterdrückt wurden.[11] Erst ganz allmählich wuchsen beide Gruppen zu einer einheitlichen, bäuerlichen Hörigenschicht zusammen; die Grundherrschaft ist nach Lütge[12] daher aus zwei Prozessen entstanden: der soeben beschriebenen Vergrundholdung der freien Bauern einerseits und der Verbäuerlichung der Leibeigenen, die auf Bauernhöfen angesiedelt wurden, andererseits. Wann diese Entwicklung abgeschlossen war, läßt sich kaum entscheiden, zumal es sich um einen allmählichen, nicht überall gleichzeitig verlaufenden Prozeß handelt. Man kann aber feststellen, daß den Anfängen vom 6.–9. Jh. eine Phase der Verfestigung und Ausbreitung der Grundherrschaft zwischen dem 9. und 12. Jh. folgte.[13] In diesem Zusammenhang kommt es weniger auf eine Darstellung und Kritik der verschiedenen Theorien als vielmehr auf die Besprechung der bäuerlichen Lebensverhältnisse an, die in hohem Maße von der Organisation und Verwaltung der Grundherrschaft als Wirtschaftsform abhingen. Das «System» der Grundherrschaft setzte sich aus einer Reihe verschiedener Sozialbindungen zusammen, die Hörige an einen Herrn banden, aber durchaus nicht sämtlich dessen Verfügungsgewalt über den Boden entsprangen.

b. Funktion und Organisation der Grundherrschaft als Wirtschaftsform

Träger der Grundherrschaft waren König, Kirche und Adel, die ihren oft umfangreichen Grundbesitz mit Hilfe eines bestimmten Systems nutzten, für das die Trennung von Eigentum und Arbeit charakteristisch ist: Der Grundherr bewirtschaftete sein Gut nicht selbst, sondern mit Hilfe abhängiger Bauern, denen er Land zur Nutzung überließ, für das diese Abgaben und Frondienste leisteten.[14] Die wichtigste Funktion der Grundherrschaft war der Unterhalt des Herrn und seines Hofes. Die Bauern mußten also genügend Überschüsse erwirtschaften, um nicht nur die eigene Familie, sondern zusätzlich (und in erster Linie) den Grundherrn zu ernähren, der, wie im nächsten Kapitel noch zu zeigen sein wird, ein aufwendiges Leben führte.

Das allmähliche Anwachsen vor allem des kirchlichen Grundbesitzes hatte zur Folge, daß das Land unterschiedlich dicht verteilt und oft über große Entfernungen hinweg gestreut war, so daß es in einer Gegend, ja in einem Dorf jeweils mehrere Grundherren gab, deren Besitz im Gemenge lag. Wurde ursprünglich der größte Teil des Besitzes von den Leibeigenen in Eigenwirtschaft bearbeitet, so ließen Streubesitz und Traditionen freier Bauern, die ihren Hof behielten, bald die «klassische», nämlich *zweigeteilte* Form der *Grundherrschaft* entstehen, die in zwei verschiedene Wirtschaftsbereiche zerfiel (Abb. 13): Das Salland oder Herrenland *(terra salica, terra indominicata),* das sich um den Herrenhof

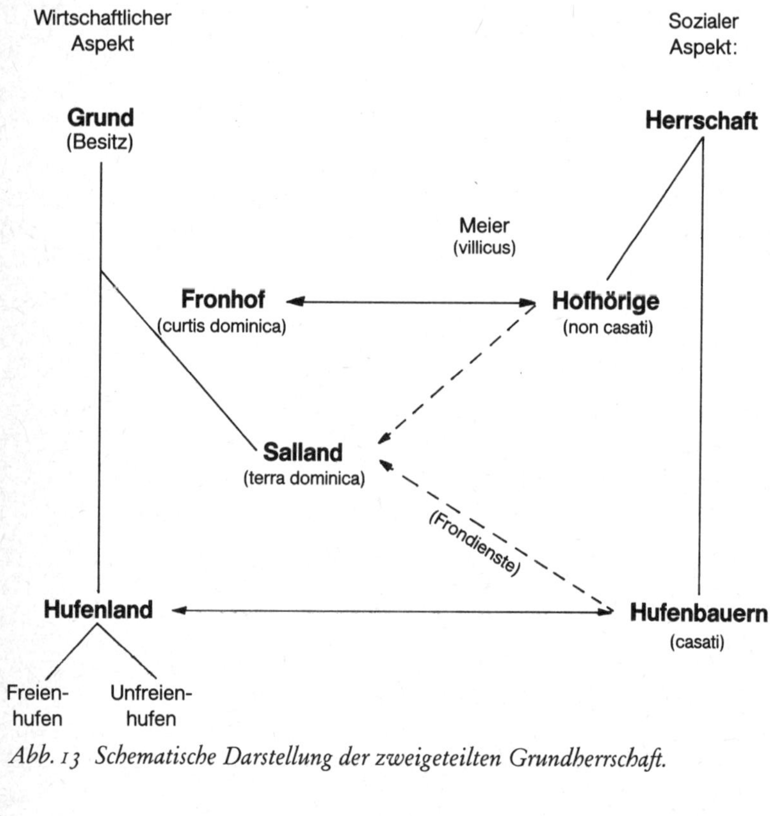

Abb. 13 Schematische Darstellung der zweigeteilten Grundherrschaft.

gruppierte, wurde im Eigenbetrieb mit Hilfe der Unfreien am Hof *(servi, mancipia)* und der zu Frondiensten verpflichteten Hufenbauern bewirtschaftet; das Leihe- oder Hufenland (so genannt, weil es in Hufen eingeteilt war), war an abhängige Bauern ausgegeben und wurde gegen festgesetzte Leistungen von diesen bearbeitet. Im allgemeinen überwog das Hufenland, wobei der Sallandanteil an der Gesamtfläche stark variierte. Es gab aber auch Grundherrschaften ohne Sallandbetrieb oder ohne Leiheland. Ein Teil des Gutes, oft ganze Hofverbände, war darüber hinaus als Lehen an Adlige und Ministerialen ausgegeben.

Den Mittelpunkt eines solchen Verbandes bildete die *curtis,* der Herren-, Sal- oder *Fronhof.* Über seine Gestalt informiert am besten das Inventar des Königshofs in Annappes (bei Lille),[15] das vielleicht anläßlich eines Besuchs Karls des Großen im Jahre 800 angefertigt wurde. Im Zentrum stand ein Königshaus aus Stein – in dieser Zeit noch eine Ausnahme – mit dem «Königssaal» und drei Zimmern, 11 Kammern, einem Keller und zwei Vorhallen. Innerhalb der umzäunten *curtis* befanden sich 17 weitere, einräumige Holzhäuser, ein Stall, eine Küche, ein Backhaus, zwei Scheuern und drei Geflügelställe. Den Eingang bildete ein Steintor mit Söller, von dem aus die Anweisungen gegeben wurden. Im Königshaus eines anderen Hofes befand sich eine Holzkapelle. Auch die Ausstattung an Tuchen (in der Regel je ein Bettuch, Tischtuch und Handtuch), Geräten (2 Bronzeschüsseln, 2 Trinkbecher, 2 Bronze- und ein Eisenkessel, 1 Pfanne, 1 Kesselhaken, 1 Feuerbock, 1 Kienkorb) und Werkzeug (Beile, Barte, Bohrer, Messer, Axt, Hobel, Sensen, Sicheln und genügend Holzwerkzeug) wurde genau aufgelistet.[16] Die Höfe waren somit auf den Empfang des Königs und anfallende Arbeiten eingerichtet. Zum Inventar gehörte auch Vieh. Ein Vergleich der verwandten Listen von Annappes und Staffelsee zeigt, daß hier mit Unterschieden zu rechnen ist. Schweine, Schafe, Rinder und Ziegen spielten neben dem Geflügel die größte Rolle; in Annappes waren auch Pferde wichtig, in Staffelsee findet sich dagegen nur ein einziges Pferd.

Fronhof, Salland und Hufen bildeten eine Wirtschaftseinheit, die sich auf einen Ort konzentrieren, aber auch über das Umland erstrecken konnte. Im Werdener Hof Friemersheim am Rhein verteilten sich das Salland auf fünf, die 122½ Hufen auf 20 Orte, die sich aber deutlich in der Gegend zwischen Moers und Friemersheim zentrierten. In weiter abgelegenen Dörfern besaß das Kloster nur noch wenige Hufen.

Das Salland, das sich, meist in mehreren Nutzflächen, um den Fronhof gruppierte oder auch über mehrere Dörfer verteilte, wie auch die einzelne Hufe bestanden aus Anteilen an verschiedenen und in der Größe von Hof zu Hof variierenden *Wirtschaftsflächen,* vor allem an Ackerland, Weideflächen für das Vieh, gegebenenfalls Weinbergen und nicht zuletzt Waldflächen, die ganz in den Wirtschaftsbetrieb integriert waren.

Der Wald ernährte die Schweine – oft wurde er danach bemessen, wieviel Schweinen er Futter bot –, lieferte Bauholz für Haus, Möbel und Werkzeuge sowie Brennstoff und war schließlich Jagdgelände für den Adel, der sich den Wildbann auf Großwild vorbehielt: Die großen Fürsten und Könige besaßen oft ein geschlossenes, exklusives Jagdgebiet, den sog. Forst. An den Hof waren ferner häufig Küchen, Back- und Brauhäuser, Keltern, sodann Gärten, Fischteiche und Mühlen angeschlossen; in den rund 40 Domänen der Prümer Grundherrschaft gab es am Ende des 9. Jh. ca. 50 Mühlen; das Kloster St. Germain-des-Prés bei Paris verfügte über insgesamt 57 Mühlen in 12 seiner 23 Domänen. Anscheinend ist bereits eine gewisse Zentralisierung anzunehmen, weil sich an einzelnen Orten die Mühlen auffällig häuften. Große Höfe verfügten noch über *geniciae,* «Frauenarbeitshäuser», wo Tuche hergestellt wurden.

In kleineren Grundherrschaften war der Salhof zugleich Wohnsitz des Herrn; größere Grundherrschaften verfügten dagegen über eine ganze Reihe solcher Fronhofsverbände, die jeweils von Amtsträgern, dem *maior* (Meier) oder *villicus,* verwaltet wurden; man spricht deshalb von einer *Villikationsverfassung.* Bei entlegenem Besitz lohnte sich ein Eigenbetrieb nicht, so daß man lediglich Hebestellen zur Entgegennahme der Abgaben einrichtete; bei großem und konzentriertem Besitz kam es andererseits zu mehrstufigen Villikationen mit Haupt- und Nebenhöfen. Die Grundherrschaft des Klosters Prüm war am Ende des 9. Jh. in drei Oberhöfe, Prüm, Münstereifel und St. Goar, eingeteilt, denen insgesamt 42 Herrschaftsgüter mit über 1600 ha Ackerland und 2118 Hufen angeschlossen waren. Das Kloster St. Germain-des-Prés besaß um 820 mindestens 23 Höfe mit über 4700 ha Salland und 1150 Hufen. Das Bistum Augsburg verfügte um 800 über neun Fronhöfe mit 1507 Hufen, von denen 1427 besetzt waren. Ein Aachener Konzil von 816 zählte erst einen Bestand von mehr als 3000 Hufen als Großbesitz, 200–300 Hufen galten noch als Kleinbesitz.[17]

In seinem berühmten *Capitulare de villis,*[18] das wohl 792/93 entstand, gab Karl der Große Anweisungen für die Verwaltung des Königsgutes im gesamten Reich, um den Unterhalt zu sichern und Mißständen vorzubeugen: Das Reichsgut war danach in Amtsbezirke *(ministeria)* unterteilt, die sich über mehrere *villae* erstreckten und jeweils einem *iudex* unterstanden; ihm oblag die Rechtsprechung über die Hörigen im Namen des Königs sowie die Aufsicht über die Landarbeit und die übrige Produktion, er war verantwortlich für die Erträge und sollte Buch führen über Abgaben, Dienste, Einnahmen, Ausgaben und Überschüsse. Die Anweisungen und Verbote zeigen, daß eine Gefahr der Entfremdung des Reichsgutes auch von seiten dieser Verwalter drohte; die *iudices* selbst bekleideten eine hohe Stellung und kümmerten sich nur gelegentlich – gewissermaßen nebenamtlich – um das Reichsgut; Karl erwartete von ihnen, daß sie ihre Güter drei- bis viermal im Jahr besichtigten; sie waren also keineswegs immer zur Stelle. Die eigentliche Beaufsichtigung der Arbeit lag vielmehr in den Händen ihrer Vertreter, vor allem der *maiores* (Meier) oder *villici* (später im Norden Schulte/Schulze, im Süden Schultheiß), deren *ministeria* nicht größer sein sollten, als sie an einem Tag beaufsichtigen konnten. Der Meier überwachte die Arbeiten der Bauern und Unfreien auf dem Salland und war verantwortlich für das Einsammeln und Abliefern der Abgaben und Zinse. Für weitergehende Befugnisse, etwa die Gerichtsbarkeit über die Hörigen, fehlen in fränkischer Zeit noch alle Belege, später aber wurde das grundherrliche Gericht oft vom Meier abgehalten.

Gerade die Villikationsverfassung erlebte im hohen Mittelalter nämlich einen tiefgreifenden *Wandel;* seit dem 12. Jh. und besonders im 13. Jh. zeigten sich erste Auflösungserscheinungen, weil die Herreneinnahmen sanken und man neue Wege der Bewirtschaftung suchen mußte, gleichzeitig setzte eine Landflucht der Bauern in die aufstrebenden Städte ein. Vielerorts, doch bei weitem nicht überall, wie man früher glaubte, wurden die Villikationen aufgegeben und das Salland in Hufenland aufgeteilt oder (häufiger) ganze Fronhöfe zu Lehen oder zur Pacht ausgegeben. Die Eigenwirtschaft blieb zwar eine wichtige Einnahmequelle, trat nun aber hinter anderen Faktoren (wie Steuereinnahmen und Regalien) zurück;[19] die Pacht wurde (in drei Entwicklungsstufen) zum bestimmenden Element der Grundherrschaft. Am Anfang der Entwicklung stand meist die Halbpacht, bei der Gut und Vieh Eigentum des Verpächters blieben, dem der Pächter die Hälfte der Erträge zu überlassen hatte; ihr folgte (etwa im 13. Jh.) die Zeitpacht zu festen Zinssätzen, anfangs als Kurzzeitvertrag auf 3, 6 oder 9 Jahre, später auf längere Zeiten zwischen 12 und 24 Jahren. Erst im 15. Jh. setzte sich schließlich weithin die Erbpacht durch.[20] Der Grundherr ließ nicht mehr alles Notwendige auf seinem Hof produzieren, sondern kaufte es auf dem städtischen Markt ein. Man darf daher behaupten, daß das Villikationssystem des frühen und hohen Mittelalters der Naturalwirtschaft, das Pachtsystem des späten Mittelalters eher der sich nun allmählich durchsetzenden Geldwirtschaft entsprach, wenn im einzelnen auch mit mancherlei Unterschieden zu rechnen ist.[21] Durch die Ablösung der Dienste gewann der Bauer Zeit, sich ganz auf seine Eigenwirtschaft zu konzentrieren, aber er war auch gezwungen, seine Überschüsse selbst auf dem Markt zu verkaufen, um das Geld für den Zins zu beschaffen, und wurde dadurch von Konjunkturen abhängig. Durch diese Entwicklung wurde allmählich das «klassische» System der Villikation, nicht allerdings die Grundherrschaft selbst, aufgelöst. Tatsächlich entstand der Begriff «Grundherr» *(dominus fundi)* überhaupt erst jetzt, weil man nun zwischen den einzelnen Rechten unterscheiden mußte, die häufiger von verschiedenen Herren ausgeübt wurden. «Grundherr» war nur mehr der Grundbesitzer, der Bodenzins erheben durfte; der Begriff regelte also nicht mehr die persönlichen Abhängigkeitsverhältnisse, auf die es vorher gerade ankam.[22] Diese Herrenrechte aber bildeten den Kern der früh- und hochmittelalterlichen Grundherrschaft.

c. Die Herrschaftsrechte

Die Grundherrschaft beinhaltet ihrem Wesen nach eine Beziehung zwischen dem Herrn und den von diesem Abhängigen, den Hörigen. *«Herrschaft»* hatte im Mittelalter einen ganz spezifischen Sinn (vgl. o. S. 35) und gilt nach den Untersuchungen von Brunner und Schlesinger als der Inbegriff der politischen und damit staatlichen Ordnung schlechthin: Der mittelalterliche Staat *war* «Herrschaft», Sache des Herrn; Herrschaft und Genossenschaft bildeten die beiden Grundpfeiler mittelalterlicher Staatsordnung. Damit übte auch der Grundherr über seine Hörigen gewissermaßen staatliche Rechte aus, in die der König im allgemeinen nicht eingreifen konnte: Für den hörigen Bauern bildete er meist die Ordnung, Zwangsgewalt und Obrigkeit schlechthin. Schon deshalb konnten die Träger der Grundherrschaft nur den ohnehin herrschenden Schichten, dem Adel, entstammen. Der Grundherr trat zwischen König und Hörige: «Der Bauer war weitgehend ein Höriger, ein Hintersasse, ein ‹Holde›, ein Untertan und durch seinen Grundherrn dem Staat gegenüber sozusagen mediatisiert.»[23] Der Grundherr bildete somit den normalen und oft einzigen Bezugspunkt des Bauern. Allenfalls blieb die hohe Gerichtsbarkeit über Freie den staatlichen Organen vorbehalten; für die Unfreien aber galt die Herrschaft des Grundherrn uneingeschränkt. Bischof Benno von Osnabrück war nach Aussage seines Biographen streng im Eintreiben der Zinsen und scheute auch vor einer Tracht Prügel nicht zurück, um die Bauern zur Zahlung zu zwingen; «aber» – fügt der Biograph hinzu – «das wird ihm jeder gern verzeihen».[24] Auch solche Zwangsmaßnahmen gehörten offenbar zum gewöhnlichen Herrenrecht.

Im einzelnen flossen verschiedene *Rechte* in der Hand des Grundherrn zusammen. Als Ausfluß der Hausherrschaft beinhaltete die Grundherrschaft neben der Gewere (der Verfügung über den Besitz) die Munt (mit Schutz und Schirm) über die zur Hausgemeinschaft zählenden Personen; es ist immerhin bezeichnend, daß die in der Grundherrschaft zusammengeschlossenen Hörigen als *familia* des Grundherrn bezeichnet wurden;[25] sie bildeten einen eng zusammengehörigen Verband, der sich auf den Herrn konzentrierte. Rechte anderen Ursprungs fügten sich hier ein; das vielerörterte Problem zum Beispiel, wie sich die Herrschaft auch über Freie ausdehnen konnte, löst sich in der Grundherrschaft am leichtesten: Freie Bauern tradierten sich und ihren Besitz einem Herrn, um seinen Schutz zu erlangen. Schutz schuf Herrschaft, wie diese umgekehrt Schutzherrschaft war. (Daß das nicht überall freiwillig geschah, versteht sich von selbst; die «Acta Murensia» aus der 1. Hälfte des 11. Jh. berichten von einem mächtigen Laien in Wohlen, dem andere ihr Gut übergaben, der dann aber die anderen Bauern unterdrückte und Forderungen erhob, «fast als wären sie seine Grundholden *[mansionarii]*».)[26] Die Gegenleistung des Geschützten war, wie beim Lehnswesen, einerseits Dienst, andererseits Hilfe und Rat; beide Parteien waren darüber hinaus durch gegenseitige Treuepflicht aneinander gebunden.

Ausfluß der Grundherrschaft waren zunächst natürlich die wirtschaftlichen Rechte auf *Dienste und Abgaben* der Hörigen, die einen beträchtlichen Anteil der Einkünfte des Grundherrn ausmachten und ihm daher vor allem wichtig waren. Während über die übrigen Rechte nur vereinzelte Nachrichten vorliegen, hat man in den mittelalterlichen Urbaren vielfach die Wirtschaftseinkünfte festgehalten. Sie bestanden im wesentlichen aus einem festen Zins für die Benutzung des grundherrlichen Landes, der im Frühmittelalter meist in Naturalien gezahlt wurde. Dazu kam eine ganze Reihe weiterer Einnahmen aus der Nutzung grundherrlicher Betriebe und Anlagen. Das schon erwähnte «Capitulare de villis» bestimmte: «Jeder Amtmann soll alljährlich über unseren Gesamtertrag berichten: Wieviel er mit den Ochsen, die im Dienst unserer Rinderhirten stehen, (eingebracht hat), was von den Hufen, die Pflugdienst leisten müssen, einkam, was an Schweinezins, an sonstigem (Grund-)Zins, an Bußen und Friedensgeld [also aus gerichtlichen Einnahmen], für Wild, das ohne unsere Erlaubnis in unseren Forsten gefangen wurde, an verschiedenen Strafgeldern, (an Zöllen) von Mühlen, Forsten, Weiden, Brücken oder Schiffen, (an Abgaben) von freien Menschen und Zentbezirken, die Kronländereien bewirtschaften, was von Märkten, Weinbergen und denen, die Weinzins zahlen, einkam, wieviel Heu, Holz und Fackeln, Schindeln und anderes Bauholz, was von Ödland (?), wieviel Gemüse (Hülsenfrüchte), Hirse, Wolle, Flachs und Hanf, Obst, Nüsse, von gepfröpften Bäumen und Gärten, Rübenäckern und Fischteichen, wieviel Häute, Felle, Hörner, Honig, Wachs, Fett, Talg und Seife, Brombeerwein, Würzwein, Met, Essig, Bier, Most und alter Wein, alte und neue Ernte, Hühner, Eier, Gänse einkamen, was von Fischern, Schmieden, Schildmachern und Schustern, was an Backtrögen, Truhen oder Schreinen, was von Drechslern und Sattlern, aus Eisen- und Bleigruben, von sonstigen Abgabepflichtigen eingenommen wurde, wieviel Hengst- und Fohlenstuten sie haben, (das alles) sollen sie uns in einer detaillierten, genauen und übersichtlichen Aufstellung bis Weihnachten vorlegen, damit wir wissen, was und wieviel wir von den einzelnen Dingen besitzen.»[27] Gewiß handelt es sich hier um eine Verordnung, von deren tatsächlicher Ausführung wir nichts wissen, um eine Aufstellung, die nicht den einzelnen grundherrschaftlichen Betrieb meinte, sondern möglichst alles aufzählte, was in der königlichen Grundherrschaft insgesamt an Einnahmen zu erwarten war. Sie führt uns aber die Vielfalt der Einnahmequellen vor Augen. Neben Kopf- und Grundzins und Gebühren für die Nutzung herrschaftlichen Eigentums traten Gerichts- und Strafgelder (Bußen), Zollgebühren und Marktabgaben. War der Grundherr Eigenkirchenherr, so profitierte er außerdem vom Kirchenzehnt. Diese Einnahmen ermöglichten das herrengemäße Leben, und sie gingen meist über die engeren Bedürfnisse hinaus. Man hat errechnet, daß die Bierabgaben in Friemersheim ausgereicht hätten, um die Menschen auf den Herrenhöfen in einem Zustand ständiger Volltrunkenheit zu halten; auch die hier abzugebenden 2800 Roggenbrote konnten kaum verzehrt werden;[28] tatsächlich existierte für diese Überschüsse ein ebenfalls grundherrschaftlich organisierter Handel, wie er auch für Nordfrankreich erwiesen ist,[29] der den Herren weitere Gewinne brachte.

Nicht alle diese Einnahmen entstammten der Verfügungsgewalt über den Boden. Der Grundherr übte ferner die Leibherrschaft über die Unfreien und die Gerichtsherrschaft, zumindest die niedere Gerichtsbarkeit einschließlich der Polizeigewalt, über alle Hörigen aus, wie er umgekehrt aber auch für Schäden aufkommen mußte, die die Hörigen verursacht hatten,[30] und für Bauernaufstände haftete;[31] er führte den Heerbann über die Freien in seiner Grundherrschaft an und besaß die Banngewalt, das Recht, bei Strafe zu gebieten und zu verbieten, in seiner Immunität. (Die vorherrschende Theorie geht davon aus, daß die adligen Grundherrschaften durchweg immun, d. h. den Verwaltungsorganen des Königs entzogen waren.) In geistlichen Immunitätsbezirken wurden diese Rechte bereits im 9. Jh. vom Vogt wahrgenommen. Vielerorts war der Grundherr schließlich identisch mit der Dorfobrigkeit und, soweit er Eigenkirchenherr war, mit der Kirchenobrigkeit.

Insgesamt griff die Grundherrschaft also auf vielen Ebenen in das Leben der ihr untergebenen und von ihr abhängigen Hörigen ein. Der Tendenz nach strebte sie zur Konzentration der verschiedenen Rechte; sie bildete daher eine wirtschaftliche, gerichtliche, soziale und manchmal auch kirchliche Einheit und war Grundlage des staatlichen, religiösen und kulturellen Lebens, Herrschafts-, Sozial- und Lebensordnung zugleich (Bosl): Aus dem Dienst-, Schutz- und Herrschaftsverhältnis erwuchs ein (Hörigen-)Verband, der das Alltagsleben der Hörigen bestimmte, wobei vieles gewohnheitsrechtlich geregelt war.[32] Die *familia* der Grundherrschaft wurde zur stärksten kollektiven Bindung des früheren Mittelalters, die unterschiedlichste soziale Gruppen vereinigte.[33]

Im Laufe des 11. Jh. suchte man Rechte und Pflichten der Hörigen in sogenannten *Hofrechten* festzuhalten und das Zusammenleben der Hörigen zu regeln. Dabei zeigt sich, daß in der Praxis nicht alles so friedlich zuging, wie das Ideal der *familia* es nahelegte. Im ältesten erhaltenen Hofrecht des Bischofs Burchard von Worms (um 1024/25)[34] heißt es (§ 30): «Wegen der Morde aber, die fast täglich in der Hausgemeinschaft von St. Peter wie bei wilden Tieren geschahen, weil häufig wegen einer Nichtigkeit oder in Trunkenheit oder aus Übermut einer wie wahnsinnig über den anderen so in Wut geriet, daß im Verlauf eines Jahres 35 Knechte von St. Peter unschuldig von Knechten dieser Kirche umgebracht wurden und die Mörder sich dessen mehr gerühmt und gebrüstet haben als daß sie Reue gezeigt hätten», erließ der Bischof strengere Gesetze: Den Mördern sollten Haut und Haar genommen werden; außerdem seien sie mit einem glühenden Eisen an den Backen zu brandmarken und hätten Wergeld zu zahlen. Auch über Äcker, Weinberge, Gesinde und Geld kam es immer wieder zum Streit (§ 31). Andere Bestimmungen regelten die Erbfolge der Hörigen – der Sohn sollte das Land, die Tochter die Kleidung der Mutter und das Geld erhalten (§ 10) –, Gerichtsfälle und Bußen sowie Heiraten der Hörigen mit Partnern außerhalb der Grundherrschaft; in solchen Fällen suchte der Herr stets seine Rechte zu wahren oder einen Ausgleich zu erlangen; beim Tod des Hörigen fielen zwei Drittel des Besitzes an den Bischof.

War in diesen Bestimmungen noch der Herr das dominierende Element, so machten sich in späteren Hofrechten die Interessen der *familia* stärker bemerkbar; so entstand vielerorts auf rechtlichem Wege eine Regelung des Verhältnisses zwischen Herrn und Hörigen. Regelrechter *Widerstand* war dagegen eher selten. Das Ideal der *familia* wird im allgemeinen eine enge Bindung des Hörigen zu seinem Herrn nach außen hin gefördert haben, doch mußten die schweren Belastungen andererseits auch zu sozialen Spannungen führen.[35]

Es ist jedoch bezeichnend, daß im Mittelalter niemals die Herrschaft an sich in Frage gestellt wurde, allenfalls wandte man sich gegen einzelne, ungerechte Herren. Es gab soziale Spannungen, aber keine Klassenkämpfe (wie es überhaupt noch keine «Klassen» im heutigen Sinn gab). Wo wir im frühen Mittelalter von (stets örtlich begrenzten) Bauernunruhen hören, reizten in der Regel nicht die (gewohnheitsgemäßen) Leistungen als solche zum Widerstand, sondern eine als ungerecht empfundene Mehrbelastung, die der traditionellen Gewohnheit widersprach; nach dem vielzitierten Edikt von Pîtres von 864 beschwerten sich weltliche und geistliche Grundherren vor dem König, weil ihre Hörigen zwar die (gewohnten) Hand- und Spanndienste leisteten, nicht aber die Mergelfuhren, die zuvor nicht gefordert worden waren.[36] (Der König gab hier allerdings den Grundherren recht.) Solche «Dienstverweigerungen» kamen vor, doch läßt sich ihr Ausmaß nur schwer abschätzen. Die mehrfach bezeugten *coniurationes* («Verschwörungen» im wörtlichen Sinn) lassen sich in den seltensten Fällen als Bauernunruhen deuten, die sich gegen die Grundherren richteten. Die einzige größere Erhebung des frühen Mittelalters, der sog. Stellinga-Aufstand der sächsischen Freien und Liten in den Jahren 841/42, richtete sich zweifellos gegen den Adel, war aber auch eine heidnische Reaktion gegen die erst vor wenigen Jahrzehnten errichtete Herrschaft der Franken und das Christentum und zudem in die politischen Machtkämpfe zwischen den Söhnen Ludwigs des Frommen eingegliedert (Lothar unterstützte die Stellinga, um auf diese Weise in Sachsen Einfluß zu gewinnen).[37] Daß die Quellen eine insgesamt größere Zahl von Unruhen zu verheimlichen suchten,[38] wird man kaum annehmen dürfen, eher hätte es der mittelalterlichen Mentalität entsprochen, solche gegen die göttliche Weltordnung gerichteten Aufstände als abschreckende Beispiele herauszustellen. Man muß also davon ausgehen, daß Hörigenerhebungen größeren Ausmaßes im früheren Mittelalter kaum (oder gar nicht) vorgekommen sind, und auch später sind sie nicht von den eigentlich Bedrückten, sondern stets von der bäuerlichen Oberschicht ausgegangen. Weiter verbreitet war dagegen sicherlich ein «passiver Widerstand» in Form nachlässiger Erfüllung der Pflichten, die dem begreiflichen Wunsch entsprang, möglichst viel der Erträge für sich zu behalten. Die Fixierungen der Leistungen entsprangen zweifellos auch dem Wunsch der Grundherren, hier Klarheit zu schaffen. Noch der Sachsenspiegel[39] verhängte auf Zinsverweigerung schwere Strafen, nämlich die doppelte Abgabe für jeden versäumten Tag, ein Beweis für die Gefahr, die den Herren von dieser Seite drohte: Die Rechte waren nicht fest, sondern mußten immer wieder neu durchgesetzt werden. Verbreitet war (nach Epperlein) auch eine Bauernflucht zu anderen, vor allem geistlichen Grundherren, bei denen man sich ein besseres Leben erhoffte. Kapitularien forderten die neuen Herren zur Rückgabe entflohener Höriger auf, und auch Kirchenfürsten verurteilten diese Flucht; Hrabanus Maurus, der Erzbischof von Mainz, wies auf den gottgewollten Zustand der Knechtschaft hin. (Er unterschied dabei immerhin zwischen Übermut und Not, nämlich zwischen der Flucht vor der Grausamkeit des Herrn und reiner Willkür.)[40] Im hohen Mittelalter bildete die Landflucht der Bauern in die Städte ein ernstes Problem für die Grundherren, die ihre Rechte zu wahren suchten, indem sie ihr *ius revocandi* betonten, das Recht, den Hörigen (binnen eines Jahres) zurückzufordern. Ursache war auch hier meist nicht ein Groll gegen den Herrn, sondern der Wunsch nach einem besseren Leben. Erst im späten Mittelalter, als sich die Lage der Bauern infolge der Agrarkrise und der stärkeren Betonung der Leibeigenschaft zusehends verschlechterte, kam es zu großen Bauernaufständen, die sich mit religiösen Ideen verbanden, zuerst in Westeuropa (die «Jacquerie» in Frankreich 1358, der Aufstand des Wat Tyler und John Ball in Südengland 1381/82), später auch im Reich.

Auch sie wurden allerdings nicht nur von Bauern getragen und richteten sich eher gegen die Landesherren als gegen die Grundherren mit dem Ziel, politischen Einfluß als Stand zu gewinnen.

Der Kontakt des Bauern zum Grundherrn, dessen Herrschaft dauernd spürbar blieb, darf im übrigen nicht überschätzt werden. Nur in kleineren Grundherrschaften kam man häufiger mit dem Herrn in Berührung. In großen Herrschaften, die über viele Fronhöfe verfügten, repräsentierte der *Verwalter*, der *maior* oder *villicus*, die Herrschaft. Er nahm anfangs eine Doppelrolle ein: Einerseits war er Bauer, der sich allenfalls durch eine etwas größere Hufe oder den Besitz von zwei Hufen auszeichnete und gelegentlich reduzierte Abgaben und Dienste leistete, das Meieramt aber nur neben seiner Bauernwirtschaft versah. Das «Capitulare de villis» (c. 60) hatte noch ausdrücklich angeordnet, daß die Meier auf königlichen Höfen nicht aus den reicheren *(potentiores)*, sondern aus den mittleren *(mediocres)* Hörigen stammen sollten. Andererseits vertrat er den Herrn am Ort und war Mittler zwischen Grundherrn und Hörigen. Diese Doppelstellung wußte man bald für den eigenen Aufstieg zu nutzen, das Amt entwickelte sich allmählich selbst zu einer erblichen, herrschaftlichen Institution. Schon Ekkehard von St. Gallen tadelte, daß die Meier der Klostergüter Schilde und Waffen führten und sich mehr um die Jagd als um ihre Höfe kümmerten,[41] also ein herrengemäßes Leben führten. Den Grundherren gelang es selten, diese Entwicklung aufzuhalten, wie in Gembloux, wo man noch im 12. Jh. verhindern konnte, daß das Amt des Meiers erblich wurde, aber doch dessen lehnsrechtlichen Charakter anerkennen und einige Merkmale der Unfreiheit aufheben mußte.[42] Langfristig aber wurde der Meier (oder Schulze) zur Dorfobrigkeit, die auch das grundherrliche Gericht leitete, das Aufgebot anführte und von den Hörigen seinerseits Abgaben (neben den Abgaben an den Grundherrn) erhob. In späterer Zeit fiel es selbst den Herren schwer, ihre Rechte gegenüber den Verwaltern durchzusetzen. Der Bericht über eine Visitationsreise der Äbtissin Irmgard von Herford über ihre westfälischen Güter von 1290[43] zeugt von den Schwierigkeiten, das Gastungsrecht in Anspruch zu nehmen: In Stockum mußte erst durch ein Weistum geklärt werden, wie viele Pferde der Äbtissin man zu füttern hatte; in Rheine kaufte sich der Meier von der Gastungspflicht frei; in Aldrup war der Meier gar nicht anwesend und nichts vorbereitet; er wurde vor das Kammergericht geladen und zahlte für die unterlassene Gastung eine Ablösesumme.

Neben dem Meier, der hier bereits zu einer recht selbstherrlich waltenden Person aufgestiegen war, wurde in geistlichen Grundherrschaften auch der *Vogt* zu einem Konkurrenten des Grundherren, der die Bauern zusätzlich belastete. Das Verhältnis zwischen Grundherrn und Verwalter gestaltete sich also keineswegs immer so ideal, wie Hartmann von Aue das – als Ausnahme – in seinem «Armen Heinrich» beschreibt, wo ein freier Rodungsbauer von seinem Herrn nie ungerecht bedrückt worden und seinen Pflichten stets freiwillig nachgekommen sei (v. 267ff.). Tatsächlich waren die Belastungen selten milde und willig erbracht. Der hörige Bauer blieb zwar nominell einzig dem Grundherrn unterstellt, hatte aber oft zwei oder drei Herren zu dienen, weil Meier und Vogt ihn (im Namen des Herrn) zusätzlich belasteten. Das beeinträchtigte andererseits aber auch die Rechte des Grundherrn, dessen Herrschaft nicht mehr selbstverständlich war, sondern immer wieder durchgesetzt werden mußte. Nahm man Rechte eine Zeitlang nicht in Anspruch, so konnten sie leicht in Vergessenheit geraten und wegfallen. «Grundherrschaft» wurde auf diese Weise zu einem flexiblen, dauernden Änderungen unterworfenen System.

2. Der Raum: Bauernhaus, Hufe, Fronhof und Dorf

a. Das Bauernhaus

Die Umwelt des Bauern wurde teils durch die Belange der Grundherrschaft, teils durch die bäuerliche Arbeit, teils durch den Zwang zu nachbarschaftlicher Gemeinschaft bestimmt. Die Grundherrschaft selbst bildete dabei schon wegen der Streulage des Besitzes keine räumliche Einheit, die alle Hörigen zusammengefaßt hätte. Während ein Teil der Hörigen auf dem Herrenhof lebte, besaßen andere einen eigenen Bauernhof. Den engsten und persönlichsten Lebensbereich dieser bäuerlichen Familien bildete das Bauernhaus, das allerdings noch wenig erforscht ist, zumal die ältesten erhaltenen Bauten erst dem 15. Jh. angehören.[44] Volksrechte und Wüstungsgrabungen lassen im frühen Mittelalter mehrgliedrige Gehöftanlagen mit Ställen und Speichern erkennen, in deren Mitte das Wohnhaus stand, das oft nur aus einem einzigen Wohn-, Arbeits- und Schlafraum und einer Feuerstelle bestand. Am weitesten verbreitet war das Pfostenhaus, das auf hölzernen Pfosten ruhte und kaum länger als eine Generation hielt – erst im hohen Mittelalter setzten sich Ständerbauten durch, die eine zweigeschossige Bauweise erlaubten und weit dauerhafter waren –; die Wände bestanden aus mit Lehm abgedichtetem Flechtwerk, das Dach aus Stroh oder Schilf, der Boden aus festgestampftem Lehm, die «Fenster» waren Luken, die durch ein Geflecht verschlossen waren. Daneben gab es rechteckige oder (vor allem im slawischen Bereich) quadratische Grubenhäuser – meist Nebengebäude – und Blockhäuser (bei den letzteren waren Holzbalken waagerecht übereinandergelegt). In Norddeutschland herrschte, besonders im Marschengebiet, in germanischer Zeit die langgestreckte, meist dreischiffige Wohnstallhalle vor, die aus einem einzigen großen Raum mit Wohn- und Stallbereich bestand; in Feddersen Wierde nordöstlich von Bremerhaven gab es Häuser verschiedener Größe mit zwei bis fünfzehn Viehboxen auf jeder Seite. Pfahlspeicher und Grubenhäuser dienten als Wirtschaftsgebäude. Im 8. Jh. begegnen im Norden auch Pfostenbauten, die oft schiffsförmig angelegt waren. Seit dem 12. Jh. setzte sich die «niederdeutsche Halle» durch, eine breite Wohnstallhalle mit großem Einfahrtstor und Stauraum für die Ernte. Im Rheinland, in Süddeutschland und in den Alpen sind die Bauernhäuser noch wenig erforscht. Die Volksrechte des frühen Mittelalters bezeugen umzäunte Vielhausgehöfte mit getrennten Wohn- und Wirtschaftsbauten (Ställen, Speichern, Scheunen, Backhäusern und Küchen). Aus den Alpen und aus dem slawischen Osten kennen wir Blockbauten, die (im Osten) seit dem 9. Jh. die Grubenhäuser verdrängten. In den Mittelgebirgen herrschten einräumige Wohnhäuser vor.

Das häusliche Leben des Bauern spielte sich insgesamt in einer recht primitiven, wenig gegliederten Behausung ab; die Feuerstelle war nicht vom übrigen Raum getrennt, die Belüftung schlecht, weil oft nur ein Loch im Dach als Rauchabzug diente – erst im Spätmittelalter wurden Herd- und Wohnbereich stärker getrennt; geschlossene Öfen kamen erst im 15. Jh. auf –; das Vieh lebte oft unter demselben Dach. Der Raum selbst wird in Herdstelle, Wohnstelle und Schlafstelle gegliedert gewesen sein. Das Mobiliar beschränkte sich auf Tisch, Bänke und Kisten, gelegentlich ein Bett (wenn man nicht auf Strohsäcken auf den Bänken schlief). Das Land rings um das Haus war durch kleine Wirtschaftsflächen (Gärten) genutzt; den eigentlichen Arbeitsbereich aber bildete der Hof.

b. Die Hufe

Der bäuerliche Hof, der in der Grundherrschaft als Hufe *(hoba, mansus)* bezeichnet wird, bildete die Wirtschaftseinheit des Bauern; das Land gehörte dem Grundherrn, galt aber als Nutzungseigentum des Bauern, dem es nicht leicht wieder entzogen werden konnte. Ursprung und Bedeutung der Hufe sind umstritten.[45] In der mittelalterlichen Theorie galt die Hufe oft als die Bauernstelle für den Unterhalt einer Familie; in der Praxis war sie eher eine Sammelbezeichnung mit verschiedenen Bedeutungen.[46] Es ist unklar, ob sie als bäuerliche Siedelstelle älter als die Grundherrschaft oder erst eine grundherrschaftliche Einrichtung war, im Rahmen der Grundherrschaft aber bildete sie den normalen Leihehof, die materielle Basis der Bauernwirtschaft und zugleich die Maßeinheit für die dem Grundherrn zu erbringenden Leistungen, denn Dienste und Abgaben lasteten auf der Hufe und nicht auf der Person des Bauern. Im übrigen aber waren die Hufen alles andere als einheitlich. Im Mittelpunkt stand ein umzäunter Hof mit Garten, während die eigentlichen Wirtschaftsflächen, die *sors*, keineswegs geschlossen um die Hofstatt herum liegen mußten, sondern sich, im Gemenge mit anderen Bauernwirtschaften, auf verschiedene Fluren verteilen konnten. Den weitaus größten Teil nahm das Ackerland ein – die in den Volksrechten bezeugten kleinen Maßeinheiten deuten auf kleine Ackerflächen –, zur Hufe gehörte fast durchweg aber auch ein Stück Wiese und in vielen Regionen ein meist geringer Anteil an Weinbergen, während der Wald entweder zum Herrenland oder zur dörflichen Allmende zählte. Das Verhältnis zwischen Ackerland und Wiese schwankte zwischen 5:1 (Lobbes) und 20:1 (Saint-Germain),[47] dem Getreideanbau kam also die wichtigste Rolle in der Mansus-Wirtschaft zu; nur in den küstennahen Gebieten und in höheren Berglagen war der Anteil der Wiese erheblich größer. Unterschiedlich war auch der Umfang der einzelnen Hufe; in Morsang etwa, einem Fiskus der Grundherrschaft Saint-Germain-des-Prés bei Paris, schwankte der Anteil des Ackerlandes zwischen 1 und 17 *bunuaria.*[48] Die landwirtschaftliche Durchschnittsfläche der Hufe betrug in Palaiseau 4,2, in Esmans 16,2 *bunuaria;* demnach bestanden oft beträchtliche *Größenunterschiede* zwischen den Domänen einer Grundherrschaft wie auch zwischen den Hufen in einer Domäne; die Hufen waren anscheinend eher «gewachsen» als durch organisatorische Aufteilung des Landes geschaffen. Neben den Unterschieden in der Größe sind natürlich qualitative Unterschiede bezüglich des Bodens und der Erträge zu berücksichtigen, die jedoch kaum meßbar sind. Im Zuge der Ausstattung möglichst vieler Bauern oder Bauernsöhne wurden die Hufen vielfach geteilt; es gab Halb-, Drittel- und Viertelhufen (wobei eine halbe Hufe bei den soeben festgestellten Größenunterschieden unter Umständen allerdings größer sein konnte als manche Vollhufe).

In vielen Grundherrschaften unterschied man verschiedene *Typen* von Hufen, nämlich Freienhufen *(mansi ingenuiles)*, Unfreienhufen *(mansi serviles)* und Halbfreienhufen *(mansi lidiles)*, die jeweils unterschiedlich belastet waren; die rechtsständische Gliederung läßt vermuten, daß die Verleihung ursprünglich an den Rechtsstand des bearbeitenden Bauern gebunden war, doch löste sich diese Bindung mehr und mehr auf, so daß Unfreie durchaus Freienhufen, Kolonen oder gar Freie Unfreienhufen bewirtschaften konnten; seit dem 9. Jh. wurde der Rechtsstand der Bauern für das Wirtschaftsleben der Grundherrschaft unerheblich. Das Verhältnis von Unfreien- und Freienhufen war wiederum von Region zu Region, von Grundherrschaft zu Grundherrschaft verschieden. In manchen Orten gab es nur *mansi ingenuiles*, in anderen nur *mansi serviles*, meist aber existierten beide Formen nebeneinander. In Saint-Germain kamen auf 831 Freienhufen nur 153 Unfreienhufen, im Bistum Augsburg standen 1041 Freienhufen immerhin 466 Unfreienhufen gegenüber, im Lorscher Reichsurbar war das Verhältnis sogar beinahe ausgeglichen. Die Unfreienhufe war meist etwas kleiner als die Freienhufe.

Weder im Umfang noch in den Wirtschaftsflächen noch im Typ bildete die Hufe also eine einheitliche Größe. Nicht einmal in der *Besetzung* kann von einer Einheit die Rede sein. Daß ein abhängiger Bauer mit Frau und Familie eine Hufe bewirtschaftete, war sicherlich der häufigste Fall und wurde in manchen Urbaren, in denen einfach vom Mansenbesitzer und seiner Frau die Rede ist, als Regel angesehen. Auf einer nicht zu unterschätzenden Zahl von Hufen – in Saint-Germain waren es etwa 40% – wich man allerdings von dieser Regel ab:[49] Ein Teil der Hufen wurde von Einzelpersonen, meist von Männern, vereinzelt aber auch von Frauen, bewirtschaftet. Da in manchen Fällen Kinder bezeugt sind, dürfte es sich häufig um Witwer oder Witwen handeln, so daß hier ursprünglich wieder ein einzelnes Ehepaar anzunehmen ist. Mehrfach wohnten aber auch Familienangehörige, meist die Mutter, Brüder oder Schwestern des Mannes, auf der Hufe; diese war dann nicht mehr die Einheit eines Ehepaares, sondern einer (agnatischen) Familie, die wohl von dem Vater auf den Sohn überging, der seine Angehörigen bei sich behalten konnte. Der Mann galt auch dann als Vorstand der Hufe, wenn er einen geringeren Rechtsstand als die Frau besaß; diese zog bei der Heirat zum Mann.[50] Auch verheiratete Paare nahmen gelegentlich, wenn auch weniger häufig, Familienangehörige auf. Dieser Tatbestand deutet darauf hin, daß sich das Nutzungsrecht an der Hufe schon recht früh vererbte; bereits das Edikt von Pitres von 869[51] kannte den *mansus hereditarius.*[52] In einer ganzen Reihe von Fällen teilten sich, in manchen Domänen auffällig gehäuft, mehrere Inhaber oder mehrere Familien eine Hufe, und zwar völlig unabhängig von deren Größe. Anders war die Überbevölkerung in manchen Gebieten wie in Palaiseau in der Grundherrschaft von Saint-Germain oder in Villance (Ardennen) in der Prümer Grundherrschaft offenbar nicht mehr aufzufangen. Da das Polyptychon von Saint-Germain bisweilen zwischen der Zahl der Hufen und der Zahl der Herdstellen *(foci)* auf diesen Hufen unterschied, wohnten diese Familien jeweils in eigenen Häusern. Meist saßen zwei oder auch drei, manchmal bis zu fünf Familien auf einer Hufe, in anderen Fällen gesellten sich einer oder zwei Familien noch mehrere Einzelpersonen zu. In welchem Verhältnis sie zueinander standen, läßt sich nicht erkennen; zumindest in einigen Fällen deuten die Namen aber auch hier auf verwandtschaftliche Bindungen,[53] und auch die Inhaber von «Nachbarhufen» (die im Urbar aufeinander folgen) waren dem Namensbestand nach häufig untereinander verwandt.

Waren manche Hufen also mehrfach besetzt, so hatten einzelne Familien umgekehrt anderthalb, zwei oder, in Ausnahmefällen, drei Hufen inne. In manchen Gegenden waren viele Hufen gar nicht besetzt *(mansi absi)*.[54] Die Hufe kann demnach nur mit Vorbehalten als Einheit einer Bauernfamilie gelten. Da die Leistungen von der Hufe abhingen, war die Zahl der Personen, die sie bewohnten, aber sehr bedeutsam für die Bewirtschaftung. Gab es mehrere Männer auf der Hufe, so konnte man die Arbeit auf dem eigenen Land und auf dem Herrenland untereinander aufteilen, mußte sich dann allerdings auch die Erträge teilen. In diesem Zusammenhang ist noch ein weiterer Faktor wichtig: Auf der Hufe saßen nämlich neben den Bauernfamilien mit ihren Kindern – wie auf dem Herrenhof – oft, aber keineswegs überall, noch unfreie Knechte und Mägde *(mancipia)*; auf einigen Hufen lebten bis zu 10 Knechten, auf anderen fehlten sie ganz;[55] sie gehörten zur Bauernfamilie und wurden mit ihr verschenkt; in Prüm wurden auch sie gelegentlich in die Dienste auf dem Salland einbezogen. Berücksichtigt man die Mehrfachbelegung mancher Hufen, die Anwesenheit von Frauen, die unterschiedliche Zahl der Kinder,[56] von denen einige oft schon erwachsen waren,[57] und schließlich die Zahl der *mancipia*, so ergibt sich als Ergebnis, daß die Zahl der Arbeitskräfte auf einer Hufe erheblich differierte und so neben unterschiedlicher Größe und Bodenqualität und unterschiedlichen Leistungen zu sehr verschiedenen Ausgangsbedingungen und damit zu sozialen Unterschieden in ein- und demselben Dorf führte.

c. Das Dorf

Die Hufe war in aller Regel kein Einzelgehöft, sondern in eine mehr oder weniger lockere Gehöftgruppe oder ein Dorf eingegliedert.[58] (Als «Dorf» versteht man eine ländliche Gruppendauersiedlung mit vorwiegend agrarischer Wirtschaftsstruktur unabhängig von der Größe;[59] zwischen Dörfern und Weilern als einer Stufe zwischen Dorf und Einzelsiedlung zu unterscheiden, hat man heute weitgehend aufgegeben.) Die Entwicklung vom Einzelhof zum Dorf scheint dabei fließend zu sein. Der Begriff selbst (gotisch *thaurp*, fränkisch *thorp*) wies ursprünglich nämlich auf eine Einfriedung hin und trug noch nicht die heutige Bedeutung. Vielmehr ist es bezeichnend, daß sowohl die deutschen wie die lateinischen Begriffe *(villa, vicus)* inhaltlich keinen Unterschied zwischen Dorf und (grundherrschaftlichem) Hof machten. Gruppensiedlungen sind aber schon früh entstanden. Herrschten in den antiken römischen Provinzen auf dem Land Einzelhöfe *(villae rusticae)* vor – *vici* waren eher Handwerker- oder Marktsiedlungen[60] –, so lebten schon die Germanen in der Regel in Dörfern verschiedener Größe.[61] Falls diese Siedlungen ursprünglich Verwandtenverbände waren, so trifft das bereits auf die germanische Zeit nicht mehr zu.

Frühmittelalterliche Dörfer konnten aus unterschiedlichen *Wurzeln* entstehen, als herrschaftliche Gründung um einen Gutshof oder aber aus freibäuerlichem Zusammenschluß. Viele Ortsnamen auf -seli (sal), -heim, -hausen, -hofen, -dorf, -stat oder -wilare, im französischen Sprachraum auf -ville (von *villa*) oder -court (von *curtis*), tragen im ersten Glied einen Personennamen – man spricht dann von patronymischen Ortsnamen – und geben sich somit als eine herrschaftliche Gründung zu erkennen.[62] Es gab also durchaus Dörfer, die sich ganz in der Hand eines Grundherrn befanden; Fronhof und Dorf bildeten dann eine Einheit. In anderen Siedlungen aber begegnen mehrere Grundherren und freie Bauern;[63] in Dienheim konnte Schwind im Laufe der Karolingerzeit, also über einen Zeitraum von rund 150 Jahren, mehr als 200 Grundbesitzer ausmachen; in anderen Orten wie in Nauborn im Lahngau bildeten die Schenker dagegen eher einen Verwandtenverband. Dorf und grundherrschaftliche *villa* konnten also identisch sein, aber sie waren es keineswegs durchweg; die *familia* war einerseits umfassender und auf viele Dörfer verteilt, während in einem Dorf durchaus Angehörige verschiedener *familiae* wohnen konnten. Das Dorf ist also nicht erst aus der Grundherrschaft entstanden; der Bauer war damit oft über die grundherrliche Bindung hinaus in einen nachbarschaftlichen Dorfverband eingegliedert.

Siedlungstopographisch war das Dorf nicht festgelegt, so daß es die verschiedensten Varianten gab.[64] Die meisten frühen Dörfer waren unregelmäßige, allmählich zusammengewachsene Haufendörfer (Donat), doch gab es daneben, schon in germanischer Zeit, geplante Anlagen, etwa in Form einer Kreissiedlung oder einer Reihung der Höfe. Typische (geplante) *Dorfformen* des Mittelalters waren der Rundling (v.a. im Elb-Saale-Gebiet), bei dem sich die Höfe um einen freien Platz gruppierten, das Straßendorf (entlang einer Straße), das Angerdorf (mit Gabelung der Straße um einen Teich oder Platz) oder – vor allem im ostdeutschen Kolonisationsgebiet – das Waldhufendorf, in dem die Felder sich vom Hof aus in das Hinterland hinein erstreckten. Um die Dörfer herum legten sich (oft wie ein Ring) Gärten, Felder, weniger intensiv bearbeitete Felder, Weiden, Kulturwald und Urwald.

Das Ackerland, die *Flur*,[65] bestand oft, besonders seit dem hohen Mittelalter, aus einem oder mehreren zusammenhängenden, länglichen (Langstreifenflur) oder quadratischen Landstücken (Blockflur) und setzte bereits eine Absprache der Dorfbewohner zur gemeinschaftlichen Bearbeitung voraus, vor allem als sich im hohen Mittelalter die Dreifelderwirtschaft (vgl. u. S. 151 f.) ausbreitete, die ganze Fluren für Sommerfrucht, Winterfrucht oder Brachland reservierte. Die einzelnen Bauern hatten jeweils Streifen in dieser Flur in ihrem Besitz. Weit jünger (und wohl herrschaftlich begründet) war die Gewannflur aus offenen und langgestreckten Feldern, die ihrerseits in schmale Streifen eingeteilt waren, in denen oft die Wohnhäuser lagen («open fields»). Die Besitzparzellen lagen im Gemenge und wurden zu Gewannen vereinigt. Die erst später bezeugten Flurnamen lassen oft noch den Ausbau erkennen. Sie sind nicht mehr nach dem Herrn, sondern mehrfach nach dem Bearbeiter bezeichnet, tragen meist aber Namen, die an das Gelände anknüpfen (wie «Vor, hinter oder bei der [steinernen] Brücke, der Lehmkuhl» etc.) oder sich von Himmelsrichtungen («Norder-, Süder-, Wester-, Osterfeld»), Alter («Alter Kamp») oder charakteristischen Merkmalen («Flachshöfe») ableiten.[66] Ein Teil der Wirtschaftsflächen des Dorfes, die Allmende, stand allen Bewohnern zur Nutzung offen. Dazu gehörten meist der Wald, der Holz, Wildfrüchte und Nahrung für die Schweine lieferte und Aufenthaltsort wilder Bienenstöcke war, und öffentliche Weideflächen. Später schlossen sich oft mehrere Dörfer zu Markgenossenschaften zusammen, um die dazwischenliegenden Wald- und Weideflächen gemeinsam zu nutzen. Solche Markgenossenschaften sind nicht älter, wie man früher glaubte, sondern jünger als die Dörfer und Folge einer dichter werdenden Besiedlung; den Volksrechten waren sie noch unbekannt. Für die Äcker bevorzugte man leichte, schwach saure bis basische Böden mit hohem Stickstoffgehalt in mäßig feuchten Gebieten.[67]

Archäologische Grabungen lassen erkennen, daß Gehöfte und Fluren im Laufe der Zeit immer wieder ihren Standort verlagerten, daß viele Dörfer überhaupt nur wenige Jahrhunderte existierten und daß es zu allen Zeiten – auch und gerade in Rodungsperioden – Wüstungen gab.[68] Wahrscheinlich zwang die Erschöpfung des Bodens die Bauern immer wieder zur Verlegung der Siedlungen.

Die *Größe der Dörfer* war unterschiedlich. Anfangs herrschten vielleicht kleine Siedlungen mit drei bis fünf Höfen vor, doch gab es auch größere Dörfer mit bis zu 40 Hofstätten, die sächsische Siedlung Warendorf zum Beispiel hatte zwischen 40 und 50 Häusern, in dem karolingischen Dorf Menzingen im Kraichgau gab es 770/850 über 30 Hofstätten mit rund 200 Bewohnern; die Dörfer der Grundherrschaften von Saint-Germain-des-Prés oder Saint Remi waren zum Teil noch erheblich größer; in zentralen Orten wie Palaiseau, Jouy oder Verrières besaß allein das Kloster Saint-Germain um die 100 Hufen; in Viel-Saint-Remi waren allein 288 Männer dem Kloster zu Dienst verpflichtet. Große ländliche Siedlungen sind auch in der Dichtung bezeugt.[69] In solchen Dörfern lebten mehrere hundert Einwohner. Die Durchschnittsgröße der Dörfer war aber sicherlich niedriger und betrug nach Abel im hohen Mittelalter 10–12 Höfe mit ca. 70 Einwohnern.

Das Dorf war insgesamt weniger eine topographische als vielmehr eine Siedlungseinheit der Bauern, auch wenn die mittelalterlichen Begriffe diesen Aspekt vernachlässigten; die frühmittelalterlichen Volksrechte befaßten sich noch weit stärker mit dem Einzelhof als mit der Dorfgemeinschaft.[70] Das Dorf war zunächst ein *Nachbarschaftsverband*, der eine Regelung des Zusammenlebens und der wirtschaftlichen Absprachen erforderlich machte, aber auch gegenseitige Hilfe in Notfällen und die Teilnahme an Familienereignissen beinhaltete. Gemeinschaftsleben aber erforderte eine Ordnung. Schon nach der fränkischen Lex Salica[71] war der Zuzug in ein Dorf nur mit Erlaubnis aller Bewohner gestattet; wenn innerhalb der nächsten zwölf Monate niemand (in festgelegten, symbolischen Formen) protestierte, gehörte der Hinzugezogene zu den «Nachbarn» *(vicini)*, zum Dorfverband. Daß auch die Dorfbewohner unterschiedlichen sozialen Schichten angehörten, versteht sich von selbst. Bereits die abweichenden Hausgrößen und die Zahl der Nebenbauten deuten auf beträchtliche Besitzunterschiede hin. Neben den Bauern lebten – in einigen Dörfern sogar konzentriert – einzelne, spezialisierte Handwerker.[72]

Im hohen Mittelalter machte das Dorf in einem langen Prozeß, in dem grundherrschaftliche, gerichtliche und nachbarschaftliche Elemente zusammenwirkten, noch eine weitere, wichtige Wandlung durch: Es entwickelte sich von einem bloßen Nachbarschaftsverband, in dem grundherrschaftliche Bindungen die nachbarschaftlichen überlagerten, zu einem *Rechtsverband* mit eigenen Organen, die aber erst gegen Ende der hier behandelten Periode greifbar werden: Das Dorf wurde zur «Landgemeinde» (ein Begriff, der allerdings wiederum nicht zeitgenössisch ist).[73] Die Bindung an den Grundherrn war damit keineswegs aufgehoben, beschränkte sich aber stärker auf die zu erbringenden Leistungen, während die personellen Beziehungen sich eher auf den dörflichen Bereich konzentrierten. Es gab eine Dorfobrigkeit, die meist durch den oder einen der Grundherren bzw. (häufiger) dessen Vertreter, den Meier des herrschaftlichen Fronhofs, repräsentiert wurde. Dieser «Dorfälteste» hieß (je nach der Landschaft) Schulte, Schulze (im Norden) oder Schultheiß (im Süden) oder auch *burmester* (Bauernmeister). Eine Gemeindeversammlung der bessergestellten, also keineswegs aller Dorfbewohner bestimmte jährlich die lokalen Organe, ein Dorfgericht an einem besonders umhegten Platz, oft unter der Dorflinde, regelte das Rechts- und Gemeinschaftsleben. Das Dorf selbst bildete nun (oft) einen eigenständigen, umhegten Friedens- und Rechtsbezirk; waren anfangs nur die Höfe eingezäunt, so umgab fortan ein Dorfetter das gesamte Dorf und machte so auch äußerlich die Grenzen der Dorfgemeinde sichtbar. Der Fronhof, auf den sich im frühen Mittelalter Arbeit (auf dem Salland) und Rechtsvorstellungen der Bauern weit stärker konzentriert hatten als auf den dörflichen Nachbarschaftsverband und der, zumal in kleineren Siedlungen, häufig weit über das einzelne Dorf hinausgriff, verlor durch diese Entwicklung seine Bedeutung als organisatorisches und herrschaftliches Zentrum des Bauernlebens.

d. Pfarrei und Markt

Neben Dorfgemeinschaft und Fronhofsverband bestimmte auch die kirchliche Organisation den bäuerlichen Lebensraum, hatte der Bauer doch schon seit fränkischer Zeit neben den grundherrlichen Abgaben den Kirchenzehnt zu entrichten. Die (zuständige) Kirche war besonders im frühen Mittelalter in der Regel eine Eigenkirche des Grundherrn in der Nähe des Fronhofs, so daß gerade in dieser Zeit Fronhofs- und Kirchenverband oft zusammenfielen, besonders wenn sie sich noch mit dem dörflichen Bereich deckten. Allerdings besaß nicht jedes Dorf eine eigene Kirche, in anderen Dörfern wiederum gab es zwei oder sogar drei Kirchen. In den 25 Höfen der Grundherrschaft von Saint-Germain-des-Prés verteilten sich die 31 Kirchen des Klosters auf immerhin 18 Dörfer; in den 118 Orten der weit gestreuten Prümer Grundherrschaft gab es am Ende des 9. Jh. dagegen nur 34 Eigenkirchen. Im Laufe des frühen Mittelalters suchte man den ländlichen Raum kirchlich durch ein zentral organisiertes Kirchennetz, das Pfarrkirchensystem, zu erfassen und zu durchdringen; in Teilen des Rheinlandes war die Ausbildung eines solchen Pfarrsystems bereits im 8. Jh. weitgehend abgeschlossen; in den östlichen Landesteilen setzte diese Entwicklung jedoch erheblich später ein. Nicht überall waren Pfarrkirche und grundherrschaftliche Eigenkirche identisch, nicht in jedem Dorf gab es eine Pfarrkirche, so daß die Pfarrei einen übergeordneten Verband bildete. (In einer Urkunde Ludwigs des Deutschen von 873[74] beklagten sich die Bauern des Fiskus Neckarau darüber, daß sie die Kirche in Altrip nicht erreichen konnten.) Die Bindungen des Bauern wurden dadurch weiter aufgefächert. Wo es eine Dorfkirche gab, wurde diese aber bald zum Mittelpunkt des gesamten Dorflebens; der Kirchplatz war zugleich Markt- und Festplatz und bevorzugter Versammlungsort der Bauern.

Blieb der Horizont des mittelalterlichen Bauern im wesentlichen auf Hufe, Dorf, Fronhof und Pfarrkirche beschränkt, so führte ihn der Verkauf eventuell erwirtschafteter Überschüsse manchmal noch in den nächsten Marktort; ein lokaler Markt war in einigen Gegenden wie in der Ile de France schon in karolingischer Zeit ausgebildet. Im Laufe des hohen Mittelalters verdichtete sich das Netz der Marktorte und das Bedürfnis, die Waren zu verkaufen, weil die Frondienste vielfach durch Geldabgaben ersetzt wurden. Einzelne Hufenbauern waren auch zu Fuhrdiensten zum Kloster oder zum übergeordneten Fronhof verpflichtet und mußten daher gelegentlich weitere Reisen auf sich nehmen. Weiter aber reichte der Lebensraum des Bauern nicht; in dem hier abgesteckten Bereich lebten die Menschen der grundherrschaftlichen *familia*, denen wir uns nun zuwenden wollen.

3. Die Menschen: Bauerntum und Hörigenverband

a. Bauern im Mittelalter

Obwohl die mittelalterliche Gesellschaft ohne Zweifel eine Bauernkultur war, gibt die Frage nach den Bauern im Mittelalter einige Probleme auf.[75] «Bauer» ist zunächst natürlich ein übergreifender Begriff, der sich nicht auf die Grundherrschaft beschränkt. Der Bauer übt eine bestimmte wirtschaftliche *Funktion* aus: Er betreibt Ackerbau und Viehzucht;[76] er bewirtschaftet einen selbständigen Hof und hebt sich damit von Knechten oder Kätnern ab; er benutzt dazu den Pflug und unterscheidet sich somit vom Gärtner, und er bestellt seinen Boden eigenhändig und grenzt sich dadurch vom Gutsherrn ab. «Bauer» ist primär also ein wirtschaftlicher Begriff, der durch diese Abgrenzung von anderen Gruppen auch einen soziologischen Aspekt erhält: Die Bauern bilden eine abgrenzbare Gruppe in einer arbeitsteiligen Gesellschaft.

Legt man diese (moderne) Definition zugrunde, dann geraten die Bauern in den frühmittelalterlichen Quellen allerdings kaum in den Blick, obwohl die Masse der Bevölkerung landwirtschaftlich tätig war; die *Begrifflichkeit der Quellen* folgte anderen Kriterien. Die *leodes* der fränkischen Volksrechte zum Beispiel waren vom Kontext her Bauern mit einer eigenen Hofstelle, die ihr Feld selbst bestellten und auch Viehherden besaßen;[77] der Begriff aber betonte ihren besonderen Rechtsstand als freie Franken in ihrem Verhältnis zum König. Andere Quellen unterschieden *coloni* und *servi* oder sprachen von *mancipia* und unterstrichen damit das Verhältnis zum Grundherrn, während ein Begriff für den «Bauern» sowohl im Deutschen wie auch im Lateinischen fehlte:[78] *gebur(e)* bezeichnete zunächst nicht den Bauern, sondern den Mitbewohner des Hauses *(bur)* oder den Dorfgenossen; die lateinischen Begriffe verschwanden aus den Quellen; *agricola* trat erst im 11. Jh. wieder auf, *rusticus* wurde zum abwertenden Topos für eine sündhafte, heidnische und dumme Person; in althochdeutschen Glossen wurden diese Begriffe umständlich und uneinheitlich umschrieben (mit *ackarbigengo, lantbûant, ackerman*):[79] Das frühere Mittelalter kannte die Funktion des Bauern, benötigte dafür aber keinen einheitlichen Begriff, es wertete die Bauern weder als soziale Gruppe noch als Rechtsstand. (Deshalb scheint es durchaus zeitgemäß, wenn Franz die Bauern als die Schicht definiert, die allein durch ihre Arbeit sich sowie die geistliche und adlige Oberschicht erhalten hat, ohne an deren Kultur teilzuhaben.)[80] Freier und höriger Bauer hatten anscheinend wenig gemeinsam; es fehlte ein verbindendes Bewußtsein der Zusammengehörigkeit; die Bauern bildeten demnach auch noch keine im Selbstbewußtsein geeinte Klasse. Entscheidend war vielmehr die Zugehörigkeit zur Grundherrschaft oder auch zum Dorf.

Das änderte sich erst (allmählich) im hohen Mittelalter, als man seit dem 11. Jh. begann, die Gesellschaft in Ritter *(milites)* und Bauern *(rustici)* einzuteilen; die Bauern – oder allgemeiner: die Arbeitenden *(laboratores)* – wurden zu einem Funktionsstand der mittelalterlichen Gesellschaftstheorie neben (und unter) den Kriegern *(pugnatores)* und Predigern *(oratores)*:[81] Erst jetzt wurden die Bauern als eine soziale Schicht verstanden, wenn es bis zur Mitte des 13. Jh. auch noch keine strenge Abschließung des Ritterstandes gab.[82] Dennoch war *rusticus* immer noch nicht identisch mit einem «Berufsstand» des Bauern in wirtschaftlichem Sinn, sondern umschloß den größeren Personenkreis aller Nichtadligen, dem immerhin die zahlenmäßig weitaus bedeutendste Gruppe den Namen gab. Die neue Gesellschaftsgliederung zeugt von einem tiefgreifenden Mentalitätswandel, denn sie ersetzte die alte rechtsständische Einteilung in Freie *(liberi)* und Unfreie *(servi)* zu einem Zeitpunkt, als gerade in der Grundherrschaft eine Nivellierung der unteren Schichten zu einem (rechtlich) einheitlichen Bauernstand erreicht war. Im Laufe des hohen Mittelalters wuchsen die «Bauern» dann immer mehr auch zu einem *Rechtsstand* zusammen. Waren die *milites,* die Ritter, die kriegführende Herrenschicht, so wurde den *rustici* die Wehr- und Waffenfähigkeit immer mehr entzogen. Diese Entwicklung setzte bereits in der Karolingerzeit mit der Bildung der Vasallenheere ein, in denen die Bauern, die aber auch infolge der Intensivierung des Landbaus weniger abkömmlich waren, nicht mehr gebraucht wurden; oft zahlten sie noch eine Kriegssteuer, die die Wehrpflicht ablöste. In der hochmittelalterlichen Landfriedensgesetzgebung finden sich zum Teil bereits Waffenverbote für Bauern: 1152 wurde ihnen das Tragen von Lanze oder Schwert untersagt,[83] im Rheinfränkischen Frieden von 1179 war den Bauern innerhalb des Dorfes das Waffentragen gänzlich verboten, außerhalb durften sie wenigstens ein Schwert führen.[84] Der bayerische Landfriede von 1244 erlaubte ihnen nur noch ein kurzes Messer und einen Eisenstab für den Pflug.[85] Ganz entwaffnen konnte man sie nicht, weil man sie noch zur lokalen Justiz benötigte. Eine Reihe von Landfrieden gestand den Bauern Waffenbesitz im Hause zu, damit sie auf Befehl des Richters gegen Friedensbrecher und Verbrecher einschreiten konnten. Deutlich erkennbar ist aber die Tendenz, den Bauern von der ritterlichen Bewaffnung zu unterscheiden. Bäuerliche Geräte, wie Haue, Gerte, Messer oder Sichel, wurden zum Standeskennzeichen und Attribut der Bauern in künstlerischen Darstellungen. Seit dieser Zeit sorgten schließlich auch Kleidungsvorschriften für eine äußerliche Distanz zu den Herren. Bereits in der Kaiserchronik (v. 14791 ff.) aus der Mitte des 12. Jh. wird beschrieben, wie ein Bauer auszusehen hat:[86] «Nichts anderes als schwarz oder grau sei ihm erlaubt. Ein Saum ist seinem Leben angemessen, dann noch rindslederne Schuhe, das genügt; sieben Ellen für Hemd und Hosen aus Leinentuch.... Findet man ein Schwert bei ihm, soll er gebunden an den Kirchzaun geführt werden: Dort halte man den Bauern fest und schlage ihm Haut und Haar ab. Wenn er sich aber einer Feindschaft erwehren muß, dann wehre er sich mit dem Krückstock.» Auch der bayerische Landfriede von 1244 schrieb den Bauern graue, einfache Kleidung und Rindslederschuhe sowie eine kurze Haartracht vor (lange Haare wurden zum Vorrecht der Herren); eine Ausnahme machte der Landfriede aber bei denen, die ein Amt im Namen des Herrn verwalteten.[87]

Da der Bauer in den Quellen immer nur von anderen charakterisiert wurde, darf man sich nicht wundern, wenn die negativen *Eigenschaften* überwogen. Schon in merowingischer Zeit lassen vereinzelte Äußerungen den Bauern lasterhaft, gefährlich und ungebildet erscheinen, was ihn einem Tier ähnlicher als einem Menschen mache;[88] *rusticus* wurde zum Schimpfwort. Dennoch blieben geringschätzige Bemerkungen selten. Es hat vielmehr den Anschein, als sei die bäuerliche Arbeit im früheren Mittelalter durchaus geachtet gewesen; schon die Arbeitsdarstellungen auf Buchminiaturen zeugen nach Epperlein[89] von einer positiven Einstellung; es ist bereits bemerkenswert, daß man den Bauern – anders als in der Antike – überhaupt für darstellungswürdig erachtete. Bauernarbeit war sicherlich eine Folge der Sünde – Kain galt als erster Bauer –, in diesem Leben aber zweifellos eine notwendige Tätigkeit, die schließlich sogar als dem Paradies angemessen galt.[90] Erst mit der Verfestigung der Standesgrenzen im hohen Mittelalter verschärften sich die Urteile. In einer berühmten Standespredigt ordnete Honorius Augustudunensis zu Beginn des 12. Jh. die einzelnen Stände den Teilen eines Kirchengebäudes zu, die zusammen die Gemeinde bildeten: Die Bauern verglich er dabei mit dem Fußboden, auf dem man herumtrat, der aber auch das Fundament bildete, das die übrigen Stände trug und ernährte.[91] Honorius ermahnte sie zum Gehorsam gegenüber den Priestern und zur pünktlichen Ablieferung des Zehnten. Die Bauern selbst bildeten damit den untersten Stand; nach der Altdeutschen Genesis aus der 2. Hälfte des 11. Jh. stammten die *skalche* (Knechte) von Noahs Sohn Cham ab (Noah hatte Cham und seine Nachkommen zur Knechtschaft verurteilt, weil er sich über die Blöße des schlafenden Vaters lustig gemacht hatte).[92] Allmählich entstanden die Vorurteile vom dummen, faulen, gefräßigen, neidischen und geizigen Bauern,[93] wurde man sich der spezifisch bäuerlichen Lebensweisen bewußt[94] und verband mit dem Begriff eine bestimmte Mentalität: Der Bauer galt als konservativ, volkstümlich religiös, aber auch als seßhaft und friedfertig.[95] Es war vor allem die Landbevölkerung, der man *Aberglauben* und Festhalten an heidnischen Bräuchen vorwarf. Reginos Bußhandbuch aus dem frühen 10. Jh. rechnet mit kultischen Handlungen der bäuerlichen Bevölkerung an Bäumen, Quellen, Steinen, Kreuzwegen und Gräbern (statt in der Kirche); sie wurden von Zauberern, Wahrsagern oder auch Frauen (anstelle von Priestern) unter Verwendung von Beschwörungsformeln und Liedern (statt Vaterunser und Glaubensbekenntnis) geleitet.[96] Besondere Konturen gewann der Totenkult mit Totenwache und Totenfeiern. Die Kirche suchte solche Bräuche eher christlich umzudeuten als abzuschaffen; im Jahre 939 erließ die Äbtissin von Schildesche in Westfalen eine entsprechende Prozessionsordnung:[97] «Wir verordnen, daß ihr jährlich am 2. Pfingsttag unter dem Beistand des hl. Geistes den Patron in euren Pfarrdistrikten in langer Prozession herumtragt, eure Häuser reinigt, statt des heidnischen Flurumgangs unter Tränen und Hingebung selbst trauert und zur Labung der Armen Almosen einsammelt. Auf dem Klosterhof sollt ihr dann übernachten und über den Reliquien feierlich Nachtwache halten und singen, so daß ihr am besagten Tage frühmorgens den von euch beschlossenen Umgang durch fromme Fahrt beendet und in schuldiger Ehrfurcht (den Patron und die Reliquien) zum Kloster zurückbringt.» (Man versprach sich davon reichere Ernte und besseres Wetter.) Die alten heidnischen Bräuche wie der Flurumgang zur Beschwörung der Götter um eine gute Ernte wurden also lediglich durch christliche Symbole ersetzt; statt heidnischer Bilder trug man Reliquien umher, statt der heidnischen Götter beschwor man Gott. Dieses Denken beschränkte sich aber keineswegs nur auf die bäuerliche Bevölkerung, die sich allenfalls entschiedener gegen solche Umdeutungen wehrte.

In der *Literatur* des hohen und späten Mittelalters waren die Bauern schon an ihrem Äußeren erkennbar: «Ein Riesenkerl mit grobschlächtigen Armen, breiten Hüften und Schultern; seine Augen standen um Handeslänge auseinander ... sein Haar war borstig, seine Wangen schmutzig und gegerbt; er hatte sie schon ein halbes Jahr lang nicht mehr gewaschen, und das einzige Wasser, das sie je genetzt hatte, war der Regen des Himmels»: So wird der Bauernsohn Rigaut im 12. Jh. in der Geste Garin de Loherain beschrieben.[98] Von einem anderen Bauern heißt es (in derselben Erzählung): «Er hatte einen großen Schädel, pechschwarzes Haar, seine Augen standen um mehr als Handesbreite auseinander, seine Wangen waren breitflächig, die riesige Nase mit den geblähten Nüstern plattgedrückt, die wulstigen Lippen röter als ein Rostbraten, die großen Zähne gelb und häßlich.» Solche Beschreibungen sind bezeichnend für die auf das Äußerliche übertragenen Standesgrenzen, die möglichst nicht mehr überschritten werden sollten. In seinem satirischen Versepos ‹Meier Helmbreht› beschrieb Wernher der Gartenaere in der 2. Hälfte des 13. Jh. den Abstieg und Untergang eines jungen Bauernsohnes, der der Landarbeit überdrüssig war und ein Ritterleben am Hof führen, Wein statt Wasser trinken, Fleisch statt Brei und Weißbrot statt Haferbrot essen wollte. Er trug schulterlanges Haar (wie es nur dem Adel zustand), das er durch eine bildergeschmückte Haube zusammenhielt, auf der Motive der Eroberung Trojas und der Sarrazenenkämpfe Karls des Großen abgebildet waren, außerdem einen Leibrock mit silbernen Knöpfen und ein Schwert und kaufte sich schließlich – für den Preis von vier Kühen und vier Scheffeln Korn – ein Pferd. Entgegen der Warnung des Vaters, daß eine Auflehnung gegen den Rang selten zum Erfolg führe – und Helmbreht sei für den Pflug bestimmt (wobei auch bereits ein gehöriges Maß von bäuerlichem Standesbewußtsein aus den Worten des Vaters sprach) –, verließ der Junge den Hof, wurde aber nicht zum Ritter, wie er glaubte, sondern zum Anführer einer Räuberbande, die die Bauern ausplünderte, bis man sie schließlich ergriff und verurteilte; neun wurden hingerichtet, den zehnten, Helmbreht, ließ man am Leben, stach ihm aber beide Augen aus und hackte ihm eine Hand und einen Fuß ab. Vom Vater verstoßen, wurde der blinde Helmbreht schließlich von den bestohlenen Bauern aufgehängt. Die Erzählung ist Fiktion, aber bezeichnend für das Standesdenken, das sich wohl auch gegen Versuche des sozialen Aufstiegs in der Wirklichkeit zu wehren hatte (schließlich war Helmbreht Meiersohn). In den Liedern Neidharts von Reuenthal ermahnen Mütter ihre Töchter, nicht nach Rittern Ausschau zu halten, wenn der Meiersohn um sie wirbt, worauf die Tochter antwortet: «Was soll mir denn ein Bauer als Mann; der versteht mich nach meinem Willen nicht zu lieben»[99] (und dafür am Ende von der Mutter eine Tracht Prügel erhält).

Wollten einige Bauern demnach lieber ritterliches Leben nachahmen, so zeugen die Äußerungen des alten Helmbreht andererseits von einem stärker gewordenen *Standesbewußtsein* der Bauern, von einem Stolzsein auf das eigene Bauerntum und einem Bewußtwerden der Notwendigkeit bäuerlicher Arbeit.[100] Im «Armen Heinrich» stellt Hartmann von Aue das Paradies als einen großen Bauernhof dar (v. 775 ff.). Der zunehmenden Verunglimpfung hielt man die Bauernschläue entgegen, die über die Anmaßung der Herren siegte. Ein frühes literarisches Beispiel bildet das Märchenepos von dem armen Bauern Unibos, das im 10. oder spätestens im 11. Jh. in Niederlothringen entstand. Der Mann besaß nur einen einzigen Ochsen (daher sein Name); als er diesen auch noch verlor und ihm nichts anderes übrigblieb, als dessen Fell auf dem Markt zu verkaufen, erhandelte er dafür nicht mehr als 8 Groschen *(nummi)*. Als er jedoch auf dem Rückweg seine «Verdauung zu regeln» hatte und Gras zum Säubern suchte, griff er in einen Silberschatz. Sein Sohn holte vom Vogt das Eichmaß, doch dieser schöpfte Verdacht und warf Einochs Diebstahl vor. Als dieser vorgab, das Geld sei der Erlös für den Verkauf seines Ochsenfells, wollten Vogt, Meier und Pfarrer – also nicht zufällig die «Honoratioren» im Dorf – ebenfalls reich werden, schlachteten alle ihre Kühe, zogen ihnen das Fell ab und gingen damit auf den städtischen Markt (mit dem einzigen Ergebnis, daß sie wegen ihrer überhöhten Forderungen die Felle nicht loswurden, statt dessen aber vor den Richter gebracht und bestraft wurden und diese Strafe mit den Fellen bezahlen mußten). Als sie nun aus Rache beschlossen, Einochs zu töten, griff dieser zu einer zweiten List, beschmierte seine Frau mit Schweineblut, als ob er sie getötet hätte und «erweckte» sie dann vor den Augen der Herren durch sein Flötenspiel wieder zum Leben, und alle fanden sie viel schöner und jünger denn je zuvor. Daher kauften sie Einochs für teures Geld die Flöte ab, brachten ihre Frauen um – voran der Pfarrer, der großen Wert darauf legte, gemäß seiner Würde der erste Mörder sein zu dürfen –, doch wollte es keinem von ihnen gelingen, seine Frau durch Flötentöne wieder lebendig zu machen. Als sie daraufhin wiederum Einochs töten wollten, vollbrachte dieser das nächste «Wunder»: Er steckte das Silbergeld in den hinteren Körperteil seiner Stute und machte die drei Herren zu Zeugen, wie das Pferd statt gewöhnlichem Pferdemist Münzen ausstieß, wenn man es streichelte. Also kauften sie ihm für 15 Pfund die Stute ab, die zuerst der Pfarrer mit nach Hause nahm und gut fütterte, aber nur Pferdeäpfel erntete, die er durchwühlte und dabei noch einen Pfennig fand, der zuvor in einer alten Wunde hängengeblieben war. Vogt und Meier fanden dann gar nichts mehr. Als sie Einochs deshalb endgültig töten wollten, bat dieser, sich die Todesart selbst aussuchen zu dürfen und ließ sich in ein Faß stecken, das im Meer versenkt werden sollte. Er gab den Herren das restliche Geld, damit diese sich betrinken konnten. Dem vorbeiziehenden Schweinehirten gab er zu verstehen, daß er im Faß stekke, weil man ihn unbedingt zum Vogt machen wolle, was er aber ablehne. Daraufhin tauschte der Hirt gern die Rolle mit dem Bauern, und als die Betrunkenen zurückkamen, halfen die Beteuerungen, er wolle ja Vogt werden, nichts, und er wurde im Meer versenkt. Einochs aber kehrte bald darauf mit der reichen Schweineherde in das Dorf zurück und erklärte auf Fragen, wie er zu dem Reichtum gekommen sei: Er käme direkt aus dem Paradies auf dem Meeresgrund, wo es massenhaft Schweine gebe. Pfarrer, Vogt und Meier stürzten sich daraufhin sogleich ins Meer.

Literaturzitate spiegeln nicht den Alltag wider, aber sie vermitteln einen Einblick in die Mentalität und – auf literarisch-verzerrte oder parodistische Art – in die Spannungen und Unterschiede zwischen den Schichten. (Der «Meier Helmbreht» ist ganz diesem Thema gewidmet, «Unibos» ist auch eine frühe Reaktion auf die Geringschätzung des Bauern.)

Galt das bisher Gesagte noch für alle Bauern, so gab es in der Grundherrschaft darüber hinaus noch einmal eigene Bedingungen, zumal Bauern und Herren hier zumindest in der Frühzeit auch durch eine verbreitete «bäuerliche» Gesinnung vereint waren.

b. Der Hörigenverband

Waren die Hörigen einer Grundherrschaft einerseits in dem Verband der *familia* zusammengeschlossen, so gab es andererseits erhebliche soziale Unterschiede zwischen einzelnen Gruppen. Eine solche Schichtung folgte verschiedenen Kriterien, von denen drei besonders wichtig waren: nach dem Rechtsstand, nach der Funktion und nach dem Besitz und dem zur Verfügung stehenden Ertrag.

In fränkischer Zeit wurde die *rechtsständische Gliederung* in Freie *(liberi, ingenui)* und Unfreie *(servi)* am stärksten betont. Die Freien waren ursprünglich selbständige Bauern gewesen, die sich einem Grundherrn unterstellten und dabei ihren Rechtsstand bewahrt hatten, rechtlich also weiterhin König und Graf unterstanden und einige Vorrechte genossen. Der Eintritt in die Grundherrschaft erfolgte meist in der Form der Prekarie: Der Freie übergab sich und sein Gut in Herrschaft und Schutz eines Grundherrn und erhielt das aufgetragene Gut aus dessen Hand zurück *(precaria oblata);* seltener wurde ihm nur grundherrlicher Besitz verliehen *(precaria data),* eher schon erhielt er zu dem aufgetragenen Eigengut zusätzlich grundherrliches Land *(precaria remuneratoria):* Das Verhältnis zwischen Grundherrn und freiem Hörigen wurde also durch Tradition und Leihe begründet und ist damit im Prinzip der Lehnsbindung vergleichbar; auch Adlige oder reiche Freie traten in ein Prekarieverhältnis zu einer Kirche oder einem Kloster, indem sie einen (kleinen) Teil ihrer Güter abtraten. Die Unfreien dagegen gehörten von Anfang an zu den Leibeigenen am Hof des Herrn; sie waren von ihrer Stellung her zwar nicht mehr den antiken Sklaven gleichzusetzen, aber doch weitgehend vom Willen des Herrn abhängig.[101] Zwischen diesen beiden Ständen gab es Halbfreie verschiedener Abstufung: Freigelassene *(liberti, epistolarii),* also ehemalige Unfreie, die keineswegs zu vollem Freienrecht freigelassen waren; vor allem in Westfranken die große Zahl der Kolonen *(coloni),* die wohl ehemals frei, aber schollengebunden waren; unter ihnen die besonders im norddeutschen Raum verbreiteten Liten. Schließlich gab es Gruppen, die zu besonderem Recht erhoben und lediglich zinspflichtig waren *(censuales),* vor allem die Wachszinsigen *(cerocensuales)* der Kirchen, denen als einzige Leistung eine Zahlung in Wachs abverlangt wurde. Die zahlenmäßige Verteilung war sicherlich in den einzelnen Regionen verschieden. Betrachten wir nur die Hufenbauern, so bestand die überwiegende Masse in der Grundherrschaft von Saint-Germain-des-Prés bei Paris, über die wir am besten unterrichtet sind, aus Kolonen; ihr Anteil lag in zahlreichen Höfen über 90%, bei den Frauen war er noch höher. Ihnen stand eine weit geringere Zahl an Unfreien gegenüber, deren Anteil selten, bei den Frauen kaum 10% überschritt. Liten traten nur in wenigen Höfen etwas häufiger auf, Freie – meist Frauen –

waren ausgesprochen selten[102]. In anderen Gegenden, wie in Westfalen, war ihr Anteil aber bedeutender. Eheschranken zwischen den einzelnen Ständen gab es – entgegen den Verboten der Rechtsquellen – offenbar nicht. Die hohe Zahl der Kolonen hatte zwar zwangsläufig zur Folge, daß der Stand der Ehepartner sich meist entsprach, doch gab es auch zahlreiche «Mischehen». Daran zeigt sich schon, daß die Standesstruktur hier bereits nicht mehr allzu wichtig war. Der Rechtsstand war unmittelbar mit der Person verknüpft und älter als die Grundherrschaft; der Hörige brachte seinen Stand gleichsam in die Grundherrschaft ein; man führte ihn auf, weil er der persönlichen Kennzeichnung diente, doch spielte er bald keine Rolle mehr bei der funktionalen Verteilung innerhalb der grundherrschaftlichen Wirtschaft. Die Freien waren ohnehin allenfalls in rechtlicher Hinsicht frei, im übrigen aber vom Grundherrn abhängig und damit in der Gefahr, auch sozial abzusinken. So war es nur folgerichtig, wenn die Unterscheidung von Freien und Unfreien in nachkarolingischer Zeit immer bedeutungsloser und durch funktionale Einteilungen abgelöst wurde. Rechtlich gesehen, bildete sich aus Freien und Unfreien allmählich eine einheitliche Hörigenschicht (der von einem Herrn Abhängigen) aus; die im 7. und 8. Jh. häufigen Rechtsbegriffe verschwanden im neunten aus den Pertinenzformeln der Urkunden und wurden durch *servi* und *mancipia* ersetzt:[103] Der Gegensatz zwischen Herren und Hörigen (*domini* und *servi*) wurde nun zum bestimmenden Element, wobei *servus* nicht mehr wie früher den Leibeigenen, sondern den Hörigen schlechthin bezeichnete. Hatten die Tradenten im 9. Jh. ihren Rechtsstand noch betont, so wurde im 10. Jh. die Festlegung der Leistungen wichtiger.[104] Tatsächlich war der Rechtsstand aber auch vorher keine feste Größe, sondern vom Dienst abhängig. Ganahl hat anhand der St. Galler Traditionsurkunden gezeigt, daß *servus* derjenige war, den das Kloster zum Dienst *(servitium)* beanspruchte. So gab es im 9. Jh. durchaus Fälle, in denen der Rechtsstand eines Hörigen sich aus solchen Gründen ändern konnte: In dieser Übergangszeit wurden rechtliche und funktionale Schichtung einander angeglichen.

Diese *Schichtung nach der Funktion* war direkt aus der Grundherrschaft erwachsen und für diese daher ungleich wichtiger als der Rechtsstand. Hier lassen sich gemäß der Einteilung des grundherrschaftlichen Landes zunächst zwei große Gruppen unterscheiden: Während die Hufenbauern (*servi casati*, also die «behausten» Hörigen, auch: *manentes, mansionarii, hubarii*) jeweils eigenständig eine Hufe bewirtschafteten, aber auch Dienste auf dem Salland abzuleisten hatten, lebten die «unbehausten» Hörigen (*servi non casati*, auch: *in domo manentes, quotidiani, prebendarii, stipendiarii*) auf dem Herrenhof, hatten hier ungemessene Dienste zu leisten (daher: *quotidiani*) und wurden dafür vom Herrn versorgt (daher: *prebendarii*). (Bei den Hufenbauern ersetzte die Hufe die

Unterhaltspflicht des Herrn.) Diese Unfreien, die demnach keine Bauern im eigentlichen Sinn waren, wurden meist als *mancipia* bezeichnet; dieser (sächliche) Begriff zeigt, daß sie zumindest ursprünglich nicht als Person, sondern als Sache aufgefaßt wurden, die zum herrschaftlichen Besitz zählte.[105] Der Herr konnte sie beliebig einsetzen: auf dem Salland, in Küchen und Werkstätten, im Haus oder in bestimmten Funktionen. Das Limburger Hofrecht Kaiser Konrads II. von 1035 bestimmte, daß der Abt die unverheirateten Kinder der Hörigen in die Küche oder Backstube schicken, sie Wäsche waschen oder Pferde bewachen lassen oder anderweitig einsetzen konnte; die verheirateten sollten als Kellermeister, Zöllner oder Förster tätig sein.[106] Die *mancipia* mußten allerdings nicht völlig «unbehaust» sein, sondern besaßen zum Teil eine kleine Hütte mit etwas Land in der Nähe des Herrenhofes (in der Prümer Grundherrschaft hießen sie dann Haistalden; in Saint-Germain *hospites*); man muß zwischen Hufenbauern und reinem Hofpersonal also noch mit Zwischenstufen rechnen. Außerdem gab es *mancipia*, wie erwähnt, nicht nur auf dem Herrenhof, sondern auch als Knechte auf den einzelnen Hufen. Man kann insgesamt auf dem Lande also eine bäuerliche und eine unterbäuerliche Schicht (mit fließenden Grenzen) unterscheiden. Ein Teil der Hofhörigen wurde auch auf freiwerdende oder neugeschaffene Hufen gesetzt und wechselte damit seinen Funktionsstand.

Zahlenverhältnisse sind nur schwer erkennbar, da die Hofhörigen, von denen keine Einnahmen zu erwarten waren, in den Urbaren selten namentlich aufgeführt wurden. Insgesamt bildeten die Hufenbauern sicherlich die größte Gruppe. In Mehring besaß das Kloster Prüm Hufen und Weingüter *(picturae)* mit insgesamt 53 Menschen; auf den beiden Salhöfen (Ober- und Unterhof) befanden sich jeweils 29 Ehepaare, so daß das Verhältnis hier eher ausgeglichen scheint, doch wird man das Ergebnis nicht verallgemeinern dürfen; in einer Prümer Schenkung[107] war die Zahl der Hofhörigen jedenfalls weit geringer. In Lauterbach in Bayern[108] gab es 23 Hufen mit insgesamt 42 Bauern (und mindestens weiteren 35 Kindern und Verwandten sowie 3 Knechten), denen nur 10 Hofhörige *(bervendarii)* gegenüberstanden. Insgesamt umfaßte diese Schenkung des Abtes Siegfried vom Ilmkloster 7 Herrenhöfe mit 55 Unfreien und 58 Hufen mit 224 abhängigen Bauern und deren Angehörigen. Man wird annehmen dürfen, daß die Zahl der Hofhörigen anfangs überwog, im Laufe des früheren Mittelalters aber ständig absank; seit dem hohen Mittelalter wurde das Salland zunehmend auch durch Tagelöhner bearbeitet, die lediglich entlohnt und nicht mehr versorgt werden mußten.

Neben Hufenbauern und Hofhörige traten als dritte Gruppe die *ministri* oder *ministeriales*, die mit Verwaltungsaufgaben betraut waren. Dazu zählten in erster Linie der Meier und seine Helfer,[109] die die Arbeiten am Hof und auf dem Salland überwachten, auf großen Höfen aber auch bestimmte Aufseher und Handwerker in grundherrschaftlichen Betrieben, wie Müller, Bäcker, Brauer, Schmied, Gestütsvorsteher, Förster, Jäger oder Hirte, in entsprechenden Gegenden auch Bergleute in den Eisen- und Bleierzgruben, ferner hörige Kaufleute und schließlich die Priester der Eigenkirchen, die allerdings freigelassen werden mußten, ehe sie ihr Amt antraten und deren Pflichten genau geregelt waren.[110] Diese *ministri* entstammten durchweg der Schicht der Hörigen, und zwar keineswegs nur der Hofhörigen, wie gern behauptet wird, sondern durchaus auch der Hufenbauern, die ihr Amt lange Zeit nur nebenher ausübten. Wie es schon beim Meier zu beobachten war, boten auch die anderen Funktionen langfristig die Möglichkeit zum Aufstieg, so daß die Ministerialen sich bald als gehobene Schicht von den anderen absetzten.

Die funktionale Schichtung in Ministri, Hufenbauern und Hofhörige bedeutet nun keineswegs, daß wir innerhalb der einzelnen Gruppen einen relativ einheitlichen Status erwarten dürfen. Vor allem bei den Hufenbauern gab es beträchtliche *Unterschiede:* Von den frondienstpflichtigen Bauern hoben sich die lediglich zinspflichtigen, die Zensualen, ab, die weit mehr Zeit für ihren eigenen Hof hatten.[111] Die Chronik von Ebersheimmünster (um 1160) teilte die *familia* in die drei Gruppen der Ministerialen *(nobilis et bellicosa),* der hörigen Zensualen *(censualis et obediens)* und der dienstbaren Zensualen *(servilis et censualis)* ein,[112] andere (wie die Prümer Scharmannen) waren durch besondere Dienste (Transport- und Botendienste) herausgehoben; Art und Höhe der Dienste und Abgaben sowie die Größe der Hufen und die Qualität des Landes schufen weitere Abstufungen, so daß sich im Laufe der Zeit erhebliche wirtschaftliche und damit auch soziale Unterschiede herausbildeten, deren Erhalt dann nicht zuletzt von den Erbsitten abhing. Einzelne Bauern mögen neben dem Leiheland auch noch Eigengut besessen haben.[113] Die nach außen hin einheitlich wirkende *familia* bildete tatsächlich also ebenso wie die Dorfgemeinschaft eine äußerst differenzierte Gesellschaft, deren Zusammensetzung in den einzelnen Regionen verschieden war, ohne daß man für das frühere Mittelalter genaue Zahlenrelationen angeben könnte; in vielen Gebieten dürfte die breite Masse der Bauern eher am Rande des Existenzminimums gelebt haben. Die Unterschiede sind aber zu berücksichtigen, wenn wir vor dem hier erarbeiteten Hintergrund nun das Leben des Hufenbauern betrachten, den Brunner als den Typ des europäischen Bauern schlechthin bezeichnet hat.[114]

4. Das Leben des Hufenbauern

a. Die Arbeit

Arbeit[115] war zweifellos der Hauptinhalt des bäuerlichen Lebens im Mittelalter. Die Einstellung zur Arbeit war freilich ambivalent: Arbeit galt einerseits als Fluch, nämlich als Folge des Sündenfalls, andererseits im irdischen Leben aber auch als Buße und damit als ein gottesgefälliges Werk; Adam und Eva mit ihren Söhnen erscheinen auf Miniaturbildern oft als Bauernfamilie (vgl. Abb. 60. S. 53); Adam ist meist mit der Landarbeit, Eva mit Spinnarbeiten beschäftigt oder mit einem Kind an der Brust abgebildet. Da solche bäuerlichen Arbeitsdarstellungen sogar Kirchenräume schmückten, galt Bauernarbeit lange Zeit offenbar nicht als verachtenswert.[116] Harte Arbeit war vor allem aber auch die Voraussetzung, um überhaupt überleben zu können. Wenn Arbeit im Mittelalter weit mehr der Ernährung als dem Gewinn diente, so liegt das auch daran, daß in den meisten Fällen an Gewinn gar nicht zu denken war. Über die Arbeit des Bauern sind wir aus den Dienstvorschriften in Urbaren, aus Bodenfunden und schließlich durch Buchminiaturen, vor allem die sog. Monatsbilder, die oft bäuerliche Arbeiten darstellen, unterrichtet.

Abb. 14 Bäuerliche Arbeit: Pflügen mit dem Hakenpflug (Stuttgarter Bilderpsalter, Saint-Germain-des-Prés, um 820/30).

Landarbeit. Bäuerliche Arbeit war vor allem Landarbeit, die ein ganzes Bündel verschiedener Tätigkeiten einschloß. Im Werdener Urbar über Friemersheim vom Ende des 9. Jh. werden die Frondienste auf dem Salland genau beschrieben: «Im Herbst (soll der Hörige) ein Joch, also zwei Tagwerke, Ackerland ‹umbrechen› (gibrakon), danach pflügen, das Saatgut vom Hof in Empfang nehmen und abebnen, d. h. ‹eggen›. . . . Jedes Joch ist so zu bestellen, daß es von Gesträuch und Unkraut gereinigt wird, und in allem so zu bebauen, daß die Ernte unversehrt in die Scheuer gelangt.»[117] Zunächst wurde der Boden – manchmal mehrmals – gepflügt. In Friemersheim zeigt sich, daß manche Böden dazu noch mit dem Spaten vorbearbeitet werden mußten.[118] Die *Pflüge* waren zum Teil noch recht primitiv. Das *aratrum,* das bereits die Römer benutzten und das für die leichten Böden im Mittelmeerraum durchaus ausreichte, war ein hölzerner Hakenpflug (Ard oder Arl) mit Pflugmesser und Eisenschar, die den Boden nur zerkrümelten (Abb. 14); die seit dem 8. Jh. bezeugte *carruca* dagegen, ein Wagenpflug mit Vorderrädern, Messer, Streichbrett und einer Schar, zog tiefere Furchen, schnitt die Schollen ab und wendete sie: Das Messer teilte den Boden senkrecht, die Schar waagerecht, das Streichbrett warf ihn zur Seite und deckte so die beim letzten Durchgang gezogenen Furchen wieder zu. Da archäologische Reste von Pflügen nicht erhalten sind, bleiben diese Beschreibungen allerdings unzuverlässig. Während Lynn White[119] eine wahre landwirtschaftliche Revolution durch Einführung des Wendepfluges annimmt, glaubt Georges Duby, daß die meisten Bauern noch lange Zeit unzulänglich ausgerüstet waren, zumal unsere Kenntnisse ohnehin nur aus den großen Grundherrschaften stammen.[120] Tatsächlich dürften Wendepflüge vor dem 11. Jh. noch selten gewesen sein. Gezogen wurde der Pflug in der Regel von einem oder auch von mehreren Ochsenpaaren, die über ein Joch mit dem Pflug verbunden waren, das auf Hörnern und Stirnbein der Tiere lastete, so daß die Kraft auf das Rückgrat übertragen wurde. Ein Gespann erforderte zudem mindestens zwei menschliche Arbeitskräfte: Den Pflüger, der den Pflug in den Boden stemmte, und den Treiber, der das Zugvieh führte. (Eine Abbildung aus dem 12. Jh. symbolisiert zusätzlich die erhoffte göttliche Hilfe: Christus ergreift aus einer Wolke heraus den Arm des Treibers und geht ihm damit gewissermaßen «zur Hand».) (Abb. 15). Nach mancher Abbildung dienten auch Pferde gelegentlich schon als Zugvieh: Bereits die Lex Salica kannte «Ackerpferde», und in dem erwähnten Inventar von Annappes dürften mit den *iumenta,* dem Begriff für das Zugvieh, Stuten gemeint sein. Insgesamt wurden Pferde in der Landwirtschaft aber noch relativ selten eingesetzt: Das lag einmal an ihrem Wert, hatte aber auch technische Gründe, da der Kopf der Pferde im Gegensatz zu den Rindern aufrecht stand und die Riemen, die um den Hals befestigt waren, das Atmen erschwerten (auf Abbildungen reckten die Pferde daher oft den Hals in die Höhe). Dadurch ging der größte Teil der Zugkraft verloren. Das Problem wurde erst mit der Erfindung des Kummets gelöst, das erstmals im 9. Jh. bezeugt ist, sich aber nur allmählich ausbreitete: Ein Holzjoch lastete nun auf dem Widerrist des Tieres und war durch Brustriemen mit dem Pflug verbunden. Trotz dieser Erfindung vermochte das Pferd mit seiner größeren Kraft und Ausdauer das Rind auch im hohen Mittelalter noch nicht zu verdrängen, vielleicht auch, weil es zuviel Futter brauchte und nicht als Schlachttier diente.

Abb. 15 Religiöse Vorstellung von der bäuerlichen Arbeit: Christus hilft beim Pflügen (Herrad von Landsberg, Hortus deliciarum, 12. Jh., zu Mt. 24,40ff.).

Dem Pflügen folgte als nächster Arbeitsgang das *Säen*, das durchweg mit der Hand geschah und auch von Frauen verrichtet wurde: Das Saatgut wurde in einem Korb oder im umgeschlagenen Obergewand mitgeführt und mit der Hand verteilt (Abb. 16). Danach wurde der Boden zunächst mit Strauchwerk, das über den Boden geschleift wurde, später mit der hölzernen Egge weiterbearbeitet und eingeebnet. In den folgenden Monaten durfte das Unkrautjäten nicht vergessen werden.

Die nächste (zweite) «Hauptsaison» begann mit der *Ernte*, die ebenfalls mit der Hand, und zwar (auf halbem Halm) mit der kurzen Sichel erfolgte (vgl. Abb. 8 o. S. 71). Das war zwar mühsam, brachte aber wenig Verluste; das Stroh ließ man für das Vieh. Erst im hohen Mittelalter war auch die ikonographisch schon früher bezeugte Sense verbreitet, die eine

Abb. 16 Bäuerliche Landwirtschaft: Säen und Ernten (Stuttgarter Bilderpsalter, Saint-Germain-des-Prés, um 820/30).

Ernte mit dem ganzen Halm erlaubte. Dem Schneiden folgte noch das Binden und Einfahren der Garben. Im Urbar von Friemersheim heißt es über den Frondienst der Hufenbauern: «Von dem geforderten Tagwerk muß die Frau Garben in fünf Haufen binden und diese sammeln und aufstellen. ... Der Mann aber soll zwei von diesen Haufen in die Scheune des Herrn einfahren.» Demnach war die Frau auch bei der Ernte wiederum beteiligt. Zu der Getreideernte auf den Feldern kam die Heuernte auf den Wiesen. Wieder heißt es in Friemersheim: «Ebenso soll jeder Hufenbauer in der Heuernte bis zu Mittag mähen ... Dann soll er dieses Heu in Haufen zusammenrechen und einen Wagen voll in die Scheune fahren.» Nach der Ernte wurde das Getreide mit dem Dreschflegel, der bald das einfache Holz ersetzte, gedroschen und anschließend gereinigt und gemahlen. Das geschah (gegen entsprechende Abgaben) vielfach in den herrschaftlichen Mühlen; Wassermühlen waren – neben den alten Handmühlen – schon im frühen Mittelalter bekannt,[121] Windmühlen kamen dagegen erst im 12./13. Jh. im flandrischen Raum auf. Daneben aber spielte der Handbetrieb durch den Bauern auf dem eigenen Hof eine nicht zu unterschätzende Rolle. Wo herrschaftliche Mühlen fehlten, mußte der Bauer auch das Getreide des Herrn verarbeiten; in Friemersheim empfing er vom Hof jährlich zwei Scheffel Roggen, die er zu mahlen und zu backen hatte; jedes 24. Brot durfte er behalten; außerdem sollte er zwei Scheffel Weizen mahlen und durchsieben, zwei Scheffel Gerste zu Hundefutter und fünf Scheffel Eicheln zu Schweinefutter verarbeiten. Mehl und Brot wurden also großenteils noch ebenso auf den Hufen produziert wie Bier; in Friemersheim empfing jeder Hufenbauer jährlich 12 Scheffel Korn, das er selbst melzen und mit seinem Holz und in seinem Kessel brauen mußte. In anderen Grundherrschaften wie in Prüm sind auch hier schon früh herrschaftliche Back- und Braustuben *(cambae)* bezeugt, doch wird auch nach dem Prümer Urbar der Bauer oft angewiesen: *facit panem et cervisiam* (er macht Brot und Bier).

Neben dem zweifellos vorrangigen Getreideanbau spielte der Anbau von Feldfrüchten (Rüben) und Hülsenfrüchten (Bohnen, Erbsen, seltener Linsen), Flachs oder – seltener – Hanf sowie Ölpflanzen (Lein, Leindotter, Mohn) eine Rolle. Außerdem bewirtschaftete der Bauer regelmäßig einen Garten mit Gemüse (Gurken im Osten, Radieschen, Sellerie, Kürbis, Möhren, Kohl, Zwiebeln, später auch Salat und Spinat), Kräutern und Obstbäumen (vor allem Äpfel und Birnen, Süßkirschen, Pflaumen, Nüsse, Kastanien).[122]

Machten sich trotz der Vielfalt der Arbeiten gerade im landwirtschaftlichen Betrieb die Saisonarbeiten bemerkbar, so brachte die Einführung der *Dreifelderwirtschaft* eine etwas kontinuierlichere Verteilung der Arbeiten über das Jahr. Die anfangs betriebene Feldgraswirtschaft, bei der man den Boden so lange bearbeitete, wie er Früchte trug, und dann brach liegen ließ, wurde vielerorts bald durch eine Fruchtwechselwirtschaft abgelöst: Bei der Zweifelderwirtschaft teilte man den Acker in zwei Teile; die eine Hälfte wurde bebaut, die andere lag brach, damit der Boden sich erholte; im nächsten Jahr war es umgekehrt. Dieses System wurde durch die Dreifelderwirtschaft vervollkommnet. Als ältester Zeuge wird eine St. Galler Privaturkunde aus dem Jahre 763 angeführt, in der sich ein Tradent des Klosters zu dreimaligem Pflügen auf dem Salland verpflichtete: ein Tagwerk im Frühjahr, eine Brache im Juli, die er dann im Herbst wieder pflügte und besäte.[123] Ein aussagekräftiger Text findet sich auch im Polyptychon von St. Amand (c. 3):[124] Von den 30 *bunuaria* des herrschaftlichen Ackerlandes einer *villa* wurden 10 mit Wintersaat und 10 mit Sommersaat bestellt, während die restlichen 10 brachlagen. Das Land wurde demnach in drei Teile geteilt: Das erste Drittel trug im ersten Jahr Wintergetreide (Weizen, Roggen, Dinkel, Gerste), das im Herbst ausgesät und im folgenden Frühsommer geerntet wurde, und diente anschließend als Stoppelweide; im folgenden Jahr trug es Sommergetreide (Hafer, Gerste) oder Hülsenfrüchte, d. h. man pflügte im Frühling und erntete im Hochsommer; danach diente das Feld wieder als Stoppelweide und lag dann im Winter und im kommenden (dritten) Frühjahr brach, wurde im Juni gepflügt und lag erneut brach, bis es im Spätherbst noch einmal gepflügt und mit Winterkorn besät wurde, so daß der Rhythmus von neuem begann. Die Bearbeitung der beiden anderen Teile des Landes verschob sich jeweils um ein Jahr. Die Felder, die in 20 von 36 Monaten brachlagen, hatten so genügend Zeit, sich zu erholen, während die bäuerliche Arbeit sich im Normalfall weit günstiger über die Saison verteilte: Etwa im April wurde das Sommerfeld bestellt, im Juni das Brachfeld gepflügt, Ende Juni bereits auf dem Winterfeld, im kommenden Monat auf dem Sommerfeld geerntet. Daran konnten sich Backen und Brauen anschließen. Mitte September wurde das neue Winterfeld bestellt. Nur in den Wintermonaten (November bis März) fielen auf dem Land keine Arbeiten an. Die Dreifelderwirtschaft brachte aber noch weitere Vorteile: Die Gefahr der Mißernten wurde bei etwas günstigerer Witterung abgeschwächt, indem sich etwa eine vernichtete Wintersaat durch eine gute Sommersaat ausgleichen ließ. Das lange Brachliegen und die Tatsache, daß die abgeernteten Felder als Viehweide dienten, sorgten für eine bessere Düngung. Denn gerade das Düngen stellte im Mittelalter ein Problem dar, da der Naturdung nicht ausreichte. Man schaffte auch den Stallmist auf die Felder und verwendete daneben Kalk, Mergel, Torf und Tang. Teilweise wurde der Hufenbauer verpflichtet, auch das Salland zu düngen.

Schuf die Dreifelderwirtschaft mit ihren besseren Möglichkeiten und Arbeitsbedingungen also höhere Erträge und mehr Qualität, so setzte sie andererseits eine Umverteilung des Bodens voraus. Denn nicht der ein-

Abb. 17 Bäuerliche Arbeit: Weinbau (Hrabanus Maurus-Handschrift, Montecassino, Anfang 11. Jh.).

zelne Bauer konnte seine kleinen Parzellen in drei noch kleinere Teile teilen, vielmehr mußte die Dorfflur insgesamt in mindestens drei Zelgen aufgeteilt werden, an denen jeder Bauer seinen Anteil erhielt. Das setzte eine Flurordnung mit Festlegung des Fruchtwechsels, in der Regel also eine herrschaftliche Anordnung (Flurzwang) voraus, und so wird sich die Dreifelderwirtschaft zuerst in den großen Grundherrschaften durchgesetzt haben. Das Hauptproblem des Historikers besteht darin, daß wir wohl von der Existenz der Dreifelderwirtschaft wissen, ihre tatsächliche Verbreitung, die Duby eher gering veranschlagt, aber nur aus indirekten Indizien erschließen können, wenn auf Monatsbildern oder nach den in Urbaren verzeichneten Diensten etwa im Mai und Juni gepflügt wird. Wie schnell die Dreifelderwirtschaft sich tatsächlich durchgesetzt hat, wissen wir nicht. Die Getreideabgaben in zahlreichen Urbaren belegen lediglich, daß bereits im Frankenreich weithin sowohl Winter- wie Sommergetreide angebaut wurde (wobei Gerste allerdings sowohl als Sommer- wie als Winterfrucht verwendbar war).[125]

Weinbau. Neben der Landwirtschaft betrieben Bauern in entsprechenden Gegenden Weinbau (Abb. 17). Dabei handelte es sich anfangs noch nicht um eine spezialisierte Tätigkeit; die Hufen des Polyptychons von Saint-Germain umfaßten vielmehr einen mehr oder weniger großen Anteil am

Weinberg neben Ackerland und Wiese, so daß die Arbeit im Weinberg mit ihrem etwas anderen Rhythmus zusätzlich zur Landarbeit geleistet wurde. In der Prümer Grundherrschaft schien die Spezialisierung weiter fortgeschritten zu sein. Hier wurden Abgaben entweder in Wein oder in Getreide gezahlt. Bevorzugte Weingegenden waren in Frankreich vor allem das Gebiet der unteren und mittleren Loire, das Pariser Becken und die untere Seine, die Gebiete um Laon und Soissons, die Champagne und Belgien, in Deutschland die Gegenden an Rhein und Mosel.

Viehzucht. Die Bauernwirtschaft war bei Acker- und Weinbauern von der Frühzeit an mindestens zweigliedrig, denn neben der Landwirtschaft spielte die Viehzucht eine nicht zu unterschätzende Rolle. Das Vieh war nicht nur Fleisch-, sondern auch wichtigster Düngerlieferant. Berechnungen haben aber auch ergeben, daß das Vieh als alleinige Ernährungsgrundlage nicht ausreichte: Viehzucht und Landwirtschaft lieferten erst zusammen den notwendigen Nahrungshaushalt,[126] doch nur in den Marschgebieten des Nordens und in den Hochgebirgen des Südens war die Viehzucht wichtiger als der Ackerbau.

Die grundsätzliche Bedeutung der Viehzucht zeigt sich schon in den hohen Bußen, die die fränkischen Volksrechte bei Viehdiebstahl verhängten; als Einheit ging man hier nicht etwa vom Einzeltier, sondern von der Herde aus (d.h. etwa von 10 Pferden, 20 Rindern, 25–50 Schafen und Schweinen). Für einen vertrauten Umgang mit dem Vieh spricht auch die Vielzahl von differenzierenden Begriffen für Tiere einer Gattung; die «Lex Salica» zum Beispiel unterschied bei Schweinen saugende Ferkel aus einem 1., 2. oder 3. Gehege, in Koben, in der Hürde oder auf dem Felde, Mastferkel, Läufer, Mutterschweine und Leitsauen, Borgschweine und Eber, so daß Abel von einer regelrechten «Schweineterminologie» spricht.[127] Bei den Pferden unterschieden die karolingischen Urbare zwischen Hengsten, Stuten und ein-, zwei- oder dreijährigen Hengstfohlen und Stutenfohlen, bei den Rindern zwischen Ochsen, Kühen, Kälbern, Jungstieren und Stieren. Rinder waren besonders wichtig; sie hießen daher gelegentlich einfach *animalia* (Tiere) und wurden in den Volksrechten besonders geschützt. Sie wurden als Zugtiere für Pflug und Wagen eingesetzt, lieferten Fleisch, Butter, Käse und Milch (wenngleich kaum ein Sechstel einer heutigen Kuh) sowie Felle für Pelze, Leder und Pergament als wichtigstem Beschreibstoff. Bis auf das Pergament, wofür man hier keine Verwendung hatte, wurde das alles auf dem Bauernhof selbst hergestellt. Ochsen, Rinder und Kühe gehörten vielfach zum regelmäßigen Viehbestand eines Hufenbauern, doch gab es auch eine ganze Reihe von Bauern, die über kein eigenes Gespann verfügten. Pferde waren nicht unbedingt vorhanden; der *parafredus*-Dienst einiger Bauern auf Freienhufen – von diesem Wort leitet sich Pferd ab –, ein Kriegs-

oder Botendienst zu Pferd, zeigt aber, daß auch sie auf einem Bauernhof keineswegs ungewöhnlich waren. Zahlenmäßig bedeutender als Pferde und oft auch als Rinder aber war das Kleinvieh (Schweine, Schafe, Ziegen). Schafe lieferten Wolle, Felle (für Leder und Pergament) und Fleisch. Die Schweine, die mit ihrer spitzen Schnauze und ihren Spitzohren den heutigen Wildschweinen ähnelten, waren die wichtigsten Fleischlieferanten; sie brauchten wenig Pflege, waren aber vom Wald abhängig, der sie ernährte; zur Mast trieb man die Schweine, die wohl mit Schellen versehen wurden, besonders im Herbst einfach in die Buchen- und Eichenwälder. Noch verbreiteter als Schafe und Schweine war das Geflügel; Hühner und Eier zählten zu den regelmäßigen Abgaben des Hufenbauern; außerdem gab es Gänse, seltener Tauben und Enten. Manche Bauern hielten noch Bienen, die Wachs und – als einzigen Süßstoff des Mittelalters – Honig lieferten. Teilweise, vor allem im Osten, wurden aber auch die wilden Bienenstöcke in den Wäldern ausgeplündert. Schließlich gab es nach Ausweis der Knochenfunde Hunde und Katzen auf dem Hof. Im Sommer blieb das Vieh auf der Weide, den Winter verbrachte es im Stall.

Über die Zahl der Tiere, die durchweg kleiner waren als unser heutiges Vieh, auf dem einzelnen Bauernhof sind wir schlecht unterrichtet. Aus den spärlichen Nachrichten hat man für Burgund einen durchschnittlichen Bestand von einem Pferd auf jeder zweiten Hufe sowie 2 bis 4 Rindern und 10 Schweinen und Schafen errechnet.[128] Bei solch niedrigen Zahlen bedeutete jeder Ausfall eine Existenzbedrohung. Anhaltspunkte für den Wert der Tiere ergeben sich aus den Bußkatalogen der Volksrechte. Danach war ein Pferd etwa doppelt soviel wert wie ein Rind und viermal soviel wie ein Schwein. Die spätere Ablösung der Viehabgaben durch Geldzahlungen bestätigt in etwa diese Zahlen. Ein Ferkel war im 9. Jh. in der Rheingegend vier bis sechs Denare, ein ausgewachsenes Schwein zwei Schillinge wert. Das waren für den einzelnen bereits beträchtliche Summen.

Weiterverarbeitung. Mit Ackerbau, Viehzucht und Weinbau war die bäuerliche Arbeit aber noch nicht erschöpft, denn hinzu kam noch die Weiterverarbeitung der landwirtschaftlichen Produkte zu Brot, Bier, Wein, Butter und Käse, kamen Schlachten, Einpökeln und Wursten. Spielte die zum Herrenrecht gehörende Jagd für die Ernährung des Bauern keine große Rolle, so war die Jagd auf wilde Tiere zum Schutz des eigenen Viehs und der Felder um so wichtiger. Vor allem Wölfe stellten lange Zeit eine ständige Plage dar. Karl der Große gebot im «Capitulare de villis» eine regelmäßige Frühjahrsjagd auf junge Wölfe.[129] Wichtiger für die Ernährung dürften Angeln und Fischen dort gewesen sein, wo Natur und Herrschaftsrechte das zuließen. Eine wichtige Aufgabe bot auch der

Wald. Hier sammelte man Früchte, schlug Bauholz und sammelte Brennstoff. Das Holz wurde weiterverarbeitet zu landwirtschaftlichen Geräten, Fässern, Möbeln, Latten zur Ausbesserung und Erweiterung von Haus und Ställen, nicht zuletzt auch zu Pfählen für die Zäune, die Hof und Felder umgaben.[130] Zu solchen Arbeiten dienten sicherlich vor allem die Wintertage. Ausbesserungsarbeiten wurden oft genug nötig. In Friemersheim waren sie wieder unmittelbar als Leistungen auf dem Herrenhof vorgesehen: Jeder Hufenbauer hatte 30 (selbsthergestellte) Pfähle zum Herrenhof zu bringen und den Zaun regelmäßig zu erneuern (die alten Pfähle und Ruten durfte er behalten). Ähnliches galt für den Feldzaun um die Ackerflur, der die Saaten vor dem Vieh schützen sollte. Schließlich waren Besitz, Vieh und Ernte vor wilden Tieren, Fremden und Räubern zu bewachen. (Wachaufgaben bei der eingefahrenen Ernte oder bei der Herde zählten wiederum auch zu den bäuerlichen Pflichten gegenüber dem Grundherrn); wahrscheinlich teilten sich die Dorfbewohner in diese Arbeit. Zu all diesen Arbeiten kamen noch Fuhren und Botengänge, die Bewirtung von Gästen und – im Fall der Freien – bis in das 9. Jh. hinein eventuell Kriegsdienste, die aber immer mehr durch Geldzahlungen abgelöst und von adligen Vasallen als dem eigentlichen Kriegerstand geleistet wurden.

Die bäuerliche Arbeit verteilte sich so über das ganze Jahr, daß ihr Rhythmus gleichsam das Jahr einteilte und *Monatsbilder* (gewissermaßen als mittelalterlicher Kalender) meist Motive aus dem bäuerlichen Leben aufnahmen. Nach einem typischen Beispiel aus einer Salzburger Handschrift vom Beginn des 9. Jh. (Abb. 18) war der Januar durch den tiefen Winter bestimmt; Klima und «Arbeitslosigkeit» ließen den Bauern frieren. (Wandalbert von Prüm erwähnt dagegen in seinem Gedicht über die Monate[131] das Holzfällen.) Das Februarbild zeigt eine Jagdszene (während Wandalbert bereits vom Säubern der Felder spricht und auch andere Zyklen den Bauern bei der Spatenarbeit zeigen). März und April dienten dem Beschneiden der Weinstöcke und Pfähle;[132] nach anderen Bildern trieb man das Vieh auf die Weide. Das Maibild, das den Bauern mit Blumen zeigt, sollte wohl das erste Wachstum symbolisieren. Im Juni wurde gepflügt (in südlicheren Zyklen bereits gemäht); nach dem Salzburger Kalendarium aber war erst der Juli der Monat der Heuernte. Im August erntete man das Getreide, im September konnte man bereits wieder säen, der Oktober war der Monat der Weinlese, November und Dezember waren Schlachtmonate (nach Wandalbert trieb man im November noch die Schweine zur Eichelmast). Man schlachtete jetzt, um das Viehfutter an den Wintertagen zu sparen, und pökelte das Fleisch ein. (Der hohe Anteil an Ferkeln in Staffelsee spricht gegen eine hohe Lebenserwartung der Schweine.) Je nach geographischer Lage und Tradition verschob sich der Rhythmus dieser Arbeiten in anderen Kalendarien

Abb. 18 Die Darstellung bäuerlicher Monatsarbeiten (Salzburg, Anfang 9. Jh.).

etwas, das Prinzip aber blieb erhalten: Der bäuerliche Alltag bestimmte den Jahresablauf.

Frauenarbeit. Die Frau[133] war, wie es schon an Friemersheim zu beobachten war, in eine Reihe von Aufgaben des landwirtschaftlichen Betriebes eingespannt (und zwar nicht erst vom 12. Jh. an, wie man oft liest): Sie half, neben der täglichen Arbeit im Haus und auf dem Hof, besonders in der «Hochsaison», die alle bäuerlichen Arbeitskräfte beanspruchte, beim Säen und – vor allem bis zur Einführung der Sense – bei der Ernte, manchmal auch beim Pflügen (als Ochsentreiber); vielleicht bearbeitete sie auch den Weinberg.[134] Die schwere Landarbeit übernahm sie allerdings nur in Ausnahmefällen: Als Gerald von Aurillac eine Frau pflügen sah, weil der Mann krank war, gab er ihr Geld, damit sie Bauern bezahlen könne und nicht länger «männliche Arbeit» leisten müsse, «denn (so sagte er) Gott verabscheue alles, was gegen die Natur ist».[135] Wohl aber gehörten Vieh- und Geflügelzucht zu ihren Aufgaben; dazu zählten auch das Melken der Kühe, Schafe und Ziegen sowie die Schafschur. Im übrigen oblag ihr neben der bäuerlichen Hausarbeit die gesamte Textilarbeit von der Schafschur und Ernte der Faserpflanzen (Flachs und Hanf) bis zum fertigen Kleidungsstück, denn auch hier versorgte sich die bäuerliche Familie weitgehend selbst. Die Spindel wurde bald zum Symbol der Frauenarbeit. Die «Admonitio generalis» Karls des Großen von 789 unterschied anläßlich des Verbots der Sonntagsarbeit zwischen typischen Arbeiten des Mannes und der Frau:[136] «Wir bestimmen auch ..., daß an Sonntagen keine Knechtsdienste *(opera servilia)* betrieben werden ..., daß die Männer keine Landarbeit leisten, nicht den Weinberg bebauen, noch auf den Feldern pflügen, mähen, Heu schneiden oder Zäune errichten, noch in den Wäldern roden oder Bäume fällen, noch in Steinbrüchen arbeiten, Häuser errichten oder im Garten arbeiten. [Erlaubt waren nur Fuhrdienste im Krieg, zur lebenswichtigen Versorgung oder für ein Begräbnis]. ... Ebenso sollen die Frauen am Sonntag keine Textilarbeit leisten, noch Kleider zuschneiden, nähen oder sticken, noch Wolle rupfen, Flachs dreschen, öffentlich Kleider waschen oder Schafe scheren.» So kann man mit Vorbehalten und Einschränkungen schon von einer innerfamilialen Arbeitsteilung sprechen.[137]

Der Überblick zeigt, daß der Bauer und seine Frau (je nach Größe ihrer Wirtschaft) über Arbeitsmangel nicht zu klagen hatten, so daß – abgesehen von den kurzen Wintertagen – kaum Zeit für andere Dinge blieb. Die Masse der oft termin- und wetterabhängigen Arbeiten läßt es verständlich erscheinen, wenn die Bauern das kirchliche Arbeitsverbot an Sonntagen oft nicht einhielten, so daß es immer wieder ausgesprochen werden mußte.[138] Auch in Mönchskreisen wurde das angeprangert. Als die Bauern in der Nähe des Klosters Werden trotz des angeordneten Festtages den Acker pflügten, brach – so berichtet ein Biograph des hl. Liudger – einigen das Pflugmesser, und die Ochsen gingen durch.[139] Diese Wundergeschichte macht deutlich, daß für manche Arbeit im eigenen Betrieb nur noch der Sonntag Zeit gelassen hat. Entscheidend für die Belastung der hörigen Bauernfamilie war nämlich, daß die angeführten Aufgaben nicht nur auf der eigenen Hufe, sondern auch auf einem Teil des Sallandes ausgeführt oder aber entsprechende Abgaben geleistet werden mußten. Die Zitate aus dem Urbar von Friemersheim haben hier schon einen ersten Einblick verschafft. Diese Frondienste sind nun auch in ihrem Umfang näher zu betrachten.

b. Leistungen und Erträge

Dienste. Der hörige Bauer war, wie schon erwähnt, gegenüber dem Grundherrn zu Diensten und Abgaben verpflichtet. Einen guten Einblick in die Fronarbeiten vermittelt das Polyptychon von Saint-Germain-des-Prés, weil die Anforderungen hier relativ einheitlich waren; vor allem sechs verschiedene Arbeiten auf dem Salland kehrten immer wieder: Einmal mußten die Bauern im Herbst und im Frühjahr einen bestimmten Teil des Sallandes bestellen (sog. Stückdienste). Teils alternativ, teils aber auch zusätzlich bearbeiteten sie einen Teil des grundherrschaftlichen Weinberges, und zwar eine Fläche, die den Weinberganteil der Hufe in der Regel weit überstieg. Dienste im Weinberg lasteten besonders auf den Unfreienhufen. Zu solchen gemessenen Diensten traten nun ungemessene, die der Hufeninhaber auszuführen hatte, so oft *(quantum)* und wo *(ubi)* es ihm befohlen wurde: Die *corvadae,* Frondienste im eigentlichen Sinn, bestanden aus einzelnen Arbeitstagen auf dem Herrenland, meist während der Pflügezeiten, wobei der Bauer seine eigene Ausrüstung, Ochsengespann und Pflug, mitbrachte. In anderen Grundherrschaften waren auch diese Dienste gemessen; in Prüm zum Beispiel leisteten viele Bauern zwischen einer und sechs *corvadae.* Ein Kapitular Karls des Großen[140] setzte feste Dienste voraus, deren Dauer von der jeweiligen Ausstattung abhing. Neben solche «Spanndienste» traten, in Saint-Germain ebenfalls ungemessen, die *manopera,* Handdienste ohne Ochsengespann, und die *carropera,* Transportdienste zum Fronhof oder auch zum Kloster. Gelegentlich wurden auch Fuhren über weitere Entfernungen abverlangt, die dann aber festgelegt waren (in Prüm *angaria* genannt). Schließlich sind vielfach noch Holzschlag- und Baumfällerarbeiten im herrschaftlichen Wald *(caplim)* erwähnt.

In Saint-Germain selten waren zwei besonders schwerwiegende Arbeitstypen, die in anderen Urbaren, vor allem östlich des Rheins, eine weit größere Rolle spielten, nämlich einmal die Verpflichtung des Hufeninhabers, eine bestimmte Anzahl von Tagen in der Woche zu freier Verfügung auf dem Herrenland zu dienen *(dies).* Die Drei-Tage-Fron war oft die typische Belastung der Unfreienhufe. Sie beanspruchte den Bauern weit mehr als die bisher genannten Dienste, die sich auf kürzere Zeiten im Jahr verteilten, allerdings dadurch einschneidend wirkten, daß sie gerade in der Hochsaison fällig wurden, als der Bauer auch auf seinem eigenen Land benötigt wurde, und die ihn zumal dann in Schwierigkeiten brachten, wenn schlechtes Wetter die Zeit für die Feldarbeiten verkürzte. Ein zweiter, für viele Landschaften typischer Dienst waren die *noctes,* Fronarbeiten, die jeweils zwei Wochen dauerten (so daß die Bauern «nächtelang» von zu Hause fort waren) und ein- bis dreimal im Jahr verlangt wurden. Die Bauern hatten ferner vielfach den Salhof und die

Zäune instandzuhalten, Wache zu halten (z. B. bei eingefahrenem Getreide), herrschaftliches Getreide zu Brot und Bier weiterzuverarbeiten oder auch das herrschaftliche Vieh zu hüten und im Winter durchzufüttern. Die Hufner in Friemersheim waren (ohne 3-Tage-Fron) insgesamt schätzungsweise 10 Wochen im Jahr für den Herrn tätig.[141]

Abgaben. Zu diesen Diensten kamen Abgaben, die anfangs im wesentlichen aus einem Naturalzins bestanden, nämlich einmal aus landwirtschaftlichen Produkten (Getreide und Wein oder auch, bereits verarbeitet, Mehl, Brot und Bier), zum anderen aus Vieh und Viehprodukten. Regelmäßig waren Hühner und Eier, oft auch ein Schwein oder Ferkel, ein Rind oder ein Schaf, manchmal in jahrweisem Wechsel, seltener Geschlachtetes (wie Schinken) oder Milchprodukte wie Butter und Käse zu zahlen. Manche Bauern mußten zudem Holz, vor allem Zaunpfähle, abliefern, ihre Frauen vielfach Leinentücher oder Hemden herstellen. Neben dem Naturalzins war oft ein Geldzins zu zahlen, wobei das Geld aber auch eine bloße Wertangabe sein konnte, die in Naturalien bezahlt werden durfte. Ein Geldzins wurde mit Vorliebe in abgelegenen Gebieten erhoben, in denen sich ein Sallandbetrieb nicht lohnte, oder aber von bessergestellten, oft persönlich freien Zinsbauern verlangt. Im Laufe des hohen Mittelalters wurden die Naturalabgaben und schließlich auch die Arbeitsleistungen insgesamt immer mehr durch Geldzahlungen abgelöst, so daß einige Grundherrschaften zu einer reinen Rentenwirtschaft übergingen. Der Bauer mußte seine Produkte nun erst auf dem lokalen Markt verkaufen, um das Geld für den Zins aufbringen zu können.

Neben den ständigen Abgaben für die Nutzung der Hufe zahlten die Bauern oft noch einen Zins für die Inanspruchnahme herrschaftlicher Einrichtungen, zum Beispiel für die Schweinemast *(pastio)* oder das Holzfällen *(ligneritia)* im herrschaftlichen Wald oder für die Nutzung der Mühle oder des Backhauses. Gelegentlich war – gegen Gebühr – der herrschaftliche Eber zur Schweinezucht zu benutzen. Freie leisteten vielfach eine Wehrabgabe *(hostilitium)* als Ersatz für den Heeresdienst und stellten ein Pferd *(parafredus)* für Kriegs- oder Botendienste. Ein Teil zahlte auch einen Kopfzins (von meist vier Denaren). Schließlich gab es noch Sonderabgaben, etwa bei der Hochzeit oder beim Tod eines Hörigen; in diesem Falle erhielt der Herr das beste Stück Vieh (Besthaupt). In kritischen Situationen durfte der Grundherr eine Sondersteuer, die Bede, erheben. Neben diesen grundherrlichen Abgaben hatte der Bauer noch den Kirchenzehnt und (später) Vogteiabgaben an den Gerichtsherrn zu zahlen. Natürlich wurden nicht alle diese Abgaben von allen Hufen eingefordert, doch sie zeigen deutlich genug, wie hoch und vielfältig die tatsächliche Belastung sein konnte.

Wie unterschiedlich die Leistungen in der Realität waren, mögen einige Bespiele verdeutlichen: Die 24 Freienhufen in Gernsheim im Lorscher Urbar hatten jährlich folgende Leistungen zu erbringen: ein Ferkel, ein Huhn, 10 Eier; ein Fuder Dachschindeln, fünf Fuder Holz; einen Schilling für die Frauenarbeit, eine Pferdgestellung; ferner Pflug-, Ernte- und Einfuhrdienste. Die 30 Unfreienhufen am Ort zahlten ebenfalls ein Schwein, ein Huhn und zehn Eier, arbeiteten statt der jährlichen Frondienste aber drei Tage in der Woche neben weiteren ungemessenen Diensten; für die Frauenarbeit zahlten sie 15 Denare.[142] Die zwölf Unfreienhufen in Wallersheim in der Prümer Grundherrschaft[143] dienten ebenfalls drei Tage in der Woche, zusätzlich aber 2 × 15 *noctes* und 6 *corvadae* im Jahr; sie pflügten drei Joch Herrenland, hielten einen Teil des Zauns instand, hielten Wache, transportierten 15 Scheffel Getreide und einen Klafter Holz zum Hof, zahlten zwei Ochsen und 15 Denare als Kriegsabgabe und einen Zins von einem Liter Lein, drei Hühnern und 15 Eiern, einem Schwein (im Wert von 1 Unze) und 100 Holzlatten. Insgesamt dürfte hier weder viel Zeit noch viel Ertrag übrig geblieben sein. Weit weniger belastet waren demgegenüber die oft entlegenen Hufen des ältesten Werdener Urbars:[144] Sie zahlten meist einen Zins von 12–16 Scheffeln Gerste, eine Heeresabgabe von 8 Denaren, gelegentlich einen Geldzins zwischen 3 und 20 Denaren und manchmal noch Honig oder ein Stück Tuch. Das waren zwar hohe Beträge, doch fielen dafür sämtliche Dienste weg.

Die Gründe für die unterschiedlichen Leistungen waren vielfältig, jedoch nicht von der Größe der Hufe abhängig. Freien- und Unfreienhufen waren unterschiedlich belastet; auch spielten die Entfernung vom Fronhof oder vom Kloster und die Organisation der Grundherrschaft eine Rolle. Zudem bildeten sich regionale Gewohnheiten aus, so daß Hufen verschiedener Grundherren in ein- und demselben Dorf oft ähnlich belastet waren; man hat deshalb von regelrechten «Rentenlandschaften» gesprochen (Kuchenbuch).[145] Als letzte Erklärung reicht aber auch diese Beobachtung nicht aus, denn selbst innerhalb eines Fronhofverbandes oder eines Dorfes waren die bäuerlichen Leistungen oft so unterschiedlich, daß sie auf eine letztlich individuelle Regelung schließen lassen.

Die einzelnen Abgaben waren zu festen Terminen fällig. Der Sachsenspiegel aus dem frühen 13. Jh. kennt einen regelrechten Abgabenkalender, der in der Heidelberger Handschrift anschaulich wird (Abb. 19): Am Margaretentag (13.7.) war der Getreidezehnt fällig, am Johannistag (24.6.) der Fleischzehnt, am Walpurgistag (1.5.) der Lämmerzehnt, am Urbanstag (25.5.) der Obst- und Weinzehnt, an Mariä Himmelfahrt (15.8.) der Gänsezehnt und am Bartholomäustag (24.8.), der hier durch die abgezogene Haut des Heiligen symbolisiert ist,[146] der Geldzins für Eier und Getreide. Auch in Urbaren waren die Abgabetermine, bei denen der Klosterheilige eine besondere Rolle spielte, oft genau festgelegt.

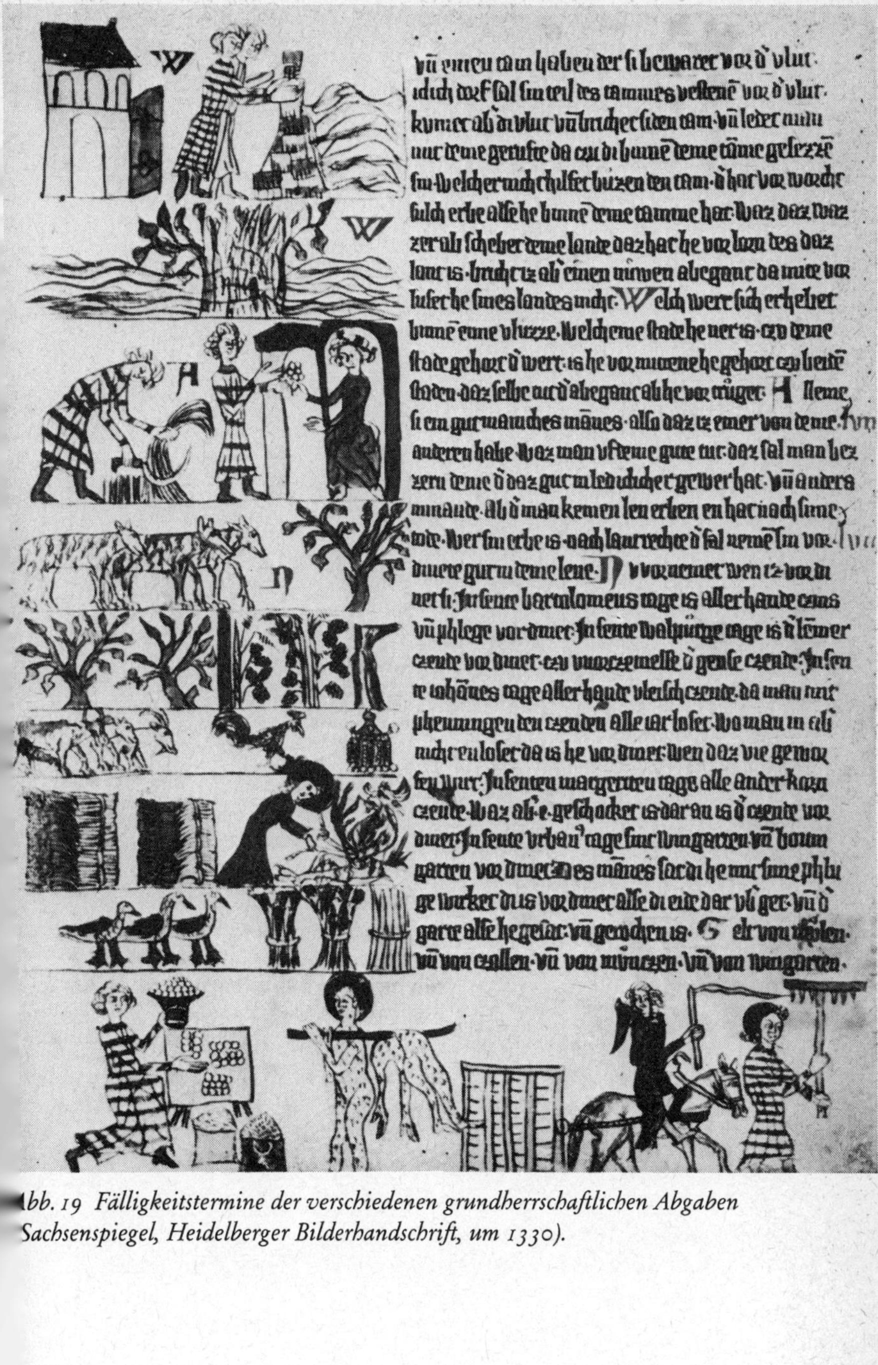

Abb. 19 Fälligkeitstermine der verschiedenen grundherrschaftlichen Abgaben (Sachsenspiegel, Heidelberger Bilderhandschrift, um 1330).

Im Zusammenhang mit den Größenunterschieden der Hufen und der Zahl der Arbeitskräfte trug die unterschiedliche Belastung zusätzlich zu einer sozialen und wirtschaftlichen Differenzierung der Bauern bei, so daß sich auch im Hörigenverband der Grundherrschaft kein einheitlicher Bauernstand ausbilden konnte. Die Möglichkeiten der Bauern waren folglich individuell sehr verschieden; man wird davon ausgehen können, daß die Masse der hörigen Bauern hoch belastet war, doch stand zumindest einzelnen der Weg zu Wohlstand und allmählichem Aufstieg offen.

Ertrag und Belastung. Die Frage, welcher Ertrag nach all diesen Leistungen dem Bauern verblieb, ist nicht nur wegen solcher Unterschiede nicht leicht zu beantworten. Der tatsächliche Ertrag war von vielen Faktoren abhängig, vom Boden, dessen Produktivität meist recht gering war, vom Klima, von der Verkehrslage und natürlich von der bäuerlichen Arbeit selbst. Geradezu erschreckend ist die Bilanz in Annappes (um 800):[147] Die königlichen Kommissare fanden dort heraus, daß von 1320 Scheffeln Spelt 720 (=54%) wieder für die Aussaat verwendet werden mußten; von den 100 Scheffeln Weizen waren es 60 (=60%), von den 1800 Scheffeln Gerste 1100 (=62%); beim Roggen wurde gar alles wieder eingesät. Der Boden hatte demnach beim Spelt nur das 1,8fache der Saat, beim Weizen das 1,7fache, bei der Gerste das 1,6fache hervorgebracht. Nun handelt es sich hier um ein zufällig erhaltenes Jahr einer bestimmten Gegend, so daß man mit einer schlechten Ernte rechnen muß.[148] Da man in Annappes andererseits noch Reste vom Vorjahr vorfand, hatte es damals wohl eine bessere Ernte gegeben. Das beweist aber immerhin, wie schwankend die Erträge waren und wie drückend die fixierten Leistungen gerade in schlechten Jahren wirken mußten. Möglicherweise war der Ertrag auf der eigenen Hufe etwas höher als auf dem Salland, weil der Bauer sich auf dem Eigenland mehr Mühe gab. (Vielleicht ist das aber auch zu modern gedacht.) Insgesamt geht man im frühen Mittelalter von einem durchschnittlichen Ertrag des Dreifachen der Saat aus, so daß nach Abzug der Saat der doppelte Ertrag übrig blieb. Das ist etwa ein Zehntel des heutigen Ertrags: Die Fläche, die heute 10 Menschen ernährt, reichte damals also gerade für eine Person. Es bedurfte demnach einer großen Zahl von Bauern, um eine vergleichsweise kleine Herrenschicht zu ernähren.

Von diesen Erträgen waren nun die Abgaben an den Herrn zu zahlen, die schätzungsweise ein Drittel, vielleicht sogar die Hälfte des Gesamtertrags ausmachten. Wieviel dann für die bäuerliche Familie übrigblieb, hing von der Größe der Hufe und der Zahl der Haushaltsangehörigen ab. Hier gab es beträchtliche Unterschiede, die sich im Laufe der Generationen immer weiter steigerten. Es gab Bauern, die ausgesprochen gut lebten. Nach vorsichtigen Schätzungen bedurfte es freilich einer Hufe von 9–16 ha zur Produktion eines ausreichenden Ertrags. Da die Hufen in vielen Gegenden jedoch oft erheblich kleiner waren, darf man, ohne genauere Zahlen zu kennen, wohl ohne Übertreibung feststellen, daß die Mehrzahl der bäuerlichen Familien am Rande des Existenzminimums lebte und neben der Landwirtschaft auf andere Erwerbszweige angewiesen war, um den Nahrungshaushalt zu decken. Dennoch ernährte der Bauernstand insgesamt sich selbst und (durch seine Überschüsse) die anderen Menschen. Nach Schätzungen Wisplinghoffs[149] für Friemersheim erzielte der Bauer 22½ Malter Getreide, von denen 7½ für die Saat, 4 an den Herrn und 2¼ für den Zehnt weggingen. Es blieben 8¾ Malter, die für ungefähr 300 siebenpfündige Brote reichten (das wären, falls der gesamte Ertrag für den Eigenbedarf verwendet wurde, bei einer fünfköpfigen Familie rund 420 Pfund Brot pro Kopf und Jahr, ergänzt durch Schweinefleisch, Hühner und Gartenerzeugnisse. Im jüngeren Werdener Urbar (um 1050) waren die Belastungen der Bauern in Friemersheim erheblich niedriger geworden; ihre Situation hatte sich demnach im hohen Mittelalter gebessert, zumal die technischen Neuerungen auch die Erträge vielfach steigerten. Das läßt sich auch anderweitig beobachten und mag mit den klimatischen Verbesserungen zusammenhängen und vor allem durch die Ablösung der Arbeiten durch Geldrenten bedingt sein. Andererseits wurde das Land infolge des Bevölkerungswachstums knapper, so daß man zu Rodung und Kolonisation gezwungen war. Erst das Spätmittelalter erlebte infolge sinkender Getreidepreise einen landwirtschaftlichen Niedergang, der sich in Bauernaufständen entlud.

c. Bauernleben außerhalb der Arbeitszeit

Wird das Arbeitsleben des Hufenbauern aus den Quellen noch einigermaßen deutlich, so sind wir über den übrigen Alltag und das Leben im Haus kaum informiert. Die *Nahrung* der bäuerlichen Familie ergibt sich aus den Anbaufrüchten und den Versorgungsbestimmungen der Urbare für die Zeit der Fronarbeit; die Verpflegung bestand meist aus Brot, Bier oder Wein und dem *companaticum*, einer Speise zum Brot, wie Wurst oder Käse. Hauptnahrungsmittel waren zweifellos Getreideprodukte, vor allem Brot, Brei und Bier, ferner Rüben und Kraut, Käse und Obst. Fleisch, meist Pökelfleisch, war eher selten und den Festtagen vorbehalten, doch sind auch hier die gewaltigen Vermögensunterschiede zu berücksichtigen. Die bäuerliche *Kleidung*, deren Einfachheit bereits erwähnt wurde (o. S. 138 f.), stellten die Frauen in Heimarbeit aus groben Leinenstoffen (aus Flachs) oder Schafswolle her. Sie bestand aus einem kurzen Kittel, der Tunika mit weiten Ärmeln, manchmal Beinkleidern, Schuhwerk aus Rindleder und einem Strohhut, selten einem Mantel.

Da der Arbeitstag des Bauern bei Sonnenaufgang begann und zumal in der Saison bei Sonnenuntergang endete und die Dienste auf dem Salland nur durch Mehrarbeit auf der eigenen Hufe ausgeglichen werden konnten, blieb dem Bauern, der nicht über eine größere Anzahl von Knechten verfügte, genügend *Freizeit* eigentlich nur in den Wintermonaten. Das Problem, wie die bäuerliche Familie den «Feierabend» verbrachte, stellt sich folglich nur bedingt. Geselliges Beisammensein im Kreise der Familie oder der Dorfbauern wird hier im Vordergrund gestanden haben. Als Ausgleich für das harte Arbeitsleben nutzte man aber um so ausgiebiger die wenigen festlichen Gelegenheiten im Jahr, um richtig zu feiern: Kirchenfeste (wie Nikolaus oder Silvester, Anfang und Ende der Fastenzeit und vor allem das Kirchweihfest der Dorfkirche), dann den 1. Mai oder das Einbringen der Ernte wie überhaupt den Eintritt in die für das Landleben wichtigen Jahreszeiten. Man feierte mit Gesang, Tanz und Gelagen, teilweise auch mit Maskeraden, wie überhaupt manch heidnischer Brauch im ländlichen Leben bewahrt wurde. Einzelheiten (über das Aufrichten des Maibaums, Prozessionen, Erntetänze und Sonnenwendfeuer) sind aber erst aus dem späten Mittelalter aus Weistümern (dörflichen Rechtsentscheiden) bekannt. Natürlich feierte man auch die sozialen Ereignisse, vor allem Hochzeiten und Taufen, an denen das ganze Dorf teilnahm, nicht aber Geburtstage, die man meist gar nicht kannte, weil man sie nicht für wichtig hielt und die daher nirgends registriert wurden. Reichliches Essen entschädigte bei solchen Gelegenheiten für die vielen kärglichen Mahlzeiten. Neidhart von Reuenthal beschreibt in seinen Liedern anschaulich die Tanzfreudigkeit der Dorfjugend, die sich festlich mit Kopfputz und Blumenkranz kleidete. Wieweit solche Dichtungen aber die Wirklichkeit (der festlichen Ausnahmeerscheinungen) des Alltags widerspiegeln, ist fraglich, zumal Neidharts Lieder oft zur Satire werden: So streiten sich Mutter und Tochter um das Tanzkleid, um anschließend auf dem Ball zu konkurrieren; die dummen Bauernjungen (dörper, getelinge) putzen sich (vergeblich) heraus und wollen, so «überkleidet» und waffentragend, die Mädchen verführen, geraten hier aber in Konkurrenz mit den Rittern. Die Gedichte sind wohl doch ein Indiz für den heimlichen Wunsch der Bauern, es wenigstens bei solchen Gelegenheiten den Rittern nachzumachen; offenbar gab es auch nicht immer eine solch strikte ständische Trennung, wie sie spätere Rechtsvorschriften forderten. Muße und Freizeit aber waren selten und nicht Standeskennzeichen der hart arbeitenden Bauern, sondern der Herren, die von der Arbeit ihrer Hörigen lebten und deren Stellung als Grundherren in diesem Kapitel bereits mehrfach gestreift wurde. Im folgenden Kapitel soll das Leben der obersten Herrenschicht am Hofe eines Fürsten im Mittelpunkt stehen.

V. Rittertum und höfisches Leben

Das bäuerliche Leben bzw. die bäuerliche Arbeit war im Rahmen der Grundherrschaft Voraussetzung für ein Herrenleben, das sich frei von produktiver Arbeit gestalten konnte: ein Leben im Kloster, wie wir es schon kennengelernt haben, oder ein adeliges Leben, das wiederum an einem herausragenden Beispiel, dem höfischen Leben, betrachtet werden soll. Vorab sei daran erinnert, daß die Grundherrschaft bis ins hohe Mittelalter hinein die wichtigste, wenngleich nicht mehr die einzige Grundlage des Herrenlebens bildete, auch wenn der Adlige in diesem Kapitel nicht mehr als Grundherr behandelt wird. «Höfisches» Leben darf nicht mit adligem Leben schlechthin gleichgesetzt werden, sondern konzentrierte sich auf die Höfe der Fürsten, also der höchsten Adelsschicht. Dennoch war der übrige Adel hier integriert, weil er sich immer wieder an diesen Höfen einfand und in bescheidenem Rahmen seinerseits das Leben der Fürsten je nach seinen Verhältnissen nachzuahmen suchte. Solche «Höfe» großer Herren hat es im ganzen Mittelalter gegeben. Der Begriff «höfisches Leben» aber verbindet sich besonders mit der Lebensform der Rittergesellschaft und der «höfischen Kultur» des hohen Mittelalters, die ihre Blütezeit im 12. und 13. Jh. erreichten. («Höfisch» oder auch «höflich» zu sein, war damals noch das Standeskennzeichen einer bestimmten Gesellschaftsschicht). Dank der höfischen Dichtung entstand hier erstmals eine laikale Kultur, in der das Rittertum auch eine Selbstbestimmung vornahm, dabei allerdings ein Idealbild entwickelte, das mit der Wirklichkeit nur schwer in Einklang zu bringen ist. Hier liegt das Hauptproblem der Auswertung mittelalterlicher Dichtung, die unseren Horizont als neue Quelle zweifellos erweitert. Betrachten wir zunächst wieder den institutionellen Hintergrund: den Fürstenhof.

1. Die Institution: Fürstentum, Fürstenhof und höfische Kultur

Eine ausgeprägte Kultur konnte sich dauerhaft nur an festen Höfen ausbilden. *«Hof»* aber war im Mittelalter lange Zeit nichts Festes; der Königshof war dort, wo sich der König mit seinem Gefolge gerade aufhielt, denn im früheren Mittelalter gab es bekanntlich noch keine feste Residenz – sie entwickelte sich mit London und Paris seit dem 12. Jh. zuerst in Westeuropa –, die Könige reisten vielmehr von Pfalz zu Pfalz durch das ganze Land. Der Begriff «Hof» hat dabei einen lokalen und einen personalen Aspekt: Als Ort war er die Aufenthaltsstätte des Königs, in der Regel also die Pfalz,[1] ein Gebäudekomplex auf Reichsgut zur Beherbergung des reisenden Königs und seines Gefolges, das immerhin über 1000 Mann stark sein konnte.[2] Sie war der Platz für kürzere oder auch längere Aufenthalte (zum Beispiel auch zur «Überwinterung»), Regierungsgeschäfte, Repräsentation und Feste. Angeschlossen waren eine Kapelle für das religiöse Leben und ein oder mehrere Wirtschaftshöfe in der näheren Umgebung zur Versorgung. Die frühen Pfalzen waren meist ausgebaute Gutshöfe, die erst in Zeiten äußerer Bedrohung stärker befestigt wurden. In ottonischer Zeit kam daneben als neuer Typ die Verbindung von Pfalz und Burg auf. Dieser Burgencharakter wurde dann vor allem für die staufische Pfalz, die meist Stadtpfalz war, charakteristisch. «Hof» hatte aber auch einen personalen Aspekt. Schon in der Pfalz mußte es Personal geben, das für den Unterhalt sorgte: Verwalter, Burgmannen und Bedienstete (voran die Inhaber der Hofämter). Der Königshof im weiteren Sinn bestand aus der Umgebung des Königs insgesamt, also neben dem Personal und der königlichen Familie aus den geistlichen und weltlichen Amtsträgern, den «Großen», die gerade am Hofe weilten; dadurch wechselte seine Zusammensetzung ständig, wenn auch der einzelne König jeweils seine bevorzugte Umgebung hatte.

Die Könige waren nun die bedeutendsten, aber durchaus nicht die einzigen *Träger höfischen Lebens;* neben ihnen standen die Bischöfe mit einer festen «Residenz» in der Bischofspfalz, die in dieser Zeit meist noch ganz in der Nähe der Domkirche lag.[3] In zunächst bescheidenerem Ausmaß, dann aber zunehmend waren schließlich die weltlichen Fürsten Träger höfischen Lebens, zumal auch sie seit dem 12. Jh. feste Residenzen bevorzugten – der Adlige hatte jetzt eine «Stammburg» –, so daß große weltliche Herren das Königtum in dieser Hinsicht sogar überflügeln konnten. Diese Entwicklung gipfelte in der Formierung eines geschlossenen Fürstenstandes und der Errichtung größerer Landesherrschaften.

So gesehen, war die Ausbildung eines höfischen Lebens kein Zufall, sondern Folge einer politischen und gesellschaftlichen Entwicklung, die im wesentlichen im Zeitalter des sog. Investiturstreits einsetzte, als infolge der Auseinandersetzungen zwischen Kaiser und Papst der weltliche Einfluß über die Amtskirche Einbußen erlitt und die Macht der weltlichen wie der geistlichen Großen als dritte Kraft sehr erstarkte.[4] Im Laufe des 12. Jh. schloß sich vor dem Hintergrund einer Strukturkrise des alten Adels diese oberste Schicht als Fürstenstand ab, dessen herausragende Stellung zumindest lehnsrechtlich in einer festen Heerschildordnung verankert wurde. *«Fürst»* (princeps)[5] hatte zuvor einen nicht scharf begrenzten Kreis der weltlichen und geistlichen Großen bezeichnet, die sich durch Teilhabe am «Reich», also an der Regierung, auszeichneten. Jetzt wurde der Fürst der unmittelbare Königsvasall. Den zweiten Heerschild (nach dem König) bildeten die geistlichen, den dritten die weltlichen Reichsfürsten (nur sie durften demnach Lehen von Geistlichen annehmen, nicht aber umgekehrt); den vierten Heerschild beanspruchten die Grafen und freien Herren. Damit war der Kreis der Reichsfürsten konkreter faßbar; das unmittelbare Verhältnis zum König hing stärker als zuvor von der jeweiligen Stellung ab; vor allem Herzöge und Landesfürsten, dazu einige Markgrafen, Pfalzgrafen (wie der Pfalzgraf bei Rhein) und Landgrafen (wie der Landgraf von Thüringen) zählten zu den Reichsfürsten, die bald ein entsprechendes Selbstverständnis entwikkelten: Eine Miniatur aus dem Evangeliar Heinrichs d. Löwen zeigt diesen mit seiner Gemahlin Mathilde im Kreis ihrer vornehmsten Verwandten, nämlich des Kaisers Lothar III. und seiner Gemahlin Richenza (als Großeltern), deren Tochter Gertrud und ihres Gemahls, des Herzogs Heinrich des Stolzen von Sachsen und Bayern (der Eltern Heinrichs) sowie des Königs Heinrich II. von England (seines Schwiegervaters) und dessen Mutter Mathilde (der Gemahlin Heinrichs V.); das Herzogspaar wird zudem von Christus gekrönt (Abb. 20)!

Fürstentum und höfisches Leben waren verknüpft mit der Ausbildung der *Territorialstaaten* weltlicher wie geistlicher Herren, die auf der Suche nach neuen Formen der Regierung einen tiefgreifenden Wandel des Regierungssystems vom alten «Personenverbandsstaat» zum territorialen «Flächenstaat» einleiteten.[6] Nicht mehr die persönlichen Bindungen standen im Vordergrund, sondern die möglichst umfassende Herrschaft über einen abgrenzbaren Raum, in dem man möglichst viele Herrschaftsrechte an sich zu ziehen suchte (grundherrschaftliche Rechte, die durch Kolonisation und Rodung erweitert und durch Städtegründungen ergänzt wurden, Befestigungsrechte zum Burgenbau, Vogtei- und Gerichtsrechte, Geleitrechte, Münzregal, Steuer- und Finanzhoheit). Man darf sich den frühen Territorialstaat des 12./13. Jh. noch nicht als ein völlig geschlossenes Territorium unter der Herrschaft des Landesherrn vorstellen, doch lief die Tendenz zunehmend in diese Richtung. Voraussetzung dazu war einmal eine neue Schicht von Amtsträgern, die die Aufgaben im Namen des Landesherrn wahrnahmen: die (Reichs-) Vögte und Ministerialen, die dank ihrer gehobenen Funktionen aus der Schicht der Hörigen allmählich in den niederen Adel aufstiegen und für das höfische Leben eine entscheidende Rolle spielten. Zum anderen brauchte man feste Verwaltungszentren: die (primär politisch bestimmten) Fürstenhöfe, die dann auch zu Zentren der Gesellschaft und der Kultur und damit zu Mittelpunkten des höfischen Lebens wurden. Bedeutende Träger höfischer Kultur waren in Frankreich schon früh die Höfe der Her-

Abb. 20 Selbstverständnis eines Reichsfürsten: Heinrich der Löwe im Kreise seiner Familie (Evangeliar Heinrichs des Löwen, um 1188).

zöge von Aquitanien (in Poitiers) und Burgund, später im Norden der Grafen von Anjou, Blois, Champagne, Flandern und der Normandie, im Reich neben dem Kaiserhof der Hof der Landgrafen von Thüringen (vor allem Hermanns I. am Ende des 12. Jh.) auf der Wartburg,[7] der Welfen (besonders Heinrichs des Löwen) in Braunschweig, der Babenberger in Wien, dann auch der Markgrafen von Meißen, der Herzöge von Bayern (Wittelsbacher) in München sowie der Zähringer, aber auch der geistlichen Fürsten: Eine frühe Blüte erreichte zum Beispiel der Hof des Bischofs Kuno I. von Regensburg.

Die Fürstenhöfe wurden schon deshalb zu Kulturzentren, weil es einen künstlerischen Beruf (mit Einnahmen) noch nicht gab und die Dichter und Künstler auf Gönner, auf *Mäzene*, angewiesen waren, die sie in diesen Fürsten fanden, deren Höfe ohnehin zunehmend mit Bildung und Schriftverkehr zu tun hatten.[8] An den großen Höfen bildeten sich geradezu künstlerische und literarische Zirkel namhafter Künstler heraus. Ein frühes und zugleich herausragendes Beispiel war der Hof Karls des Großen, der Gelehrte aus dem gesamten Abendland anzog, wie den Angelsachsen Alkuin oder den Langobarden Paulus Diaconus. Auch in ottonischer Zeit blieb der Königshof wichtigster Mittelpunkt: «Hier (sagt Ruotger in der «Vita Brunonis»[9] über den Hof Ottos des Großen) strömte aus aller Welt zusammen, was immer sich etwas zu sein dünkte. ... Hier erstrahlte ein Muster der Weisheit, Frömmigkeit und Gerechtigkeit, wie man es seit Menschengedenken nicht erlebt hatte. Manch einer, der sich kurz zuvor zuhause für weiß Gott wie gelehrt gehalten hatte, kehrte von hier zurück und begann beschämt die Wissenschaften von vorne.» Wie übertrieben allerdings Ruotgers Lob war, zeigt sich im Inhalt, denn letztlich ging es nur um die «in Vergessenheit geratenen» freien Künste, also um die «höhere Allgemeinbildung».

Die höfische Kultur des hohen Mittelalters hatte ihr eigenes Gepräge. Die Mäzene wurden oft in den Werken der Dichter genannt. Das Mäzenatentum selbst war eine Ausdrucksform höfischer Repräsentation.[10] Das wirkte sich auf die Art der in Auftrag gegebenen Werke aus, die typisch für die Bedürfnisse und das Selbstverständnis der Fürsten waren. Neben der unterhaltenden (aber stets zugleich auch belehrenden) Ritterdichtung und dem Minnesang stand deshalb die Landes- und Adelsgeschichtsschreibung, die im späten 11. und frühen 12. Jh. einsetzte (in Deutschland mit dem «Chronicon Ebersheimense» und der «Historia Welforum»).[11] Höfische Schriften verfolgten demnach eine dreifache Tendenz: Sie wollten unterhalten und belehren und trugen zudem einen panegyrischen Charakter. Jean de Marmoutier begann seine Chronik der Grafen von Anjou mit den Worten: «Dem Herrn Heinrich, König von England, Herzog der Normandie, Grafen von Anjou, Tours und Le Mans, Fürsten von Aquitanien, Herzog der Gascogne und der Auvergne, ferner Herzog der Bretagne, wünscht der Bruder Jean de Marmoutier, der geringste unter den Mönchen und der niedrigste unter den Klerikern, Frieden, Freude, Leben, Heil und Gesundheit durch den, der den Königen das Heil verleiht. Ich habe die Geschichte und die Taten deiner Vorfahren, der Grafen von Anjou, aus zahlreichen gelehrten Schriften zusammengestellt und in einem einzigen Band zusammengefaßt. ... Wir Heutigen eifern ja den Alten nach, und so wie sie sollten wir, wenn unser

Leben auch kurz ist, um so länger das Andenken derjenigen wachhalten, deren Tugend rühmenswert und ewig erscheint. Unsere Absicht ist es daher, das Leben, die Sitten und die Taten deiner Ahnen, der Grafen von Anjou, bekanntzumachen, und das soll dir als Spiegel dienen. ... Wenn die Geschichte von den Taten guter Menschen berichtet, wird der aufmerksam lauschende Hörer angespornt, ihnen nachzueifern. Wenn sie die schlechten Taten der Bösen in Erinnerung bringt, wird der fromme und tugendsame Hörer oder Leser nichtsdestoweniger dazu angeleitet, Schädliches und Unmenschliches zu meiden; er wird um so mehr dazu angetrieben, das Gute und das, was Gottes würdig ist, zu tun.»[12] In dem allegorischen «Sängerkrieg auf der Wartburg» stritten die berühmtesten Minnesänger um den «Preis», nämlich die Huld der Landgräfin von Thüringen. Dieses Zusammentreffen ist zwar fiktiv, aber dennoch bezeichnend für die «höfische» Ausrichtung der Dichter.

Anfangs waren die Dichter meist noch Geistliche (aus der Hauskapelle) – im frühen Mittelalter die einzigen, die lesen und schreiben konnten –, zunehmend aber auch Ministerialen. Sie wurden eine Zeitlang an den Hof berufen und übernahmen hier auch andere Aufgaben; der Minnesänger Friedrich von Hausen zum Beispiel war 1186–90 als *secretarius* am Hof Friedrich Barbarossas auch an Regierungsgeschäften beteiligt. Vaganten, fahrende Sänger, zogen von Hof zu Hof und sangen von «Wein, Weib und Würfelspiel». Die eigentliche *höfische Dichtung* war zweifellos für ein ritterliches Publikum geschrieben; sie entstand (wie das Rittertum selbst) in Südfrankreich und wirkte vor allem über Burgund in das Deutsche Reich hinein, wo sie zwischen 1170 und 1230 ihre Blütezeit erreichte.[13] Sie propagierte ein ideales Ritterbild, in der alles prunkvoll überhöht wurde:[14] Die Burgen glichen prachtvoll ausgeschmückten Schlössern, die Waffen der Ritter waren vergoldet und edelsteingeschmückt, die Ritter selbst ausnahmslos Helden (oder aber Bösewichte). Die Handlung dieser unwirklichen Ritterwelt wurde daher gern in die Vergangenheit (als gute, alte Zeit) verlegt. Am Beginn der deutschen Dichtung, die sich mehr oder weniger eng an ihre französischen Vorbilder anlehnte, standen die Kaiserchronik, der Alexanderroman des Pfaffen Lamprecht, König Rother (alle um 1150), das Rolandslied des Pfaffen Konrad (um 1170 am Hof Heinrichs des Löwen entstanden) und Heinrich von Veldekes «Eneit» (1174). Die Themen kreisten also um die Trojasage (Eneit), Alexander den Großen oder Karl den Großen. Parallel dazu machte eine der sagenhaften «Geschichtsschreibung» Geoffreys von Monmouth über die Britenkönige verpflichtete Epik den eigentlich eher zeit- und raumlosen Kreis um den König Artus zum idealen Fürstenhof. Thematisch ging es in diesen Heldenepen – die Literaturwissenschaft unterscheidet feiner zwischen einer Heldenepik (etwa den Chansons des gestes) und dem höfischen Roman (wie den Artusepen) – um zwei Themenbereiche: um

Abenteuer *(aventiure)* und Liebe. Beide mußten in ein rechtes Maß gebracht werden. Eigentliches Thema war daher die Bewährung des Helden, dem diese *mâze* zum Problem wurde: In der Regel versagte er auf einer ersten Abenteuerfahrt (als an höfische Normen gebundener Ritter, nicht als Held), um sich auf einer zweiten zu bewähren und seinen Fehler wiedergutzumachen.[15] Iwein zum Beispiel, dem es gelungen war, Laudine, deren Mann er erschlagen und in die er sich hoffnungslos verliebt hatte, zu heiraten, brach sogleich zu einem einjährigen Abenteuerurlaub auf, vergaß allerdings, pünktlich zurückzukehren, verlor Laudine und wurde darüber wahnsinnig. Erst auf einer zweiten Abenteuerfahrt gelang es ihm, sich zu bewähren: Nachdem er die Tochter eines Burgherren aus der Gewalt eines Riesen befreit, die Hofdame Lunete durch einen Zweikampf vor dem Todesurteil gerettet, durch seinen Sieg über zwei Riesen edle Jungfrauen aus der Knechtschaft eines gewalttätigen Burgherrn erlöst und schließlich das Erbe einer Frau gegenüber ihrer älteren Schwester erstritten hatte, konnte er Laudine erneut für sich gewinnen, indem er versprach, nie wieder zu fehlen.

Erscheint die Rittergesellschaft der Literatur dank des Abenteuermotivs als eine vorwiegend männliche Gesellschaft, so spielte die «Frau» *(frouwe)*, die Herrin, hier wie am Hof doch eine wichtige Rolle, als Adressatin des Minnesangs, Handlungsträgerin der Epik wie auch als Mäzen. (Es scheint typisch gerade für diese Zeit, daß die «Dame» die zentrale Figur des Schachspiels bildete, die möglichst nicht gewaltsam erobert wurde, sondern dem «Werben» allmählich nachgab). Die höfische Dichtung brauchte neben den Mäzenen ein (ebenfalls höfisches) Publikum, das nicht nur interessiert war, sondern auch ein gewisses Maß an *Bildung* mitbrachte. Zumindest in Westeuropa wurden Fürstensöhne spätestens seit dem 12. Jh. in Kloster- und Domschulen oder aber durch Hauslehrer ausgebildet, in Deutschland geschah das rund ein Jahrhundert später. In der Hofkapelle befand sich meist eine Bibliothek. Auch die Verwaltung wurde zunehmend schriftlicher, und man benötigte schriftkundiges Personal. Neben Kühnheit und Frömmigkeit wurden mehr und mehr auch eine literarische und historische Bildung zu Idealen des guten Fürsten. Das geflügelte Wort, daß ein ungebildeter König ein gekrönter Esel sei, legte die im 12. Jh. verfaßte Chronik der Grafen von Anjou bereits Fulco II. (um 950) in den Mund.[16] Dennoch blieb eine solche Bildung auf wenige beschränkt. Die meisten Ritter konnten sicher nicht lesen.[17] Die Werke wurden ohnehin von den Dichtern und Spielleuten, sobald die Dichtungen in schriftlicher Form vorlagen, auch von einzelnen Lesekundigen vor der Hofgesellschaft vorgetragen. Im «Iwein» (v. 6455 ff.) ließen sich ein Burgherr und seine Gemahlin von ihrer Tochter aus einem französischen Buch vorlesen. Diese beiläufig erzählte, für die Handlung bedeutungslose Begebenheit scheint bezeichnend für eine verbreitete Praxis, daß vor allem Töchter eine literarische Bildung genossen. Die zahlreichen, versteckten Anspielungen in der Dichtung auf frühere Werke und Lieder vor allem in Frankreich setzen darüber hinaus eine ausgezeichnete Literaturkenntnis voraus: Die höfische Literatur und Kultur war zu einem wichtigen Bestandteil des höfischen Lebens geworden. Das Mäzenatentum der Fürsten erstreckte sich daneben natürlich auch auf die Baukunst am Hof, um den Lebensraum dieser Gesellschaft zu verschönen.

2. Der Raum: Die mittelalterliche Burg

Die Ritter der Heldenepen zogen meist durch die Lande; ihr eigentlicher Lebensraum aber waren die Burgen[18] und die großen Höfe, auf denen sie einkehrten. Diese «Residenzen» der Territorialfürsten darf man sich selbstverständlich nicht modern als große Schlösser vorstellen. Die Ritterburg war eng und gedrängt, die fürstlichen Pfalzen unterschieden sich von ihr qualitativ und im Umfang, nicht aber strukturell. Die heutige Vorstellung von der mittelalterlichen Burg ist weithin verzerrt, weil das Erhaltene in der Regel erst aus dem späten Mittelalter stammt und zudem häufig im 19. Jh. (nicht immer stilvoll) umgebaut wurde, während von den Ritterburgen der Blütezeit nicht mehr viel erkennbar ist. Ein Problem bildet schon die komplexe Begrifflichkeit für die Burg, die, jeweils autorenspezifisch, als *castellum, castrum, oppidum, civitas, urbs* bezeichnet wurde;[19] bis zum Ende des 12. Jh. galt im übrigen auch die Stadt als *burc.*

Die abendländische Burg hatte zu dieser Zeit bereits eine lange *Entwicklung* hinter sich. Befestigte Anlagen gab es schon in der Steinzeit. Aus dem Süden Mitteleuropas sind später die großen *oppida* der (keltischen) Hallstatt- und Latènezeit (bis ca. 500 v. Chr.), aus germanischer Zeit Befestigungen vor allem in Nord- und Nordosteuropa bekannt, die wohl vornehmlich als Fluchtburgen dienten und neben dem römischen Kastell und dem fränkischen Herrenhof einen Vorläufer der mittelalterlichen Burg bildeten. Der frühmittelalterliche Burgenbau entwickelte sich vor allem im Zusammenhang mit der Landesverteidigung im 9./10. Jh. gegen Normannen, Ungarn und Slawen;[20] in Grenzgebieten entstanden ganze Befestigungssysteme. Im Vordergrund stand demnach zunächst die Schutzfunktion. Die karolingischen Reichsburgen waren aber auch schon Verwaltungsmittelpunkte eines bestimmten Gebietes. Das Burgenrecht war zunächst noch ein königliches Regal, das erst allmählich und mit zeitlichen Verschiebungen in den einzelnen Landschaften auch an geistliche und weltliche Institutionen überging. In Flandern und Franken begegnen bereits im 9. Jh. Adelsburgen der mächtigsten Geschlechter, in Schwaben sind sie erst im 11. Jh. bezeugt. Am Ende dieser Entwicklung, vor allem im 13. Jh., entstanden schließlich überall Ministerialenburgen. Bei den frühen Burgen handelte es sich noch um kleinere, mehr oder weniger stark befestigte und eher hofartige Anlagen. Seit dem 10. Jh. setzte eine Entwicklung zur Wohnburg ein; Burgenpolitik wurde zu einer Grundlage der Herrschaftsbildung, die Burg selbst zu einem Herrschaftsinstrument der Kriegerklasse, das durch Ministerialen gesichert wurde; in Frankreich führten die Kastellanate seit dem Ende des 10. Jh. zu einer völlig neuen Struktur der politischen Landschaft, in der die Kastellane auf Kosten von König und Grafen die Hoheitsrechte übernahmen. Im hohen Mittelalter begann auch in Deutschland eine Zeit des Burgenbaus; von Herzog Friedrich II. von Schwaben (zur Zeit Heinrichs V.) heißt es: «Denn immer den Rhein hinabziehend, errichtete er bald an einem geeigneten Platz eine Burg und unterwarf die Umgebung, bald verließ er die bisherige Burg und errichtete eine neue, so daß man von ihm sprichwörtlich sagte: ‹Herzog Friedrich schleppt am Schweif seines Pferdes stets eine Burg hinter sich her›.»[21] Trotz der Übertreibung trifft die Schilderung die Situation. Vor allem die Stauferzeit wurde zu einer Zeit der Burgen und der Burgengesellschaft (Maurer).

Die Burg übernahm jetzt eine ganze Reihe verschiedener *Funktionen*. Die ursprüngliche Wehrfunktion blieb während des ganzen Mittelalters ausschlaggebend; Krieg im Mittelalter war stets auch ein Kampf um Burgen; nach dem Sieg wurden die gegnerischen Burgen oft geschleift. Rechtlich diente die Burg der Friedenswahrung, wurde aber auch gern als Gefängnis benutzt. In ihrem Innern herrschte ein Burgfriede, der keinen Streit innerhalb der Besatzung erlaubte. Die Burg übernahm ferner wirtschaftliche Funktionen zur Sicherung der Zolleinnahmen an Straßen, Flüssen und Brücken, sie war überhaupt Wirtschaftszentrum inmitten der Grundherrschaft, besonders in Kolonisationsgebieten, und teilweise sogar ein Zentrum handwerklicher Überschußproduktion,[22] und sie wurde schließlich selbst zu einem Vermögensobjekt, das vor allem im späten Mittelalter gern verpfändet wurde. Die Burg war sodann Verwaltungszentrum und vor allem politischer Mittelpunkt zur Sicherung der weltlichen Herrschaft, die bald überhaupt nur noch mit Hilfe von Burgen zu gewährleisten war, Kristallisationspunkt vor allem auch der sich entwickelnden Landesherrschaften, die die Tendenz verfolgten, möglichst alle Burgen an sich zu ziehen oder sich zumindest ein Öffnungsrecht vorzubehalten. Der politischen entsprach eine gesellschaftliche Funktion: Die Burg war Symbol für die gehobene Stellung des Bewohners und Inbegriff adliger Repräsentation. Burgenbau wurde gleichsam zu einer Standespflicht des Adels, der sich hier (erstmals) einen festen Mittelpunkt schuf und mit dem Wohnsitz zugleich ein neues Selbstverständnis verband, indem er sich bald nach seiner Stammburg benannte. Schließlich war die Burg noch kultischer Mittelpunkt, denn ihr war seit dem 8. Jh. in aller Regel eine Burgkapelle oder zumindest ein sakraler Raum mit eigenem Rechtsbereich und eigener Grundherrschaft angeschlossen.[23] Bei der Aufgabe der Burg wurde diese gern in ein Stift oder Kloster umgewandelt.[24] Die Burg übernahm insgesamt also vielfältige Funktionen; sie war Herrschaftssymbol und Herrschaftszentrum, bevorzugter Lebensraum des Adels, seiner Repräsentation und seines Alltags.

Um diesen «Raum» erfassen zu können, ist die Burg als *Bauwerk* näher zu betrachten.[25] Waren die frühen Burgen noch Holz-Erde-Konstruktionen, so sind Steinburgen in Deutschland seit dem 9. Jh. bezeugt. Anfangs gehörte die Burg gewissermaßen noch zum Dorf (als Niederungsburg auf Eigenbesitz), wenn sie sich auch hier oft schon durch ihre Randlage abhob; seit dem 11. Jh. wurden die Burgen jedoch in einem langen Prozeß, der sich bis zum Ende des 12. Jh. hinzog, auf die Berge verlegt (als Höhenburgen) und dadurch vollends abgesondert; die zahlreichen Namen auf -berg, -stein, -fels, -eck geben Zeugnis davon. Im 11. Jh. bevorzugte man die Gipfelburg, im 13. Jh. die Spornburg an einem Bergvorsprung, die von einer Seite aus gut zu erreichen war. Die Höhenlage steigerte die Wehrfunktion, symbolisierte zugleich aber eine Distanzierung des Adels von den Beherrschten. Daß der Bau einer solchen Höhenburg einen enormen Aufwand erforderte, versteht sich von selbst. Die Bauzeit einer Burg durchschnittlicher Größe betrug vielleicht 3–7 Jahre (Antonow).

Die Burgen konnten sehr unterschiedliche *Formen* annehmen, ohne daß sich darin eine bestimmte Entwicklung widerspiegelt; vielmehr gab es stets verschiedene Burgtypen nebeneinander. Zentralanlagen wie die Turmhügelburg oder die Motte, die auf einem meist künstlich aufgeschütteten Erdhügel stand, breiteten sich über ganz Mittel- und Westeuropa aus und waren besonders im 11. Jh. in Frankreich, den Rheinlanden sowie in Großbritannien beliebt; quadratische oder rechteckige Turmburgen gab es vornehmlich in Frankreich und Italien; die Ringburg war nach allen Seiten hin verteidigungsbereit. Am meisten verbreitet waren Axialanlagen, die rechteckig, mehreckig, oval oder keilförmig angelegt sein konnten.

Die typische Burg enthielt bestimmte *Bauelemente.* Als Wehrbau war sie so befestigt, daß sie von möglichst wenigen Leuten bequem verteidigt werden konnte: sie wurde deshalb mit einem Graben und einer starken – manchmal doppelten – Ringmauer umgeben, die einen Wehrgang mit Brustwehr trug (anfangs mit Zinnen, seit dem 13. Jh. mit Schießscharten). Die Mauer war massiv, oft zwei Meter dick und mehr als zehn Meter hoch, besaß aber einen möglichst geringen Umfang, so daß sich im Innern alles dicht zusammendrängte; die gefährdeten Seiten wurden durch eine noch höhere und dickere Schildmauer geschützt. Empfindlichster Punkt war das ständig bewachte Tor, das durch eine Zugbrücke oder ein Fallgitter und gewölbte Torwege gesichert und oft mit Vor- und Seitentürmen zu regelrechten Torburgen ausgebaut wurde. Pechnasen (nach unten offene Erker am Torturm) dienten dazu, den eindringenden Feind mit heißem Wasser, Öl oder Pech zu übergießen. Zum Wehrbau gehörte auch der Bergfried, der zugleich Mittelpunkt und Hauptturm war. Seine Mauern waren oft drei bis vier Meter dick und hatten nur wenige Öffnungen; dank seiner Höhe von 20–40 Metern war der Bergfried ein besonderes Statussymbol. Der enge Turm diente meist nur als Fluchtburg, war gelegentlich aber auch zur Wohnung (mit mehreren Etagen) ausgestaltet. Vor allem in Frankreich dienten solche Turmburgen *(donjons)* seit der Jahrtausendwende als Wohnstätten adliger Familien. Zum Wohn- und Repräsentationsteil gehörten sodann der Palas, in großen Burgen ein mit Wandmalereien und Teppichen geschmückter, aber sonst kaum möblierter Saal, und die Kemenaten, die beheizbaren Räume der Anlage. (Seit der Mitte des 13. Jh. waren Kachelöfen verbreitet.)[26] Fakkeln, Kerzen und Leuchter sorgten hier für ausreichende Beleuchtung. Mit dem Palas verbunden war eine Kapelle, sofern sie nicht lediglich einen Raum in dem Bau einnahm. Die staufischen Burgen hatten nach dem Vorbild der Bischofspfalzen oft Doppelkapellen, zwei übereinander liegende Kapellen für Herrschaft und Gesinde. Schließlich gab es auf der Burg eine Reihe von Wirtschaftsbauten wie Küche, Ställe und Scheunen, Hundezwinger sowie Wohnungen des Personals, die meist an die Ringmauer angelehnt waren. Der von Bergfried, Palas und sonstigen Wohn- und Wirtschaftsbauten eingerahmte und meist recht enge Burghof konnte nur in den bedeutenden Burgen der Fürstenhöfe etwas größere Ausmaße annehmen; hier wurde er zum Mittelpunkt des gesellschaftlichen Lebens, der Raum für Turniere, Feste und Zusammenkünfte, und wurde daher prunkvoll ausgeschmückt mit Freitreppen, Arkaden, Galerien, Söllern und Fenstern (Abb. 22). Der Wasserversorgung diente ein Brunnen, der in den Höhenburgen bis zu 150 m tief in den Felsen gehauen

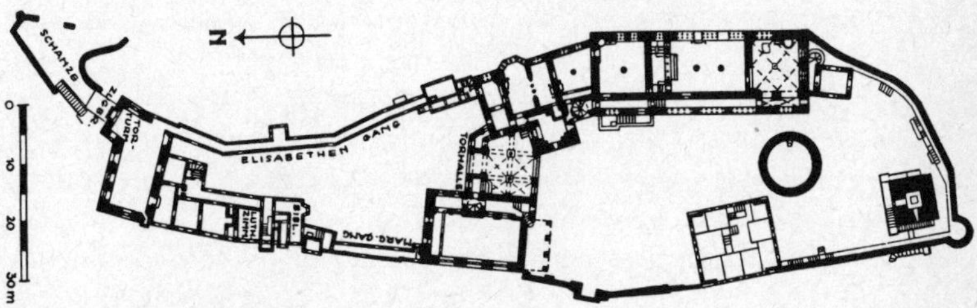

Abb. 21 Die Wartburg, Sitz der Landgrafen von Thüringen: Grundriß (aus: Hotz, Pfalzen S. 240).

Abb. 22 Die Wartburg: Palaswand, Hofseite (Foto: Hotz, Pfalzen T 141).

werden mußte; unabhängig davon fing man das Regenwasser zusätzlich in einer Zisterne auf. Für friedliche Zeiten gab es außerhalb der Burg oft weitere Einrichtungen. Die Pfalz Lutra (Kaiserslautern), so berichtet Rahewin,[27] umspülte «ein seeähnlicher Fischteich, der zur Weide der Augen wie des Gaumens alle Delikatessen an Fischen und Geflügel enthielt. Auch stieß daran ein Park, der einer Fülle von Hirschen und Rehen Nahrung bot.» Nur bedeutende Pfalzen und Burgen erreichten eine stattliche Größe, das staufische Wimpfen hatte als größte deutsche Königspfalz einen Umfang von 215 × 88 m; die Wartburg der Pfalzgrafen von Thüringen wies eine Länge von 180 m auf (Abb. 21); die meisten Ritterburgen aber waren kaum 40 m lang.

Unterhalten wurden solche Burgen durch Ministerialen: die Burggrafen und die Burgmannschaft, doch darf man sich die *Besatzung* nicht zu groß vorstellen: Auf der Burg Burgau in Schwaben saßen im Jahre 1293 fünf Burgmannen, acht Wächter, zwei Torwarte und ein Turmmeister.[28] Eigentlicher Träger des höfischen Lebens waren die Adligen mit ihren Familien und die Ritter, die an den großen Höfen als Gäste weilten.

3. Die Menschen: Das hochmittelalterliche Rittertum

Das Rittertum[29] war eine gesamteuropäische Institution, die sich von Südfrankreich aus nach Norden und über Flandern und Burgund nach Westen ins Deutsche Reich ausbreitete und ihre Blüte von etwa 1100 bis 1250 erlebte. Während im allgemeinen Geschichtsbild über den Ritter meist klare Vorstellungen herrschen, ist dieses Phänomen in der Forschung heftig umstritten. Daher soll zunächst ein dem heutigen Forschungsstand angemessenes Bild vom Rittertum als dem Träger höfischen Lebens gezeichnet werden.

Die *Ursprünge* des Rittertums liegen im Kriegswesen: Ritter (= Reiter) war der bewaffnete Krieger zu Pferde. Diese Bedeutung trugen auch die beiden gebräuchlichen lateinischen Begriffe: *caballarius* war ganz parallel gebildet (daraus entwickelten sich französisch *chevalier*, spanisch *caballero* und italienisch *cavaliere*); der meistverbreitete Begriff *miles* dagegen bezeichnete in der Grundbedeutung zunächst allgemeiner den Krieger schlechthin, wurde im hohen Mittelalter aber ebenfalls immer mehr auf den Ritter beschränkt. Diese Begriffsverengung begründete sich aus dem Wandel der Heeresstruktur seit dem 8./9. Jh.: War bis in die hohe Karolingerzeit das aus den Freien gebildete Fußheer maßgeblich, so wurde die Kerntruppe des Heeres fortan aus schwer bewaffneten Reitern auf selbstgezüchtetem und trainiertem Schlachtroß gebildet. Das erforderte einmal eine ständige Ausbildung, so daß man – nicht ganz treffend – gern von einem «Berufskrieger» spricht. Der «Beruf» des Ritters war allerdings komplizierter. Reiterkrieger zu sein, war nämlich teuer; Pferd und Ausrüstung erreichten schon im 8. Jh. zusammen den Wert von 45 Kühen oder 15 Stuten, im 11. Jh. war das Pferd allein 5–10 Ochsen wert.[30] Voraussetzung für das Rittertum war folglich ein entsprechender Reichtum; die Ritter waren weithin identisch mit der Schicht der Grundbesitzer bzw., da sie ihr Land nicht selbst bearbeiteten, der weltlichen Grundherren. Grundbesitz aber kam in verschiedenen Formen vor: Eigenbesitz hatte (neben König und Kirche) vor allem der Adel. Wirtschaftliche Lebensgrundlage war oft aber auch (vielfach zusätzlich) ein Lehen, das der König, ein geistlicher Grundherr oder ein höherer Adliger oder Amtsträger verlieh. Zum Rittertum zählten daher neben dem Adel vor allem die Vasallen des Königs, der Kirche und des hohen Adels, die zum Dienst *(servitium)*, das heißt vor allem zum Kriegsdienst, verpflichtet waren;[31] die Heeresstruktur des hohen Mittelalters baute völlig auf einem mehrstufigen Lehnswesen mit Vasallen und Untervasallen auf. In der Person des Ritters vereinigten sich demnach verschiedene Funktionen: Das Rittertum war die personell identische Schicht der Grundbesitzer, Krieger und Vasallen, die einen ihrer Stellung entsprechenden Lebensstil entfalteten.

Ein Problem bildet dabei die Stellung des Adels, der man in den letzten Jahren vor allem durch begriffsgeschichtliche Untersuchungen näherzukommen suchte.[32] Die *Begriffe* machten nämlich einen Wandel durch: *caballarius* wurde vom ‹Pferdeknecht› zum ‹Pferdebesitzer›, der beritten in den Krieg zog. (Ähnlich verhält es sich auch mit dem englischen *knight*, der ursprünglich mit «Knecht» zusammenhing). *Miles* besaß nach den Forschungen Dubys über das Mâconnais in Südfrankreich am Ende des 10. Jh. noch die militärische, zur Jahrhundertwende aber bereits eine soziale Bedeutung, indem es den Adel erfaßte und *nobilis* ersetzte und damit zur Standesbezeichnung für den Adel wurde, der sich jetzt unter neuem (kriegerischem) Aspekt sah.[33] (Damit setzte sich die bereits im vorigen Kapitel [S. 138] angesprochene Zweiteilung der Gesellschaft in *milites* und *rustici* durch; gleichzeitig hoben sich die *milites* von den *clerici* ab, so daß der Theorie nach eine Dreiteilung der Gesellschaft in Geistliche, Ritter und Bauern entstand). In der deutschen, mehr verfassungsgeschichtlich orientierten Forschung stellt sich das Problem etwas anders dar: Nach Johrendt bezeichnete *miles* im 11. Jh. den Vasallen, allerdings nicht in ständischer Hinsicht die untere Adelsschicht, zu dem dann der hohe Adel hinzukam, sondern als ein ständisch offener Funktionsbegriff, der alle Krieger vom König bis zum Knappen *(armiger)* umfaßte. Das entscheidende Kriterium war demnach nicht die soziale Herkunft, sondern die Feudalbeziehung. Eine soziale Trennung zwischen Adel und Rittertum ließe sich also nicht am Ritterbegriff festmachen. Dennoch ist man in Deutschland nach wie vor geneigt, das Rittertum eher als niederen Adel zu verstehen, wie man überhaupt die Unterschiede zwischen Frankreich und Deutschland herausgestellt hat.[34] Tatsächlich bildet die ständische Abschließung des Adels nach heutiger Ansicht den Endpunkt einer längeren Entwicklung,[35] während eine soziale Abgrenzung schon relativ früh erfolgte; das Selbstverständnis des Rittertums als privilegierter Kriegerstand setzte also weit früher ein als eine rechtliche Vereinheitlichung und *Standesbildung,* die sich (in Etappen) erst in der Stauferzeit durchsetzen ließ; im Landfrieden von 1152 zum Beispiel wurde der gerichtliche Zweikampf nur noch Rittern ritterlicher Herkunft gestattet, 1186 wurden Priester-, Diakonen- und Bauernsöhne vom Rittertum ausgeschlossen; erst im 13. Jh. aber war eine, wenngleich nach unten hin noch immer durchlässige, rechtliche Abschließung erreicht.[36] Nach oben hin wurde der Adel vom Rittertum erfaßt und suchte sich, als Reaktion, seinerseits abzugrenzen; dadurch entstand überhaupt erst die für das spätere Mittelalter charakteristische, rechtliche Unterscheidung zwischen einem hohen und einem niederen Adel, in den nicht zuletzt auch die Ministerialen aufstiegen, ursprünglich Unfreie aus der *familia* des Herrn, die in gehobenen Positionen in Verwaltung, Heeresdienst und Burgmannschaft ihre Stellung verbessern und schon im 11. Jh. durch sog. «Dienstrechte» sichern konnten. Im niederen Adel verschmolzen demnach die beiden Gruppen der niederen Vasallen und der Ministerialen.

Die soziale Abgrenzung des Ritters wurde auch formal sichtbar gemacht: Das Rittertum war gewissermaßen eine «Laufbahn»; Vasallensöhne wurden, vielleicht mit 10 oder 12 Jahren, zur Ausbildung oder als Waffenträger an den Hof des Herrn geschickt; sie dienten als Junker («Jungherr»), später, mit etwa 14 Jahren, als Knappe und konnten, vielleicht mit 20 Jahren, Ritter werden, doch erreichten dieses Endstadium bei weitem nicht alle. Zur offiziellen Anerkennung als Ritter bedurfte es seit dem 11. Jh., zuerst für Könige und Königssöhne bezeugt, eines besonderen, zeremoniellen Aktes, der Ritterweihe, durch die man erst Ritter wurde *(miles factus).*[37]

Der Ritterschlag, die *dubbatio,* ein Schlag mit der Hand oder dem Schwert auf den Nacken oder mit der flachen Klinge auf die linke Schulter, den man heute meist mit der *Ritterweihe* verbindet, war auch hier Endpunkt einer Entwicklung; er ist in Frankreich schon im 12. Jh. bezeugt, wurde in Deutschland aber erst im 14. Jh. üblich. Zunächst stand die Übergabe der Waffen, die Wehrhaftmachung, im Mittelpunkt, die in Form der Schwertleite, dem feierlichen Umgürten mit dem Schwert *(cingere aliquem cingulo militari)* vollzogen wurde und in eine Folge zeremonieller Handlungen eingebettet war, die vielfach der Königsweihe entlehnt waren. Die Chronik der Grafen von Anjou berichtet anläßlich der Verlobung Mathildes, der Tochter König Heinrichs I. von England, mit Gottfried, dem Sohn des Grafen von Anjou – aus dieser Verbindung ging unter deren Sohn Heinrich II. Plantagenet das angevinische Reich hervor –, der Tag habe für Gottfried mit einem Bad (der symbolischen Reinigung) und der Bekleidung mit einem linnenen Untergewand, einer golddurchwirkten Tunika, einem Purpurmantel, Seidenstrümpfen und verzierten Schuhen begonnen; danach erhielt Gottfried vor der versammelten Menge ein doppelt genähtes Kettenhemd, Schuhe aus Eisenringen und Sporen, den Schild mit dem Löwenwappen der Grafen von Anjou, einen edelsteinbesetzten Helm, eine Lanze und ein altes, kostbares Schwert.[38] Im 12. Jh. trat zu diesen Handlungen eine kirchliche Schwertsegnung hinzu; schon Johannes von Salisbury bezeugte 1159, daß das Schwert beim Eintritt in die Kirche auf den Altar gelegt wurde und der Ritter den Dienst für Gott gelobte.[39] Im Spätstadium ging der Weihe ein eintägiges Fasten voraus, der künftige Ritter wurde in weiße Gewänder gekleidet, man feierte eine Messe mit Kommunion; danach wurde das Schwert gesegnet, man legte die Ritterrüstung an und nahm den Ritterschlag entgegen. Eine solche Ritterweihe war wiederum eine kostspielige Angelegenheit, denn sie war meist mit einem mehrtägigen Fest mit vielen Gästen, teuren Geschenken und Turnieren verbunden. Deshalb legte man gern mehrere Ritterweihen zusammen.

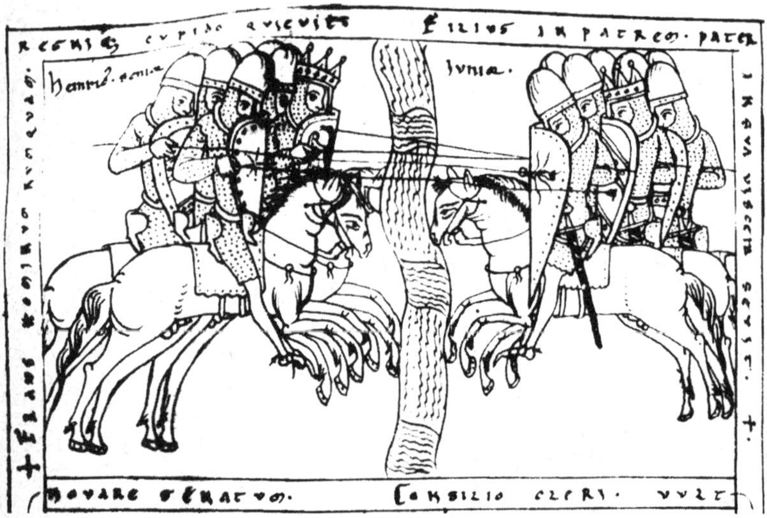

Abb. 23 Ritterlicher Kampf: Die Auseinandersetzungen zwischen Heinrich IV. und seinem Sohn Heinrich (Chronik Ottos von Freising, 12. Jh.).

Nach der gegebenen Charakterisierung wurden *Krieg und Kampf* zur Hauptfunktion (wenngleich kaum zur einzigen Beschäftigung) des Ritters (Abb. 23). Das gepanzerte Streitroß *(dextrarius)*, mit dem der Ritter neben einem Marschpferd *(palefridus)* und einem Packpferd in den Krieg zog, das aber nur im Kampf geritten wurde, war vor allem in der deutschen Literatur Gegenstand liebevoller Beschreibungen. Der ‹Erec› Hartmanns von Aue erhielt von Herzog Imein ein Pferd als Geschenk (v.

1426–53): «Es war weder zu stark noch zu schwach, / seine Farbe weiß wie Hermelin, / seine Mähne dicht und gelockt, / seine Brust war stark und breit, / sein Knochenbau weder zu schwer noch zu leicht. / Seinen Kopf hielt es aufrecht, / es war sanft und gutmütig, / mit langen Flanken; / auf ihm war gut zu reiten; / Rücken und Füße tadellos, / hei, wie sanft trug es. / Es ging schnell übers Feld / im Paßgang, prächtig wie ein Schiff, / und dabei ging es ganz sanft / und stolperte niemals. / Der Sattel war dergestalt, / daß er dem Pferde angemessen war: / Die Metallteile waren, wie es passend war, / von rotem Gold.»

Das Streitroß war gepanzert und später oft mit einer bunten oder bestickten Decke geschmückt. Der Ritter selbst trug im Kampf als Schutzkleidung ein anfangs knielanges und kurzärmeliges, später fußlanges und mit Ärmeln und sogar mit Handschuhen und einer Kapuze versehenes Kettenhemd (Panzerhemd) aus ineinander verflochtenen, genieteten Ringen, darunter zur Schonung der Haut ein Stoffhemd (das «Wams»), das anfangs noch hervortrat. Manchmal, in Frankreich schon seit Mitte des 12. Jh., zog man nach östlichem Vorbild noch einen Waffenrock über dem Panzer an; der herrengemäße Prunk siegte hier über die funktionelle Kleidung. Mit dem Beginn des 13. Jh. setzte eine Tendenz zur völligen Verhüllung von Mann und Pferd ein, der Helm aus Glocke und Gesichtsplatte wich dem Topfhelm mit Sehschlitzen (sog. «venstern»). Zur Identifizierung von Freund und Feind wurden nun äußere Erkennungszeichen in Form von Helmzier und Wappen notwendig.[40] (Das älteste Zeugnis ist der Ginsterzweig Gottfrieds von Anjou, «Plantagenista», an seinem Grabmal von Le Mans, nach 1149). Fahnen an den Lanzen taten ein übriges. Zu den Schutzwaffen gehörte der Schild, der infolge der Vollrüstung mit der Zeit kleiner werden konnte. Wichtig war natürlich auch der Steigbügel als Voraussetzung für die schwere Bewaffnung und die neue, im Stehen ausgeübte Kampfart (nach einer These Lynn Whites damit die Voraussetzung für den Feudalismus überhaupt). Angriffswaffen waren traditionell Schwert und Speer, dann aber vor allem die Stoßlanze, die immerhin rund drei Meter lang war und 2–5 kg wog; sie wurde beim Ritt senkrecht (in einer Halterung) getragen, beim Angriff waagerecht gegen den Feind gerichtet. Mit solcher Rüstung brauchte der Ritter einen oder auch mehrere Begleiter (einen Knappen und evtl. Knechte): Diese Gruppe bildete gewissermaßen die kleinste militärische Einheit.

Die Idealfigur eines solchen kampfbereiten Ritters war ein beliebter Gegenstand in Kunst und Literatur. Im Ruodlieb[41] heißt es zum Aufbruch des Ritters an den Königshof (in deutscher Übersetzung):

Nur einer durfte mit ihm gehn,
den er als Schildknapp ausersehn.
Ihm schleppen sollt' er den Reisesack

mit mannigfacher Sachen Pack,
Von Kind an hatt' er den die Plagen
und Mühn gelehrt für ihn zu tragen.
Auf lud er rechts den Reisesack,
des Herren Schild links huckepack,
Mit seiner Rechten faßte er
den Köcher, unterm Schild den Speer,
Und unter sich als Sattel trug
er'n Futterbeutel groß genug.
Der Herr in einem Panzer jedoch,
dazu in einem Wams auch noch –
Auf seinem Kopf trug er aus Stahl
den Helm mit goldigglänzendem Strahl.
Umgürtet war er mit einem Schwert,
das bis zum Griff mit Gold bewehrt.
Er hängte des Greifen Klaue krumm
um seinen weißen Hals sich um,
Nicht eine ganze Klaue, nein,
halbellenlang mocht sie nur sein;
Wo's hinten breit war, war das Horn
und, wo's ins Schmale lief nach vorn,
Verziert mit reinem Golde hell,
mit Riemen von des Hirschen Fell.
Es war zwar nicht wie Schnee so rein,
doch durchsichtig wie Edelstein.
Als er es blies, da gab sein Schall
den allerbesten Widerhall.
Der Mutter und dem ganzen Haus
sagt' er Valet und ging hinaus.
Das Roß stand schwarz da wie ein Rabe,
als ob man es gewaschen habe
Mit Seife, das aber ganz und gar
mit Weiß punktiert im Schwarzen war.
Dem Pferde hing mit dichter Strähne
am Hals zur Linken eine Mähne.
Mit Zaumzeug prächtig war's geschmückt,
wie es den hohen Herrn entzückt;
An seinem Sattel aber war
nichts angehängt, das sah man klar,
Als nur ein Becher; diesen hatt'
ans Leder man genäht und glatt
Mit duftigem Harze gebohnt, auf daß
das darin eingegoßne Naß

Süß schmecke, dazu ein Kissen fein
aus Purpurstoff gemacht und klein.
Kaum hatt' er sich aufs Roß geschwungen,
da ist es in die Höh gesprungen,
Als wärs erfreut und hoch ergötzt,
daß sich sein Herr darauf gesetzt.
Es sprang sein Hund, geschwind im Lauf,
bald hinter ihm, bald ihm vorauf,
Ein Spürhund war's – es mocht auf Erden
kein besserer gefunden werden;
Es konnte nie verborgen sein
ein Wild vor ihm, ob es nun klein,
Ob groß es war: er kam ihm nur
zu bald und schnell auf seine Spur.

Auch wenn in diesen Versen nicht alles dem Alltag angehört, so enthüllt sich hier doch das frühe Selbstverständnis eines Ritterlebens, das Kampf, Jagd und Herrentum in den Mittelpunkt stellte. Hartmann von Aues Iwein mußte einem Ungebildeten erklären, was ein Ritter überhaupt sei (v. 530–37 in Übersetzung): «Ich bin ein Ritter und reite aus, einen Mann zu suchen, der bewaffnet ist wie ich und mit mir kämpfen will. Wenn er mich schlägt, erhöht das seinen Ruhm. Besiege ich aber ihn, dann beurteilt man mich als Helden, und ich werde angesehener als je zuvor.» Auch hier stand der Kampf im Vordergrund. Man darf allerdings nicht darüber hinwegsehen, daß die tatsächliche Kriegsführung längst nicht so heldenhaft war wie die Kämpfe der Epenhelden, sondern weit öfter in der Belagerung von Burgen und dem Verbrennen der Felder des Gegners als im offenen Einzelkampf bestand.

Überhaupt war das sozial-kriegerisch-feudale Element nur eine von *drei Komponenten des Rittertums,* die so verschiedenartig schienen, daß man sogar von drei unterschiedlichen Ritterbegriffen gesprochen hat. Neben dem besprochenen feudalen Typ (Painter) des «vornehmen Ritterkriegers» (Bumke) stand der religiöse Typ (Painter) des «promovierten Ritters» (Bumke), dem eine geistliche Funktion verliehen wurde: Der christliche Ritter kämpfte im Dienst der Kirche[42] und wurde dadurch – zuerst wieder in Südfrankreich in der 2. Hälfte des 11. Jh. – zum *miles christianus,* ein Ideal, das dem Mönch als dem *miles Christi* nachgebildet war, wobei der Ritter natürlich mit seinen, den weltlichen, Waffen diente.[43] Diese religiöse Funktion wurde schließlich so selbstverständlich, daß sie sich mit dem bloßen *miles*-Begriff verband, also den Zusatz *christianus* überflüssig machte: Als Urban II. 1095 in Clermont zum Kreuzzug aufrief, sprach er den berühmt gewordenen Satz: *Nunc fiant (Christi) milites, qui dudum exstiterunt raptores* (Jetzt sollen Ritter werden, die zuvor Räuber waren).[44] Religiöse Aufgaben traten also in das Leben des Ritters, dem zuerst Abt Odo von Cluny (927–942) in seiner «Vita Geraldi», der ersten Heiligenvita eines Laien seit der Märtyrerzeit, den Weg zum Heil (nämlich die Möglichkeit, heilig zu werden) wies. Im 12. Jh. fragte Johannes von Salisbury: «Zu welchem Zweck ist das Rittertum geschaffen? Die Kirche zu schützen, den Unglauben zu bekämpfen, das Priestertum zu ehren, die Armen vor Unrecht zu schützen, das Land zu befrieden, das eigene Blut zu opfern und, wenn nötig, das Leben hinzugeben für die Brüder».[45] Der Rittereid verpflichtete zum Schutz der Wehrlosen und Schutzbedürftigen. Konkrete Anwendung fand diese Verpflichtung in der Gottesfriedensbewegung, die am Ende des 10. Jh. in Südfrankreich entstand und sich bald nach Norden ausbreitete und die unter kirchlicher Leitung für Recht und Ordnung sorgen wollte; um das zu erreichen, verpflichtete man den Ritter zur Aufrechterhaltung des Friedens gegenüber Kirche und Wehrlosen (wie Klerikern, Bauern, Frauen) und zur Bestrafung der Friedensbrecher, eine Selbstbindung, die andererseits natürlich auch gegen (friedensbrechende) Ritter gerichtet war. In den Kreuzzügen wurde die Aktivität des *miles christianus* nach außen, zum Kampf gegen die Ungläubigen, gelenkt, zunächst gegen die Mohammedaner zur Befreiung des Hl. Grabes in Jerusalem, dann gegen Heiden überhaupt, wie die Slawen in den Ostgebieten und schließlich auch gegen Häretiker im Innern (Abb. 24). Die in diesem Zusammenhang entstehenden Ritterorden suchten Schwertdienst und mönchisches Leben geradezu miteinander zu verbinden. Den Quellen nach zu urteilen, war dieses christliche Rittertum im Dienst des Glaubens zunächst eine «Fremdbestimmung» seitens der Kirche (Althoff); man muß aber sicherlich annehmen, daß sie mit einer gleichzeitigen Selbstbesinnung des Adels zusammentraf, der hier durch den zeitgemäßen Reformgedanken erfaßt wurde und – zumal eine Reihe von Rittern später ins Kloster eintrat – monastische Ideen, vor allem aber auch das Gedankengut der Herrscherethik für sich in Anspruch nahm. In der mittelhochdeutschen Literatur (voran im Parzival) äußerte sich die Verchristlichung in der (im Gralsgeheimnis symbolisierten) göttlichen Gnade des Ritters. Daß freilich auch der *miles christianus* ein nur selten verwirklichtes Ideal blieb, ist ebenso unbestreitbar wie die Tatsache, daß die Verchristlichung des Rittertums auch einen sozialen Hintergrund hatte; die Expansion nach außen wurde notwendig, weil die Ressourcen im Innern erschöpft waren und manche ritterliche Familie zu verarmen drohte. Weil soziales und ethisches Element sich überlagerten, sind die Ritter so schwer als soziale Gruppe zu fassen.[46]

Das gilt noch mehr für den dritten, den «romantischen Rittertyp» (Painter), der uns in der höfischen Literatur entgegentritt (Bumke spricht mit Blick auf die höfische Liebe vom «Frauenritter»). Das Ideal des *«höfischen Ritters»* (wie ich ihn lieber nennen möchte), war vielleicht am mei-

Abb. 24 Ritter auf dem Kriegsmarsch (Hrabanus Maurus-Handschrift, Montecassino, 11. Jh.).

sten von der Wirklichkeit entrückt, doch trug es dank seiner ethischen Tendenz dazu bei, den Ritter an einen bestimmten Ehrenkodex zu binden. Bezeichnend ist eine Szene aus Hartmanns «Erec» (v. 6507 ff.): Daß ein Graf seine junge Frau (Enîte) schlug, erboste alle seine Ritter, obwohl er rein rechtlich dafür nicht zu belangen war. Im Mittelpunkt dieses höfischen Rittertums stand ein Tugendsystem als Ausdruck der neuen Ritterethik.[47] Der Ritter mußte dauernd seine Ritterlichkeit (seine *werdekeit*) beweisen, indem er durch seine Tapferkeit wie durch sein Benehmen *êre* (Ehre), *triuwe* (Treue), *reht* (Recht), *milde* (Milde) und vor allem *mâze* (das rechte Maß) walten ließ. Interessant und, da sie der Frühzeit angehören, noch realistisch anmutend sind die Mahnungen, die der König dem Ruodlieb mit auf den Weg gab, als dieser wieder nach Hause zurückkehrte, wie zum Beispiel (v. 5, 457 ff.):

«Ist auch der Weg mit Schlamm bedeckt,
der breit sich durch das Dorf erstreckt,
Darfst du das Pferd vom Weg nicht leiten
und etwa durch die Saaten reiten».

(Die Mahnung erinnert an den Bauernschutz der Gottes- und Landfrieden, endet hier allerdings mit der wenig schmeichelhaften Begründung:

sonst mißhandelt dich womöglich der Bauer und nimmt dir dein Pferd weg). In der Liebe waren die Standesunterschiede zu beachten (v. 476 ff.):

«Halt deine eigne Magd, wenn sie
auch noch so schön ist, dennoch nie,
Als stünde sie mit dir genau
auf gleich und gleich als Ehefrau!
(Die Begründung lautet auch hier allerdings):
Sonst wird sie frech dir aufbegehren
und jede Achtung dir verwehren,
Sonst wird sie sicherlich vermeinen,
sie müsse jetzt als Herrin scheinen,
Wird sie dann deines Bettes Schatz
und nimmt an deinem Tische Platz,
Wenn neben dir bei Schlaf und Essen
sie erst gelegen und gegessen,
Will über alles sie am Ort
allein befehlen in einem fort.
So etwas hängt dem braven Mann
nur schlimmen Schimpf und Schande an.»

Die Ratschläge des Königs sind also durchaus praktischer Art und an den Zeitvorstellungen orientiert. Zur Ehe heißt es weiter (v. 484 ff.):

«Stellt sich der Wunsch bei dir mal ein,
ein wirklich edles Weib zu frein,
Damit du selber Kinder hast,
die du mit Liebe gern umfaßt,
Dann suche dir die Gattin aus
in einem angesehenen Haus
Und nur, wenn deine Mutter nicht
mit ihrem Rat dir widerspricht!
Hast du sie so gewählt, füg du
jedwede Ehre ihr auch zu.
Stell sanft und gut dich zu ihr ein,
doch mußt du stets ihr Meister sein,
Daß Zank nicht etwa in den Sinn
ihr komm und sie mit Streit beginn!
Denn keine größre Schande kann
es jemals geben für den Mann,
Als wenn er der gehorchen wollte,
der er mit Recht gebieten sollte.»

Die vielgepriesene «höfische Liebe» kannte also durchaus ihre praktischen Grenzen: Die ritterliche Gesellschaft blieb eine männlich bestimmte Gesellschaft. Es folgen noch Sätze wie: «Laß nicht vom Jähzorn dich befallen» (v. 498); oder: «Von jedem Streit mit deinem Herrn / und Meister halte stets dich fern» (v. 502 f.). Und natürlich fehlte nicht das religiöse Element (v. 511 ff.):

«Und wo du auch auf Reisen bist,
beeile dich zu keiner Frist
So sehr, daß du an jedem Ort,
wo Kirchen stehen, nicht sofort
an deren Heilige dich wendest
und dein Gebet zu ihnen sendest!
Schallt irgendwo der Glocken Klang
und tönt der Messe heiliger Sang,
Dann steig vom Pferde auf der Stell,
begib dich in die Kirche schnell,
Daß dir der Segen und das Heil
des Christenfriedens wird zuteil.»

Diese recht praktischen Ermahnungen des Königs im Ruodlieb zeigen, daß sich Ethos durchaus mit Eigenwohl verbinden ließ, und sie warnen zugleich davor, das hochstilisierte Ritterideal der späteren höfischen Epik mit der Wirklichkeit gleichzusetzen. Die ethische Bindung gab dem Rittertum jedoch ein neues, im Grunde zeitloses Selbstwertgefühl. Die Erzählung «Moritz von Craûn»[48] vom Ende des 12. Jh. verlegte den Ursprung des Rittertums in einer ausführlichen Schilderung in das alte Griechenland: Ritterlicher Geist herrschte bereits im trojanischen Krieg, wanderte dann nach Rom (Caesar als Ritter!), konnte sich hier aber unter dem grausamen Nero nicht halten und zog weiter ins Frankenreich (Karl der Große als Ritter!). Moritz von Craûn, der Titelheld, war der ideale Ritter, «von edler Gestalt, feingebildet, klug, von regem Geist und höfischer Gesinnung.» Bildung und Anstand standen hier im Vordergrund, aber auch im Turnier war Moritz unbesiegbar. (Sein auch in der Literatur unvermeidlicher Fehler – sonst gäbe es keine Handlung, die zur inneren Läuterung des Helden führte – bestand dann allerdings doch in mangelnder Etikette: Er verlor die Gunst einer Dame, weil er nach einem Turniersieg einschlief, während er auf sie wartete).

Die Ethisierung der Ideale des Kriegerstandes rückte den *Dienst* ins Zentrum des Rittertums: Ritterleben war in der Selbstauffassung – entsprechend den drei Rittertypen – stets freier (=freiwilliger) Dienst für einen Herrn, für Kirche und Christenheit oder als Frauendienst (van Winter). Aussagekräftig für dieses Ideal sind wiederum die Anfangszeilen des Ruodlieb (v. 1, 1–12):

«Es war ein Ritter einst geborn,
aus einer Sippe auserkorn,
Der seinen angestammten Adel
mit Sitten schmückte ohne Tadel;
Der hatte sich, wie man berichtet,

manchem reichen Herrn verpflichtet
und diente ihnen nach ihrem Begehren . . .
Was ihm auch seine Herren sagen,
was einer ihm auch aufgetragen,
Sei's daß er rächend sie vertrat,
sei's daß er anderes für sie tat.
Nichts davon schob er lange auf,
erledigte alles in eifrigem Lauf.
Für diese Herrn mußt' er sein Leben
sehr häufig in den Tod begeben,
Ob's auf der Jagd, in Kriegsgefahr,
ob's sonst bei einer Handlung war.»

(Ruodlieb erhielt jedoch keinen Lohn und ging deshalb in fremde Länder).

Nach verbreiteter Meinung geriet das Rittertum mit dem 13. Jh. in eine Krise; man wurde sich des Widerspruchs zwischen Ideal und Wirklichkeit bewußt (so wenigstens schien es in der nun wieder realistischer anmutenden Literatur). Freilich darf man diesen «Verfall» nicht an dem übersteigerten, literarischen Idealbild der Blütezeit messen. Schon vorher gab es nämlich durchaus auch warnende Stimmen, die andeuteten, wie weit das literarische Ideal tatsächlich von der Wirklichkeit entfernt war. Walter Map verglich in seiner Schrift «De nugis curialium» den englischen Königshof mit der Hölle, und Peter von Blois kritisierte in einem Brief von ca. 1170[49] den Verfall der Kriegszucht: Früher hätten sich die Ritter durch einen Eid gebunden, in der Schlacht nicht zu fliehen und den Nutzen des Gemeinwohls dem eigenen Leben voranzustellen; auch heute erhielten sie ihre Schwerter vom Altar zur Ehrung der Priester, zum Schutz der Armen und zur Strafe der Übeltäter, ihre Handlungen jedoch kehrten das ins Gegenteil: Sie wendeten sich gegen die Gesalbten des Herrn (die Priester) und wüteten im Patrimonium des Kreuzes (im kirchlichen Grundbesitz), plünderten die *pauperes Christi* (die Mönche) aus, bedrängten die Elenden und befriedigten ihre Gelüste im Schmerz der anderen. Statt im Krieg gegen die Feinde des Kreuzes Christi ihre Kräfte zu messen, stritten sie beim Trinken um die Wette; die Ritter zögen nicht mit dem Schwert, sondern mit Wein in den Krieg, nicht mit Lanzen, sondern mit Käse, nicht mit Wurf-, sondern mit Bratspießen. Sie lebten in Muße und entehrten so die Ritterpflicht (das *officium militiae*); goldene Schilde sprächen der Kampfpflicht Hohn, an die Stelle der Kampfbegierde sei der Wunsch nach Beute und nach unberührten Jungfrauen getreten; Kriege ließen sie nur noch auf Bildern darstellen, um sich fiktiv an etwas zu erfreuen, was sie nicht wirklich erleben wollten. Wenn hier gerade ein Mönch, der seine Beispiele für rechtes Rittertum im übrigen wieder in der römischen Kaiserzeit fand, den Ritter daran erinnern mußte, daß er zum Kämpfen bestimmt sei, so läßt sich das allseits verbreitete Ideal kaum deutlicher ausdrücken. Man darf allerdings auch diese in ethischer Tendenz verfaßte Zeitkritik nicht mit der Wirklichkeit verwechseln und sich die ritterliche Gesellschaft nun umgekehrt als eine Bande von Zechbrüdern vorstellen. Das negative Gegenbild macht jedoch noch einmal deutlich, daß das Ritterideal in allen drei Typen, nämlich als Krieger, als christlicher Soldat und als tugendhafter Held, nicht das Rittertum schlechthin verkörperte, daß vielmehr manche Abstriche an den kirchlichen Forderungen ebenso wie an dem literarischen Selbstverständnis zu machen sind. Gerade die abschließende Äußerung, Kriege ließen sie nur noch auf Bildern darstellen, warnt davor, Kunst und Literatur als Realität aufzufassen, hier wurde nur programmatisch verkündet, wie Ritter gerne leben wollten. Unter solchen Voraussetzungen ist das höfische Leben zu betrachten.

4. Das höfische Leben

a. Alltag und höfische Kultur

Der Alltag des Ritters[50] ist schwerer zu beschreiben als der Alltag des Bauern, der im wesentlichen aus Arbeit bestand. Bei ritterlichem Leben denkt man eher an Feste und Turniere, die jedoch keineswegs alltäglich waren, sondern nur gelegentliche Höhepunkte darstellten. Folgt man den Quellen, so bestand die *«Arbeit»* des Ritters im Kampf (und als mühevoller Kampf ist das mittelhochdeutsche *arebeit* tatsächlich zu übersetzen). Die Epenhelden ritten in der Gegend umher und bestanden ein Abenteuer nach dem anderen, um ihrer Frau zu gefallen oder eine Frau zu gewinnen. Als Erec mit Enîte zu seiner zweiten Abenteuerfahrt aufbrach, wurden sie schon in der ersten Nacht zunächst von drei, dann von fünf weiteren Räubern überfallen; am nächsten Morgen empfing sie ein Burgherr; ein anderer Gastgeber wollte Enîte für sich gewinnen, Erec bezwang ihn und sechs seiner Leute; kurz darauf mußte er gegen einen zwergenhaften Landesherrn einen Zweikampf bestehen; Gawain lud ihn und Enîte an den Artushof ein, wo sie es aber nur eine Nacht aushielten; nach dem Aufbruch trafen sie schon nach einer Meile auf eine Frau, deren Mann Erec aus der Gewalt zweier Riesen befreite ... So ist es zweifellos dem «Alltagsritter» nicht ergangen; Kampf und Abenteuer waren literaturwürdige Ausnahmefälle (und zudem zeitlich zu einer dichterischen Einheit zusammengedrängt). Man wird davon ausgehen dürfen, daß auch die Herren einen Teil des Tages mit normaler Arbeit, nämlich mit der Verwaltung ihrer Güter und der Wahrnehmung ihrer Rechte, verbrachten; zumal die Landesherren hatten sich um ihr Territorium zu kümmern, der Adel seine Vasallen- und Kriegsdienste, Ritter und Ministerialen ihre Amtspflichten zu erledigen. Andererseits ließ der Alltag dem Ritter zweifellos weit mehr Zeit für Muße und Vergnügungen als dem Bauern; man darf ihn sich nur nicht ausschließlich als Müßiggang vorstellen.

Wurde das Rittertum in der Dichtung im allgemeinen idealisiert, so konnte es später, wie im «Meier Helmbreht», auch zur Satire werden. In diesem «Schelmenepos» werden zwei *Ritterbilder* nebeneinander gestellt: Der junge Helmbreht hatte den väterlichen Bauernhof verlassen, um Ritter zu werden (vgl. o. S. 140 f.). Nach einem Jahr Hofleben tauschten Vater und Sohn die Erfahrungen aus. Der Vater zeichnete, vom Standpunkt des Bauern aus mit einem gewissen Unverständnis, das Bild der früheren, idealen Rittergesellschaft (v. 913 ff.): «Vor Zeiten, als ich noch ein Jüngling war und dein Großvater Helmbreht mich mit Käse und Eiern zum Hofe schickte, wie es das Meierrecht will, da schaute ich mir die Ritter an und gab wohl acht darauf, wie sie sich benahmen. Sie waren höfisch und liebenswürdig ... und hatten eine Gewohnheit, die den Damen sehr gefiel; eine nannten sie Buhurdieren ... Sie stoben aufeinander los, als ob sie von Sinnen wären – und wurden dafür noch gepriesen! – eine Schar hin, die andere her. ... Als das vorbei war, tanzten sie unter heiterem Gesang. Das vertrieb ihnen die Zeit. Bald trat ein Spielmann auf und ließ seine Geige ertönen. Da erhoben sich die Damen, ... die Ritter gingen ihnen entgegen und nahmen sie bei der Hand. ... Danach trat einer auf, der etwas von einem gewissen Ernst [d. h. aus dem Epos «Herzog Ernst»] vorlas. In dieser höfischen Geselligkeit fand ein jeder das, wonach sein Sinn stand. So schossen auch welche mit dem Bogen nach einem Ziel. An Vergnügungen war kein Mangel: Der eine fand es bei der Treibjagd, der andere auf der Pirsch.» Rittertum bestand demnach auch nach dieser Vorstellung aus Turnier, Fest, Vergnügen, Sport und vor allem höfischer Gesinnung. (Das Publikum war im übrigen auch hier derselbe Adel: Der alte Helmbreht sprach also mit unüberhörbarer ethischer Tendenz; zugleich wollte er dem Sohn die Aufstiegsambitionen ausreden). Der junge Helmbreht stellte dieser Schilderung das gegenwärtige Ritterleben entgegen und bestätigte, ohne es zu wollen, den Verfall (v. 985 ff.): «Höfisches Leben sieht heute so aus: ‹Trinkt, Herr, trinkt und trinkt!› ... Früher traf man die vornehmen Herren bei den schönen Damen an, heute findet man sie im Wirtshaus. Von früh bis spät sind ihre größten Sorgen, daß ihnen der Wirt, falls der Wein ausgeht, auch ja eine ebenso gute Sorte herbeischafft wie die, die sie so in Hochstimmung versetzt hat. Ihre Minnereden klingen heute so: ‹... Ein wahrer Tor, der sich jemals nach einer Frau mehr gesehnt hat als nach gutem Wein.› Lug und Trug sind heute höfische Art. ... Auch die alten Turniere gibt's nicht mehr, jetzt werden moderne ausgetragen. Wenn man früher rufen hörte: ‹Hei, Ritter, sei frohgemut›, so klingt es heute den ganzen Tag: ‹Jage, Ritter, stich und schlag drauf los! Stich diesem die Augen aus, schlag jenem den Fuß ab und einem anderen die Hände! Diesen hänge auf, und jenen Reichen nimm gefangen, denn er bringt uns hundert Pfund Lösegeld ein!›» (Ohne es zu wissen, nimmt Helmbreht hier bereits sein eigenes Schicksal vorweg). Das klingt schon ganz nach dem Raubrittertum des späten Mittelalters, allerdings verwechselt der junge Helmbreht in seiner Aufstiegssucht echtes Rittertum mit Banditentum, das höfische Publikum hörte diese Ironie deutlich heraus. Beide Schilderungen sind bewußt überzeichnet und führen die Extreme ritterlichen Lebens vor. Thematisch kreiste ritterliche Kultur jedenfalls schon für die Zeitgenossen um die Momente Vergnügen und Gesinnung; beides mußte aber übereinstimmen.

Die «Kultur», die höfischen *Gesellschaftsformen,* waren wiederum aus Südfrankreich importiert. Literarische Beschreibungen und Funde wie kostbar verzierte Nagel- und Ohrreiniger lassen die Sorge für eine gewisse Hygiene erkennen; Kämme waren vielfach mit Szenen aus der höfischen Literatur versehen, etwas später waren auch Spiegel bekannt. Der Körperpflege widmete man im allgemeinen immerhin soviel Aufmerksamkeit, daß ihre Vernachlässigung als asketische Ausnahmegesinnung gelten konnte. Schon Ruotger berichtet von Brun, dem Bruder Ottos des Großen:[51] «Im Bad wusch er sich kaum jemals mit Waschmitteln und Mitteln, um die Haut glänzend zu machen, was um so erstaunlicher ist, als er von der Wiege an mit solchen Mitteln der Reinlichkeit und in königlichem Komfort aufgezogen worden war.» In den Dichtungen legte der Ritter nach seiner gastlichen Aufnahme in einer fremden Burg seine Rüstung ab, um zuerst, von der Tochter des Hauses (!), gebadet, gekämmt und gesalbt zu werden. Wieweit auch dieses Bild einer verbreiteten Wirklichkeit entspricht, sei freilich dahingestellt.

Von einer gewissen Kultur kann man auch beim *Essen* reden. Das Mahl, das von einer zahlreichen Dienerschaft aufgetragen wurde, dauerte oft recht lange, wenn auch die literarischen Berichte hier wiederum gewaltig übertreiben (Abb. 25). Schon von Karl dem Großen heißt es bei Einhard, daß er im Trinken mäßig, beim Essen allerdings weniger zurückhaltend gewesen sei; ein gewöhnliches Mahl umfaßte danach «nur» vier Gänge (den Spießbraten nicht eingerechnet).[52] Sicherlich darf man das nicht auf jede Ritterburg übertragen, aber Fleisch (auch das erjagte Wild) kam hier zweifellos häufiger auf den Tisch als in den Bauernhütten. Das Essen war zumindest bei besonderen Gelegenheiten von Musik und Jongleuren begleitet. (Karl der Große hörte nach Einhard während der Tafel einem Musikanten oder einem Vorleser zu, wobei er Geschichten und Taten aus der Vergangenheit bevorzugte). Von einer Eßkultur zeugen schließlich auch die Tischsitten, die im späteren Mittelalter

Abb. 25 Ein mittelalterliches Fest mit Musikanten und Schenken: Die Verlobung Davids mit der Tochter König Sauls (Petrus Lombardus-Handschrift, Ende 12. Jh.; Ausschnitt).

schriftlich festgehalten wurden. Ermahnungen, mit einem eigenen Löffel zu essen – zum Besteck gehörte daneben nur ein oft gemeinsames Messer –, nicht zu rülpsen oder in das Tischtuch zu schnupfen, sich mit diesem nicht Mund und Augen abzuwischen und die abgenagten Knochen nicht in die (gemeinsame) Schüssel zurückzulegen, wären allerdings unnötig gewesen, wenn sich solche Tischsitten bereits allgemein durchgesetzt hätten.

Eine interessante Neuerung betrifft die *Kleidung*, denn in der ritterlichen Gesellschaft kam so etwas wie Mode auf. Schon vorher zeigte der Adel eine (vielfach kritisierte) Neigung zu «exotischer», vor allem an Byzanz orientierter Seidenkleidung. In Heiligenviten wird das einfache Gewand oft als Attribut eines asketischen Lebens gelobt; der Erzbischof Brun von Köln zum Beispiel lehnte laut Ruotger die weichen und feinen Kleider, in denen er herangewachsen war, ab und erschien inmitten seiner purpurtragenden Diener und goldglänzenden Vasallen in einfachem Gewand und ländlichen Schafspelzen.[53] Auch von Karl dem Großen heißt es, daß er die fränkische Tracht der ausländischen Kleidung vorzog;[54] nach einer Anekdote Notkers von St. Gallen tadelte er die Seidenkleidung der Großen und bewies auf einer Jagd den Nutzen seines einfachen Schafspelzes.[55] Bei festlichen Gelegenheiten schritt aber auch Karl «in einem mit Gold durchwirkten Kleid und mit Edelsteinen besetzten Schuhen einher, den Mantel durch eine goldene Fibel zusammengehalten, auf dem Haupte eine aus Gold und Edelsteinen gezierte Krone».[56] An den Fürstenhöfen des hohen Mittelalters zählte modische Kleidung zum Bestandteil des höfischen Lebens. Die Dichter beschrieben die Kleider nach der letzten, vornehmlich französischen Mode oft bis ins Detail, die Zuhörer hatten also offensichtlich ihre Freude an solchen Schilderungen. Miniaturen bestätigen dieses Bild, wobei auch hier allerdings anzunehmen ist, daß die Festtags- und nicht die Alltagskleidung dargestellt wurde. Gewand und Mantel, bei der Frau oft auch das Obergewand, waren nun bodenlang, faltenreich und mit weiten Ärmeln und einer Schleppe versehen, aus kostbaren Stoffen (wie Seide) gefertigt und farbig, doch gab es zahlreiche und immer neue Spielarten. Obergewand von Mann und Frau glichen sich später zumindest teilweise einander an (vgl. Abb. 7 o. S. 56). Die Kleider waren enger geschnitten und ließen Formen erkennen. Erst jetzt wurde die ständische Unterscheidung nach der Kleidung wirklich augenfällig.

b. Die Höhepunkte: Feste und Turniere

Am meisten beschäftigten sich die Quellen mit den Höhepunkten ritterlichen Lebens, den festlichen Gelegenheiten. Schon von Karl dem Großen heißt es bei Einhard, daß er zwar höchst selten, nämlich anläßlich von Festen, dann allerdings in zahlreicher Gesellschaft, *Gastmahle* gab.[57] Meist nutzte man für große Feiern vorgegebene Anlässe aus, wobei auch Kirchenfeste keineswegs nur religiös begangen wurden. Zum Fest gehörte ohnehin eine Messe, an die sich dann der «gesellige» Teil anschließen konnte. Auch Kirchenfürsten feierten. Nach einer Anekdote Notkers von St. Gallen aus dem 9. Jh. suchte ein Bischof, der nicht gut predigen konnte, die kontrollierenden Königsboten durch ein festliches Mahl für sich zu gewinnen:[58] «Nach dem Ende der Messe betraten sie eine mit bunten Teppichen und Tüchern aller Art geschmückte Halle, in der in großartiger Weise das Mahl in goldenen, silbernen und edelsteinverzierten Gefäßen den an Unlust und Übelkeit leidenden Appetit anregen konnte. Der Bischof selbst saß auf den weichsten Daunenkissen, die mit prächtigster Seide überzogen waren, in kaiserlichen Purpur gehüllt, so daß ihm bloß noch ein Szepter und der Königstitel fehlten, umgeben von Scharen reichster Vasallen. ... Er ließ die kundigsten Meister der Musik mit allen möglichen Instrumenten auftreten, von deren Lied und Spiel die härtesten Herzen schmolzen und die flüssigsten Wellen des Rheins erstarrten. Die verschiedensten Arten von Getränken, mit mancherlei Gewürzen und Zutaten versetzt, bekränzt mit Kräutern und Blumen, die den Glanz von Gold und Edelstein trugen und ihren roten Schein auf jene zurückwarfen, blieben, da der Magen schon übervoll war, ungeleert im Becher. Inzwischen bereiteten die Bäcker, Fleischer, Köche und Wurstler für die vollen Mägen mit erlesenen Künsten allerlei Leckerbissen, ein Mahl, wie es für den großen Karl nie bereitet worden ist.» Die Anekdote wollte das anmaßende Benehmen des Bischofs anprangern und überhöhte deshalb den Vorgang: Der Mönch Notker beschrieb also ein Fest, wie er es sich zu seiner Zeit prunkvoller nicht vorstellen konnte. Dabei kam es offenbar auf Üppigkeit, Beiwerk und Prunk an. Notker kritisierte nicht, daß auch ein Bischof feierte, sondern daß er dabei den Kaiser an Pracht übertraf. Selbst ein (künftiger) Heiliger wie Bischof Ulrich von Augsburg beendete die Fastenzeit am Ostersonntag regelmäßig mit einem reichen Mahl an drei festlich gedeckten Tafeln, wenn auch der Biograph sich bemühte, den religiösen und gesitteten Rahmen herauszustellen[59]: «Zur angegebenen Zeit erschienen so viele Spielleute, daß sie fast die ganze Empore des Saales füllten, wo sie gemäß ihrem Rang standen; sie führten drei Singspiele auf. Als so die Stimmung wuchs, erhielten die Kanoniker auf ein Zeichen des Bischofs hin den ‹Minnetrank›, wobei sie im Wechselgesang die Auferstehung des Herrn besangen. [Die typisch mittelalterliche Verknüpfung von Geistlichem und Weltlichem wird also sogar auf dieser Ebene deutlich]. . . . Gegen Abend ließ der Bischof sich und denen, die an seinem Tisch saßen, frohgestimmt die Becher reichen und bat alle, gemeinsam den dritten ‹Minneschluck› einander zuzutrinken. Anschließend stimmte der gesamte Klerus voller Freude den dritten Wechselgesang an. Unter dem Gesang einer Hymne erhob man sich, um sich zum Vespergottesdienst zu begeben.»

Die Beispiele lassen erkennen, daß man sich solche Höhepunkte nicht zu häufig vorstellen darf. Feste im Mittelalter brauchten einen *Anlaß:* eine Hochzeit oder eine Thronerhebung oder auch die Rückkehr von einer Reise oder von einem Feldzug, nicht zuletzt auch die hohen Kirchenfeste, in der höfischen Gesellschaft dann besonders die Schwertleite der jungen Ritter. Prunk und Pracht gehörten von jeher zur volkstümlichen Vorstellung vom Leben am Hof, entsprachen aber zumindest im früheren Mittelalter nur bedingt der Wirklichkeit und waren auch später allenfalls an den großen Höfen, nicht aber in den engen Ritterburgen möglich. Der in königlichem Auftrag nach Byzanz entsandte Bischof Liudprand von Cremona konnte im 10. Jh. den dort entfalteten Glanz nur staunend bewundern, wenn er von vergoldeten Bäumen mit künstlichen Vögeln, dem höhenverstellbaren kaiserlichen Thron und beweglichen Löwenstatuen im Palast berichtete.[60] Das Mahl wurde an neunzehn Tafeln (nach römischer Sitte) liegend eingenommen und von Spielern und Akrobaten begleitet; die goldenen Schüsseln waren so schwer, daß sie an Winden von der Decke herabgelassen werden mußten.[61]

Musik spielte eine große Rolle an den Höfen (Abb. 26). Nicht nur bei den Mahlzeiten, auch beim Bade oder auf Reisen ließ man sich von Musikern begleiten; Musik sollte auch sonst stimulierend (auf die Gefühle) wirken,[62] und sie gehörte neben dem Mahl natürlich zu einem mittelalterlichen Fest; jetzt war auch Gelegenheit, Dichtungen anzuhören, zu tanzen, Schauspielern und Akrobaten zuzusehen. (Auch der Minnesang war gewissermaßen ein adliges Gesellschaftsspiel.) Zur Unterhaltung am Hof gehörten daher als fester Bestandteil die *Spielleute,*[63] die Possenreißer *(scurrae),* Mimen *(mimi)* oder Jongleure und Gaukler *(ioculatores),*

Abb. 26 Musik am Königshof: David als Weltenmusiker mit zwei Kriegern und vier Instrumentalisten, in der sonst Christus und die Evangelisten umrahmenden Mandorla; in den Ecken die vier Kardinaltugenden (Vivianbibel, Tours um 845/46).

die meist in auffällig bunter Kleidung auftraten. Die Begriffe deuten schon die Vielseitigkeit dieser Künstler an: Der Spielmann war Dichter und Geschichtenerzähler, der eigene und fremde Dichtungen vortrug; er war Musiker, der mehrere, oft selbstgebaute Instrumente beherrschte; am beliebtesten waren Harfe, Laute, Fiedel (eine dreisaitige Geige) und Flöte. Insgesamt sind 29 verschiedene Instrumente bekannt, darunter auch ein Glockenspiel aus einzelnen Glocken, eine Art Orgel, Hörner, Pauken, Zither und Monochord. Der Spielmann war aber auch Schauspieler, Tänzer, Seiltänzer, Akrobat, Dompteur und Zauberer. Giraud de Calanson konnte nach eigener Aussage dichten, springen, trommeln, messerwerfen, ein Saiteninstrument spielen, Marionetten tanzen lassen, durch vier Reifen springen, Vögel nachahmen sowie Hunde und Affen dressieren.[64] Außerdem mußte der Spielmann schimpfen und spotten. In dieser Funktion begegnet mehrfach schon der *scurra* in Notkers «Gesta Karoli», der durch seine Schlagfertigkeit hervortrat und auch Kritik anbringen durfte; ein solcher *scurra* tadelte zum Beispiel Karl den Großen, weil dieser die Verwandten der ersten Gemahlin des Königs nach deren Tod plötzlich vernachlässigte.[65] Der Spielmann war damit gewissermaßen Vorläufer des späteren Hofnarren, der seit dem 12. Jh. nachweisbar ist, aber erst im späten Mittelalter zu einer weitverbreiteten Institution wurde (mit Narrenkleid und «Marotte», einem Szepter mit einer Glaskugel, die die Welt symbolisierte).[66] Der Spielmann war vielseitiger; jeder Mime hatte seine besonderen Fähigkeiten und wanderte damit von Hof zu Hof, denn auch hier wollte man natürlich immer wieder etwas Neues sehen. Dabei hatten diese wandernden Spielleute schließlich noch eine weitere, wichtige Funktion zu erfüllen, waren sie doch Informationsträger für den Hofklatsch.

Der höfische Spielmann des Mittelalters hatte Vorläufer schon in der Antike[67] und im germanischen *skôp*, dem Sänger und Harfenspieler. Im 11. Jh. schien die Nachfrage (besonders in Frankreich) größer zu werden, und die Spielleute schlossen sich zu einer Berufsgruppe zusammen. Sie stammten teils aus dem verarmten Niederadel, teils aber auch aus dem Bürgertum, dem niederen Klerus, später auch aus eigenem Nachwuchs, waren relativ recht- und besitzlos und daher auf den Schutz des Adels angewiesen. Ihr Lohn bestand in Geldzahlungen, Speisung und Herberge, Kleidung, auch Instrumenten, Pferden oder Empfehlungsschreiben, zeitweise waren sie auch fest angestellt; das «Spielmannslehen» (als Grundbesitz) blieb die Ausnahme. Spielleute konnten aber auch zu anderen Missionen am Hof herangezogen werden: Im Nibelungenlied schickte Etzel seine Spielleute als Gesandte an den burgundischen Königshof. Der Spielmann war hier in die höfische Gesellschaft integriert (wobei man freilich nicht übersehen darf, daß Spielleute auch die Dichter dieser Epen waren und durch Eigenlob in den Versen ihre eigene

Stellung zu heben wußten). Wir wissen aber auch, daß manche Fürsten sich selbst gern als Spielmann betätigten; der Volker des Nibelungenliedes wurde Spielmann genannt, weil er Fiedel und Bogen gut zu führen wußte; Herzog Wilhelm IX. von Aquitanien gehörte bekanntlich zu den ersten Minnesängern.

Zwiespältig war das Urteil der Kirche.[68] Neben genereller Ablehnung von Schauspielen und ähnlichen Darbietungen beeinflußte der schlechte Ruf mancher Spielleute das Urteil; für Honorius im 12. Jh. waren die *ioculatores* Diener des Teufels ohne Hoffnung auf das Seelenheil;[69] weibliche Spielleute und Tänzerinnen wurden den Dirnen gleichgestellt. Wenn Abaelard in den Spielleuten eine gefährliche Konkurrenz zur christlichen Messe erblickte,[70] so hörten manche Christen offenbar lieber dem Spielmann als dem Priester zu. Kirchliche Ermahnungen blieben allerdings fruchtlos, zumal es an den Bischofshöfen später nicht wesentlich anders zuging als auf den Ritterburgen. Bischof Adalbert von Bremen hielt an seinem Hof neben Schönrednern, Traumdeutern und Astrologen auch Spielleute; nur Gaukler mit ihren unflätigen Gebärden soll er aus seiner Gegenwart verwiesen haben.[71] Der Erzbischof selbst frönte einem anderen höfischen Vergnügen: Er lästerte gern über andere Leute.[72]

Festessen, Musik, Tanz und künstlerische Darbietungen bildeten eher den Rahmen für den eigentlichen Höhepunkt eines Hoffestes: das *Turnier,* das – als Massenturnier – in Frankreich schon in der zweiten Hälfte des 11. Jh., in Deutschland erstmals zum Jahre 1127 in Würzburg bezeugt ist.[73] Es war Waffenübung und Sport zugleich und außerdem die sinnfälligste Selbstdarstellung des Rittertums und der ritterlichen Gesellschaft;[74] es konnte nur an den großen Höfen, nicht auf den engen Burgen stattfinden; im späteren Mittelalter wurden die Städte zu bevorzugten Turnierorten. Das Turnier war ein Wettkampf nach festen Regeln, die sich aber wohl erst im Laufe der Zeit ausbildeten. Seine Ursprünge lagen im alten Kampfspiel als Übung für den Ernstfall. Besonders anfangs glichen die Gruppenkämpfe noch sehr einer wirklichen Reiterschlacht, wobei es aber um den Sieg und nicht wie bei der Fehde darum ging, dem Gegner Schaden zuzufügen. Oft wurde auch mit stumpfen Waffen gekämpft, dennoch gab es viele Verletzungen, vor allem Quetschungen und Brüche, und sogar Todesfälle. Unter den Kampfformen stachen zwei besonders hervor: Neben den Buhurt, den Gruppenschaukampf nach dem Vorbild einer Reiterschlacht, trat – erst später – der Tjost, ein mit der Lanze geführter Zweikampf zu Pferde. Wurde der Gegner abgeworfen, so setzte man den Kampf mit dem Schwert fort, bis einer aufgab. Friedlichere Varianten, bei denen es etwa galt, im Vorbeiritt mit der Lanzenspitze einen Ring von einer Stange aufzuspießen oder einen Pfosten zu treffen, dessen Drehungen gezählt wurden, sind wahrscheinlich jüngeren Ursprungs. Auch bei den Einzelkämpfen gab es oft Parteien, doch ging es darüber hinaus um den Ruhm des einzelnen, der hier seine Anerkennung fand: In den Epen eilten die Helden von Turniersieg zu Turniersieg, festigten so ihren Ruf und erwarteten zugleich die Gunst ihrer Herzensdamen, die zu den höfischen Zuschauern zählten. Schon seit dem 12. Jh. sind daneben andere Preise erwähnt, die einen Anreiz auch für verarmte Ritter bildeten. Historiographische Quellen vermitteln wenig Einzelheiten, bestätigen aber zumindest den zentralen Stellenwert des Turniers, das entsprechend gern in der höfischen Kunst dargestellt wurde, für den Ritter. Auch – oft tagelange – Turniere waren nicht allzu häufige Höhepunkte des höfischen Lebens, die vorher angekündigt werden mußten, damit man sich zur Teilnahme melden konnte. Sie waren durchweg verbunden mit einem Fest, an dem auch Spielleute teilnahmen. Das Turnier war selbst ein Gesellschaftsspiel der höfischen Gesellschaft, das später als «Lanzenspiel» *(hastiludium)* bezeichnet wurde. Kirchlicherseits wurden Turniere schon früh, zuerst auf einem päpstlichen Konzil in Clermont im Jahre 1130, verboten, allerdings nicht wegen ihrer Gefährlichkeit, sondern wegen der eitlen Selbstdarstellung und der Vergnügungen.[75] Das Turnier ist untrennbar mit dem Rittertum verbunden, seine Geschichte ein Spiegelbild der Geschichte des Rittertums.

Ein besonders eindrucksvolles *Hoffest* feierte Friedrich Barbarossa anläßlich eines Reichstages zu Pfingsten (!) des Jahres 1184 vor den Toren der Stadt Mainz in einer eigens errichteten «Feststadt».[76] Aus allen Teilen des Reichs kamen die Fürsten mit ihren Vasallen: der Herzog von Böhmen angeblich mit 2000, Pfalzgraf Konrad vom Rhein (der Bruder des Kaisers) und Landgraf Ludwig III. von Thüringen mit jeweils über 1000, Herzog Bernhard von Sachsen mit 700, Herzog Leopold von Österreich mit 500 Rittern; ebenso die geistlichen Fürsten: Erzbischof Philipp von Köln mit 1700, Erzbischof Konrad von Mainz mit 1000, der Erzbischof von Magdeburg mit 600, der Abt von Fulda mit 500 Rittern usw.; insgesamt sollen über 70000 Ritter teilgenommen haben. Das Fest begann mit einer Festkrönung des Kaisers, der Kaiserin und ihres Sohnes (Heinrich) und einem anschließenden Festmahl. Am Pfingstmontag folgte – als eigentlicher Anlaß des großen Festes – die Schwertleite der Söhne des Kaisers, Heinrich und Friedrich, die damit in den Ritterstand aufgenommen waren. Anschließend erhielten Gefangene, Ritter, Kreuzfahrer, Gaukler und Gauklerinnen Geschenke; Spielleute und ritterliche Dichter (darunter auch Heinrich von Veldeke) sorgten für die Unterhaltung. Am Montag und Dienstag wurde dann endlich ein Turnier (mit stumpfen Waffen) veranstaltet, wobei die Söhne des Kaisers vorangingen. «Die Ritter erfreuten sich daran (wie es hieß), Schilde, Lanzen und Banner im Turnier zu tragen, ohne Hiebe auszuteilen». Das Fest nahm dann allerdings ein jähes Ende, als am Dienstag ein heftiger Sturm die Häuser umstieß und Zelte zerstörte, wobei auch Tote zu beklagen waren.

c. Sonstiger Zeitvertreib

Zählten Feste und Turniere zu den Höhepunkten höfischen Lebens, so vertrieb man sich die übrige Freizeit mit anderen Dingen. Eine Lieblingsbeschäftigung des Adels war zweifellos die *Jagd*,[77] gehörten doch die Wälder und damit das Jagdrecht zum herrschaftlichen Besitz; die Jagd auf Rotwild, Wildschweine und Bären war ohnehin herrschaftliches Privileg; «Forst», ursprünglich der königliche Waldbezirk, wurde seit der Karolingerzeit zum Synonym für das Jagdrecht. Die Jagd war Demonstration der sozialen Stellung, Repräsentation der Herrschaft und körperliche Übung und Mutprobe zugleich; sie war so beliebt, daß man den Adel ermahnen mußte, darüber nicht den sonntäglichen Gottesdienst zu vernachlässigen. Als besonders stilvoll galt die Beizjagd mit abgerichteten Falken. (Kaiser Friedrich II. schrieb darüber selbst eine Anleitung, «De arte venandi cum avibus», die in einer illustrierten Handschrift erhalten ist). In der Literatur war der Falke entsprechend ein Symbol der Männlichkeit.

Im Innern der Burg bildeten, nicht nur bei den Damen, *Spiele* einen beliebten Zeitvertreib, vor allem Würfel- und Brettspiele mit oft kostbaren, mit höfischen oder literarischen Szenen ausgeschmückten Spielstei-

Abb. 27 Ritterkämpfe als höfisches Marionettenspiel (Herrad von Landsberg, Hortus deliciarum, 12. Jh. Illustration zu Eccl. 1,1 ff.).

nen (Abb. 28). Besonders geschätzt wurden Tricktrack (ein Würfelbrettspiel), Dame und Schach, zumal das letztere, das seit dem beginnenden 11. Jh. bezeichnenderweise nur auf Burgen bezeugt ist, ganz dem höfischen Betrieb entsprach. Man kannte aber auch andere Spiele. Eine Miniatur vom Ende des 12. Jh. (Abb. 27) zeigt zwei Knaben beim Marionettenspiel mit kämpfenden Rittern. (So etwas gab es also, auch wenn die Zeichnung ein Bibelwort über die Eitelkeit illustriert). Beliebt waren später anscheinend auch Gesellschaftsspiele wie das Blindekuhspiel, das Quintaine-Spiel, bei dem Dame und Herr mit erhobenem Fuß versuchen mußten, sich gegenseitig umzustoßen, oder «La main chaude», bei dem ein Herr den Kopf in den Schoß einer Dame legte und erraten mußte, wer ihn schlug. (Ob man hier noch von ritterlicher «Kultur» sprechen kann, sei dahingestellt).

Ritterliches Leben war kostspielig. Den Großteil der Einnahmen verschlangen schon der Unterhalt der Burg und Aufwendungen für Pferde und Ausrüstung, das übrige wurde für Reisen, Kleidung und Zeitvertreib, aber auch für fromme Stiftungen ausgegeben. Als sich im späteren Mittelalter die Einnahmen verringerten, verarmten viele Ritter, wie überhaupt die Bedeutung und damit auch das Ansehen des Rittertums sanken.[78] Militärisch waren die Ritterheere den infanteristischen Söldnerheeren oft nicht mehr gewachsen, während die Fürsten sich in der Verwaltung zunehmend auf bürgerliche «Beamte» statt auf Ritter und Vasallen stützten. Denn längst hatte ein neuer Lebenskreis der Zeit seinen Stempel aufgedrückt: die mittelalterliche Stadt.

Abb. 28 Höfische Spiele: Tricktracksteine mit literarischen Szenen aus Frankreich (11./12. Jh.).

VI. Stadt und Bürgertum

Die mittelalterliche Stadt,[1] anfangs noch ein Fremdkörper in einer durchweg agrarisch bestimmten Gesellschaft, entwickelte sich im Laufe des späteren Mittelalters zu einem selbstbewußten und schließlich beherrschenden Lebenskreis, der zur Keimzelle der modernen, städtisch orientierten Gesellschaft wurde. (Wie sehr die moderne Stadt als Leitbild des ganzen Staates gilt, zeigt die Tatsache, daß «Bürger», einst der – mit Rechten ausgestattete – Bewohner der Stadt, heute jeden Staatsbürger bezeichnet.) Erreichten die Städte ihre volle Entfaltung auch erst im späteren Mittelalter, so wurden die Grundlagen dafür weit früher gelegt, so daß die Stadt auch in diesem Rahmen als letzter Lebenskreis zu behandeln ist. Das *Aussehen* der frühmittelalterlichen Stadt zu beschreiben, stößt allerdings auf fast unüberwindbare Schwierigkeiten. Da die alten Städte durchweg überbaut sind, läßt sich das frühe Stadtbild, bis auf wenige erhaltene Kirchenbauten, auch archäologisch allenfalls in seinen Umrissen rekonstruieren, zumal die Ausgrabungen zwangsläufig auf wenige Fixpunkte beschränkt bleiben müssen. Die erhaltenen Stadtkerne «mittelalterlicher» Städte gehen in der heutigen Gestalt (mit vielen Änderungen) allenfalls in das 15./16. Jh. zurück. Gewaltige Strukturverschiebungen zum späten Mittelalter hin warnen aber davor, den jüngeren Baubestand einfach auf die frühere Zeit zu übertragen. Das Aussehen der früh- und hochmittelalterlichen Stadt ist meist also nur wenig bekannt.

Noch weniger wissen wir über das *Alltagsleben.* Solange die Stadt noch nicht zu einem eigenständigen, politischen Faktor aufgestiegen war und die Bürger noch kein städtisches Selbstbewußtsein entwickelt hatten, wie es später teilweise in der spätmittelalterlichen Stadtchronistik seinen Niederschlag fand,[2] fehlen die Quellen, um diesem Gegenstand gerecht zu werden. Selbst im 13./14. Jh. ist eine spezifisch städtische Literatur allenfalls in Ansätzen erkennbar.[3] (Im «Guten Gerhard» Rudolfs von Ems tritt um 1215 erstmals ein Kaufmann in den Mittelpunkt einer Dichtung.) Die Autoren des frühen und hohen Mittelalters aber erwähnen die Städte nur beiläufig und knapp als Handelszentren und Orte der Begegnung.[4] Die Stadt war offenbar noch nicht als eigener, streng geschiedener Lebensbereich erkannt, Stadt und Land gehörten vielmehr noch enger zusammen. Doch auch als die Städte sich vom 11. Jh. an zu rechtlichen und politischen Institutionen entwickelten und sich von der Umwelt stärker abgrenzten, blieben Nachrichten über das Zusammenleben zunächst spärlich. Noch im 12. Jh. gab es nur in Italien ein «literaturwürdiges» Bürgertum.[5] Die inzwischen unübersehbar gewordene Literatur über die mittelalterliche Stadt – Ennen nennt in ihrer Auswahlbibliographie fast 1000 Titel – muß doch die hier gestellte Frage zwangsläufig ausklammern: Das Alltagsleben läßt sich sinnvoll erst für das späte Mittelalter erarbeiten.[6] Die Betrachtung der früh- und hochmittelalterlichen Stadt kann daher nur die allmähliche Entwicklung zu einem abgeschlossenen Lebenskreis erfassen; das Leben selbst läßt sich kaum zusammenhängend beschreiben, sondern ist stärker noch als in den übrigen Kapiteln aus Rückschlüssen aus den Rahmenbedingungen zu begreifen, die zumindest indirekt aber doch eine Reihe wichtiger Elemente des Alltagslebens zutage fördern. Vorab ist zu klären, um was für ein Phänomen es sich bei der Stadt eigentlich handelt, aus welchen Wurzeln und in welchen Formen sie sich entwickelt hat.

1. Die Institution: Entstehung und Entwicklung der mittelalterlichen Stadt

a. Der Stadtbegriff

Was eine Stadt ist, scheint keineswegs eindeutig, und die Abgrenzung vom Dorf erweist sich oft als ebenso schwierig wie die Frage, seit wann man im Mittelalter überhaupt von Städten sprechen kann. Die frühere Forschung war hier vom Rechtsstatus ausgegangen und hatte die Stadt als einen besonderen *Rechtsbezirk* betrachtet, dessen Merkmale zuletzt Dilcher noch einmal zusammengefaßt hat:[7] Sie war gekennzeichnet durch den Stadtfrieden, der sich in rechtlichen Regelungen des Zusammenlebens niederschlug, die Stadtfreiheit, die den Bürger die Zeichen der Unfreiheit abstreifen ließ, ein eigenes Stadtrecht und ein eigenes Gericht sowie eine gemeindliche Stadtverfassung. In diesem Sinn bildete sich die Stadt erst durch die Privilegierungen der Könige und Stadtherren bis zum Ende der salischen Epoche (also dem beginnenden 12. Jh.) aus. Bis dahin spricht die Rechtsgeschichte von einem «Städtewesen im Werden».[8]

Ist der Wandel im Städtewesen dieser Zeit auch kaum zu bezweifeln, so bildete die rechtlich-institutionelle Sicherung der Stadt jedoch nur ein Element, so daß man auch vorher schon von Städten sprechen darf. Die heutige Städteforschung unterscheidet eher zwischen einer «jüngeren Stadt» (im eben beschriebenen Rechtssinn) und einer «älteren Stadt» (aufgrund topographischer und sozialökonomischer Kriterien). Das Phänomen «Stadt» läßt sich nicht monokausal definieren, sondern nur mit Hilfe eines Kriterienbündels beschreiben. Dazu gehörte zunächst das *äußere Erscheinungsbild:* Als Siedlung hob sich die Stadt vom Lande durch die Zusammenballung von Menschen auf engem Raum ab. (Diese Trennung wird auf spätmittelalterlichen Stadtansichten herausgestellt.) Allerdings war die Siedlungskonzentration nicht überall gleich stark. Im früheren 12. Jh. beschrieb Otto von Freising die Stadt Mainz: «Diese am Rhein gelegene Stadt ist groß und stark und auf der an den Rhein grenzenden Seite dicht bevölkert, auf der anderen Seite dagegen hat sie nur wenige Einwohner und ist nur von einer starken Mauer mit vielen Türmen umgeben. Die Stadt erstreckt sich in der Länge unendlich weit, in der Breite dagegen ist sie schmaler. Der Zwang der Lage hat ihr das Gepräge gegeben. Denn auf der an Gallien grenzenden Seite wird sie durch einen mäßig hohen Berg eingeengt, auf der anderen, nach Germanien liegenden Seite aber durch den Rhein. So kommt es, daß sie am Rhein mit herrlichen Kirchen und Gebäuden ausgestattet, nach dem Berg zu dagegen mit Weingärten und anderen Nutzanlagen versehen ist.»[9] (Typisch ist, daß Otto die Stadt hier lediglich aus strategischen Gründen erwähnte, weil Herzog Friedrich von Schwaben den Erzbischof Adalbert von Mainz in der Stadt angriff.) Lampert von Hersfeld beschrieb anläßlich eines Bündnisses der Bürger mit Heinrich IV. im Jahre 1073 die Stadt Worms: «Sie war volkreich, wegen der Stärke ihrer Mauern uneinnehmbar, infolge der Fruchtbarkeit der Umgebung außerordentlich reich und aufs beste mit allen für einen Krieg notwendigen Vorräten versehen.»[10] Die Stadt des Mittelalters war also, wie diese Berichte verdeutlichen, nicht nur mehr oder weniger dicht bevölkert, sondern zudem – allerdings nicht von Anfang an und in breitem Ausmaß erst seit dem hohen Mittelalter – *ummauert*, und zwar in einem Maße, daß man sie geradezu als «Festung» angesprochen hat.[11] Im hohen Mittelalter wirkte die Mauer durchaus städtebildend, denn man gründete Städte gerade auch wegen der Befestigung.

Ein weiteres, wirtschaftliches Kriterium war die Ansässigkeit des *Handels und* eines arbeitsteiligen *Gewerbes* in der Stadt. Wenn beides auch nicht auf die Städte beschränkt blieb und hier andererseits, wie Ottos Beschreibung gezeigt hat, noch landwirtschaftliche Betriebe integriert waren, so wurde die Konzentration solcher Berufe, die später als «bürgerlich» galten, doch typisch. Die Stadt war jedenfalls eine primär nicht-agrarische Siedlung. Vor solchem Hintergrund wurde auch der *Markt* zu einem wichtigen, wenngleich wiederum nicht allein stadttypischen Kennzeichen.[12] In letzter Zeit wird als weiteres Merkmal noch die *Zentralitäts*funktion hervorgehoben, die die Stadt-Umland-Beziehungen berücksichtigt: Die Stadt war, dank ihrer administrativen, kirchlich-kultischen, kulturellen oder weltlichen Einrichtungen wie auch ihres Marktes, zentraler Mittelpunkt des umliegenden Landes, aus dem auch die überwiegende Stadtbevölkerung stammte.[13] Insgesamt wirkten die

Städte des Mittelalters nach Herkunft und Gründung, Anlage, Aussehen, Recht und Funktion höchst verschieden. Die Frage, ob eine bestimmte Siedlung schon als «Stadt» angesehen werden darf, ist oft recht schwierig zu lösen, muß uns hier jedoch nicht weiter beschäftigen, da wir den «Typus» Stadt erfassen und dabei jene Siedlungen betrachten wollen, die sich als Lebensraum eindeutig vom Land (und damit vom bäuerlichen Dorf) abgrenzten.

Bezeichnend für das mittelalterliche Selbstverständnis von der Stadt sind die zeitgenössischen *Begriffe:* Das entscheidende Kennzeichen der wichtigsten, lateinischen Termini, nämlich sowohl der *civitas* (die oft, aber keineswegs ausschließlich die Bischofsstadt bezeichnete) wie auch der *urbs,* war die Befestigung.[14] Kleinere Städte hießen oft *oppidum.* Der entsprechende deutsche Begriff für die frühmittelalterliche Stadt war *burg,* das sich auf diese Weise in zahlreichen Städtenamen erhalten hat[15] (auch Rom hieß in althochdeutschen Dichtungen Rumburg); ihre Bewohner nannte man daher später «Bürger» *(burgaere).* Zwischen Burg und Stadt machte man zunächst also noch keinen grundsätzlichen Unterschied; beide waren befestigt. Der Begriff *stat,* der zunächst einfach die «Stätte» meinte, setzte sich, nicht zufällig, erst im 12. Jh. gegenüber *burg* durch, das nun auf die engere Bedeutung beschränkt wurde: Hinter dieser Sprachentwicklung steht der bereits angesprochene Bedeutungswandel zur Stadt im Rechtssinn;[16] von dieser Zeit an wurde der Rechtscharakter zum wichtigsten Kennzeichen der Stadt.

b. Anfänge und Wurzeln der mittelalterlichen Stadt

Die Stadt an sich war nichts Neues.[17] Stadtkulturen gab es im Vorderen Orient anscheinend schon seit dem 7., im östlichen Mittelmeerraum seit dem 2. Jahrtausend v. Chr.; in West- und im südlichen Mitteleuropa kennen wir die weiträumigen Oppida der keltischen Latènezeit. Von der politischen und sozialen Bedeutung her wird die Antike insgesamt gern als eine Stadtkultur charakterisiert, während das Mittelalter als eine Landkultur (der Klöster, Burgen und Dörfer) gilt. (Beides ist aber nicht ausschließlich zu verstehen.) Im frühen Mittelalter wirkten die Städte noch wie «Inseln in einer rustikalen Umwelt»,[18] Relikte aus der Antike, zumal gerade die ältesten Städte antiken Ursprungs waren. *Die spätantik-römische Stadt* war Verwaltungszentrum, dem das umliegende Land unterstand. (Die gallischen Civitates gingen ursprünglich aus den Hauptorten der unterworfenen Stämme hervor. Nördlich der Loire nahmen die Verwaltungsbezirke weiträumige Ausmaße an.) Die wichtigsten Siedlungen wurden zu «Kolonien» mit römischem Recht erhoben (wie Köln, Xanten oder die Kaiserresidenz Trier) und zu planmäßigen Anlagen mit zwei Achsen nach dem Vorbild des römischen Militärlagers ausgebaut. Viele

Städte an Rhein und Donau (wie Mainz, Bonn, Augsburg, Regensburg) entwickelten sich aus provinzialen Siedlungen, die sich an ein Römerlager anschlossen. Schon in der Spätantike setzte aber ein Reagrisierungsprozeß ein, der die Städte schrumpfen und bedeutungsloser werden ließ, zumal die Oberschicht auf das Land abwanderte. Unter dem Eindruck der Germanenstürme wurden die Städte ummauert und so vom umliegenden Land abgesondert. Manche dieser Siedlungen überdauerten die Völkerwanderungszeit und existierten im Mittelalter weiter. Die *Kontinuitätsfrage* ist allerdings eines der umstrittensten Probleme (nicht nur) der Stadtgeschichtsforschung. Heute weiß man, daß hier sorgfältig zu differenzieren ist und daß es Räume unterschiedlich intensiver Kontinuität gab: Am größten war sie in Italien, das stets vergleichsweise städtisch geprägt blieb, wenngleich es auch hier Verlagerungen gab; auch in Gallien ist, von Süden nach Norden abnehmend, mit einer gewissen Kontinuität zu rechnen; östlich des Rheins dagegen gibt es kaum Spuren römischen Fortlebens.

Doch auch dort, wo sich eine Siedlungskontinuität nachweisen läßt, war der Schrumpfungsprozeß beträchtlich; nur noch ein Teil der antiken Stadt, deren Mauern noch längere Zeit erhalten blieben, war bewohnt; in Trier (Abb. 29) sank die Einwohnerzahl von etwa 60000 zur römischen Kaiserzeit auf wenige Tausend im 6. Jh. Dagegen finden sich neue Siedlungsspuren nun an den umliegenden Kirchen außerhalb der Stadtmauern. Auch wurden die römischen Bauten nicht unbedingt zweckentsprechend genutzt; in Trier diente der ehemalige Getreidespeicher als königlicher Palast, während der Kaiserpalast (die noch heute erhaltene «Basilika») zunächst Grafen- und dann (im 12. Jh.) Bischofssitz wurde; ein Teil der Porta Nigra fand als Kirche Verwendung. Vor allem die Zentren der alten Stadt (Thermen und Praetorium) verfielen, weil die Franken dafür keine Verwendung hatten. Ob das Straßennetz fortbestand, ist schwer erkennbar, da die Grundrisse dieser Städte kaum erhalten sind.[19] Der antike Umfang wurde auch im hohen Mittelalter, als die Städte erneut zu wachsen begannen, (mit Ausnahme Kölns) kaum mehr erreicht. Teilweise wurde der alte Ort auch gänzlich verlagert, wie in Xanten, wo aus den Steinen der verlassenen Römerstadt eine neue Siedlung im Umkreis der Memoriencella und späteren Stiftskirche St. Viktor entstand, oder in Bonn, wo die Siedlung um das Cassiusstift die alte (römische) Lagerstadt allmählich überflügelte. Man darf die Kontinuität insgesamt also nicht überschätzen. Sie betraf nur bedingt Siedlung und Gewerbe, häufig dagegen die an gleicher Stelle bleibenden oder wiedererrichteten Kirchen innerhalb der Stadt wie auch die Grabkirchen bei Heiligengräbern vor den Mauern. Die alten Verwaltungszentren existierten nicht zuletzt deshalb im Mittelalter weiter, weil sie zugleich *Bischofssitze* waren; ihnen verdankte die mittelalterliche Stadt ihren eigentlichen Ursprung.

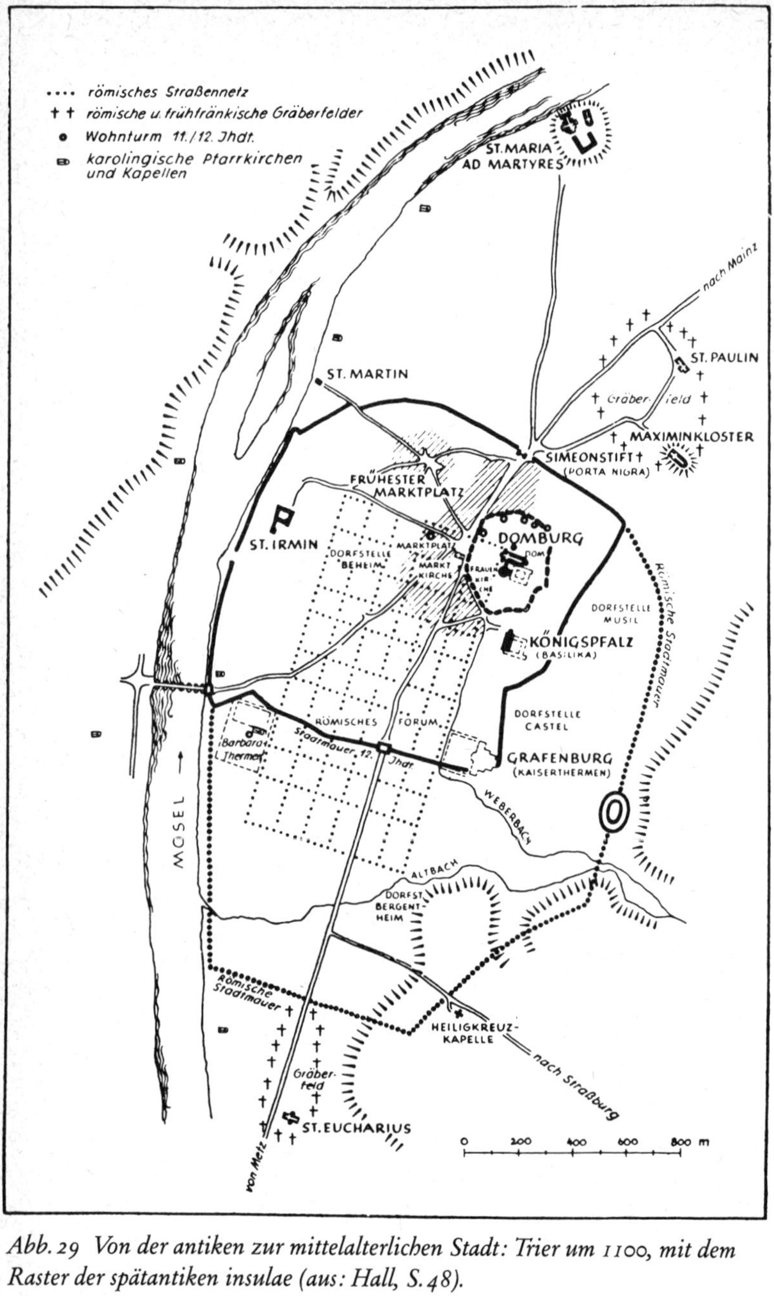

Abb. 29 Von der antiken zur mittelalterlichen Stadt: Trier um 1100, mit dem Raster der spätantiken insulae (aus: Hall, S. 48).

In den wirren Zeiten waren die Bischöfe oft zu Schutzherren der Städte aufgestiegen und hatten damit auch weltliche Macht erlangt. Der mittelalterliche Dom blieb in der Regel an der Stelle der antiken Bischofskirche, die fast durchweg am Rande der Stadt lag. Indem die Domburg nun zum Mittelpunkt der neuen Siedlung wurde, die antike Stadt aber erheblich schrumpfte, rückte die mittelalterliche Stadt meist an den Rand ihres spätantiken Vorläufers und nahm dadurch allmählich neue Formen an. In Köln entstand eine Handwerker- und Händlersiedlung zum Beispiel zwischen Dom- und Burgbereich und Rhein. Der Bedeutungsschwund der antiken Städte rückte die städtische Lebensform im frühen Mittelalter in den Hintergrund; dennoch blieb sie Ausgangspunkt für einen Neubeginn in karolingischer und vor allem in ottonischer Zeit: Die mittelalterliche Stadt war nicht unmittelbare Fortführung der antiken Stadt, aber sie baute auf deren Fundament auf.

Die Teilkontinuität der Römerstädte bildete allerdings nur einen Ansatzpunkt zur Bildung stadtartiger Siedlungen seit der Karolingerzeit, die erneut ein Bedürfnis nach städtischem Leben erkennen ließ. Im ehemals romfreien Germanien gab es keine antiken Vorläufer, und doch entwickelten sich die fränkischen Siedlungen auch hier vielfach zu Städten. Die mittelalterliche Stadt hatte tatsächlich eine ganze Reihe von *Wurzeln,* die ihr insgesamt jenes eigene Gepräge verliehen, das sie sowohl von der antiken wie von der neuzeitlichen Stadt unterschied. Kennzeichnend für die Stadtbildung war die Anlehnung an vorhandene (herrschaftliche) Einrichtungen, die wegen der Absatzmöglichkeiten in größerer Zahl Gewerbe- und Handeltreibende anzogen; vielfach wurden diese auch bewußt von den Herren angesiedelt. Neben den bereits erwähnten Bischofspfalzen konnten Kloster-, Stifts- und Wallfahrtskirchen Ausgangspunkte gewerblicher Siedlungen werden. In Bischofsstädten entstanden rund um den Dombezirk oft weitere *Kirchen,* die jeweils eigene Siedlungen anzogen, die erst im Laufe der Zeit zu einer Stadt zusammenwuchsen. Im Kölner Stadtgrundriß sind noch deutlich die eigenen Areale des Doms und der Klöster wie St. Pantaleon oder St. Gereon zu erkennen.[20] Umgekehrt errichtete man natürlich auch neue Pfarrkirchen in neu entstandenen Siedlungen. Die größere Stadt des hohen Mittelalters zeichnete sich daher durch eine Vielzahl von Kirchen aus, die das Stadtbild prägten. (Im Metzer Stadtgebiet standen schon im frühen Mittelalter rund 40, in Paris 26 Kirchen.) Vor allem bedeutende *Klöster und Stifte,* anfangs oft bewußt an mehr oder weniger abseits gelegenen Stellen gegründet, sahen sich nach einiger Zeit als Mittelpunkte einer Siedlung. Fulda, von Bonifatius Mitte des 8. Jh errichtet, zog eine Siedlung an, der Heinrich II. im Jahre 1114 das öffentliche Marktrecht verlieh. Um das erst 1064 vom Erzbischof Anno II. von Köln gegründete Kloster Siegburg hatte sich bereits fünf Jahre später eine Siedlung mit

Marktrecht entwickelt. Besonders förderlich war der Reliquienkult, der Pilger von weither zu den Stätten bedeutender Heiliger zog. Manche Stadt wie Le Puy in Frankreich verdankte ihre Bedeutung einer Wallfahrtskirche.

Ein weiteres, wichtiges Element der Stadtbildung war die *Burg* (bzw. Pfalz) als Sitz eines Herrn. (Sie hatte mit der frühmittelalterlichen Stadt ja sogar den Begriff gemeinsam.) Die Burgen des frühen Mittelalters waren, wie im vorigen Kapitel erwähnt, noch Niederungsburgen inmitten des herrschaftlichen Hofes; aus den umliegenden Siedlungen, in denen zunächst vornehmlich die Angehörigen der grundherrschaftlichen *familia* wohnten, konnten Städte entstehen, wenn die agrarische Lebensweise zugunsten einer gewerblichen Spezialisierung zurücktrat oder andere Elemente hinzukamen. In die «Hammaburg» (Hamburg), eine umwallte Burg mit Kirche, wurde erst 831 ein Bischofsdom gelegt, der einen Ausbau beschleunigte. Aber auch am Fuße der seit dem 11. Jh. zunehmend errichteten Höhenburgen entwickelten sich oft Siedlungen, die nun als *suburbium* (im wahrsten Sinne des Wortes) unterhalb der Burg *(urbs)* in deren Schutz lagen. In Italien und Südfrankreich bürgerte sich für solche Siedlungen der Begriff *burgus* ein, der erstmals 700 bei Chalon-sur-Saône erwähnt und seit 850 recht häufig verwandt wurde. Solche *burgi* waren – im Gegensatz zur Burg selbst – zunächst noch unbefestigt. Städte wie Frankfurt oder Dortmund gingen auf bedeutende grundherrschaftliche Gutshöfe und Königspfalzen zurück. Der ländliche Ausgangscharakter war dann besonders deutlich und konnte nur allmählich durch andere Elemente (wie den Handelsplatz am Rhein in Duisburg) abgestreift werden.

Ein solches, vielfach stadtbildendes Element war der *Markt.*[21] Die großen Jahrmärkte, die Händler von weither anzogen, wurden oft gerade in den aus der Antike überkommenen Städten in alter Tradition abgehalten. (Als sie mit Zunahme des Warenverkehrs nicht mehr ausreichten, organisierte man in manchen Gegenden, wie der Champagne, Flandern oder der Lombardei, einen Zyklus von einander ablösenden Jahrmärkten.) Entscheidender für die Stadtbildung waren die Lokalmärkte (Wochenmärkte), die schon in karolingischer Zeit in großer Zahl bezeugt sind; bereits im Jahre 744 ordnete Pippin an, daß jede *civitas* einen Wochenmarkt abhalten solle;[22] Karl der Kahle forderte 864 von den Grafen eine Liste der Märkte in den Grafschaften an.[23] Der Markt war Ausdruck einer beginnenden «Arbeitsteilung» mit dem Land, wobei Produzenten und Händler noch zum großen Teil, wenngleich nicht ausschließlich, identisch waren und zumindest ein Teil der Händler und Handwerker in die Grundherrschaft eingegliedert blieb.[24] Um einen Markt abzuhalten, bedurfte es eines Privilegs durch den Herrn;[25] dabei verschmolzen in königlichen Privilegien Marktrecht, Zollrecht und Münzrecht oft zu einer

Einheit. Nicht alle Märkte entwickelten sich später auch zu Städten im Rechtssinn, wohl aber dürften umgekehrt alle bedeutenderen Städte das Marktrecht besessen haben; vor allem überregionale Märkte zogen weitere Händler und Siedler an. Aus dem Markt, den Erzbischof Heinrich von Trier 958 vor der Domimmunität errichtete, entwickelte sich der Kern der mittelalterlichen Stadt.

Schließlich war auch die *Brücke* über einen Fluß nicht unwichtig für die Stadt, die manchmal (wie Innsbruck oder Zweibrücken) sogar danach benannt wurde: Sie symbolisierte die günstige Verkehrslage am Schnittpunkt von Wasser- und Landstraße, verbunden mit den aus dem Brückenregal erwachsenen Zolleinnahmen, und war, wie in Landsberg am Lech, mehrfach Ansatzpunkt für eine Siedlung, besonders wenn sie sich mit einem Markt verband.[26] Der Fluß selbst war daneben für Fischerei und Wasserkraft wichtig. Im Gegensatz zu bäuerlichen Siedlungen war für die mittelalterliche Stadt daher gerade die Flußlage charakteristisch.

Als eine Wurzel der Stadtbildung erwiesen sich schließlich die vornehmlich im Küstenbereich, aber auch im Binnenland verbreiteten *Wike*.[27] Auch dieser Begriff hat sich in zahlreichen Ortsnamen (wie Schleswig oder Braunschweig) erhalten (Schütte zählt 670 solcher «Wik»-Orte im nördlichen Europa). «Wik» bedeutete ursprünglich Dorf.[28] Die Entwicklung zur Stadt war also nicht von vornherein vorgegeben und ist auch nur von einigen Wiken vollzogen worden.[29] Die frühmittelalterlichen Wike waren in erster Linie Handelsplätze (Emporien), die dem Fernhandel (mit Luxuswaren) dienten und zu deren bestimmendem Merkmal der Hafen wurde;[30] sie waren aber nicht, wie man früher glaubte, bloße Umschlagplätze, sondern bestanden aus festen Siedlungen mit einer seßhaften, nicht ausschließlich, aber zu bedeutenden Teilen kaufmännischen Bevölkerung, die vom König geschützt und mit Privilegien bedacht wurde. Ludwig der Fromme befreite zum Beispiel im Jahre 815 die Kaufleute, die nach Dorestad zogen, von der Gastungspflicht und der Sterbefallabgabe. Neben Dorestad in Friesland und Quentowic in Flandern spielte Haithabu als dänische Niederlassung an der Schlei (bei Schleswig) eine wichtige Rolle für den Ostseehandel. Viele dieser Wike gingen während der Normanneneinfälle unter, doch entstanden auch im 9. Jh. noch neue Händlerniederlassungen wie Brügge oder Gent, die sich in vielen Fällen zu Städten entwickelten.

Kennzeichnend für die frühen, zumindest die bedeutenderen Städte war ein Zusammentreffen mehrerer solcher Wurzeln, wenn Siedlungen mit einem Markt beispielsweise in verkehrsgünstiger Lage (am Fluß oder an Knotenpunkten von Fernhandelsstraßen) an Orten entstanden, in denen es (bereits) eine Kirche oder ein Stift oder auch eine Burg gab. Das primäre Element war von Fall zu Fall verschieden, so daß sich die mittelalterliche Stadt nicht generell auf eine bestimmte Wurzel zurückführen läßt. Für Flandern und die Niederlande zum Beispiel war ein Nebeneinander von Grafenburg, eventuell Königspfalz und *portus* charakteristisch.[31] Wie die Domburg eine Siedlung anzog und es Handelsniederlassungen in Bischofsstädten (wie Köln, Mainz oder Worms) gab, so konnte umgekehrt ein Bistum in einer bereits vorhandenen Markt- und Kaufmannssiedlung errichtet werden (wie zum Beispiel 831 in Bremen oder zur Zeit Ottos des Großen in Magdeburg). Die spätere Stadt besaß aber nicht nur mehrere stadtbildende Wurzeln, sondern bestand oft aus einer vielkernigen Anlage[32] aus mehreren, um verschiedene Zentren gewachsenen und getrennten Siedlungen, die erst im hohen Mittelalter zu einer Einheit zusammenwuchsen.

Als Beispiel einer solchen Stadtentwicklung über mehrere Jahrhunderte hinweg mag das bayerische Zentrum *Regensburg* dienen.[33] Ausgangspunkt war hier ein römisches Lager, dessen Fortbestand im einzelnen unbekannt ist. Grundlagen der Neuentwicklung waren die Pfalz (mit einem Heiligengrab) und die beiden Stifte Niedermünster in der Nordostecke (Ende 7. Jh.) und Obermünster in der Südwestecke des Lagers (833 erwähnt). Als drittes Element kam der Dombezirk der Bischofsstadt (vor 778) hinzu; vor den Toren lag das Domkloster St. Emmeram. In ottonischer Zeit unterschied die «Translatio s. Dionysii Areopagitae» bereits eine Altstadt und eine Neustadt mit drei Bezirken für König (im Osten um das Niedermünster), Klerus (im Zentrum um Dom und Obermünster) und Kaufleute (nördlich von St. Emmeram, das jetzt ummauert wurde). Die Überschreitung der Römermauer läßt auf eine starke Expansion schließen. In der Stadt gab es außerdem zahlreiche Höfe auswärtiger Bischöfe und Klöster. Die Blütezeit lag im 12./13. Jh. Jetzt entstanden neue Klöster, die von der Bedeutung der Stadt ebenso zeugten wie die steinerne Brücke über die Donau oder die rund 40, teilweise noch erhaltenen «Geschlechtertürme» (Wohntürme) der städtischen Oberschicht. Ihr endgültiges Gepräge erhielt die Stadt aber erst im 13. Jh., als eine Neubauwelle besonders im Rathausviertel einsetzte und die Vorstädte im Westen und Osten einbezogen wurden; im Jahre 1322 war der Umfang bis ins 19. Jh. abgesteckt.

Die Entwicklung Regensburgs deutet schon an, daß die mittelalterliche Stadt erst allmählich wuchs bzw. allmählich zusammenwuchs. Die Anfänge lagen schon in fränkischer und ottonischer Zeit, die eigentliche Wachstums- und Ausbauperiode aber begann erst im 11. Jh. (Abb. 30). Im 12. Jh. war vielfach ein städteartiger Charakter mit dichter Bebauung zumindest der bedeutenden Städte erreicht. Dieses *Wachstum* war in erster Linie auf einen Zuzug vom Lande, eine verbreitete Landflucht, zurückzuführen und setzte, gesamtwirtschaftlich gesehen, eine ländliche Überschußproduktion voraus;[34] individuell entsprang die Landflucht dem

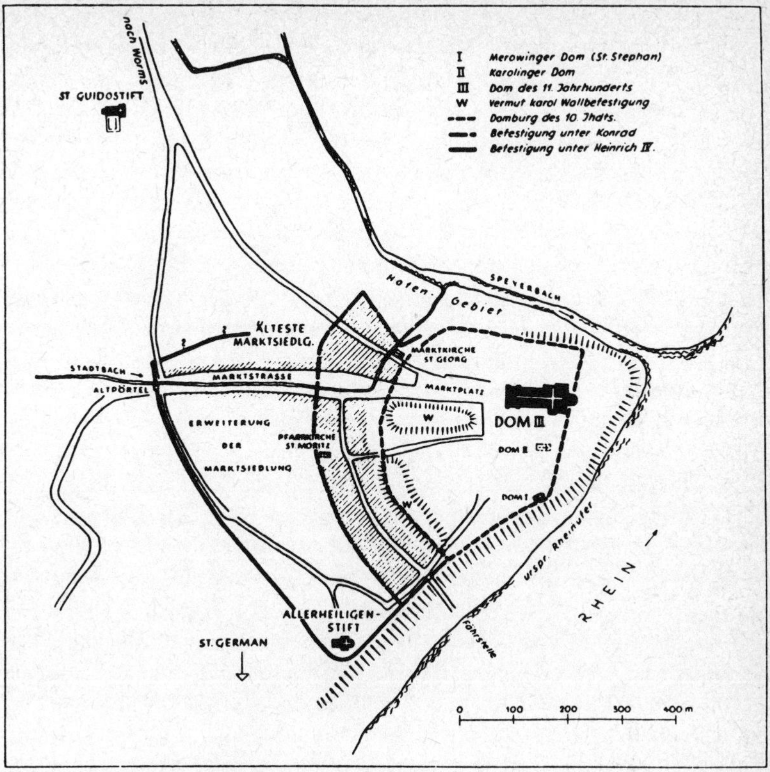

Abb. 30 Wachstum der hochmittelalterlichen Stadt: Speyer um 1100, mit den Stadterweiterungen (aus: Hall S. 96).

Wunsch des Hörigen, sich der Herrschaft des Grundherrn zu entziehen und die städtischen Freiheiten zu genießen. (Zunächst kamen nicht die Hufenbauern, sondern die Hofhörigen in die Städte.) Erst die Bevölkerungszunahme erlaubte eine berufliche Differenzierung und Spezialisierung größeren Stils, wie sie für die Stadt des hohen und vor allem des späten Mittelalters kennzeichnend wurde, in der sich eine stattliche Anzahl verschiedener Handwerke ansammelte. Umgekehrt waren jetzt auch die zu Geldabgaben verpflichteten Bauern mehr und mehr auf den städtischen Wochenmarkt angewiesen, um ihre landwirtschaftlichen Produkte zu verkaufen und sich mit den Erzeugnissen der Städter einzudecken.

Entstehung und Ausbau der Städte entsprangen meist nicht eigenem Antrieb, sondern gingen auf die Förderung der Stadtherren, zunächst der Könige und Bischöfe, seit dem hohen Mittelalter vor allem der entstehenden Territorialstaaten zurück, die eine regelrechte Städte- und Städtegründungspolitik betrieben: Die Zeit vom späten 11. bis etwa zur Mitte des 13. Jh. war ein Zeitalter der Stadtgründungen (sog. *Gründungsstädte*): Lokatoren steckten mit Meßseil und Pflöcken das Gelände ab und schufen neue Stadtanlagen, die sich durch ihren planmäßigen Grundriß auszeichneten. (Dagegen ist die Vorstellung bestimmter Stadttypen nach den Gründern wie etwa die Annahme von «Zähringerstädten» mit charakteristischem Achsenkreuz heute weitgehend aufgegeben.) Weit häufiger allerdings war bereits eine Vorsiedlung vorhanden, die nur teilweise neu angelegt oder verlegt oder auch durch eine neue Siedlung erweitert wurde; in vielen Städten unterschied man «Altstadt» und «Neustadt», die auf diese Zeit zurückging;[35] andere Siedlungen blieben unverändert und wurden nur zur Stadt erklärt: In dieser Epoche, in der der rechtliche Aspekt in den Vordergrund trat, bedeutete «Stadtgründung» im wesentlichen Stadterhebung.

Als ältestes Beispiel einer Gründungsstadt auf deutschem Boden gilt die Zähringergründung *Freiburg* im Breisgau. Nach der (immer noch umstrittenen) Gründungsurkunde[36] entstand hier 1120 ein Markt und eine Ansiedlung von Kaufleuten und anderen Siedlern, die zusammen mit den Vorbewohnern *(burgenses)*[37] einen Schwurverband bildeten. Jeder Neuankömmling erhielt gegen einen Jahreszins von einem Schilling ein Hausgrundstück von 50 × 100 Fuß zu Erbzinsrecht, hatte Nutzungsrechte an der Allmende und genoß Marktfrieden und Zollfreiheit; solche Anreize sollten offensichtlich die Siedler anlocken. Der Geistliche, der Schultheiß, der die Stadt anstelle des Landesherrn verwaltete, und der Vogt (der Gerichtsbeistand) wurden von den Bürgern gewählt. Ein zweites berühmtes Beispiel bildet *Lübeck:* 1143 hatte Graf Adolf von Schauenburg hier in der Nähe einer verlassenen Burg Hafen und Stadt gegründet; als der Marktverkehr florierte und den Handel in Bardowik, einer Stadt des Sachsenherzogs Heinrichs des Löwen, beeinträchtigte, verlangte dieser die Hälfte der Einkünfte in Lübeck. Da Adolf das ablehnte, schloß der Herzog den Markt in Lübeck (außer für Lebensmittel). Als Lübeck im Jahre 1157 ausbrannte – auch das ist typisch für die frühe Stadt mit ihren Holzhäusern und gab erst die Möglichkeit zu mehrfachem Umbau und Neuverteilungen – erbaten die Einwohner von Heinrich einen neuen Siedlungsplatz. Der Herzog gründete daraufhin in der Nähe einen neuen Ort, den er «Löwenstadt» nannte, dessen Hafen sich aber als zu klein erwies. Nach erneuten Verhandlungen mit dem Grafen kehrten die Kaufleute schließlich an den alten Ort zurück und errichteten Kirchen, Häuser und Mauern neu; Heinrich privilegierte Lübeck mit einer Reihe von Freiheiten: Die Siedlung entwickelte sich daraufhin schnell zur wichtigsten Handelsstadt an der Ostsee.

Die Beispiele zeigen die Bedeutung der Städtepolitik auch für den

Landesausbau; Städte wurden zu Prestigeobjekten. Die neuen Gründungen waren freilich nicht alle so erfolgreich wie Freiburg oder gar Lübeck; manche blieben von ihrer Struktur her ummauerte Dörfer: Gründung und Rechtsverleihung allein reichten nicht aus, um ein städtisches Leben zu begründen; auch die Stadt im Rechtssinn blieb damit an die schon vorher vorhandenen Faktoren einer Stadtbildung gebunden, wenn sie überleben wollte. Die Konkurrenz durfte auch nicht zu groß werden; im «Statutum in favorem principum» von 1232 setzten sich die Landesherren gegenüber dem König durch, der sich verpflichten mußte, keine neuen Märkte zu errichten, wenn diese die alten behinderten.

Durch die große Zahl der Gründungen und Erhebungen wuchs die Zahl der Städte gewaltig an; um 1150 gab es im deutschen Reich vielleicht 200 Städte, rund 50 Jahre später hatte sich ihre Zahl verdreifacht; das Städtenetz wurde dichter, blieb im wesentlichen aber an vorhandene Grundlagen gebunden. Am Niederrhein etwa war die *Städtelandschaft* im Prinzip bereits um 1040 ausgebildet, sie wurde im folgenden Jahrhundert allerdings erheblich ausgebaut.[38] Die Städte verteilten sich auch keineswegs gleichmäßig über das Land. So wie es weiterhin ausgesprochen ländliche Gegenden gab, entwickelten sich andererseits regelrechte «Städtelandschaften».[39] Dazu zählte in erster Linie Oberitalien mit seinen Seestädten und den Städten in der Toskana; vielfach damit verwandt war Südfrankreich. Als «Städtelandschaft» war sodann der niederländisch-flandrische Raum (besonders das heutige Belgien mit Brügge und Gent) zu bezeichnen. Die übrigen Gegenden waren weniger städtisch geprägt, doch gab es auch in der Champagne und im Pariser Becken, im Maasgebiet sowie am Mittel- und Niederrhein mit seinen alten Bischofsstädten, im Hanseraum an der Ostsee, im Bodenseegebiet, in Altbayern sowie in Innerschwaben und manchen anderen Gegenden zahlreiche Städte. Ihre Zahl war im 13. Jh. größer als je zuvor und jemals wieder.

Der Einfluß der Landesherren deutete schon an, daß die Stadt kein herrschaftsfreier Raum war, daß die Herren in der Stadt (wie Bischöfe oder Territorialfürsten) sich prinzipiell gar nicht von den Kirchen- und Grundherren unterschieden. Andererseits war die Stadt bald als Freiheitsraum ihrer Bewohner gekennzeichnet, war Herrschaft hier anscheinend etwas anderes als auf dem Lande. Beide Pole, Herrschaft und Freiheit, waren Grundbedingungen städtischen Lebens im Mittelalter.

c. Herrschaft und Freiheit in der mittelalterlichen Stadt

Wie jeder mittelalterliche Lebensraum, so war auch die Stadt durch feste Herrschaftsverhältnisse bestimmt. Die Stadtbevölkerung (und damit auch das städtische Leben) waren eingebettet in eine auf Eigenrechten und Privilegierungen beruhende Stadtherrschaft seitens der Könige, Bischöfe und weltlichen Herren,[40] die sie zunächst allerdings noch nicht vom Land schied, weil Stadtherr und Grundherr oft identisch waren. In der frühen Periode, in der die Bischofsstädte bestimmend waren, sind wir am besten über die *bischöfliche Stadtherrschaft* unterrichtet, die sich keineswegs überall gleich gestaltete.[41] Der Rückzug der weltlichen Gewalten in Spätantike und Merowingerzeit auf das Land hatte die Stellung des Bischofs in der Stadt gestärkt. Der geistliche Hirte, der im romanischen Teil Galliens ohnehin der herrschenden gallo-romanischen Senatsaristokratie angehörte, entwickelte sich gewissermaßen zum «Grafen der Städte»,[42] dem Verwaltung, Rechtsprechung und Kriegsführung oblagen. Die Könige als eigentliche, aber kaum anwesende Stadtherren mußten sich hier auf die Bischöfe stützen und verliehen ihnen daher weitere Rechte, die in karolingischer Zeit zum Teil wieder an die neu eingesetzten Grafen verlorengingen; gleichzeitig wurden die Bischöfe noch enger an den König gebunden und als «fränkische Reichsbischöfe» in die Verfassung und Verwaltung des Reichs integriert. Neuer Ausgangspunkt einer weltlichen Bischofsherrschaft wurde jetzt die Immunität, die den Dombezirk mit seinem Besitz – und dazu gehörten in der Regel zumindest Teile der Stadt – und mit seinen Hörigen aus der öffentlichen Verwaltung und Gerichtsbarkeit herausnahm und unmittelbar dem König unterstellte. Die Herrschaft wurde nun durch den Bischof selbst bzw. seinen weltlichen Vertreter, den Vogt, wahrgenommen. Die meisten Bistümer erhielten im Laufe der Zeit ein Immunitätsprivileg. Die Stadtherrschaft selbst aber fiel den Bischöfen nur teilweise zu; in Nordfrankreich erlangten sie sie meist schon im frühen Mittelalter, in Südfrankreich dagegen erst im 11./12. Jh. In vielen Städten herrschte ein Dualismus zwischen Bischof und Graf, war die Herrschaft zwischen beiden geteilt. (Oft entstammten beide allerdings derselben Familie, da die Bistümer im Einflußbereich der lokalen Oberschichten standen.) Im Deutschen Reich band das sog. ottonisch-salische Reichskirchensystem (das sich graduell, aber nicht grundsätzlich von anderen Ländern unterschied) die Bischöfe in die Reichsverfassung ein: Als Entgelt und Voraussetzung für ihre Leistungen für das Reich, das aus Kriegsdiensten, Abgaben und Beherbergung des Königs bestehende *servitium regis*, wurde den Bischöfen eine Reihe von Regalien, königlichen Hoheitsrechten, verliehen, wie Befestigungsrecht, Gerichtsbarkeit und Bannrecht sowie Münz-, Zoll- und Marktrecht in der Stadt. Solche Privilegien bildeten die Grundlage der Stadtherrschaft und hatten ein bischöfliches Interesse am wirtschaftlichen Ausbau der Stadt zur Folge. Der Kölner Erzbischof erhielt zum Beispiel im Jahre 975 das wegen der Lage am Rhein einträgliche Zollrecht, 988/89 das Marktrecht, das für die Stadtentwicklung besonders wichtig war und, wie in München, zum Anlaß einer Stadtgründung werden konnte: Heinrich der Löwe zerstörte im Jahre 1158 die

Isarbrücke bei Föhring, einem Markt des Bischofs von Freising, und errichtete einen eigenen Markt in München, das sich bald zu einer der wichtigsten bayerischen Städte entwickeln sollte. In einem Schlichtungsverfahren wurde dem Freisinger Bischof später als Entschädigung ein Drittel der Einkünfte aus Zoll und Münze in München zugestanden. Münchens Aufstieg aber war nicht mehr aufzuhalten, auch als Föhring 1180 wiederaufgebaut wurde.

Die «Stadtherrschaft» der Bischöfe (wie auch der anderen Stadtherren) bestand also aus einer *Vielzahl von Einzelrechten*, die aus Privilegien oder aber aus der Grundherrschaft erwachsen waren. Neben Bischöfen und Königen übten andere Amtsträger (Herzöge oder Grafen) und Adelige, in der Zeit der Gründungsstädte dann vor allem die Territorialherren, Stadtrechte aus. Auch hier gab es vielfach Herrschaftsteilungen: In Regensburg sicherte ein Vertrag von 1205 dem bayerischen Herzog (dem Wittelsbacher Ludwig) und dem Bischof (Konrad IV.) jeweils die halbe Stadtherrschaft zu, das heißt Rechte und Gefälle wurden zwischen ihnen geteilt.[43] Die erwähnten Privilegien leiteten die Entwicklung zur Stadt im Rechtssinn ein und trennten diese rechtlich vom umliegenden Land ab. Schon das Hofrecht des Bischofs Burchard von Worms von 1025 kannte unterschiedliche Strafen innerhalb und außerhalb der Stadt;[44] erst jetzt entwickelte sich die Stadt zu einem eigenen Rechtskreis.

Die Herrschaft wurde zunächst durch bestimmte *Amtsträger* und Ministerialen ausgeübt, die (wie in Köln) als «Burggraf» (= Stadtgraf) oder als Schultheiß bezeichnet wurden. Schultheiß und Vogt übten oft konkurrierende Rechte aus; die Herrschaft war also wie auf dem Lande abgestuft und geteilt. (Das konnte recht skurrile Formen annehmen: Nach dem Straßburger Stadtrecht hielt, wenn einem Dieb die Hand abgeschlagen wurde, der bischöfliche Beamte das Beil auf die Faust, während der vogteiliche Henker mit einem Hammer zuschlug: So waren beide an der Vollstreckung des Gerichtsurteils beteiligt.)[45]

Um den Ausbau ihrer Städte zu fördern, verliehen die Stadtherren seit dem 11. Jh. ihrerseits (Teilen) der Stadtbevölkerung *Sonderrechte*, indem sie zum Beispiel die Kaufleute vom Gottesurteil und Zweikampf befreiten oder den Bewohnern, wie in Freiburg, besonders günstige Bedingungen in Aussicht stellten (o. S. 212). Als ältestes, umfassendes Beispiel gilt eine Urkunde für Huy an der Maas von 1066, mit der der Bischof von Lüttich den Bürgern als Dank für ihren Beitrag zum Kirchenbau die Einkünfte bei der Sedisvakanz des Bischofsstuhls übertrug. In der Zeit des sog. Investiturstreits, als der König darauf bedacht sein mußte, Anhänger zu sammeln, wurden einigen, vor allem oberrheinischen Städten wie Worms (1074) oder Speyer (1104) gegen den bischöflichen Stadtherrn gerichtete, königliche Rechte verliehen.[46] Die Bürgerschaft der Städte war damit als Rechtskörper anerkannt, die Stadtbewohner genossen dank der Privilegien eine gewisse *Freiheit.* Für Hinzuziehende galt später oft der Satz «Stadtluft macht frei binnen Jahr und Tag» (mit vielen Varianten), der sie aus den grundherrlichen Bindungen löste, wenn der Grundherr in dieser Frist keine Ansprüche mehr stellte, und sie dem städtischen Recht und Gericht sowie dem Stadtherrn unterstellte. Diesen Zustand als «Freiheit» zu bezeichnen – denn zweifellos handelte es sich um eine eingeschränkte Freiheit –, rechtfertigte sich aus einer relativen Besserstellung, die immerhin eine verbreitete Landflucht auslöste (vgl. o. S. 126). Die Privilegien der Stadtherren schufen für die Siedler einen Anreiz und einen gewissen Freiraum, der durch persönliche Privilegien noch erweitert werden konnte. Diese Freiheit wurzelte aber stets auch im persönlichen Besitz.[47] Die Summe solcher Sonderrechte und Freiheiten führte schon bald zur Ausbildung eigener *Stadtrechte,* die das Zusammenleben der Bürger untereinander, ihr Verhältnis zum Stadtherrn sowie die Verwaltungsangelegenheiten regelten. Da solche Stadtrechte (mit Abwandlungen) von Stadt zu Stadt weitergegeben wurden, entstanden ganze Stadtrechtsfamilien. So wurde zum Beispiel das Kölner Stadtrecht für die westfälischen Städte, das Magdeburger Recht für die Gebiete der deutschen Ostkolonisation, das Lübecker Recht für den Ostseeraum bestimmend.

Im Zusammenhang mit den Privilegierungen trat neben den Stadtherrn allmählich eine immer stärker organisierte Bürgerschaft, die schließlich an der Wahrnehmung städtischer Rechte beteiligt wurde. Sie wird meist als *Gemeinde* oder auch als Kommune bezeichnet: Städtisches Verfassungsleben war zumindest seit dem hohen Mittelalter ein Zusammenwirken (oder auch ein Gegeneinanderwirken) von Stadtherren und Stadtgemeinde.[48] Die Anfänge dieser (politisch verstandenen) Gemeinde sind umstritten. Ihre Vorbilder und Parallelen (kaum aber ihre Ursprünge) sind zweifellos in den genossenschaftlichen Vereinigungen und Verbrüderungen zu suchen, zum Beispiel in den mindestens seit dem 11. Jh. nachweisbaren Kaufmannsgilden. Die Gilde war eine religiöse, jedoch wegen ihrer Gelage kirchlicherseits angeprangerte Einrichtung, die die (freiwilligen) Mitglieder zur gegenseitigen Hilfeleistung verpflichtete, aber noch keine kommunale Tätigkeit ausübte. Ein Vorbild für die Gemeindeorganisation mag auch die kirchliche Einteilung in Pfarrsprengel oder Kirchspiele gewesen sein, die sich im 11./12. Jh. auch in der Stadt durchsetzte und diese oft in mehrere Kirchengemeinden unterteilte. Auch die Gerichtsgemeinde wird als Vorläufer genannt; am ehesten ist hier an das mit dem städtischen Gericht betraute Schöffenkolleg zu denken, das sich von seinen herrschaftlichen Ursprüngen löste und zu einer städtischen Verwaltungsbehörde umgestaltet wurde.

Setzt man die Gemeindebildung nicht erst mit der Übernahme einer autonomen Herrschaft, sondern bereits in dem Augenblick an, in dem die Bürgerschaft als Rechtspartner anerkannt war,[49] dann liegen ihre Anfänge schon im 11. Jh., als sich Teile der Stadtbevölkerung zu *Schwurvereinigungen (coniurationes)* zusammenschlossen, deren Ziele nicht eindeutig erkennbar und in den einzelnen Städten wohl auch nicht einheitlich waren. Vielleicht wollten sie – parallel den Gottesfrieden – der Friedenssicherung in der Stadt dienen; vielfach kämpften die *coniurationes* – im Zusammenhang mit der *libertas*-Idee der Kirche – aber auch um die Stadtfreiheit.[50] Auf jeden Fall ist eine religiöse Grundlage anzunehmen,[51] die sich jedoch, wenn nicht von Anfang an, so doch sehr bald mit politischen Zielen verknüpfte: Die *coniurationes* beanspruchten vielfach eine Beteiligung am Stadtregiment und richteten sich damit oft gegen den Stadtherrn (sie waren daher in besonderem Maße geeignet, die Bevölkerung zu einen); die Bürgerschaft wurde auf diese Weise zu einem politischen Faktor. Erstmals hören wir davon aus Italien, aus Cremona, wo eine Schwurvereinigung im Jahre 1030/31 die bischöflichen Vasallen aus der Stadt vertrieb und die Burg zerstörte. Unter dem Namen einer Kommune wandte sich dann eine Verschwörung *(conspiratio, quam communionem vocabant)* in Le Mans im Jahre 1070 gegen Steuerauflagen durch den Stadtherrn, den Herzog der Normandie. Um die Jahrhundertwende folgten weitere *coniurationes* in Nordfrankreich (1099 in Beauvais, 1101 in Cambrai). In dieser Zeit mehrten sich auch im Reich die Anzeichen für eine Auseinandersetzung. Schon im Jahre 1073 vertrieben die Wormser Bürger den Bischof und sein Kriegsgefolge, schworen Heinrich IV. die Treue und öffneten ihm die Tore.[52] (Heinrich stellte den Kaufleuten und Juden daraufhin ein Privileg aus, das ihnen die Zollfreiheit zusicherte.)[53]

Der berühmte Kölner Aufstand der Kaufleute gegen den Erzbischof Anno II. im Jahre 1074 war nach heutiger Meinung eher spontan und aus aktuellem Anlaß erwachsen (der Erzbischof hatte das Schiff eines Kaufmanns beschlagnahmt) und bedeutete noch keine geplante Einigung der Bürger gegen den Stadtherrn; er beweist aber immerhin, daß bereits Spannungen bestanden und daß dem stadtherrlichen Regiment ein wachsender Widerstand entgegengesetzt wurde. Eine wichtige Rolle spielte erneut die Parteienbildung im Investiturstreit, weil sich in manchen Städten eine königstreue Bürgerschaft gegen einen (propäpstlichen) bischöflichen Stadtherrn richtete (es konnte aber auch umgekehrt sein); 1077 rebellierte man in Mainz zugunsten Heinrichs IV. gegen den Erzbischof Siegfried, der mit dem Gegenkönig Rudolf von Rheinfelden verbündet war. Andernorts gab es zwei Bischöfe (einen kaiserlichen und eine päpstlichen), so daß die Bürger gezwungen waren, Partei zu ergreifen (wie in Konstanz, wo sie 1092 gegen den heinricianischen Gegenbischof Arnold antraten). Langfristig führten solche Bewegungen zunächst zu einer Beteiligung der Bürger am Stadtregiment und schließlich zur weitgehenden Übernahme der Stadtverwaltung durch die Bürgerschaft. Das geschah allerdings in einem langwierigen, nicht immer geradlinig und in den einzelnen Städten durchaus nicht gleichförmig verlaufenden Prozeß, der sich über mehrere Jahrhunderte hinzog. In Köln[54] kam es zu einer ganzen Reihe von Auseinandersetzungen (etwa 1180 um einen selbstherrlichen Mauerbau der Bürger), bis der Erzbischof im Großen Schied von 1257 die Organe der städtischen Selbstverwaltung anerkannte; er selbst blieb aber noch Stadtherr. Erst die bewaffneten Auseinandersetzungen der Folgezeit nahmen ihm mehr und mehr Rechte: Ausgehend von den *coniurationes* entwickelte sich die Bürgerschaft zu einem eigenen Rechtskörper neben dem Stadtherrn, dessen Herrschaft sie Stück für Stück selbst übernahm und dadurch, zumindest teilweise, eine Autonomie erlangte, die – noch ganz im Rahmen der feudalen Welt – der adligen und kirchlichen Immunität und Sonderstellung entsprach.[55] Äußeres Zeichen dieses Rechtsstatus war ein eigenes *Siegel* der Bürgerschaft, das in Köln, dem ältesten deutschen Beispiel, zuerst 1149 bezeugt ist. Die Siegel spiegeln programmatisch einen Teil des Selbstverständnisses der Bürgerschaft wider, ohne anfangs schon einen Gegensatz zum Stadtherrn auszudrücken. Das Aachener Siegel von 1134 zeigte noch den Kaiser im Bild; das zweite Siegel der bischöflichen Stadt Speyer von 1212/31 deutete die Stadtmauer an und bildete den Dom mit der Patronin, der hl. Maria, ab. Das zweite Lübecker Siegel von 1253/56 (Abb. 31) war bereits ganz der bürgerlichen Sphäre entnommen; es zeigte ein Handelsschiff mit Steuermann und Schiffseigner. (Das Kreuz auf dem Mast betonte auch hier das religiöse Element, die erhobene rechte Hand ist auf den Schwurverband gedeutet worden.) Ein weiteres Zeichen bürgerlicher Gemeindebildung war ein «Bürgerhaus» *(domus civium)*; es ist in Köln (zusammen mit dem Siegel) ebenfalls zuerst im Jahre 1149 bezeugt.

Abb. 31 Die Stadt als Rechtsorgan: Das zweite Stadtsiegel von Lübeck mit Motiven der Hansestadt (Mitte 13. Jh.).

Organe der städtischen Selbst- und Mitverwaltung waren zunächst fast durchweg das Schöffenkolleg und der *meliores*-Verband der städtischen Oberschicht, oft mit zwei «Bürgermeistern» *(magistri civium)* an der Spitze. Die Schöffen, denen Gericht und Verwaltung oblagen, waren zunächst noch stadtherrschaftlichen Ursprungs, konnten sich aber immer mehr eigenständige Rechte aneignen. In Italien und Südfrankreich setzte sich seit dem Ende des 11. Jh. die Verfassung mit Senat und Konsuln durch (1095 in Asti, 1117 in Mailand, 1127 in Cremona). Auch in Deutschland übernahmen viele Städte die Ratsverfassung, die seit dem beginnenden 13. Jh bezeugt ist (in Köln erst 1216): Der (gewählte) Rat war oberste Kommunalbehörde, dem die Aufsicht über die gesamte Verwaltung unterstand. Beteiligt an dieser Selbstverwaltung, also «ratsfähig», waren nun keineswegs alle Stadtbewohner, sondern lediglich die städtische Oberschicht, das Patriziat, so daß man von einer «Herrschaft der Geschlechter» sprechen kann. In Andernach wandte man sich schon 1171 gegen den Zustand, daß die Schöffen nicht den «Besseren» *(non ex melioribus)*, Reicheren und Mächtigeren *(non ex ditioribus et potentioribus)*, sondern den Niedrigeren und Ärmeren *(ex humilioribus et pauperioribus)* entstammten.[56] In Hansestädten war das patrizische Regiment geradezu Voraussetzung für die Mitgliedschaft. Erst im späten Mittelalter drängten in vielen Städten auch die bessergestellten Handwerker ins Stadtregiment, und es kam vielerorts zu den berühmten Zunftkämpfen um eine Beteiligung der Mittelschichten an der Ratsverfassung.

Solche Tendenzen bürgerlicher Autonomie bahnten sich allerdings erst am Ende der hier zu behandelnden Epoche an. Im frühen und hohen Mittelalter war das städtische Leben ganz in die Herrschaft des Stadtherrn eingebunden, der daneben noch eine Reihe weiterer Herrschaftsrechte innehatte und die Stadtherrschaft durch Verwalter ausüben ließ. Im hohen Mittelalter gewannen – zeitlich parallel der Entwicklung zur «Stadt im Rechtssinn» – die bürgerlichen Oberschichten mehr und mehr Anteil an der Herrschaft und am Stadtregiment, das schließlich weitgehend in ihren eigenen Händen lag. Zumindest das politische Leben des Städters war von diesen Tendenzen geprägt: Es spielte sich zwischen städtischer Herrschaft (mit einer Reihe von «Freiheiten» = Privilegien, die sehr zur Ausbildung eines typisch städtischen Lebenskreises beitrugen) und persönlicher und rechtlicher Freiheit (nämlich zunächst von nicht-städtischen Institutionen) ab und war darauf bedacht, diese Rechte gegenüber dem Stadtherrn zu erweitern. Die Sonderentwicklung von Herrschaft und Freiheit in der Stadt resultierte dabei nicht zuletzt aus der Bindung an den städtischen Raum.

2. Der Raum: Topographie und Bebauung der Stadt

Wie die Herrschaftsverhältnisse, so bestimmten auch die (teilweise davon abhängigen) räumlichen Gegebenheiten zunehmend den städtischen Charakter größerer Siedlungen und beeinflußten damit das Leben in der Stadt.[57] Unsere heutige Vorstellung von der «mittelalterlichen» Stadt ist geprägt von noch erhaltenen Stadtkernen einerseits und alten Stichen andererseits. Beide aber sind in der Regel tatsächlich frühneuzeitlich; aus früheren Zeiten haben sich allenfalls einzelne Bauwerke erhalten. Die Topographie der frühmittelalterlichen Stadt läßt sich überhaupt nur noch in Umrissen rekonstruieren (Abb. 32). Sie wurde im wesentlichen von den erwähnten *«stadtbildenden» Kernen* wie Kirche, Kloster, Burg bestimmt. Insofern zeigte sich schon in der frühen Stadt ein «topographischer Pluralismus» (Hall), der noch lange sichtbar blieb (vgl. o. S. 209 f.). Reims etwa wuchs aus den beiden Kernen der Domstadt und des Klosters St. Remi, Halberstadt aus Domstadt und Liebfrauenstift zusammen. (Die Klöster lagen zunächst durchweg außerhalb der Stadtmauern und wurden erst durch die Erweiterungen im Laufe der Zeit einbezogen.) Auch der für viele Städte charakteristische, typisch mittelalterliche *Herrschafts-Dualismus,* das Nebeneinander verschiedener Stadtherren (auf gleicher Ebene wie Bischof und Graf oder auf unterschiedlichen Ebenen wie König und Bischof) spiegelt sich topographisch deutlich in dem Vorhandensein verschiedener Herrenbauten wider, zum Beispiel einer königlichen oder gräflichen Pfalz neben einer Bischofsburg. Entscheidender aber wurde jeweils das Nebeneinander von herrschaftlichen und genossenschaftlichen Elementen: eines früh befestigten *Herrensitz*es (also einer Burg oder Pfalz mit Domkirche oder Kloster) als Ausgangspunkt der Siedlung einerseits *und* einer (vor-)städtischen und zunächst noch unbefestigten *Marktsiedlung* andererseits als Voraussetzung für die Entwicklung der Bürgerstadt des hohen Mittelalters. Diese beiden Grundelemente bestimmten fortan den städtischen Raum. Die Eigenständigkeit der Bürgerstadt zeigte sich häufig an der Existenz einer eigenen, oft gegenüber dem Dom gelegenen Marktkirche (Bürgerkirche) – wie der Gaukirche in Paderborn, der Lambertikirche in Münster, St. Gangolf in Trier oder St. Georg in Speyer (Abb. 30) – auf der gegenüberliegenden Seite des Marktplatzes, der vielfach den herrschaftlichen und den bürgerlichen Bereich räumlich zugleich trennte und miteinander verband.

Abb. 32 Oben Paderborn im hohen Mittelalter (Rekonstruktion) (aus: Hall S. 74)
Unten Paderborn im späten Mittelalter (aus: Hall S. 75).

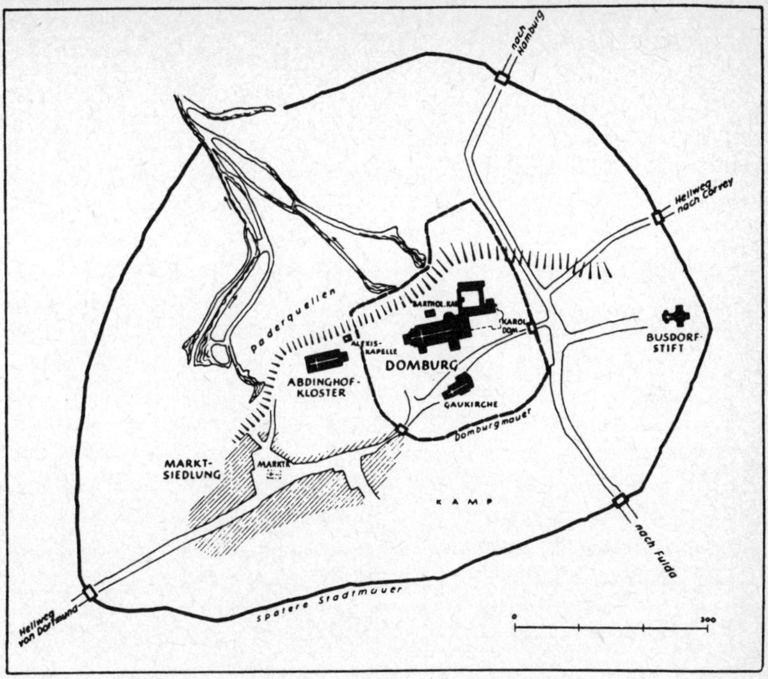
nach Hamburg
Hellweg nach Corvey
paderquellen
DOMBURG
ABDINGHOF-KLOSTER
ALEXIS-KAPELLE
GAUKIRCHE
Domburgmauer
BUSDORF-STIFT
MARKT-SIEDLUNG
KAMP
nach Fulda
spätere Stadtmauer
Hellweg von Dortmund
0
300

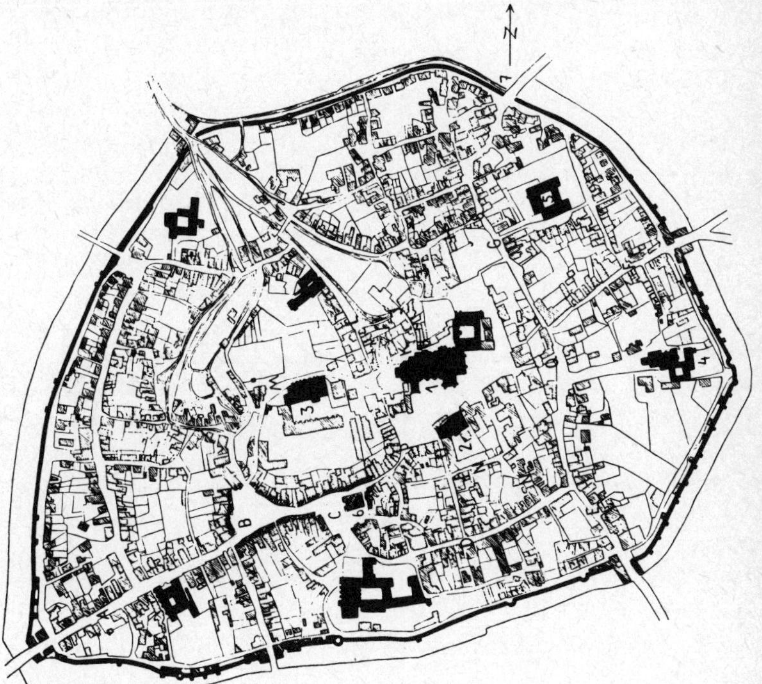

Immunitätsbezirke. Die ursprünglichen Elemente sind auch in späteren Stadtplänen oft noch gut erkennbar. Besonders deutlich zeichnen sich die Immunitätsbezirke der verschiedenen Kirchen und Klöster ab, die, zusammen mit der Burg, als erste ummauert wurden. (Man spricht gern von einer «Domstadt».) Diese «Hereinnahme des Kultes in die Stadt» ist ein mittelalterliches Charakteristikum; die antiken Tempelbezirke hatten stets außerhalb der Mauern gelegen.[58] Der engere Immunitätsbezirk mit Dom und Bischofsburg bzw. Klosterkirche war seinerseits dreigeteilt und bestand aus der Kirche und dem in der Regel im Süden gelegenen Kreuzgang mit den Konventsgebäuden, also dem Lebensbereich der Kleriker oder Mönche, aus den Übergangsbauten zur Außenwelt im Norden (mit Vorhalle, Glockenturm und Paradies) sowie den Handwerker- und Hintersassenbauten im Westen. Als sich die *vita communis,* das gemeinschaftliche Leben der Kleriker in den Konventsbauten, seit dem 10. Jh. aufzulösen begann, bewohnten die Kanoniker eigene Kurien, die sich nun wie ein Kranz rund um die Kirche legten, meist an die Immunitätsmauer angelehnt waren und so den Immunitätsbezirk nach außen hin abgrenzten, ein Phänomen, das sich noch heute an vielen Stadtbildern ablesen läßt. Der städtische Lebensraum des frühen und hohen Mittelalters bildete also noch keineswegs eine geschlossene Einheit; der Burg- und Immunitätsbezirk schloß sich vielmehr streng gegen die übrige Stadt ab.

Märkte. Der Markt, der oft zwischen Immunität und Siedlung lag, war Mittelpunkt der bürgerlichen Siedlung und des städtischen Lebens. Es gab allerdings nicht nur Marktplätze, sondern, vor allem im Süden Deutschlands, auch Straßenmärkte an verbreiterten Hauptstraßen, die mitten durch die Siedlung führten. In ottonisch-salischer Zeit entstanden dann die typischen, geschlossen umbauten Marktplätze, die oft kaum mehr verändert wurden und das Stadtbild alter Städte häufig bis heute prägen. Rund um den Markt gruppierten sich später Bürgerhäuser, vor allem aber die offiziellen Gebäude: Rathaus und Gericht, Münze, Zollhaus und Waage. Hier befand sich auch der Stadtbrunnen für die Wasserversorgung, denn öffentliche Wasserleitungen kamen (vereinzelt) erst im 12. Jh. auf. Mit dem Wachstum der Stadt reichte ein Markt bald nicht mehr aus; in Köln ist bereits 1076 ein «neuer Markt» bezeugt; mit zunehmender Differenzierung der Handwerke entstanden in größeren Städten Einzelmärkte für bestimmte Waren (wie Fischmarkt, Heumarkt, Pferdemarkt usw.).

Mauern und Straßen. Wurden Immunitätsgebiete und Burgen schon früh ummauert, so lagen die Siedlungen zunächst noch unbefestigt als *suburbia* zu ihren Füßen. Ein engeres Zusammenwachsen von Immunitätsbezirk(en) und Marktsiedlung wurde erst durch eine gemeinsame *Ummauerung* erreicht. In Frankreich genügten bis ins 12. Jh oft die alten Römermauern, doch setzte im Zusammenhang mit den Normanneneinfällen des 9. Jh. auf breiter Ebene eine Wiederherstellung oder Neuerrichtung von Stadtmauern ein. In Deutschland wurden die Kaufmannssiedlungen vereinzelt seit dem 10. Jh. befestigt (wie in Köln, Namur, Verdun oder Regensburg), doch waren vielerorts noch im 12. Jh. nur die bedeutenderen Städte ummauert; die meisten Mauerringe entstanden im 12. und 13. Jh., doch auch danach blieben zahlreiche Städte unbefestigt. Ein Erdwall mit Graben und Palisaden in der Frühzeit wurde schon bald durch Steinmauern ersetzt. Die vieltürmigen Befestigungen mit Doppelmauern und monumentalen Torbauten, wie sie vielfach noch erhalten sind, sind allerdings spätmittelalterlichen oder frühneuzeitlichen Ursprungs. Die hochmittelalterliche Stadtmauer folgte dem Vorbild des Burgenbaus und bestand nur aus einem Mauerring mit Türmen über den wenigen Stadttoren. Die Hofstätten und Häuser waren manchmal unmittelbar an die Mauer angelehnt, oft aber auch durch eine Gasse von ihr getrennt. Kehrten Mauern und Tore nach außen hin den Wehrcharakter hervor, so wurden sie nach innen hin durch eine entsprechende Ausgestaltung in das Stadtbild integriert.

Von den alten Mauern sind heute allenfalls kleine Bruchstücke erhalten, nur Straßenführung oder Wasserläufe lassen oft noch den Verlauf der frühen Mauerringe erkennen. Der Grund dafür liegt in dem *Wachstum* vieler Städte im 11. und 12. Jh., das vor den Mauern im Umkreis der Städte neue Siedlungen, «Vororte», entstehen ließ und innerhalb kurzer Zeiträume neue Mauerringe nötig machte und eine Zerstörung der inneren Ringe zur Folge hatte. Manchmal wurden nur einzelne Viertel in die Ummauerung einbezogen, oft umgab man die Stadt aber auch mit einer völlig neuen Ringmauer. Natürlich war die Entwicklung unterschiedlich: Von den oberrheinischen Bischofsstädten etwa brauchte Worms, das schon vorher relativ groß war, erst im 13. Jh. eine neue Mauer; Speyer dagegen erlebte allein im 11. Jh. drei verschiedene Ummauerungen (Abb. 30); die Stadtfläche wuchs von 10 ha in ottonischer Zeit auf rund 60 ha in der Mitte des 12. Jh. an. Straßburgs Altstadt, die aus dem Römerkastell des 4. Jh. hervorgegangen war, bedeckte zusammen mit der Bischofsburg eine Fläche von 19 ha, die Neustadt mit der Mauer des 11. Jh. hatte dagegen eine Größe von 54 ha. Köln, die bei weitem größte Stadt Deutschlands, wuchs durch die gegen den Willen des Erzbischofs vorgenommene Ummauerung von 1180, die bis zum Ende des 19. Jh. Bestand hatte, von 236 auf rund 400 ha an. Die meisten Städte waren natürlich viel kleiner; die Gründungsstädte wiesen eine durchschnittliche Bebauungsfläche von nur 20 ha auf. Bis ins 11./12. Jh. konnte die Stadt sich gar nicht fest vom Land abgrenzen, weil sich vor dem ummauerten Kern stets neue Vorstädte bildeten, die den Rahmen sprengten, aber nichtsdestoweniger ein ähnlich städtisches Leben führten. Waren bis ins hohe Mittelalter vielerorts noch Schwerpunktverlagerungen in der Stadt möglich (etwa von der Burg auf den Markt), kamen sogar ganze Verlegungen vor wie in Hildesheim, wo der Hauptmarkt zweimal seinen Standort wechselte und damit von den ursprünglichen herrschaftlichen Elementen der Stadtbildung abrückte,[59] so wurden Grundriß und Baubestand mit dichter werdender Bevölkerung und mit der Ummauerung bald fest und kaum mehr veränderbar. Erst mit der großen Ummauerung, die meist im 12./13. Jh. abgeschlossen war, wurde der Lebenskreis «Stadt» als topographischer Raum endgültig vom Umland abgegrenzt. Die Stadtmauer prägte fortan das äußere Erscheinungsbild und das städtische Selbstverständnis; auf zahlreichen Miniaturen erscheint die Mauer als das entscheidende Kennzeichen der Stadt (Abb. 33); erst sie machte die Stadt zur «Festung» (Haase), gab ihr das geschlossene, wehrhafte Gepräge und schützte die Bewohner vor äußeren Bedrohungen und Fehden der Herren; die Mauer war gewissermaßen Voraussetzung für die Ausbildung eines eigenen städtischen Lebenskreises. Vor den Mauern aber lag ein Streifen städtischen Landes, der dem Schutz und der Ernährung diente.[60]

Um die Mauer möglichst klein zu halten, strebte man, zumindest bei allen Neuanlagen der staufischen Zeit, nach einer abgerundeten Fläche nach außen und nach einer überschaubaren, systematischen Anlage nach innen hin. Staufische Städte lassen daher oft einen Gesamtplan erkennen. Dennoch war der Grundriß nur selten streng geometrisch, weil er auf

Abb. 33 Die Mauer als Wahrzeichen der Stadt: Christi Einzug in Jerusalem (Trierer Epistolar, Ende 10. Jh.).

das Gelände, auf die Wasserversorgung sowie auf die historische Entwicklung Rücksicht nehmen mußte. In Mitteleuropa war das *Straßennetz* innerhalb des Mauerrings, soweit man es noch erkennen kann, in der Regel jeweils an den Enden verknüpft, also voll durchgehbar (es gab keine Sackgassen wie im südlichen Europa). Typische Grundformen waren das Einstraßensystem oder (häufiger) das Parallelstraßensystem (oft in Spindelform, indem die beiden Enden zusammengeführt wurden), als Querrippensystem mit breiten Haupt- und schmalen Seitenstraßen oder als Rastersystem in Gitter-, Schachbrett- oder Quadratblockform.[61] Vom Straßensystem war die Bebauung abhängig: Die *Parzellen* als kleinste Siedlungseinheiten mit dem Haus an der Front und einem Gartengrundstück, das nach hinten oft bis zur nächsten Straße reichte, waren schon früh zu meist ungleichmäßig großen Blöcken zusammengeschlossen, die allseitig von Straßen umgeben waren. Die Hofstätten hatten in Regensburg zu Beginn des 11. Jh. eine Größe von 40 × 80 Fuß; seit dem 12. Jh. waren regelmäßige Maße wie 40 × 60, 40 × 80, 50 × 100 oder 60 × 100 Fuß häufig. Die Straßen selbst aber waren eng und verwinkelt, dunkel und schmutzig, da hier Abfälle aller Art landeten. Gepflasterte Straßen wie in der Antike gab es nicht mehr; die Straßen der früh- und hochmittelalterlichen Stadt bestanden aus festgestampftem Lehm oder aus Schotter; archäologische Ausgrabungen haben verschiedene Schichten zutage gefördert, die später mit Schotter oder Sand überdeckt wurden und tiefe Spuren von Tritten, Wagen und Pferden bewahrt haben; auf dem Alten Markt in Duisburg ließen sich von 900 bis 1300 fünf solcher Schichten nachweisen, das Bodenniveau stieg in dieser Zeit um etwa einen Meter.[62] Erst im 13. Jh. kamen wieder erste Pflasterungen auf.

Die verschiedenen Kerne und die Erweiterungen der Stadt schufen einzelne *Viertel* (wenngleich der Begriff eigentlich nur in Planstädten berechtigt ist, die durch zwei Hauptachsen in vier Bezirke geteilt werden). «Viertel» anderer Art entstanden dadurch, daß die verschiedenen Handwerkszweige sich zunehmend in bestimmten Bezirken und Straßenzügen der Stadt konzentrierten, eine Tatsache, die sich noch heute vielfach an Straßen- und Viertelnamen ablesen läßt. Zumindest lagen im hohen Mittelalter die oft sicher noch spärlichen Anfänge einer solchen Entwicklung. Nur die Hersteller von Waren für den täglichen Bedarf (wie die Bäcker) verteilten sich in größeren Städten weiterhin über das gesamte Stadtgebiet. Vor allem in den alten Bischofsstädten an Rhein und Donau entstanden, zunächst freiwillig und ohne scharfe Trennung, seit dem 10. Jh. eigene Judensiedlungen mit Synagoge und rituellem Badehaus, die meist in der Nähe des Marktes lagen; Ghettos, die die Juden auf diese Viertel einengten und sie streng von der übrigen Stadt trennten, gehören erst dem Spätmittelalter, einer Zeit der Verschärfung der sozialen Gegensätze, an.

Gebäude. Das Stadtbild wurde überragt von seinen Kirchtürmen, zu denen sich später der Rathausturm gesellte. Daß die mittelalterliche Stadt von einer Vielzahl von *Kirchen* geprägt war, wurde schon erwähnt. Manchmal, vor allem in ottonischer Zeit, wurden sie, symmetrisch aufeinander bezogen, in Kreuzform errichtet, wie es in Paderborn, Hildesheim oder Bamberg zumindest geplant war, oder in einer Art Kirchenkranz um das Zentrum gelegt. In Konstanz gruppierten sich um die alten Mittelpunkte, die Bischofsburg mit dem Dom Sta. Maria und die Pfarrkirche St. Stephan, die beiden Ursprungselemente, im 10. Jh. fünf weitere Kirchengründungen, die von der Anordnung und den Patrozinien her das römische Vorbild nachzuahmen suchten, indem sie sich an die römischen Hauptkirchen anlehnten:[63] Der Konstanzer Mariendom war ein Gegenbild zu Sta. Maria Maggiore in Rom, die Mauritiuskapelle (als nächste Gründung) drückte die Bindung an die Ottonen aus, deren Hauptheiliger Mauritius war; unter Bischof Konrad folgten St. Johann im Norden (als Entsprechung zu San Giovanni in Laterano), St. Paul im Süden, das noch im 12. Jh. außerhalb der Stadtmauern lag (entsprechend San Paolo fuori le mura) und St. Lorenz (nach der römischen Kirche San Lorenzo). Unter Gerhard wurde schließlich im Westen jenseits des Rheins (im heutigen Petershausen) in bewußter Anlehnung an den jenseits des Tibers gelegenen Dom St. Peter im Vatican die Klosterkirche St. Gregor errichtet, die bald tatsächlich auch St. Peter hieß; auch das Ursprungspatrozinium, das Haupt des hl. Gregor, war von Rom nach Konstanz überführt worden. Hinter solchen Kirchenbauten steckte offensichtlich ein bewußtes Programm, das Konstanz zu einem zweiten Rom machen sollte. Daß sich Ähnliches im 11. Jh. kaum mehr wiederholte, scheint zugleich ein Zeichen der allmählichen Schwergewichtsverlagerung vom Element Kirche auf das Element Bürgersiedlung. Die Kirche verlor ihren Einfluß nur in bezug auf die Topographie und blieb in das Stadtleben integriert; gerade die spätmittelalterlichen Stadtkirchen waren gefüllt mit Altären, die reiche Bürger gestiftet hatten, während die Kaufmannskirche der frühmittelalterlichen Siedlung öfter noch einen doppelten Zweck erfüllte: nämlich als Gebetshaus und als Warenniederlage. Die Kirchenglocken regelten den Zeit- und Tagesablauf in der Stadt. Um die Kirchen herum lag der Kirchhof oder «Friedhof» (als Friedensbezirk), der erst allmählich auch zur Begräbnisstätte wurde; die Bezeichnung blieb, als die Gräber später in Außenbezirke der Stadt verlegt wurden.

Das zweite topographische Element, die *Burg* als herrschaftlicher Faktor, ist hier nur noch kurz zu erwähnen: Die Bischofsburg oder Bischofspfalz lag meist westlich des Doms im Immunitätsgebiet, die Königspfalz (soweit es sie gab), die oft an der Stelle der spätrömischen *praetoria* stand, rückte an den Rand; im hohen Mittelalter war sie von den Häusern der Ministerialen (Burgmannen) umgeben.

Kirchen und Burgen waren die ersten Steinbauten. Von den übrigen Häusern haben sich nur vereinzelt seit dem 11. Jh. *Wohntürme* («Geschlechtertürme») der Herren, die besonders für Italien typisch waren, aber auch nördlich der Alpen, etwa in Regensburg, vorkamen, seit dem 12. Jh. einzelne *Steinbauten* erhalten (Abb. 34); ihre Ausnahmeerschei-

Abb. 34 Ein frühes Bürgerhaus (Steinhaus): Das «Romanische Haus» in Münstereifel (12. Jh.) (Foto: Meckseper T 44).

nung wird schon daran deutlich, daß die Quellen sie gern ausdrücklich als «Steinhaus» vermerken. Diese sogenannten Saalgeschoßhäuser (mit einem Saal im Obergeschoß), die ersten mehrgeschossigen Häuser, die ursprünglich wohl farbige Fassaden hatten, waren ebenfalls Herrenbauten, die nun vereinzelt und nicht in allen Landschaften neben die Wohntürme traten. In ihrer Architektur lehnten sie sich meist an die Kloster- und Stiftsbauten an. Die meisten Häuser, vor allem die Handwerkerhäuser, aber waren einfache, hölzerne Fachwerkbauten mit enger Ständerstellung. (Erhaltene Beispiele stammen erst aus dem 14./15. Jh.) Wohl noch im 12. Jh. formten sich grundsätzlich zwei Typen aus: In Norddeutschland war das Dielenhaus verbreitet, dessen Erdgeschoß meist einen Saal mit Seitenkammern bildete, der als Wohnraum diente; in Süddeutschland wurde der Wohnraum dagegen meist ins Obergeschoß verlegt, während unten die eine Seite als Eingang, Treppenhaus und Durchgang zum Hof und die andere Seite als Werkstatt benutzt wurde.[64] Noch im 13. Jh. hatten die Häuser nur wenige, kleine Fenster, die durch Läden oder Tücher geschlossen wurden; Prunkbauten bevorzugten (wie die Burgen) Arkadenfenster. Die «Stube» als intimer, vom allgemeinen Hauptaufenthaltsraum gesonderter und beheizter Wohnraum der Bürgerfamilie ist seit ca. 1200 nachweisbar.[65] Die Inneneinrichtung unterschied sich zunächst nicht vom Lande: Truhen und Bänke bildeten neben den kurzen Betten die wichtigsten, oft einzigen Möbelstükke. Gekennzeichnet wurden die Häuser nicht mit Hausnummern, sondern durch Namen und Symbole wie «Zum bunten Ochsen», «Zum blauen Himmel», «Zum heißen Stein» oder auch «Zum geilen Mönch».[66]

Die Häuser standen teils mit der Längsseite, in den Altstädten aber meist mit der Querseite zur Straße, um möglichst vielen Bürgern Zugang zur Straße und damit zum städtischen Leben zu ermöglichen. (Die noch heute sichtbare enge Bebauung ist oft allerdings auf eine spätere Entwicklung zurückzuführen.) Um den engen Wohnraum zu nutzen, ragte das Obergeschoß häufig über das Erdgeschoß hinaus; die Gassen wurden dadurch noch enger. Handwerker- und Kaufmannshäuser unterschieden sich noch nicht grundsätzlich, wohl aber in der Ausgestaltung, eine Entwicklung, die seit dem frühen 13. Jh. die typischen Patrizierhäuser entstehen ließ, die sich vor allem rund um den Marktplatz zentrierten. Jetzt legte man gesteigerten Wert auf die Fassadengestaltung mit Fenstern und Erkern. Nicht alle Häuser waren Eigenheime; zumindest seit dem 13. Jh. sind viele Mietshäuser bezeugt.

Die für das städtische Leben wichtigen öffentlichen Bauten lagen in der Nähe des Marktes. Mit der Durchsetzung eines politischen Mitspracherechtes der Bürgergemeinde entstanden «Bürgerhäuser» als Vorläufer der *Rathäuser.* In Soest ist 1120 eine *domus consulum,* in Köln 1149 eine *domus civium* bezeugt. Seit dem frühen 13. Jh. wurden Rathäuser häufig, dienten (als «Stadthaus») aber oft noch verschiedenen Zwecken: Im Dortmunder Rathaus (um 1232) zum Beispiel befanden sich unten der Weinkeller (ein Vorläufer der noch heute üblichen «Rathausstuben»), im Erdgeschoß Tuchhalle und Gericht, im Obergeschoß der Ratssaal. Hier wurden auch die offiziellen Feste gefeiert. Manchmal übernahm der städtische Rat zunächst das Amtsgebäude des herrschaftlichen Verwalters; das Rathaus in Gelnhausen (um 1200) war ursprünglich Sitz des Schultheißen gewesen; oder man setzte einfach ein Geschoß auf das Kaufhaus. Als Symbol bürgerlicher Freiheit aber wurde das Rathaus bald zu einem Prunkbau ausgestaltet, den man innen wie außen entsprechend ausschmückte. Hier waren auch das Stadtwappen und die Eichmaße angebracht, über die der Rat die Aufsicht führte.

Seit dem hohen Mittelalter ist in vielen Städten ein *«Kaufhaus»* mit einem oder zwei Geschossen und zwei oder drei Schiffen bezeugt, das der Verkaufsauslage bestimmter Waren, besonders von Tuchen, durch stadtansässige, aber auch durchreisende Kaufleute diente.[67] Das seit dem 12. Jh. bezeugte Stapelrecht verpflichtete durchreisende Kaufleute in vielen Städten, ihre Waren anzubieten, um den Umsatz zu erhöhen. Manche Stadt nutzte ihre Einnahmequellen, indem sie den Handel der Gäste untereinander verbot. Von den anderen Wirtschaftsbauten lagen die Speicherräume in der Stadt, die im 12. Jh. aufkommenden Windmühlen dagegen meist vor den Mauern. Daneben gab es natürlich Wirtsstuben, Häuser der einzelnen Handwerkervereinigungen und (vielleicht schon im 12. Jh.) Badehäuser. Gegen Ende des 12., vor allem aber im 13. Jh. entstanden die ersten Spitäler, die als Gasthaus, Pilgerhaus, Armen- und Krankenhaus dienten, mit einer Kirche verbunden waren und meist durch Ritterorden und vor allem den Ende des 12. Jh. gegründeten Heilig-Geist-Orden betrieben wurden.

Zwischen der Lage der Bauten und den sozialen Verhältnissen bestanden gewisse Zusammenhänge. Daß die Burg am Rande der Stadt lag, erklärt sich aus der allmählichen Schwerpunktverlagerung von der Herren- zur Bürgerstadt. Folglich rückten auch viele Ministerialenhäuser an den Rand der Stadt (wo es noch heute oft eine «Herrenstraße» oder eine «Ritterstraße» wie in Rothenburg ob der Tauber oder in Rinteln gibt). Die Randlage war also keineswegs durchweg den sozial niederen Schichten zugewiesen, wie man früher glaubte, sondern – je nach der Struktur der Stadtbevölkerung – teilweise auch von vornehmen Geschlechtern besiedelt. Der Markt wurde von den führenden Kaufleuten beherrscht, die hier ihre Häuser errichteten, während die Handwerker, wie erwähnt, vorzugsweise eigene Quartiere bzw. Straßenzüge in der näheren Umgebung bewohnten. Durch solche Konzentration entstanden mit der Zeit andererseits auch Armenviertel. Im übrigen blieben die auch topographisch abgeschlossenen Sonderrechtsbezirke der Kirchenimmunitäten noch lange erhalten. Die räumliche Ausgestaltung der Stadt nahm trotz der dichten Konzentration also auf eine differenzierte Stadtbevölkerung Rücksicht, die nun noch näher zu betrachten ist.

3. Die Menschen: Bürger und Stadtbewohner

Größe. Die Stadt war dadurch geprägt, daß hier auf engem Raum viele Menschen zusammenlebten, deren Zahl allerdings nicht bekannt ist; verläßliche Anhaltspunkte (wie Häuser- oder Steuerlisten), die wenigstens annähernde Schätzungen erlaubten, liegen erst aus dem späten Mittelalter vor; für die früheren Jahrhunderte fehlt jede Grundlage für genauere Berechnungen. Eines darf man aber zweifelsfrei feststellen: Die *Großstadt* des Mittelalters wäre für heutige Begriffe eine beschauliche Kleinstadt gewesen: Hektor Ammann rechnet (vom Standpunkt des deutschsprachigen Raumes aus) alle Städte über 10000 Einwohner zu den Großstädten,[68] andere setzen die Grenze (im europäischen Maßstab) dagegen erst bei 25000 an. Die größten Städte (über 50000 Einwohner) lagen im frühen und hohen Mittelalter außerhalb des abendländischen Kulturkreises, in Byzanz und im mohammedanischen Spanien. In England hatten am Ende des 11. Jh. von den drei größten Städten London rund 10000, Winchester und York jeweils rund 8000 Einwohner. Die große Ausbau- und Wachstumsphase lag aber, wie erwähnt, erst im 12. und beginnenden 13. Jh. Die größte Stadt des Abendlandes war Paris, dessen Einwohnerzahl zu Beginn des 14. Jh. wohl rund 80000 betrug.[69] Großstädte mit über 25000 Einwohnern gab es in Italien (Florenz, Genua, Mailand, Venedig, Padua, Bologna, Neapel, Palermo), Spanien (Barcelona, Córdoba, Sevilla, Granada), aber auch in Flandern (Brügge, Gent, Brüssel, Leuven, Ypern, Tournai, Lüttich). In Frankreich hatten im 14. Jh. etwa Rouen, Toulouse, Lyon, Bordeaux, Amiens über 20000, Marseille, Avignon, Montpellier und Lille über 10000 Einwohner. Die größte deutsche Stadt war Köln mit rund 10000 Einwohnern um 1000 und etwa 20000 Einwohnern im 12. Jh. Großstadtcharakter (über 10000) hatten hier im späteren Mittelalter noch Nürnberg, Straßburg, Augsburg, Ulm, Würzburg, Erfurt, Breslau, Braunschweig, Lüneburg, Prag, Wien und einige Hansestädte (wie Lübeck, Bremen, Hamburg, Danzig oder Rostock). Da die meisten dieser Orte erst spät und relativ schnell zu solcher Größe angewachsen waren, gab es in der hier behandelten Phase kaum Städte dieser Größenordnung.

Zahlreicher waren die Mittelstädte (im europäischen Rahmen zwischen 5000 und 25000, im bescheideneren deutschen Rahmen zwischen 2000 und 10000 Einwohnern). In Deutschland überschritten allenfalls

50 Städte eine Einwohnerzahl von 5000; die meisten Ortschaften in diesem Raum waren Kleinstädte bis zu 2000 Einwohnern, darunter auch Zwergstädte mit einer Einwohnerzahl unter 200. Die durchschnittliche deutsche Stadt des Mittelalters zählte also nur wenige Tausend Einwohner; schon daraus geht hervor, daß nicht jede Stadt in der Lage war, ein wirklich «städtisches» Leben zu entwickeln.

Schichten der Stadtbevölkerung. Ein städtischer Lebenskreis zumindest der bedeutenderen und größeren Städte wurde allerdings nicht nur durch die Zahl, sondern auch durch die *Gemeinschaft* der auf engem Raum lebenden Bewohner geschaffen, die zunächst durch eine räumliche Ausrichtung auf das herrschaftliche Element (wie Burg oder Kirche), später vor allem durch den Mauerbau einen Zusammenhalt fanden, der durch Gemeinschaftsaufgaben (Verteidigungspflichten) noch gefördert wurde. Zunächst galten wie überall, so auch in der Stadt allerdings die ständischen Unterschiede: Der Klerus, der in manchen Städten einen beträchtlichen Prozentsatz an der Stadtbevölkerung ausmachte, hatte sein Sonderrecht; «rechtlose» Gruppen (wie die Juden) waren vom Bürgerrecht ohnehin ausgeschlossen und auf den Schutz des Königs oder des Stadtherrn angewiesen; die übrige Bevölkerung teilte sich – wie auf dem Lande – in Freie und Unfreie. Viele Stadtbewohner stammten, als Handwerker, Händler, Bauern oder Ministerialen, aus der *familia* des oder der Stadtherren; andere waren zugezogen. Unfreie, die vom Lande kamen, verblieben zunächst in ihrem Stand, bis sich nach Ausbildung eines Stadtrechts allmählich auf breiter Front (wenngleich nicht überall) der Rechtssatz «Stadtluft macht frei (binnen Jahr und Tag)» durchsetzte, der eine Rechtsgleichheit begründete und damit die alten ständischen Unterschiede auflöste (vgl. o. S. 216). Im hohen Mittelalter trugen neben dieser Rechtsgleichheit die *coniuratio*, der Schwurverband der Städter mit seinen politischen Zielen, und die Aussicht auf eine relative Freiheit, zu einem Gemeinschaftsgefühl bei. Beide setzten sich durch, weil nun einerseits die reichen Bürger nach Mitbestimmung drängten, andererseits die Herren ein verstärktes wirtschaftliches Interesse an den Städten gewannen und die Herrschaft über die Menschen in der Stadt daher nicht mehr voll wahrnahmen, um Bürger anzulocken. Im Kampf für oder gegen den Stadtherrn und im Ringen um die städtische wie auch die persönliche Freiheit wuchs die Stadtbevölkerung enger zusammen.

Dennoch entstand daraus noch nicht ein einheitliches und gleichberechtigtes *Bürgertum:* Die Gemeinsamkeit wurde (wie auf dem Land) eher durch den Lebensraum, nicht aber durch eine soziale Gleichheit der Einwohnerschaft der Städte geschaffen, die zwar einen Rechts- und in gewisser Weise auch einen Wirtschaftsverband bildete, sozial aber völlig aufgesplittert war. Die Stadtbewohner hießen seit dem 11. Jh. *cives* oder *burgenses*, ein Begriff, der in Südfrankreich ursprünglich die Bewohner des *burgus*, der Vorstadt, bezeichnete und an der Stadtbevölkerung haften blieb, auch als die Stadt sich selbst bereits nicht mehr als *burg* verstand (o. S. 204). *Burgensis* und (mittelhochdeutsch) *burgaere* waren aber zweideutig und zumal in Deutschland nach der Ausbildung einer «Stadt im Rechtssinn» eher auf die Stadtbewohner mit vollem Bürgerrecht beschränkt. Denn bei weitem nicht alle Stadtbewohner waren auch «Bürger» im Rechtssinn: «Bürgertum», Nutznießung der städtischen Freiheitsrechte unter Einschluß des politischen Regiments, war in der Regel an Grundbesitz, kaum aber an bestimmte Tätigkeiten gebunden. Der Zugang setzte also Grunderwerb voraus und war oft recht teuer; zumindest später erfolgte er in einem förmlichen Verfahren mit einem Bürgereid auf das Stadtrecht, der aus der zuvor noch freiwilligen *coniuratio* erwachsen war.[70] Die genaue Regelung war aber von Stadt zu Stadt verschieden und wandelte sich zudem im Laufe der Zeit. Zu den Nichtbürgern zählten auch Geistliche, Juden und Zugezogene. Frauen partizipierten in vollem Umfang an der Stadtfreiheit und waren nach den meisten Stadtrechten rechtlich den Männern gleichgestellt; sie hatten jedoch keinen Anteil am politischen Leben.

Beruf, Recht, Vermögensverhältnisse und Ansehen ließen in der Stadt eine soziale *Schichtung* entstehen, die allerdings erst im Spätmittelalter deutlichere Konturen gewann. Auch vorher gab es zweifellos schon Ober-, Mittel- und Unterschichten, die aber noch wenig erforscht sind; die konkrete Abgrenzung, vor allem auch die Identifizierung mit bestimmten Berufszweigen, bereitet – nicht zuletzt wegen mangelnder Kriterien – erhebliche Schwierigkeiten; sie hing vor allem auch von der sozialen Zusammensetzung der einzelnen Stadt ab. Verallgemeinernd lassen sich vorerst nur wenige Grundlinien zeichnen, die im Einzelfall sorgfältiger Überprüfung bedürfen.

Zur städtischen *Oberschicht* gehörten später vor allem zwei zunächst getrennte Gruppen, die beide erst seit dem 11./12. Jh. festere Gestalt gewinnen konnten: Kaufleute und Ministerialen. Waren die *Fernhändler* vorher ständig unterwegs gewesen, hatten sie des Schutzes durch den König bedurft und sich zum Selbstschutz in Genossenschaften (Gilden) organisiert, die zur gegenseitigen Hilfeleistung verpflichteten,[71] so wurden sie im hohen Mittelalter seßhaft und leiteten die Geschäfte von ihrem städtischen Wohnsitz aus. Die Mittelmeerkaufleute entwickelten die besondere Handelsform der Commenda (für eine Reise) oder der Compagnia (für eine Reihe von Jahren), bei denen ein Partner das Kapital bereitstellte, während der andere die Handelsreise durchführte. Die Seßhaftwerdung war eine wichtige Voraussetzung für die Ausbildung des typischen Stadtlebens, das der Händler entscheidend mitgestaltete; andererseits war es kein Zufall, daß die städtischen Oberschichten erst in dieser Zeit ins Stadtregiment drängten: In der Stadt des hohen Mittelalters hatten die Fernhändler ihren sozialen Ort als städtische Oberschicht gefunden. Seit dem 13. Jh. wurde die Buchführung zum wichtigen Geschäft, Schulbildung zu einem erstrebten Ziel bürgerlicher Kreise.

Die zweite, ebenso wichtige Gruppe der städtischen Oberschichten, deren Bedeutung gegenüber den Händlern erst in jüngerer Zeit erkannt worden ist, bildeten die *Ministerialen*, die zunächst als Funktionsträger und Bedienstete des Stadtherrn Rechte in der Stadt wahrnahmen, dann aber auch bei der (oft gegen den Stadtherrn gerichteten) Gemeindebildung entscheidenden Einfluß gewannen; in der Übergangszeit nahmen sie daher eine Doppelrolle als Bürger und Amtsträger des Stadtherrn ein.[72] An der Spitze standen Burggraf und Schultheiß, dazu gehörten aber auch Zöllner und Münzmeister, die üblichen Hofämter und die gesamte Burgbesatzung. Das fernhändlerische Element überwog keineswegs in allen Städten; besonders im 12. Jh. fiel den Ministerialen oft sogar die dominierende Rolle im Kampf um die Freiheit vom Stadtherrn und um die bürgerlichen Selbstbestimmungsrechte zu.

Zur Oberschicht stießen vor allem in kleineren Städten schließlich noch einige reichere *Handwerker*, wenn das wohl auch nicht die Regel bildete. Letztlich bestimmte sich die soziale Stellung des einzelnen nach der sozialen Zusammensetzung der Stadtbevölkerung insgesamt. Einen Sonderfall bildete Italien, wo auch der Adel in der Stadt wohnte und natürlich zur Oberschicht zählte. Die sozialen Oberschichten, die *meliores* (die Besseren) oder *optimi* (die Besten), *sapientiores* (die Weiseren) oder *prudentiores* (die Klügeren), stellten zugleich die politische Führungsschicht, das Patriziat, aus dem sich später der Rat rekrutierte. Sie suchten sich schon bald abzuschließen, wenn tatsächlich auch noch lange eine soziale Mobilität erhalten blieb.

Die städtischen *Mittelschichten*[73] rekrutierten sich in erster Linie aus den Handwerkern und Gewerbetreibenden, die in der Regel sowohl Produzenten wie Händler waren. Bildeten Ministerialen und Kaufleute die führenden Berufsgruppen in der Stadt, so schuf erst der Zuzug der Handwerker vom Lande das städtische Gepräge. An dem Wachstum und Aufschwung der Städte hatten die *Zensualen*, Zinspflichtige der Kirchen und anderer Grundherren, die der oberen bäuerlichen Schicht angehörten und sich nun oft als Handwerker in der Stadt niederließen, zumindest in einigen Gegenden wie Flandern, Nieder- und Mittelrhein, Westfalen und Bayern, entscheidenden Anteil.[74] An den Zensualen läßt sich auch gut jene bereits angesprochene, nun auf eine Menschengruppe bezogene Entwicklung zur städtischen Freiheit beobachten: Sie wurden meist schon bald von den Lasten befreit, die ihre Hörigkeit symbolisierten; 1114 erließ man ihnen in Worms, 1182/84 in Speyer den Buteil, eine Abgabe an den Herrn bei Heiraten außerhalb des eigenen Standes oder

der eigenen Grundherrschaft, die Kinder und Gut zu entfremden drohten, sowie die Erb- und Todesfallabgaben. Ein zweiter Schritt bestand in der Befreiung vom Kopfzins im Laufe des 12. Jh. Damit war die Zensualität faktisch beseitigt; die Zensualen, deren Spuren sich in den Quellen verlieren, waren in die Stadt integriert und konnten sich wie Kaufleute und Ministerialen ganz auf ihr städtisches Leben konzentrieren. Die Entwicklung läßt beispielhaft erkennen, wie die ursprünglich auch in der Stadt gültige ständische Differenzierung im Laufe des hohen Mittelalters einer beruflichen wich, die ganz auf den Lebensraum der Stadt bezogen war und dadurch eine typisch städtische Bevölkerung schuf.

Das Leben des *Handwerkers* war zunächst auf seinen Beruf und den lokalen Markt hin orientiert.[75] Anfangs war die Spezialisierung noch nicht weit fortgeschritten; Metzger verkauften zum Beispiel auch die Pelze und Felle der geschlachteten Tiere. Wohnung, Werkstatt und eventuell ein kleiner Verkaufsraum, in dem die Handwerker ihre eigenen Produkte anboten, waren unter einem Dach vereinigt. Die Spezialisierung der Handwerker schritt allerdings schnell voran; die einzelnen Betriebe waren bewußt klein gehalten, die Handwerkszweige schließlich horizontal nach ihrem Gewerbe (wie Bäcker, Müller, Metzger, Bierbrauer als Hersteller von Nahrungsmitteln; Glasverarbeiter; Töpfer; Metallverarbeiter; Lederverarbeiter; Wollverarbeiter usw.), hier aber zusätzlich vertikal nach dem Produktionsprozeß gegliedert und damit erheblich differenziert, was der Qualität zugute kam. Allein bei der Wolle gab es unzählige Arbeitsgänge, die oft jeweils von besonderen Handwerkszweigen ausgeführt wurden: Die Wolle mußte geklopft, gewaschen und sortiert, gekardet (= aufgerauht) oder entwirrt werden, mit Spinnrocken oder Spinnrad gesponnen, gezwirnt und aufgespult, mit dem seit dem 11. Jh. bezeugten Webstuhl gewoben, in Bottichen gewalkt und schließlich gefärbt werden.

In größeren Städten vereinigten sich die Handwerker der einzelnen Zweige zu Berufsgruppen, aus denen schließlich die *Zünfte* erwuchsen. («Gilde» und «Zunft» trennten begrifflich zunächst noch nicht Kaufleute und Handwerker, sondern waren synonyme, aber in verschiedenen Regionen verwendete Begriffe für solche Vereinigungen: Gilde wurde in Norddeutschland, Innung in Mitteldeutschland, Zeche in Österreich-Ungarn, Zunft in Westoberdeutschland gebraucht.)[76] Die frühesten Belege für solche Bruderschaften stammten aus dem 12. Jh.: Im Jahre 1106 errichteten Bischof und Graf von Worms eine Innung von 23 Fischhändlern mit Erbrecht für die Mitgliedschaft bzw. Zuwahlrecht durch den gemeinsamen Beschluß der Städter.[77] An diesen Bestimmungen zeigen sich die Interessen der Herren an solchen Einungen ebenso wie die Anfänge eines Selbstbestimmungsrechts der Mitglieder, deren Zahl offensichtlich schon damals (aus Gründen des Einkommensschutzes) beschränkt war;

eine Weitergabe von Geschäft und Beruf vom Vater auf den Sohn war wohl die Regel und jedenfalls erstrebt. Im Jahre 1128 wurden in Würzburg die Rechte und stadtherrschaftlichen Abgaben der Schuhmacher festgehalten, die ein *consortium* bildeten.[78] Aus dem Jahre 1149 stammt die Stiftungsurkunde der Kölner Bruderschaft der Bettziechenweber (Bettücherweber), der *fraternitas textorum culcitrarum pulvinarium,*[79] der sich alle Bettziechenweber in Köln freiwillig unterwarfen, eine Bestimmung, die im Laufe der Zeit in einen Zunftzwang einmündete, der jedes außerzünftische Gewerbe auszuschalten suchte. Die Form der Bruderschaft wahrte zugleich das religiöse Element, das neben sozialen und wirtschaftlichen Bedürfnissen eine nicht zu unterschätzende Rolle spielte. Die Zünfte entwickelten sich also aus religiösen Bruderschaften und stadtherrschaftlichen Zwangsverbänden einzelner Handwerkszweige zu eigenverantwortlichen, im späten Mittelalter vielerorts auch politisch am Stadtregiment beteiligten Körperschaften. Sie übten in der Stadt eine Art Kartellfunktion aus, kontrollierten die Qualität der Waren, wahrten das Brauchtum, sicherten den Unterhalt ihrer Mitglieder und sorgten für die Ausbildung der Lehrlinge. Die Lehre begann oft im Kindesalter und dauerte, je nach Fach, zwischen vier und zwölf Jahren. Auch für die anschließende Gesellenzeit war eine Mindestdauer vorgeschrieben, doch längst nicht alle Gesellen wurden später Meister. Nur diese konnten Zunftmitglieder werden. Der Zunftzwang sollte ortsfremde Handwerker ausschalten, die Beschränkung der Mitgliederzahl unerwünschte Konkurrenz verhindern. Eine strenge Abschließung fand aber wohl erst im späten Mittelalter statt. Außerdem waren, zumal in kleineren Städten, durchaus nicht alle Handwerkszweige zünftisch organisiert.

Zu den städtischen *Unterschichten*[80] zählten (teils) die Gesellen und Lehrlinge, vor allem auch Gehilfen, die keine Ausbildung genossen hatten, Tagelöhner, das Hauspersonal, Gesinde und die Dienstbotenschaft in den reichen Bürgerhäusern. Minderen Standes waren aber auch unehelich Geborene und bestimmte Berufszweige, die als «unehrlich» galten (wie Henker, Schinder oder Totengräber). Die Unterschichten besaßen kein Bürgerrecht und in aller Regel keinen Grundbesitz, wenngleich sie nicht völlig mittellos sein mußten, stellten zahlenmäßig aber einen wichtigen Faktor in der Stadtbevölkerung dar und trugen damit entscheidend zur typisch städtischen Bevölkerungskonzentration und zum städtischen Leben überhaupt bei. Man schätzt ihren Anteil auf rund 40%, doch bleibt eine Größenbestimmung höchst unsicher, da sie selbst im Spätmittelalter in den Bürger-, Besitz- und Häuserlisten nicht auftauchen; zum Teil mögen sie zur Miete gewohnt haben; oft lebten sie aber auch im Haus ihres Dienstherrn. Das gilt für das Hausgesinde ebenso wie für Gesellen und Lehrlinge, die vielfach im Hause des Meisters wohnten und gewissermaßen zur Familie gehörten.

Daneben gab es einen nicht unbeträchtlichen Anteil von «unterstädtischen» Schichten und *Randgruppen,*[81] vor allem von Bettlern, die keinen Beruf ausübten oder gänzlich verarmt waren; einerseits wurden sie gesellschaftlich als unumgänglich akzeptiert, andererseits verachtet; später suchte die Stadtobrigkeit das Bettelwesen (meist wenig erfolgreich) einzugrenzen. Auch Fremde lebten in den Städten. Zu erwähnen sind schließlich noch die Pfahlbürger des hohen Mittelalters, die auf dem Lande lebten, sich aber als Bürger einschreiben ließen, um die Vorteile der Stadtfreiheiten zu genießen. Die Landesherren gingen jedoch bald erfolgreich gegen dieses Institut, das ihre Rechte schmälerte, vor. Die genaue Zusammensetzung der Einwohnerschaft war von Stadt zu Stadt verschieden. Daß es hier neben den Menschen eine beträchtliche Zahl von Tieren, vor allem Hunden und Schweinen, gab, sei nur am Rande erwähnt.[82]

4. Ansätze zu einem städtischen Leben

Das Alltagsleben in der Stadt ist nur in Ansätzen erkennbar. Es dürfte nach den bisherigen Ausführungen einsichtig sein, daß sich ein städtisches Leben erst allmählich entfaltete und auch am Ende der hier behandelten Periode sehr nach Größe, Art und Zusammensetzung der Bevölkerung variierte. Im früheren Mittelalter geriet ein Stadtleben nur langsam in dem Maße in den Blick, wie die Stadt den Zeitgenossen selbst als ein eigener Lebens- und Rechtskreis bewußt wurde; zunächst war sie noch weniger eigener Lebensraum als Teil der Herrschaft, die Bevölkerung war noch ganz auf diese bezogen, ihre soziale Zusammensetzung, soweit erkennbar, auch aus den Bedürfnissen des Herrn erwachsen. Sicherlich unterschied sich der städtische Alltag von Anfang an vom Leben im Kloster und in vielen Beziehungen auch vom Leben auf einer frühmittelalterlichen Burg, doch lebte der Handwerker in der Stadt zunächst wohl nicht wesentlich anders als auf dem Dorfe. Erst allmählich schufen die besonderen *Bedingungen:* die räumliche Nähe zu einem herrschaftlichen Element, die zunehmende Bevölkerungskonzentration, die marktorientierten Absatzmöglichkeiten, die Spezialisierung eines großen Teils der Bewohner auf kaufmännische und gewerbliche Tätigkeiten und die Ansiedlung verschiedenster Handwerke an einem Ort, einen eigenen Lebensstil, der bald ins Bewußtsein rückte und das Bedürfnis nach einer rechtlichen und in den Mauern auch nach außen hin sichtbaren Abgrenzung der Stadt und des Bürgertums vom Lande weckte. Dieser Zustand begann sich seit dem 11. Jh. abzuzeichnen, als die Stadtbevölkerung weithin anwuchs, die Kaufleute sich dauerhaft in der Stadt niederließen und sich wie die Handwerker in berufsspezifischen Bruderschaften organisierten, als städtische Freiheiten eine besondere Stellung und eine gewisse Rechtsgleichheit der meisten Einwohner schufen und die Bürgerschaft sich an der Selbstverwaltung und am Stadtregiment beteiligte und damit ein verstärktes Interesse an der eigenen Stadt als politischem Körper und als Lebenskreis gewann: Die Stadt war nun nicht mehr Siedlungsanhängsel eines Herrschaftsbezirks, sondern wuchs mit diesem zusammen und integrierte ihn in ihren Mauern.

Diese Entwicklung erst förderte die Ausbildung eines typisch städtischen Lebens, das durch die Nachbarschaft in engen Hausparzellen sowie einerseits durch ein Zusammensiedeln gleicher Berufe in derselben Straße oder im gleichen Viertel, andererseits durch die Ansammlung verschiedenster Berufe und Schichten vom reichen Patrizier bis zum abhängigen Hausdiener auf engem Raum geprägt war. Daß die einzelnen *Schichten* in der Stadt sich sehr wohl in ihrer Lebensführung, sowohl im privaten wie auch im öffentlichen Bereich, unterschieden, versteht sich von selbst. Die reichen Bürger erstrebten noch kein «bürgerliches» Leben, das sich eher als zwangsläufige Folge der tatsächlich andersgearteten, eben städtischen Bedingungen entwickelte, sie suchten vielmehr in mancherlei Hinsicht das adlige Leben nachzuahmen. Das lag für die Ministerialen und Burgmannen ohnehin nahe, galt in gewisser Weise im privaten Bereich, wenn man von Kriegsführung und Turnieren absieht, aber auch für die Kaufleute, die wirtschaftlich und beruflich völlig andere Ziele verfolgten. Die unteren Schichten, die vielfach am Rande des Existenzminimums lebten, konnten sich ein solches Leben nicht leisten, den aufstrebenden Mittelschichten aber wurde es später geradezu untersagt, denn spätestens seit dem 13. Jh. wurden die sozialen Schranken in vielen Städten gesetzlich verankert. «Dienende Knechte» durften (etwa in Augsburg) an keinem Reigen teilnehmen, bei dem eine Bürgerin anwesend war, keine große Hochzeit feiern, sie wurden auf eine bestimmte Kleiderordnung festgelegt und zumindest de facto von jedem politischen Einfluß ferngehalten.[83] So konnten sich, trotz (und wegen) der Einheit des Lebensraumes, ständische Unterschiede auch in der Stadt entwikkeln.

Das Leben der *Handwerker* war vornehmlich durch ihre Arbeit geprägt, wobei sich dem Meister aufgrund der sozialen Stellung und der selbständigen Tätigkeit weit größere Möglichkeiten boten als dem Gesellen. Auch wenn ihnen der von der Jahreszeit meist unabhängige Arbeitsrhythmus größere Spielräume ließ als dem Bauern, so verhinderte doch schon die Kombination von Werkstatt und Wohnung in einem Haus eine geregelte Arbeitszeit. Andererseits wuchs durch die Arbeit im eigenen Haus die Familie zu einer engeren Lebensgemeinschaft zusammen, zumal die im Hause lebenden Gesellen und Lehrlinge hier integriert und die Handwerkerfrauen vielfach am eigenen Betrieb und am städtischen Wirtschaftsleben beteiligt waren.[84] Viele Frauen (vornehmlich der Unterschichten) waren in der Stadt in einem weiten Spektrum verschiedener Berufe tätig, während der Anteil am zünftischen Gewerbe wohl lange Zeit überschätzt wurde und ihre hauswirtschaftliche Tätigkeit (im weitesten Sinn) doch wohl typischer war.[85]

Die Bevölkerungskonzentration und das Treiben in der Stadt förderten auch die Zunahme von *Dienstleistungsberufen*, die teils, wie der Büttel oder der Henker, im «öffentlichen» Dienst als Funktionsträger des Stadtherrn und des Rates agierten, teils aber auch private Geschäfte betrieben. Der Reiseverkehr förderte die Errichtung von Gasthäusern; wohl im 12. Jh. entstanden städtische Badestuben, wobei der Bader meist zugleich die Funktion des Friseurs und des Arztes oder Heilpraktikers übernahm. Etwa in der gleichen Zeit hielt auch die Prostitution Einzug in die Städte, wenn Nachrichten über ein organisiertes Dirnenwesen und bordellartige Häuser (mit bezeichnenden Namen wie «Schönefrau») auch erst aus dem 13. Jh. vorliegen. Als Ausgleich zum eintönigen Alltagsleben wurden auch in der Stadt die Festtage zu religiösen ebenso wie zu geselligen Feiern benutzt, sah man auch hier gern den durchreisenden Spielleuten und Gauklern zu und erfuhr von Pilgern und Reisenden neue Nachrichten aus der «Welt».

Am meisten wurde das städtische Leben vielleicht durch das – allerdings auf einzelne Tage beschränkte – *Markttreiben* geprägt. Einen Höhepunkt bildete der Jahrmarkt, der stets an einem religiösen Heiligenfest oder dem Kirchweihfest («Kirmes») stattfand; er brachte nicht nur einen Aufschwung des Handels, sondern auch Attraktionen und Vergnügungen. Alltäglicher war der Wochenmarkt; aus der ländlichen Umgebung wurden Waren wie Wein, Getreide, Heringe und Vieh auf Karren, Schiffen, Pferden oder Eseln in Fässern («Tonnen») herangefahren; auf den Straßen herrschte folglich ein reger Betrieb, an den Marktbuden ein lauter Handel. Die verschiedenen Waren und Bedürfnisse auf dem städtischen Markt förderten die Ausbreitung des Geldwesens, auch wenn oft noch weiterhin ein Tauschhandel betrieben worden sein mag. Der Kölner Pfennig wurde zur Standardwährung im Reich. Auch Geld- und Leihgeschäfte, die Vorläufer des modernen Bankenwesens, hatten demgemäß ihren Ursprung in der Stadt.

Doch nicht nur an Markttagen herrschte reger Verkehr. Lampert von Hersfeld stellte fest, daß Köln, die volkreichste Stadt des Reiches, nach dem Aufstand der Kaufleute im Jahre 1074 aus Angst vor der Strafe des Erzbischofs eine Zeitlang verödete und sich dort, wo vorher dichte Scharen von Fußgängern auf den Straßen zu sehen waren, nur selten ein Mensch zeigte.[86] Die vielen Menschen und das geschäftige Treiben auf engem Raum brachten der Stadt allerdings auch manche Probleme der *Umweltbelastung*, unter denen der Lärm vielleicht noch das geringste war. Entscheidender waren die Wasserversorgung über öffentliche Ziehbrunnen – schon Richer von Reims lobte Verdun wegen einer großen Zahl von Quellen und Brunnen[87] – und vor allem die Abfallbeseitigung, die in dieser Zeit noch durchweg Sache des einzelnen war und daher manches zu wünschen übrig ließ. Erst seit dem 13. Jh. sind städtische Verordnungen zur Reinhaltung der Gewässer (etwa zum Standort der Abfallgruben) sowie Maßnahmen zur Entsorgung (wie der Bau von Abwässerkanälen) bekannt.[88]

Langfristig gesehen, gehörte der Stadt mit ihrer bürgerlichen Lebensform und ihrem bürgerlichen Denken die Zukunft. Die Anfänge aber waren noch bescheiden. Im frühen und hohen Mittelalter bildeten sich erst allmählich die Bedingungen für ein städtisches Leben aus, gab es noch viele Bezugspunkte zu anderen Lebensbereichen, die das mittelalterliche Leben eher insgesamt vom Alltag anderer Zeiten unterschieden. So gesehen, ist es nicht nur eine Frage mangelnder Quellenüberlieferung, daß sich städtisches Leben in dieser Zeit noch nicht als konkreter Tagesablauf eines Bürgers fassen läßt. Der Überblick über die Anfänge aber macht immerhin deutlich, auf welchen Grundlagen ein städtisch-bürgerliches Leben aufbauen konnte und sich damit bereits in dieser frühen Zeit herauszubilden begann.

Schluß: Alltag und Lebenswelt im Mittelalter – ein Resümee

Den Alltag im frühen und hohen Mittelalter in typischen Lebensformen im Spiegel der jeweiligen Lebensbedingungen der Menschen vorzustellen und die spärlichen Informationen über das Alltagsleben in die dadurch geschaffene Lebenswelt einzuordnen, war das Ziel dieses Buches. Man möge am Ende eines breit angelegten Überblicks, der beschreibt und sammelt, ohne bestimmte Thesen zu verfolgen, keine kurze Zusammenfassung des vorgetragenen Materials erwarten. In dieser Hinsicht müssen die einzelnen Kapitel für sich sprechen. Wohl aber ist es angebracht, den Abschnitten über einzelne Lebenskreise am Ende den Versuch einer Zusammenschau und Konfrontation und einer allgemeinen Charakterisierung des Lebens im Mittelalter anzuschließen.

«Leben im Mittelalter» konnte sehr verschiedenartig aussehen: Der Alltag des Mönchs unterschied sich, trotz der Berührungspunkte aufgrund der gleichen sozialen Herkunft, von dem des Adligen. Der Alltag des Bauern verlief anders als der des Bürgers, obwohl es hier zumindest anfangs noch keine feste Trennung gab. Es gab verschiedene *Lebensformen,* von denen die wichtigsten vorgestellt wurden. Sie waren abhängig von den jeweiligen Zielen und Funktionen und vom Stand der Menschen und entsprachen vielfach räumlich-gesellschaftlichen *Lebenskreisen* (Kloster, Grundherrschaft, Fürstenhof, Stadt). Diese bewirkten eine gewisse Gleichförmigkeit des Alltags nach außen hin, doch variierte das Leben auch innerhalb dieser Kreise je nach Stand, Stellung und Besitzverhältnissen; selbst beim Mönchtum gestaltete sich der Alltag von Orden zu Orden und von Kloster zu Kloster anders.

Das Alltagsleben hing sodann von der Lebens*einstellung* ab, die in den einzelnen Lebenskreisen eine vielfach gleichgerichtete Tendenz erkennen ließ und deren Abgrenzung förderte. Sie resultierte, wie beim Mönchtum, Rittertum und Bürgertum, aus gemeinsamen Zielen und Vorstellungen, aber auch aus einem Gemeinschaftsbewußtsein oder aber, wie beim Bauerntum, aus der gleichartigen Tätigkeit und Erfahrung; auch das führte, wenngleich sehr spät, zur Ausbildung eines Standesbewußtseins. Es ist bezeichnend, daß die Ziele der Menschen im Mittelalter sich auf die *Lebensführung* erstreckten: Die Mönche wollten ein apostolisches Leben *(vita apostolica)* führen, die Ritter einem höfischen Ideal nachleben. Solche Gemeinsamkeiten begünstigten in den einzelnen Kreisen, ungeachtet der vorhandenen Differenzierungen, eine nach außen hin einheitlich erscheinende *Lebensart* und Mentalität, die sich am deutlichsten im ritterlichen Ehrencodex (als Ideal), im Bewußtsein eines Auserwähltseins der Mönche, die an ihrer Vollkommenheit allerdings hart arbeiten mußten, dann aber auch in einem bäuerlichen Bewußtsein ebenso wie in der Geringschätzung der Bauern seitens der anderen niederschlugen; eine bürgerliche Mentalität (als Berufsmentalität) entwickelte sich langsam, weil die städtische Bevölkerung anfangs noch zu heterogen war, sie wurde aber in den politischen Kämpfen um die Selbstverwaltung der Gemeinde gefördert. Wenn eine eigene Lebensart in den Herrenschichten, im Mönchtum und Adel, auch früher hervortrat als in den abhängigen Bevölkerungskreisen, so ist es doch auffällig, daß das erst im hohen Mittelalter, und zwar im Rittertum, Bürgertum und Bauerntum fast gleichzeitig, zu einer bewußten, gegenseitigen Abgrenzung führte.

In Verbindung mit einer schichtenspezifischen Mentalität resultierte die unterschiedliche Lebensart der einzelnen Kreise in einem jeweils eigenen *Lebensstil*, bei dem sich Mönche und Adel als Herrenschichten von der arbeitenden Bevölkerung abhoben. *«Arbeit»* (im mittelalterlichen Sinn) war das Leben allerdings für alle Schichten, für Bauern und Handwerker im Sinne von Handarbeit, die mangels technischer Hilfsmittel oft einer Schwerarbeit gleichkam; dem Ritter wurde das Kämpfen zur *arebeit*, dem Mönch war schon die Einhaltung der Regel *labor*, Mühe. Dahinter steht die Vorstellung, daß Leben überhaupt, und zumal rechtes Leben, Mühe bereitete; der Lebensalltag zeigt sich somit auch von dem (religiös bestimmten) Weltbild des mittelalterlichen Menschen beeinflußt: Das (irdische) Leben galt als Strafe für den Sündenfall und insofern als unvermeidlich mühevoll. Dieser Glaube wird es erleichtert haben, das zumeist harte Leben zu ertragen: Alltag war, zumindest für Bauern und Ritter, stets ein Kampf um das *Über*leben, doch galt das als so selbstverständlich, daß man sich damit kaum mehr auseinandersetzte und nicht die Alltäglichkeiten, sondern die Ausnahmesituationen verzeichnete. Das irdische Leben galt ohnehin nur als Bewährungsprobe für das wahre (künftige und ewige) Leben (was freilich nicht ausschloß, daß der einzelne auch um seine irdischen Rechte zu kämpfen wußte).

Es gibt wenig Grund, das Leben im Mittelalter zu idealisieren. Das Leben war nicht frei, sondern in vielfache Bindungen, Abhängigkeiten und Pflichten verstrickt. Man konnte sich Stand und Lebenskreis nicht aussuchen, sondern wurde dort hineingeboren. Zwar gab es auch im Mittelalter eine beachtliche Mobilität – es sei nur an die Landflucht des hohen Mittelalters erinnert, die eine Voraussetzung für das Städtewachstum bildete –, doch vermochte das nur sehr langfristig zu einem bemerkenswerten sozialen Aufstieg zu führen; auch der Aufstieg des Meiers vom Bauern zum Herrn dauerte viele Generationen. Mit diesem Aufstieg aber änderte sich auch der Lebensstil. Der mittelalterliche Mensch war abhängig, von der Natur ebenso wie von selbst geschaffenen Normen und Verhaltensweisen, über die man sich dennoch nicht leicht hinwegsetzen konnte. Der Hörige unterstand seinem Herrn, doch auch die Herren waren nicht frei, sondern an das gebunden, was man von ihnen (als Herren) erwartete (bis hin zu unerfüllbaren Idealen wie im höfischen Rittertum). Der Alltag war geprägt von den *Lebensbedingungen,* die einmal durch die vorgegebene Natur, zum andern durch die Eingriffe der Menschen, durch die Lebenswelt, bestimmt wurden, die man sich schuf. Hier schienen besonders drei Faktoren wichtig, die deshalb jeweils genauer untersucht wurden: der institutionelle Rahmen, der Lebensraum und die sozialen Beziehungen. Es käme einem Ringschluß gleich, wollte man nun am Ende das Alltagsleben ganz auf diese drei Bedingungen zurückführen, die der Darstellung von vornherein zugrundelagen. Ihr Einfluß auf das tägliche Leben der Menschen in allen untersuchten Lebenskreisen aber ist so deutlich hervorgetreten, daß ihnen eine prägende Bedeutung nicht abgesprochen werden kann.

Die jeweilige *Institution* bildete meist den herrschaftlichen und räumlichen Rahmen für die einzelnen Lebenskreise mit ihren eigenen, von anderen abgehobenen Bedingungen und einer spezifischen Ausrichtung des menschlichen Alltags: Das Klosterleben ist nicht zu verstehen ohne die Ziele des Mönchtums, sich um des Glaubens willen von der Welt zu isolieren; es läßt sich jedoch ebensowenig begreifen ohne seine gesellschaftliche Funktion, die das Kloster trotz dieser Intentionen voll in den Dienst für die Gesellschaft und die Welt einspannte. Ein höfisches Leben setzte mächtige Träger in Gestalt der Fürsten und Landesherren, aber auch ein Selbstwertgefühl des Rittertums als Herrenschicht und Träger einer neuen Laienkultur voraus; das bäuerliche Leben des hörigen Hufenbauern erhielt durch die verbreitete Institution der Grundherrschaft eine eigene Ausprägung, weil der Bauer nicht nur wirtschaftlich abhängig, sondern mit seiner ganzen Person an den Herrn gebunden war; nicht Arbeit gegen Lohn, sondern gegen Schutz hieß hier die Devise. Die Schutzbedürftigkeit führte auch viele freie Bauern allmählich in eine Abhängigkeit, die leicht zur Bedrückung werden konnte. Dennoch ließ die eigene Hufe Raum für eine selbständige Wirtschaftsführung. Das städtische Leben schließlich, das sich bis zum hohen Mittelalter erst in Ansätzen ausbilden konnte, war durch eine spezialisierte Berufsausrichtung charakterisiert, die die traditionellen Institutionen allmählich zu sprengen drohte: Leben im Mittelalter war abhängig von den Institutionen, ihren Trägern und deren Funktionen und Selbstverständnis; es war geprägt von der typisch mittelalterlichen («feudalistischen») Gesellschaftsform und bestimmt durch die geltenden Herrschaftsverhältnisse: Kloster,

Dorf, Burg und Stadt befanden sich stets in der Hand eines (oder mehrerer) Herren; Bürger und Bauern wurden vom Grundherrn, Mönche vom Abt ebenso wie vom Klosterherrn, Ritter vom Lehns- und Landesherrn in Anspruch genommen und zu Dienst und Gehorsam verpflichtet, wenn sich diese Bindungen auch im Laufe der Jahrhunderte überall etwas lokkerten zugunsten einer zunehmenden «Selbstverwaltung».

In mancherlei Hinsicht von der Institution und den Herrschaftsverhältnissen vorbestimmt war der jeweilige *Lebensraum,* der sich zwar durchaus nicht immer mit der Herrschaft deckte – oft gab es mehrere Grundherren in einem Dorf, eine Herrschaftsteilung in der Stadt –, dessen Abschließung aber seinerseits zur Ausbildung eigener Lebenskreise beitrug. Ohne einer genaueren Analyse vorgreifen zu wollen, wird man hier von einer Wechselwirkung sprechen dürfen: Der einzelne war an seinen Lebensraum gebunden, der Mönch an das Kloster durch die Regel, der Ritter an die Burg durch sein Standes- und Prestigedenken; der Bauer verließ zwangsläufig nur selten die vertraute, dörfliche Umgebung. In seiner Ausgestaltung aber war der Lebensraum sehr funktional den jeweiligen Interessen, Zielen und Bedürfnissen wie auch dem Lebensstil seiner Träger angepaßt. Das zeigte sich bei dem Klosterbau mit seinen verschiedenen Trakten ebenso wie bei der Ritterburg, die die Wehr- und Standeshoheit des Adels baulich repräsentierte und deren einzelne Bauteile auf engem Raum eine Vielzahl von Funktionen erfüllten; es war bei der frühen Stadt, die verschiedene Einrichtungen in ihren Mauern beherbergte, ebenso deutlich wie beim Dorf, das ganz auf den landwirtschaftlichen Betrieb zugeschnitten war. Die einzelnen Räume waren gegeneinander abgegrenzt; bei Kloster, Burg und Stadt wurde das durch die Befestigung nach außen hin sichtbar gemacht; innerhalb der Stadt waren die Immunitäten, innerhalb des Klosters der Klausurbereich herausgehoben. Dennoch gab es auch ständige Kontakte zur Außenwelt. Die Klosteranlage schuf dafür eigene Einrichtungen (wie die Abtei oder das Gästehaus). Suchte die einzelne Ritterburg des hohen Mittelalters durch ihre isolierte Höhenlage noch den Abstand zum Dorf zu versinnbildlichen, so öffneten sich die großen Höfe der Fürsten einem regen höfischen Betrieb. Dorf und Stadt waren schon durch den Markt miteinander verbunden, die Stadt wurde Sammelpunkt einer Vielzahl von Menschen. Auffällig ist schließlich auch, daß manche Stadtbildung sich an eine Kloster- oder Burganlage anschloß: So sehr der abgegrenzte Lebensraum auch zur Ausbildung spezifischer Lebensformen beitrug, so blieben diese Räume doch allesamt notwendige Bestandteile eines Ganzen, in dem jeder Teil spezifische Funktionen übernahm und auf die anderen angewiesen blieb: Burg und Kloster waren nicht denkbar ohne Grundherrschaft, ein Stadtleben nicht möglich ohne ständige (marktorientierte) Zufuhr landwirtschaftlicher Erzeugnisse. Auch die Stadt ist daher nicht *nur* als Fremdkörper in einer feudalistischen Gesellschaft anzusehen. Leben im Mittelalter aber war ebensowenig denkbar ohne Kloster und Burg als Symbole für Religion und Herrschaft. Insofern erwies sich das Alltagsleben bei aller Verschiedenheit der Lebensformen doch auch insgesamt als «typisch mittelalterlich». Es war allerdings nicht unveränderlich, sondern selbst dauernden Veränderungen unterworfen. Auch das dürfte trotz der verallgemeinernden, strukturellen Betrachtungsweise dieses Überblicks deutlich geworden sein.

Der einzelne Lebensraum war im wesentlichen durch eine Gruppe von *Menschen* als ihren Trägern charakterisiert: das Kloster durch die Mönche, die Burg durch die Ritter, das Dorf – trotz der Nähe des Herrn – durch die Bauern, die Stadt durch die «Bürger». Einerseits verteilten sich somit die Stände auf verschiedene Lebenskreise, eine Tendenz, die durch das exklusive Klosterleben und eine zunehmende Abgrenzung des Adels noch verstärkt wurde. Andererseits schloß der Lebensraum aber auch stets Menschen und Gruppen verschiedener Funktionen und Stellung wie auch unterschiedlicher Schichten zu einer Einheit zusammen: Die Klosteranlage beherbergte nicht nur Mönche und Laienbrüder, sondern auch Handwerker und Hörige der klösterlichen *familia;* die Grundherrschaft band Herrn und Hörige mit sehr verschiedenen Besitz- und Vermögensverhältnissen aneinander, wobei die bäuerlichen Verwalter immer mehr selbst in eine herrschaftliche Stellung hineinwuchsen; im Dorf wohnten kleine Grundherren und freie Bauern neben Hörigen, Tagelöhnern und Knechten; gelegentlich sprengte es sogar den grundherrschaftlichen Verband; auf der Burg lebten Ritter und Bedienstete, in der Stadt Ministerialen und Kaufleute neben Handwerkern, Gesellen und Dienstpersonal. Die behandelten Lebenskreise vermitteln daher Einblicke in ein Leben, in dem das soziale Beziehungsgefüge als ein ausschlaggebender Faktor anzusehen ist. Lebenskreis und Ziele schlossen die Menschen zu Gemeinschaften zusammen: Leben im Mittelalter war in aller Regel *Gemeinschaftsleben,* das von genossenschaftlichen Elementen nach dem Vorbild der Familie bestimmt wurde, im Mönchskonvent ebenso wie im bäuerlichen Dorf als Nachbarschaftsverband und in der grundherrschaftlichen *familia* oder in der vergleichsweise dicht besiedelten Stadt; die Ritter wiederum, deren Familien auf den Burgen eher isoliert lebten, suchten den Kontakt mit ihren Standesgenossen an den großen Höfen. Standesunterschiede blieben stets gewahrt, und es war kein Zufall, wenn das Leben der Bauern nach den Quellenzeugnissen durch Arbeit, das Leben der Ritter dagegen eher durch Muße und Vergnügungen geprägt schien; doch konnte der Lebenskreis, die Zugehörigkeit zu einer bestimmten Grundherrschaft oder zu einer bestimmten Stadt, für das Bewußtsein manchmal wichtiger werden als die ständische Herkunft. Erst die Gemeinschaft schuf mit dem Zusammengehörigkeitsgefühl den eigenen Lebensbereich (bei Überschneidungen der Bindungen und Kompetenzen). Gemeinschaftsleben aber erforderte eine Ordnung und Regelung, die in den Regeln und *consuetudines* der Klöster, in den grundherrschaftlichen Hofrechten oder in den Stadtrechten ihren lebenskreisspezifischen Niederschlag fanden.

Wenn der Alltag selbst im früheren Mittelalter aufgrund der Quellenlage auch allenfalls in Umrissen anschaulich gemacht werden kann, so fügte er sich doch ein in den von den Bedingungen und Bindungen vorgegebenen Rahmen. Mittelalterliches Alltagsleben vollzog sich überall in festen *Bindungen.* Sie schufen eine «Norm» (Lebensnorm), die dem Leben ein typisches Gepräge verlieh, die allerdings – auch das ist überall deutlich geworden – bei weitem nicht immer erfüllt wurde: Norm (Ideal) und Wirklichkeit gingen oft sehr auseinander, und es gehört zu den schwierigsten Aufgaben des mit Alltagsgeschichte befaßten Historikers, zu erkennen, wie weit die Realität von den vorgegebenen Regelungen abwich. Das Leben im Mittelalter hatte seine *Ordnung,* die aber immer wieder durchbrochen zu werden drohte: Auch darin liegt ein bedeutsamer Aspekt des Alltags.

Mittelalterliches Alltagsleben findet in den aufgezeigten Bedingungen zugleich eine *Erklärung;* sie begründen, weshalb der Alltag gerade so und nicht anders ablief. Sicherlich ist der Alltag nicht gleichzusetzen mit den Forderungen und Vorstellungen der Kleriker, er entsprach nicht der politischen Geschichte – diese wirkte, abgesehen von Kriegen und Fehden, noch am wenigsten auf den einzelnen Menschen zurück –, und er war nicht *nur* ein Spiegelbild sozioökonomischer Faktoren, doch machten vielfältige Berührungspunkte auch den Alltag in einem Maße von solchen Lebensbedingungen abhängig, daß diese beherrschend in den Vordergrund traten. Andererseits blieb dieser Rahmen an die Möglichkeiten gebunden, die das tägliche Leben bereithielt, so daß man eine Wechselwirkung annehmen muß, auch wenn die Quellen davon nichts berichten. Für das Leben des einzelnen freilich blieb in dem aufeinander ausgerichteten Beziehungsgefüge von Institution, Raum und Gesellschaft oft wohl nur ein sehr begrenzter Freiraum, teils weil die materielle Basis wenig günstig für eine individuelle Selbstverwirklichung war, teils weil man von seiner Standeszugehörigkeit her an einen bestimmten Lebensstil gebunden war, teils weil Individualität im Mittelalter überhaupt nur im Rahmen der Gruppe möglich war. Der Freiraum wurde durch eingeübte Verhaltensweisen und Normen noch weiter eingeengt. Wurde der Staat einerseits ganz durch den Herrn repräsentiert, so griffen Kirchenrecht und Kirchenbußen andererseits einschneidend bis in das (kaum mehr) private Familienleben ein, das bei den engen Lebenskreisen einer ständigen «öffentlichen» Kontrolle (auch durch die Nachbarn) unterlag. Sicherlich gab es in den einzelnen Lebensformen beträchtliche

Vermögensunterschiede, gab es infolgedessen jeweils einen reichen oder einen armen Lebensstil, der sich an Mahlzeiten und Kleidung, Mobiliar und Gerät, Haus und Wohnung messen läßt. Man gewinnt jedoch den Eindruck, daß ein Zur-Schau-Tragen solcher Möglichkeiten eher dem Zweck diente, Standesgrenzen zu überwinden; der reiche Bauer wollte nicht nur ein reiches, sondern ein herrschaftliches Leben führen, der reiche Bürger es dem Adligen nachmachen. Äußerlichkeiten, die uns heute nebensächlich erscheinen, besaßen damals oft einen Symbolgehalt (und waren damit schon nicht mehr *nur* «alltäglich»). Wenn wir heute nicht mehr in der Lage sind, ein Bild des frühmittelalterlichen Alltags zu zeichnen, das unseren eigenen Inhalten vom Alltag entspricht, so liegt das auch an der grundsätzlich anderen Auffassung des Mittelalters vom Alltag und seinem Stellenwert.

Ob die Menschen im Mittelalter zufrieden mit ihrem Leben waren, läßt sich schwer beurteilen. Vieles, was uns heute berührt, wurde damals als selbstverständlich hingenommen; dazu gehörten nicht zuletzt auch die Frondienste der Bauern wie überhaupt die Herrschaftsverhältnisse. Man beklagte Naturkatastrophen (und büßte dafür) und wehrte sich gegen als ungerecht empfundene Eingriffe der Herren, hat sich im übrigen aber, vielleicht in dem Bewußtsein, wenig ausrichten zu können, mit seinem Schicksal abgefunden. Aufstände nahmen die Form religiöser Schwurvereinigungen *(coniurationes)* an, sie wurden nicht von den Bedrückten, sondern von den aufstrebenden Schichten geleitet und hatten (wie in den Städten) politische Ziele, die unmittelbar allenfalls auf den politischen Alltag zurückwirkten.

Manche Einzelheit des mittelalterlichen Alltagslebens dürfte im Laufe der Darstellung durchschaubar geworden sein. Viele Fragen bleiben aber auch offen, viele Aspekte sind noch genauer zu erkunden. Ein Anspruch auf Vollständigkeit hatte hier von vornherein nicht bestanden, vielmehr waren bewußt bestimmte Gesichtspunkte herausgegriffen worden. Damit scheint jedoch immerhin ein erster Ansatz geschaffen. Vieles bleibt zu tun. Es bedürfte einer systematischen Sammlung und einer interdisziplinären Auswertung aller Quellenstellen unter Berücksichtigung regionaler wie auch individueller Unterschiede und Entwicklungen. Vielleicht vermag dieses Buch das Interesse am Gegenstand zu fördern, vielleicht regt es in manchen Fragen zu konstruktivem Widerspruch und weiterer Klärung an. Der Alltag im Mittelalter eröffnet eine historische Perspektive, die auch bereits Bekanntes in einem neuen Licht erscheinen läßt und uns die zunächst fremdartig anmutende Lebenswelt des mittelalterlichen Menschen erfahrbar macht.

Anhang

Abkürzungen

Abhh. = Abhandlungen (der Akademie der Wissenschaften, philosophisch-historische Klasse)
AKG = Archiv für Kulturgeschichte
Bll. dt. LG = Blätter für deutsche Landesgeschichte
DA = Deutsches Archiv für Erforschung des Mittelalters
FMSt = Frühmittelalterliche Studien
FS = Freiherr-vom-Stein-Gedächtnisausgabe (Ausgewählte Quellen zur Geschichte des Mittelalters, Darmstadt)
HDWSG = Handbuch der deutschen Wirtschafts- und Sozialgeschichte
HEWSG = Handbuch der europäischen Wirtschafts- und Sozialgeschichte
HJb = Historisches Jahrbuch der Görres-Gesellschaft
HRG = Handwörterbuch zur deutschen Rechtsgeschichte
HZ = Historische Zeitschrift
JGF = Jahrbuch für die Geschichte des Feudalismus
JWG = Jahrbuch für Wirtschaftsgeschichte
LV = Literaturverzeichnis
MA = Moyen Age
MG = Monumenta Germaniae Historica
- Capit. Capitularia
- Conc. Concilia
- DD Diplomata
- DH IV Diplom Heinrichs IV.
- DK I Diplom Konrads I.
- DLD Diplom Ludwigs des Deutschen
- Dt.MA Deutsches Mittelalter
- Epp. Epistolae
- SS Scriptores
- SSrG Scriptores rerum Germanicarum
- SSrerMerov Scriptores rerum Merovingicarum

MIÖG = Mitteilungen des Instituts für österreichische Geschichtsforschung
MPI = Max Planck-Institut für Geschichte (Göttingen)
QFIAB = Quellen und Forschungen aus italienischen Archiven und Bibliotheken
RB = Regula Benedicti (Benediktregel)
RH = Revue historique
Sbb. = Sitzungsberichte (der Akademie der Wissenschaften, philosophisch-historische Klasse)

SMGBO	=	Studien und Mitteilungen zur Geschichte des Benediktinerordens und seiner Zweige
SSCI	=	Settimane di studi del centro italiano sull' alto medioevo
UB	=	Urkundenbuch
VSWG	=	Vierteljahresschrift für Sozial- und Wirtschaftsgeschichte
VuF	=	Vorträge und Forschungen
WdF	=	Wege der Forschung
ZBLG	=	Zeitschrift für bayerische Landesgeschichte
ZfG	=	Zeitschrift für Geschichtswissenschaft
ZGO	=	Zeitschrift für die Geschichte des Oberrheins
ZKG	=	Zeitschrift für Kirchengeschichte
ZRG	=	Zeitschrift der Savigny-Stiftung für Rechtsgeschichte
Germ.Abt.		Germanistische Abteilung
Kan. Abt.		Kanonistische Abteilung
Zs.	=	Zeitschrift

Anmerkungen

(Vorbemerkung: Die in den zugehörigen Abschnitten des Literaturverzeichnisses (LV) genannten Titel sind gekürzt wiedergegeben, Titel aus anderen Abschnitten mit entsprechenden Verweisen versehen. Nur die Verfassernamen der in den Anmerkungen zusätzlich aufgeführten Literatur sind bei der Erstnennung kursiv gedruckt. Im übrigen wird, wie auch bei den Quellen, auf die erste Erwähnung verwiesen. Verweise ohne Kapitelangabe beziehen sich auf den laufenden Abschnitt. Angaben aus den zu den einzelnen Abschnitten einschlägigen Werken werden nicht mehr einzeln belegt.)

Einleitung

1 Zur theoretischen Grundlegung vgl. Hans-Ulrich *Wehler,* Geschichte als Historische Sozialwissenschaft, Frankfurt 1973; Historische Prozesse, hg. Karl-Georg *Faber* und Christian *Meier* (Theorie der Geschichte. Beiträge zur Historik 2) München 1978; Theorie und Erzählung in der Geschichte, hg. Jürgen *Kocka* und Thomas *Nipperdey* (Theorie der Geschichte. Beiträge zur Historik 3) München 1979; Theorien in der Geschichtswissenschaft, hg. Jörn *Rüsen* und Hans *Süssmuth* (Geschichte und Sozialwissenschaften. Studientexte zur Lehrerbildung 2) Düsseldorf 1980.

2 Vgl. die wegweisenden Sammelbände: Fabrik, Familie, Feierabend. Beiträge zur Sozialgeschichte des Alltags im Industriezeitalter, hg. Jürgen *Reulecke* und Wolfhard *Weber,* Wuppertal 1978; Wohnen im Wandel. Beiträge zur Geschichte des Alltags in der bürgerlichen Gesellschaft, hg. Lutz *Niethammer,* Wuppertal 1979.

3 Vgl. Henri *Lefebvre,* Das Alltagsleben in der modernen Welt, Frankfurt 1972; Agnes *Heller,* Das Alltagsleben. Versuch einer Erklärung der individuellen Reproduktion, Frankfurt 1978.

4 Materialien zur Soziologie des Alltags, hg. Kurt *Hammerich* und Michael *Klein* (Kölner Zeitschrift für Soziologie und Sozialpsychologie, Sonderheft 20) Opladen 1978; Hans Gerd *Prodoehl,* Theorie des Alltags (Soziologische Schriften 39) Berlin 1983. Es mag der (ideologiegeprägten) Klärung, aber kaum dem Verständnis dienen, wenn Prodoehl den Alltag als das zur Reproduktion des gesellschaftlichen Gesamtsystems und zur Sicherstellung der Reproduktionsfähigkeit der Individuen notwendige gesellschaftlich-individuelle Medium der Konfliktreduktion definiert.

5 Vgl. Geschichte im Alltag – Alltag in der Geschichte, hg. Klaus *Bergmann* und Rolf *Schörken* (Geschichtsdidaktik 7) Düsseldorf 1982; Lutz *Niethammer,* Anmerkungen zur Alltagsgeschichte, in: Geschichtsdidaktik 3, 1980, S. 231–242 (abgedruckt: ebda. S. 11–29); Geschichte von unten. Fragestellungen, Methoden und Projekte einer Geschichte des Alltags, hg. Hubert Ch. *Ehalt* (Kulturstudien 1) Wien-Köln-Graz 1984.

6 Vgl. Peter *Schöttler,* Eine «grüne» Geschichtsschreibung? – Von der Alltagsgeschichte zur «Geschichtswerkstatt», in: Moderne Zeiten 1983/9, S. 47–49.

7 Vgl. Hammerich/Klein (Anm. 4) S. 7 ff.; Norbert *Elias*, Zum Begriff des Alltags, ebda. S. 22–29; Bergmann/Schörken (Anm. 5) S. 7 ff.; Ehalt (Anm. 5) S. 24 ff.

8 Ich würde Alltag nicht mit Prodoehl als konfliktfreie Zeit der Konfliktzeit entgegensetzen; die Konflikte spielen sich nur auf einer anderen Ebene ab.

9 Vgl. Niethammer (Anm. 5) S. 12 ff. – Zur Einführung vgl. Jean-Marie *Pesez*, Histoire de la culture matérielle, in: La nouvelle histoire, hg. Jacques Le Goff, Roger Chartier und Jacques Revel, Paris 1978, S. 98 ff., sowie die Arbeiten des Instituts für mittelalterliche Realienkunde Österreichs (Anm. 21).

10 So Ehalt (Anm. 5) S. 22.

11 Vgl. Geschichte der Familie oder Familiengeschichten? Zur Bedeutung von Alltags- und Jedermannsgeschichte, hg. Anneliese *Mannzmann* (Historie heute 3) Königstein 1981.

12 Vgl. Theodor *Schieder*, Der Typus in der Geschichtswissenschaft, Studium generale 5, 1952, S. 228–234.

13 Alltagsgeschichte bedeutet daher nicht zwangsläufig eine Abkehr von der Strukturgeschichte; vgl. die Kontroverse zwischen Jürgen *Kocka*, Klassen oder Kultur? Durchbrüche und Sackgassen in der Arbeitergeschichte, Merkur 36, 1982, S. 955–965, und Martin *Broszat*, Plädoyer für eine Alltagsgeschichte. Eine Replik auf Jürgen Kocka, ebda. S. 1244–1248.

14 Vgl. Geschichte der Alltagskultur. Aufgaben und neue Ansätze, hg. Günter *Wiegelmann* (Beiträge zur Volkskultur in Nordwestdeutschland 21) Münster 1980; zum Verhältnis von Mentalität und Verhalten zuletzt Volker *Sellin*, Mentalität und Mentalitätsgeschichte, HZ 241, 1985, S. 555–598.

15 Vgl. Hans-Werner *Goetz*, Alltag im Mittelalter. Methodische Überlegungen anläßlich einer Neuerscheinung, AKG 67, 1985, S. 215 ff.

16 So Günther *Schweikle*, Mittelalterliche Realität in deutscher höfischer Lyrik und Epik um 1200, Germanisch-romanische Monatsschrift n. F. 32, 1982, S. 265–285, bes. S. 279 ff.

17 Vgl. neben Schweikle (Anm. 16): Hugo *Kuhn*, Soziale Realität und dichterische Fiktion am Beispiel der höfischen Ritterdichtung Deutschlands (1952), in: Das Rittertum im Mittelalter (LV V.3) S. 172–197, und Wilhelm *Störmer*, «Spielmannsdichtung» und Geschichte. Die Beispiele «Herzog Ernst» und «König Rother», ZBLG 43, 1980, S. 551–574.

18 Helga *Schüppert*, Spätmittelalterliche Didaktik als Quelle für adeliges Alltagsleben? In: Adelige Sachkultur des Spätmittelalters (Anm. 21) S. 214–257, fordert eine Aussonderung von Rhetorik, Topik, Typik und literarischer Konvention. Vgl. allgemein Gerhard *Jaritz*, Mittelalterliche Realienkunde. Quellenbefund und Quelleninterpretation, in: Die Erforschung von Alltag und Sachkultur (Anm. 21) S. 33–44.

19 Eine theoretische Reflexion fordert: Detlev *Peukert*, Neuere Alltagsgeschichte und Historische Anthropologie, in: Historische Anthropologie, hg. Hans Süssmuth, Göttingen 1984, S. 57–72; Ders., Arbeiteralltag – Mode oder Methode? in: Arbeiteralltag in Stadt und Land. Neue Wege der Geschichtsschreibung, hg. Heiko Haumann (Argument Sonderband 94) Berlin 1982, S. 8–39.

20 So jetzt richtig Klaus *Tenfelde*, Schwierigkeiten mit dem Alltag, in: Geschichte und Gesellschaft 10, 1984, S. 376–394. Richtungweisend für eine Vermittlung scheint mir Jürgen *Kocka*, Historisch-anthropologische Fragestellungen – ein

Defizit der Historischen Sozialwissenschaft? in: Historische Anthropologie (Anm. 19) S. 73–83; Detlev K. *Peukert*, Ist die Neuere Alltagsgeschichte theoriefeindlich? in: Neue Ansätze in der Geschichtswissenschaft, hg. Herta Nagl-Docekal und Franz Wimmer (Conceptus-Studien 1) Wien 1984, S. 7–17.

21 Hier sind vor allem die Veröffentlichungen des Instituts für Realienkunde Österreichs zu nennen: 1. Die Funktion der schriftlichen Quelle in der Sachkulturforschung (Sbb. Wien, phil.-hist. Kl. 304, 1976); 2. Das Leben in der Stadt des Spätmittelalters (ebda. 325, 1977); 3. Klösterliche Sachkultur des Spätmittelalters (ebda. 367, 1980); 4. Europäische Sachkultur des Mittelalters. Gedenkschrift aus Anlaß des zehnjährigen Bestehens des Instituts für mittelalterliche Realienkunde Österreichs (ebda. 374, 1980); 5. Adelige Sachkultur des Mittelalters (ebda. 400, 1982); 6. Die Erforschung von Alltag und Sachkultur des Mittelalters (ebda. 433, 1984), mit Beiträgen über die einzelnen Disziplinen; 7. Bäuerliche Sachkultur des Spätmittelalters (ebda. 439, 1984); 8. Frau und spätmittelalterlicher Alltag (erscheint 1986). Zusammenfassende Überblicke bieten: Otto *Borst*, Alltagsleben im Mittelalter (insel Tb. 513) Frankfurt 1983 (dazu Goetz, AKG 67, 1985, S. 205–223); vor allem: Alltag im Spätmittelalter, hg. Harry *Kühnel*, Graz-Wien-Köln 1984. Englische Strukturgeschichten, die häufig das «everyday life» einbeziehen, widmen sich von jeher mit Vorliebe dem Spätmittelalter.

22 Einzelne Aspekte bieten jetzt: Harry *Kühnel*, Das Alltagsleben in Österreich zur Babenbergerzeit, in: Das babenbergische Österreich (976–1246), hg. Erich Zöllner (Schriften des Instituts für Österreichkunde 33) Wien 1978, S. 98-118; Margarete *Weidemann*, Kulturgeschichte der Merowingerzeit nach den Werken Gregors von Tours (Römisch-Germanisches Zentralmuseum. Monographien 3) Bonn 1982, bes. Bd. 2, S. 359 ff.; Alltag in der Stauferzeit. Vorträge der 9. Göppinger Staufertage (Schriften zur staufischen Geschichte und Kunst 8) Göppingen 1984; Norbert *Ohler*, Zuflucht der Armen. Zu den Mirakeln des hl. Anno, Rheinische Vierteljahresblätter 48, 1984, S. 1–33; Ders., Alltag im Marburger Raum zur Zeit der hl. Elisabeth, AKG 67, 1985, S. 1–40. Zum 10. Jh. vgl. jetzt Fichtenau, Lebensordnungen (LV 0). Mentalität und Alltag im Spätmittelalter, hg. Cord Meckseper und Elisabeth Schraut, Göttingen 1985.

23 Vgl. Riché (LV 0); Pognon (LV 0); Moulin (LV III.4); Pastoureau (LV V.4).

24 Borst, Lebensformen (LV 0), bes. S. 9 ff. Wieviel sich über die Lebensart selbst einer quellenarmen Epoche wie des 10. Jh. zusammentragen läßt, beweist die vortreffliche Übersicht von Fichtenau, Lebensordnungen (LV 0).

25 Zur Problematik vgl. Michael *Mitterauer*, Probleme der Stratifikation in mittelalterlichen Gesellschaftssystemen, in: Theorien in der Praxis des Historikers, hg. Jürgen *Kocka* (Geschichte und Gesellschaft, Sonderheft 3) Göttingen 1977, S. 13–43; Karl *Bosl*, Kasten, Stände, Klassen im mittelalterlichen Deutschland. Zur Problematik soziologischer Begriffe und ihrer Anwendung auf die mittelalterliche Gesellschaft, ZBLG 32, 1969, S. 477–494.

26 Vgl. Karl *Schmid*, Über das Verhältnis von Person und Gemeinschaft im früheren Mittelalter, FMSt 1, 1967, S. 225–249; Walter *Ullmann*, Individuum und Gesellschaft im Mittelalter, Göttingen 1974.

27 Vgl. dazu Otto Gerhard *Oexle*, Die mittelalterlichen Gilden. Ihre Selbstdeutung und ihr Beitrag zur Formung sozialer Strukturen, in: Soziale Ordnungen im Selbstverständnis des Mittelalters 1, hg. Albert Zimmermann (Miscellanea Me-

diaevalia 12) Berlin–New York 1979, S. 203–226; Ders., Gilden als soziale Gruppen in der Karolingerzeit, in: Das Handwerk in vor- und frühgeschichtlicher Zeit 1 (LV VI. 3) S. 284–354; Ders. in: Gilden und Zünfte (LV VI. 3) S. 151–214.

28 Der Begriff ist eine Schöpfung des Philosophen Edmund Husserl zur Bezeichnung einer vorwissenschaftlichen alltäglichen Sinneserfahrung; vgl. dazu Paul *Janssen*, Geschichte und Lebenswelt. Ein Beitrag zur Diskussion von Husserls Spätwerk (Phänomenologica 35) Den Haag 1970. Zum Raum als Bewegungsfeld vgl. August *Nitschke*, Revolutionen in Naturwissenschaft und Gesellschaft (Problemata 83) Stuttgart-Bad Canstatt 1979.

29 Vgl. Otto *Brunner*, «Bürgertum» und «Feudalwelt» in der europäischen Sozialgeschichte (1956), in: Die Stadt des Mittelalters 3 (LV VI. 1) S. 480–501.

I. Mensch, Natur, Kultur: Bedingungen des Alltagslebens im Mittelalter

1 MG Capit. 2, nr. 186, c. 7, von 829 (S. 7); nr. 193, c. 7, von 829 (S. 19f.).

2 Vgl. in bezug auf Saint-Germain gegen Ferdinand *Lot*, Conjectures démographiques sur la France au IXe siècle, Moyen Age 32, 1921, S. 1–27, 109–137, Henri *Sée*, Peut-on evaluer la population de l'ancienne France? Revue d'Economie politique 38, 1924, S. 647ff., und Charles-Edmond *Perrin*, Note sur la population de Villeneuve-Saint-Georges au IXe siècle, MA 69, 1963, S. 75–86.

3 Vgl. *van Houtte*, HEWSG 2, S. 14ff.; J. C. *Russell*, Lexikon des Mittelalters 2, 1983, Sp. 11ff.; Wilhelm *Abel*, HDWSG 1, S. 83ff.; J. C. *Russell*, in: Cipolla/Borchardt, S. 21. – Als Anhaltspunkt seien hier die Schätzungen Russells wiedergegeben (Bevölkerung in Millionen):

Jahr	500	650	1000	1340
Balkan/Griechenland	5	3	5	6
Italien	4	2,5	5	10
Iberische Halbinsel	4	3,5	7	9
Mittelmeerländer	13	9	17	25
Frankreich/Niederlande	5	3	6	19
Britische Inseln	0,5	0,5	2	5
Deutschland/Skandinavien	3,5	2	4	11,5
West-/Mittel-/Nordeuropa	9	5,5	12	35,5
Slawischer Raum	5	3	8	11
Ungarn	0,5	0,5	1,5	2
Süd-/Südosteuropa	5,5	3,5	9,5	13
Europa insgesamt	27,5	18	38,5	73,5

4 Vgl. Charles *Higounet*, Les forêts de l'Europe occidentale du Ve au XIe siècle, in: Agricoltura e mondo rurale (Anm. IV/7) S. 343–398 (mit Karte).

5 Lampert von Hersfeld, Annalen a. 1073, hg. Adolf Schmidt und Wolfgang Dietrich Fritz (FS 13, 1957, S. 188 f.)

6 Vgl. das Beispiel Abels im HDWSG 1, 1971, S. 173 f. für das Gebiet zwischen Weser und Diemel: Um 500 gab es nur wenige Siedlungsinseln vor allem an den Flußläufen; um 1300 war der Wald zugunsten von Dörfern und Ackerland weit zurückgedrängt.

7 Walter *Janssen*, Methodische Probleme archäologischer Wüstungsforschung (Nachrr. Akad. Göttingen, phil.-hist. Kl. 1968,2) S. 27–56; Ders., Dorf- und Dorfformen (Anm. IV/64) S. 338 ff.

8 Vgl. die Quellenbeispiele in: Urkunden und erzählende Quellen zur deutschen Ostsiedlung im Mittelalter, hg. Herbert *Helbig* und Lorenz *Weinrich* (FS 26 a/b) [3]1985; Die deutsche Ostsiedlung des Mittelalters als Problem der europäischen Geschichte, hg. Walter *Schlesinger* (VuF 18) Sigmaringen 1975.

9 Die neueste Arbeit, Margaret Wade *Labarge*, Mediaeval Travellers. The Rich and Restless, London 1982, berücksichtigt, obwohl sie sich auf das späte Mittelalter beschränkt, nicht zufällig fast nur die Oberschichten. Zu den städtischen Straßen zuletzt Leguay, Les rues.

10 Richer, Historiae 4,50 (ed. Robert Latouche, Les classiques de l'histoire de France au moyen âge 17, Paris 1937, ND 1964, S. 224 ff.).

11 Ep. Einhardi nr. 52 (MG Epp. 5, S. 135).

12 Vgl. Anna-Dorothee *von den Brincken*, Mappa mundi und chronographia. Studien zur *imago mundi* des abendländischen Mittelalters, DA 24, 1968, S. 118–186; Günther *Hamann*, Das Weltbild im 11. Jh. im Rahmen der Kartographie des Mittelalters, JGF 6, 1982, S. 53–86; Patrick Gautier *Dalche*, Tradition et renouvellement dans la répresentation de l'espace géographique au IXe siècle, Studi mediaevali 3,24, 1983, S. 121–165.

13 Zur Erweiterung des Horizonts durch Bußwallfahrten vgl. Heinrich *Fichtenau*, Gentiler und europäischer Horizont an der Schwelle des ersten Jahrtausends, Römische Historische Mitteilungen 23, 1981, S. 227–243. Zu den Herbergen vgl. Hans Conrad *Peyer*, Gastfreundschaft und kommerzielle Gastlichkeit im Mittelalter, HZ 235, 1982, S. 265–288; Gastfreundschaft, Taverne und Gasthaus im Mittelalter; zum Pilgerverkehr Ludwig *Schmugge*, ebda. S. 37–60; Ders., Die Anfänge des organisierten Pilgerverkehrs im Mittelalter, QFIAB 64, 1984, S. 1–83.

14 Vgl. Norbert *Elias*, Über die Zeit (Arbeiten zur Wissenssoziologie 2) Frankfurt 1984; Ferdinand *Seibt*, Die Zeit als Kategorie der Geschichte und als Kondition des historischen Sinns, in: Die Zeit (Schrr. d. Karl-Friedrich von Siemens-Stiftung 6) München–Wien 1983, S. 145–188; Jean *Leclercq*, Zeiterfahrung und Zeitbegriff im Spätmittelalter, in: Antiqui und Moderni. Traditionsbewußtsein und Fortschrittsbewußtsein im späten Mittelalter, hg. Albert Zimmermann (Miscellanea Mediaevalia 9) Berlin-New York 1979, S. 1–20, bes. S. 2 ff. (zum früheren Mittelalter); Arnold *Esch*, Zeitalter und Menschenalter. Die Perspektiven historischer Periodisierung, HZ 239, 1984, S. 309–351; Hans-Ulrich *Grimm*, «Zeit» als «Beziehungssymbol»: Die soziale Genese des bürgerlichen Zeitbewußtseins im Mittelalter, Geschichte in Wissenschaft und Unterricht 37, 1986, S. 199–221.

15 Zur Beschreibung einer solchen Clepsydra aus dem 13. Jh. vgl. Albert *d'Haenens*, La Clepsydre de Villers, in: Klösterliche Sachkultur (Anm. E/21) S. 321–342.

16 Annales regni Francorum a. 807 (ed. Reinhold Rau, FS 5, 1955, S. 84 ff.).

17 So etwa Honorius Augustudunensis, Imago mundi 2,4–10 (ed. V. I. J. Flint, Archives d'histoire doctrinale et littéraire du Moyen Age 57, 1983, S. 93 f.).

18 Die französische Forschung hat diesem Thema seit einiger Zeit einen eigenen Wissenschaftszweig gewidmet. Vgl. *Le Roy Ladurie,* Histoire de climat; P. *Alexandre,* Histoire du climat et sources narratives du Moyen Age, MA 80, 1974, S. 101–116, fordert eine quellenkritisch fundierte Sammlung der Textstellen. Zuletzt Ulrich *Willerding,* Über Klima-Entwicklung und Vegetationsverhältnisse im Zeitraum Eisenzeit bis Mittelalter, in: Das Dorf der Eisenzeit (LV IV.2) S. 357–405, und H. H. *Lamb,* Climate in the Last Thousand Years: Natural Climatic Fluctuations and Change, in: The Climate of Europe, S. 25 ff., bes. S. 35.

19 Annales regni Francorum a. 820 (Anm. 16, S. 124/25).

20 Vgl. die Zusammenstellung bei Curschmann, Hungersnöte im Mittelalter. Aufgrund einer Untersuchung der Rationierungen in Klöstern für Mönche und Laien und einer Berechnung des entsprechenden Kalorienhaushaltes bezweifelt Michel *Rouche,* La faim à l'époque carolingienne: essai sur quelques types de rations alimentaires, RH 250, 1973, S. 295–320, einen wirklichen Hungerzustand und denkt eher an eine psychologisch bedingte Angst vor dem Hunger, doch sprechen die zahlreichen Berichte eine recht deutliche Sprache. Kritisch dazu Jean-Claude *Hocquet,* Le pain, le vin et la juste mésure à la table des moines carolingiens, Annales ESC 40, 1985, S. 661–686.

21 Vgl. Annales Fuldenses a. 881 (ed. Reinhold Rau, FS 7, ²1960, S. 114/15).

22 Notker, Gesta Karoli 1,23 (ebda. S. 354 ff.).

23 Annales Fuldenses a. 850 (ebda. S. 40 ff.).

24 MG Capit. 1, nr. 44, c. 4 (S. 122 f.) vom Anfang des 9. Jh.

25 Ebda. 1, nr. 124, von 807 (S. 245 f.).

26 Annales Xantenses a. 873 (hg. Reinhold Rau, FS 6, 1958, S. 370/71).

27 Vgl. Michel *Mollat,* Die Armen im Mittelalter, München 1984 (franz. Erstausgabe Paris 1978); Egon *Boshof,* Untersuchungen zur Armenfürsorge im fränkischen Reich des 9. Jh., AKG 58, 1976, S. 265–339; Ders., Armenfürsorge im Frühmittelalter: Xenodochium, matricula, hospitale pauperum, VSWG 71, 1984, S. 153–174; Uta *Lindgren,* Europas Armut. Probleme, Methoden, Ergebnisse einer Untersuchungsserie, Saeculum 28, 1977, S. 396–418; Hans-Werner *Goetz,* «Unterschichten» im Gesellschaftsbild karolingischer Geschichtsschreiber und Hagiographen, in: Vom Elend der Handarbeit. Probleme historischer Unterschichtenforschung, hg. Hans Mommsen und Winfried Schulze (Geschichte und Gesellschaft. Bochumer Historische Studien 24) Stuttgart 1981, S. 108–130.

28 Vgl. Skelette erzählen ..., wo die Ergebnisse über alamannische Friedhöfe des 6.–8. Jh. vorgestellt werden. Zu Wunderheilungen vgl. Ohler, Zuflucht der Armen (Anm. E/22); zu Krankheiten und ärztlicher Versorgung zuletzt Annette *Niederhellmann,* Arzt und Heilkunde in den frühmittelalterlichen Leges. Eine wort- und sachkundliche Untersuchung (Arbeiten zur Frühmittelalterforschung 12) Berlin-New York 1983.

29 Gerhard, Vita Oudalrici 4 (hg. Hatto Kallfelz, Lebensbeschreibungen einiger Bischöfe des 10.–12. Jh., FS 22, 1973, S. 74/75).

30 Skelettuntersuchungen zeigen von Dorf zu Dorf allerdings große Unterschiede, so daß solche Durchschnittswerte mit Vorsicht aufzunehmen sind. Auch hinsichtlich der Kindersterblichkeit bleiben noch genauere Forschungen abzuwarten.

31 Vgl. Rolf *Sprandel*, Altersschicksal und Altersmoral. Die Geschichte der Einstellungen zum Altern nach der Pariser Bibelexegese des 12.–16. Jh. (Monographien zur Gesch. des Mittelalters 22) Stuttgart 1981.

32 Ruodlieb 15 v. 1 ff. (hg. Karl Langosch, Waltharius, Ruodlieb, Märchenepen. Lateinische Epik des Mittelalters mit deutschen Versen, Darmstadt 1956, S. 198 ff.).

33 Der heute umstrittene Kulturbegriff wird hier sehr weit gefaßt im Sinne des vom Menschen in der Gestaltung seiner Umwelt Geschaffenen. Im folgenden interessiert vom Thema her nur die «Alltagskultur» des Menschen, also gerade nicht jene geistig-gebildete-künstlerische Sphäre, die man gemeinhin als «kulturell» einstuft.

34 Zur Musik (als Wissenschaft, in der Kirche, im Alltag), auf die hier nicht mehr näher eingegangen wird, vgl. Peter *Gülke*, Mönche, Bürger, Minnesänger. Musik in der Gesellschaft des europäischen Mittelalters, Wien-Köln-Graz 1975; zu den Höfen Sabine *Žak*, Musik als ‹Ehr und Zier› im mittelalterlichen Reich. Studien zur Musik im höfischen Leben, Recht und Zeremoniell, Neuß 1979.

35 Vgl. Janssen, Essen und Trinken im frühen und hohen Mittelalter; Paul *Rachbauer*, Essen und Trinken um 1200, in: Nibelungenlied (Ausstellung Hohenems 1979. Ausstellungskatalog des Vorarlberger Landesmuseums 86) Bregenz 1979, S. 135–147; Manger et boire au moyen âge. Actes du Colloque de Nice (1982), 2 Bde., Nizza 1984 (war mir nicht zugänglich).

36 Vgl. exemplarisch, allerdings für das 15./16. Jh.: Karl-Heinz *Knörzer*/Gustav *Müller*, Mittelalterliche Fäkalien-Faßgrube mit Pflanzenresten aus Neuß, in: Beiträge zur Archäologie des Mittelalters (Beihefte der Bonner Jahrbücher 28) Köln-Graz 1968, S. 131–169.

37 Zur Technik des Bierbrauens R. *van Uytven*, in: Lexikon des Mittelalters 2, Sp. 135 ff.

38 Vgl. Willerding, Anbaufrüchte (Anm. IV/67).

39 Formulae Sangallenses nr. 15 (MG Formulae, S. 405 f.).

40 Capit. Ansegisi 1,138 (MG Capit. 1, S. 412).

41 Vgl. Hermann *Hinz*, Die karolingische Keramik in Mitteleuropa, in: Karl der Große. Lebenswerk und Nachleben Bd. 3, Düsseldorf 1965, S. 262–287; Uwe *Lobbedey*, Untersuchungen mittelalterlicher Keramik vornehmlich aus Südwestdeutschland (Arbeiten zur Frühmittelalter-Forschung 3) Berlin 1968.

42 Vgl. Max *Hasse*, Neues Hausgerät, neue Häuser, neue Kleider – Eine Betrachtung der städtischen Kultur im 13. und 14. Jh. sowie ein Katalog der metallenen Hausgeräte, Zs. für Archäologie des Mittelalters 7, 1979, S. 7–83 (mit Rückblikken auf die frühere Zeit).

43 Vgl. Michèle *Beaulieu*, Le costume antique et médiéval (Que sais-je 501) Paris [3]1961; François *Boucher*, A History of Costume in the West, London 1967.

44 Notker, Gesta Karoli 1,34 (wie Anm. 22, S. 372 ff.); zur tatsächlichen Kleidung Karls vgl. Einhard, Vita Karoli 23 (ed. Reinhold Rau, FS 5, 1955, S. 194/95).

45 Vgl. Fichtenau, Lebensordnungen (LV 0) S. 11 ff.

46 Vgl. K.-S. *Kramer*, Brauchtum, Lexikon des Mittelalters 2, 1983, Sp. 580 ff.

II. Die Familie

1 Vgl. Karl *Bosl,* Die «familia» als Grundstruktur der mittelalterlichen Gesellschaft, ZBLG 38, 1975, S. 403–424; zum Zerfall der antiken Gentilorganisation als Grundlage der mittelalterlichen Familie vgl. Adel' L'vovna *Jastrebickaja,* Die Familie als soziale Gruppe der mittelalterlichen Gesellschaft, JGF 6, 1982, S. 185–193. Zur Familie als Gesellschaftsmodell vgl. Fichtenau, Lebensordnungen (LV 0) S. 165 ff. Vgl. Schulze, Grundstrukturen 2 (LV 0) S. 9 ff.

2 Vgl. Bernhard *Schimmelpfennig,* Zölibat und Lage der «Priestersöhne» vom 11. bis 14. Jh., HZ 227, 1978, S. 1–44; Ann Llewellyn *Barstow,* Married Priests and the Reforming Papacy: The Eleventh Century Debates (Texts and Studies in Religion 12) New York-Toronto 1982; zur Reformgesetzgebung und ihrer Wirkung: Jan *Gaudemet,* Le célibat ecclésiastique. Le droit et la pratique du XIe au XIIIe siècle, ZRG, Kan. Abt. 99, 1982, S. 1–31.

3 Dazu Réginald *Grégoire,* Il matrimonio mistico, in: Il matrimonio 2 (LV II.2) S. 701–817.

4 Vgl. zu diesem Abschnitt: Famille et parenté; Schuler, Familien im Mittelalter; Herlihy, Medieval Households; Fichtenau, Lebensordnungen (LV 0) S. 113 ff.; Murray, Germanic Kinship Structure; allgemein zur vorindustriellen Gesellschaft: Michael *Mitterauer,* Zur Struktur alteuropäischer Gesellschaftssysteme am Beispiel des mittelalterlichen Österreich, in: Ders., Grundtypen alteuropäischer Sozialformen. Haus und Gemeinde in vorindustriellen Gesellschaften (Kultur und Gesellschaft. Neue Historische Forschungen 5) Stuttgart-Bad Canstatt 1979, S. 13–34. Mitterauer wendet sich gegen Bosls *familia,* doch scheint beides durchaus vereinbar.

5 Vgl. Ruotger, Vita Brunonis 42 (Anm. I/29, S. 242 ff.) zum Pfingsttag 965, als Otto der Große in Köln mit seinem Bruder Brun, dem Erzbischof von Köln, seiner Mutter Mathilde, seiner Schwester Gerberga, der Königin von Frankreich, und seinen Söhnen und Neffen zusammentraf.

6 Vgl. Otto Gerhard *Oexle,* Die Gegenwart der Toten, in: Death in the Middle Ages, hg. Herman Braet und Werner Verbeke (Mediaevalia Lovaniensia 1,9) Leuven 1983, S. 19–77.

7 Das Haus als Wohnhaus ist, entsprechend seiner unterschiedlichen Ausgestaltung in den einzelnen Lebenskreisen, erst in den späteren Kapiteln zu behandeln.

8 Vgl. Brunner, Land und Herrschaft, bes. S. 240 ff.; Schlesinger, Herrschaft und Gefolgschaft. Kritisch dazu Kroeschell, Haus und Herrschaft, der auf die eigenständige Qualität der Königsherrschaft aufmerksam macht.

9 Ein Kapitular von 821 sprach ihr bezüglich der Lehen ein Drittel des *conlaboratus,* des Ertrages, zu (MG Capit. 1, nr. 148, c. 9, S. 301).

10 Vgl. Karl *Kroeschell,* Söhne und Töchter im germanischen Erbrecht, in: Studien zu den germanischen Volksrechten. Gedächtnisschrift für Wilhelm Ebel, hg. Götz Landwehr (Rechtshistorische Reihe 1) Frankfurt-Bern 1982, S. 87–116.

11 Vgl. einschränkend Genzmer, Die germanische Sippe als Rechtsgebilde; Kroeschell, Die Sippe im germanischen Recht; dagegen Schlesinger, Randbemerkungen. Zur Kritik an einer germanischen «clan»-Gesellschaft vgl. jetzt Murray S. 33 ff.; dagegen räumt Herlihy, Medieval Households S. 44 ff., der germanischen Sippe wieder mehr Funktionen ein.

12 Historien 6,36 (ed. Rudolf Buchner, FS 3, 1955, S. 62 f.).

13 Auch bei den Romanen verschwand seit dem 4. Jh. der Gentilname. Familiennamen begegnen erst seit dem 12./13. Jh., zunächst im süd- und westdeutschen Raum als aus dem Alltag abgeleitete Beinamen (Berufs- oder Hofbezeichnungen, Spottnamen); vgl. Hugo *Steger,* Zur Motivik mittelalterlicher und neuzeitlicher Namengebung, in: Alemannica. Landeskundliche Beiträge. FS. Bruno Boesch (= Alemannisches Jahrb. 1973/75) Bühl/Baden 1976, S. 143–156.

14 Grundlegend zum Folgenden Schmid, Zur Problematik; Ders., Struktur des Adels; Ders., Über das Verhältnis von Person und Gemeinschaft (Anm. E/26). Zum kognatischen Charakter der frühmittelalterlichen Familie vgl. auch Murray, Germanic Kinship S. 113 ff.

15 Chlothar, *kluto-hari,* bedeutete z. B. berühmter Krieger, Nithard: starker Haß.

16 Einwände gegen eine Namenvererbung hat Ludwig *Holzfurtner,* Untersuchungen zur Namensgebung im frühen Mittelalter nach den bayerischen Quellen des 8. und 9. Jh., ZBLG 45, 1982, S. 3–21, anhand der in bayerischen Traditionsnotizen bezeugten Verwandtschaftsbeziehungen erhoben, doch dürfte die Namenvererbung tatsächlich weit höher zu veranschlagen sein, da wir immer nur einzelne Verwandte kennen. In Schwaben sprechen die Verwandtschaftsgruppen der Gedenkbucheinträge eine deutliche Sprache. Zur alamannischen Oberschicht vgl. Hans-Werner *Goetz,* Zur Namengebung in der alamannischen Grundbesitzerschicht der Karolingerzeit. Ein Beitrag zur Familienforschung, ZGO 133, 1985, S. 1–41.

17 Vita Bennonis 1 (Anm. I/29, S. 376/77).

18 Im Reichenauer Verbrüderungsbuch wurde die vorgesehene Ordnung nach geistlichen Gemeinschaften bald durch die Familieneinträge gesprengt. Vgl. auch u. S. 99 f.

19 Dazu Joachim *Wollasch,* Eine adlige Familie des frühen Mittelalters. Ihr Selbstverständnis und ihre Wirklichkeit, AKG 39, 1957, S. 150–188. Edition von Pierre Riché, Sources chrétiennes 225, Paris 1975.

20 Vgl. Lutz *von Padberg,* Heilige und Familie. Studien zur Bedeutung familiengebundener Aspekte in den Viten des Verwandten- und Schülerkreises von Willibrord, Bonifatius und Liudger, Diss. Münster 1981.

21 Dazu Wilhelm *Störmer,* Früher Adel. Studien zur politischen Führungsschicht im fränkisch-deutschen Reich vom 8. bis zum 11. Jh. (Monographien z. Gesch. d. MAs 6) Stuttgart 1973, bes. S. 55; Herlihy, Medieval Households S. 79 ff.

22 Die Entwicklung läßt sich gut an den Welfen ablesen: Der «Genealogia Welforum» von 1130 folgte um 1170 die «Historia Welforum» (ed. Erich König, Schwäbische Chroniken der Stauferzeit 1, Sigmaringen 1978).

23 Vgl. auch Martin *Heinzelmann,* Beobachtungen zur Bevölkerungsstruktur einiger grundherrschaftlicher Siedlungen im karolingischen Bayern, FMSt 11, 1977, S. 202–217; 12, 1978, S. 433–437; Carl I. *Hammer,* Family and familia in early-medieval Bavaria, in: Family forms in historic Europe, hg. Richard Wall u. a., Cambridge 1983, S. 217–248.

24 Vgl. Charles *Verlinden,* Le «mariage» des esclaves, in: Il matrimonio 2 (LV II.2) S. 569–601.

25 Vgl. Konzil von Orléans 541, can. 24 (MG Conc. 1, S. 92); Verberie 753, can. 8 (MG Capit. 1, nr. 16, S. 40 f.).

26 Ep. Einhardi nr. 37 (MG Epp. 5, S. 128). Das Herrenrecht betraf sogar Vasallen: Einhard selbst intervenierte für einen Vasallen, der die Tochter eines Getreuen heiraten wollte (ebda. nr. 62, S. 140).

27 Typische Beispiele aus dem Polyptychon von Saint-Germain-des-Prés (ed. Auguste Longnon, Paris 1895):
Arnulfus ∞ *Farberta:* Sohn *Farbert*us (Celle-les-Bordes 2), *Sointhad*us ∞ Teutberga: Tochter *Sointhad*a (ebda. 21), *Adal*marus ∞ Winegildis: Söhne *Adal*bertus, *Adal*modus, *Adal*ongus, *Adal*gis (ebda. 56); *Anse*garius ∞ INGalteus: Töchter *Anse*gildis, INGrisma (Gagny 2); *Hilde*gaudus ∞ AgenTRUDIS: Tochter *Hil*TRUDIS (ebda. 17).

28 MG Formulae, Collectio Sangallensis 18 (S. 406). – Zur Ehe vgl. auch W. *Knoch* u. a., Art «Ehe», in: Lexikon des Mittelalters 3, 1986, Sp. 1616 ff.

29 Vgl. dazu Sheehan, Choice of Marriage Partners.

30 Nach Herlihy, Medieval Households S. 73 ff., sollten die Ehepartner im frühen Mittelalter eher gleichaltrig sein; erst um 1200 wurden die Unterschiede größer, war der Mann bei der Hochzeit oft schon Ende 20.

31 Vgl. Silvia *Konecny,* Eherecht und Ehepolitik unter Ludwig dem Frommen, MIÖG 85, 1977, S. 1–21.

32 Man hat in Überbetonung des Wittums deshalb früher von einer «Kaufehe» gesprochen.

33 MG DLD 108 von 862.

34 Vgl. noch das Hofrecht Burchards von Worms von 1023/25, c. 1 (Quellen z. deutschen Verfassungs-, Wirtschafts- und Sozialgeschichte bis 1250, hg. Lorenz *Weinrich,* FS 32, 1977, nr. 23, S. 90/91).

35 Die Synode von Ver unter Pippin (MG Capit. 1, nr. 14, c. 15, S. 36) schrieb *publicae nuptiae* vor. Gern angeführt wird die Schilderung der Trauung Lämmerschlings mit Gotelind im «Meier Helmbreht», die ein wortgewandter Greis vornahm (v. 1503 ff.), doch darf man nicht vergessen, daß es sich hier um eine Satire handelt, die zumindest das Unhöfische der Eheschließung erweisen will.

36 Tit. 99 (ed. Karl August Eckhardt, Gesetze des Merowingerreichs [= Germanenrechte], Göttingen 1956, S. 414 f.).

37 Thietmar von Merseburg, Chronik 4,39–42; 6,86 (hg. Werner Trillmich, FS 9, 1957, S. 154 ff./334/35).

38 Dazu Konecny, Die Frauen des karolingischen Königshauses.

39 Regino von Prüm, De synodalibus causis 2,134 (ed. F. G. A. Wasserschleben, Leipzig 1840, ND. Graz 1964, S. 266).

40 Ebda. 2,146 (S. 269 f.). Regino zitiert hier allerdings ein altes, spätrömisches Gesetz aus dem Codex Theodosianus.

41 Vgl. neben Ritzer: Cyrille *Vogel,* Les rites de la célébration du mariage; leur signification dans la formation du lien durant le haut moyen âge, in: Il matrimonio 1, S. 397–472.

42 Gerhard, Vita Oudalrici 9 (Anm. I/29, S. 92/93).

43 Dazu Glasser, Marriage in Medieval Hagiography.

44 Gregor von Tours, Historien 1,47 (Anm. 12, S. 46 ff.).

45 Vgl. Heinrich J. F. *Reinhardt,* Die Ehelehre der Schule des Anselm von Laon. Eine theologie- und kirchenrechtgeschichtliche Untersuchung zu den Ehetexten der

frühen Pariser Schule des 12. Jh. (Beitrr. z. Gesch. d. Philosophie und Theologie d. MAs n. F. 14) Münster 1974.

46 In Eheprozessen des Spätmittelalters versuchten Frauen ihre Rolle als rechtmäßige Ehefrau immer wieder damit zu beweisen, daß sie als erste mit einem Mann geschlafen hatten (was freilich ihrer Reputation nicht unbedingt förderlich war).

47 Vgl. Rudolf *Weigand*, Liebe und Ehe bei den Dekretisten des 12. Jh., in: Love and marriage S. 41–58.

48 Zum Beitrag der Bußbücher vgl. Raoul *Manselli*, Il matrimonio nei penitenziali, in: Il matrimonio 1, S. 287–319; Raymund *Kottje*, Ehe und Eheverständnis in den vorgratianischen Bußbüchern, in: Love and marriage S. 18–40.

49 Vgl. Konzil von Tribur 895 (MG Capit. 2, nr. 252, c. 40, S. 236 f.).

50 Ebda. c. 45 a (S. 239).

51 Vgl. Vita Norberti 14 (Anm. I/29, S. 504 ff.).

52 MG Capit. 1, nr. 7, c. 2 (S. 15).

53 Hugo von St. Viktor, De sacramentis christianae fidei 2,11,17 (Migne PL 176, Sp. 518 ff.) unterschied im 12. Jh. zwischen *consanguinitas* (Blutsverwandtschaft), *affinitas* (Verschwägerung) und *spiritualis germanitas* (Patenschaft) mit jeweils unterschiedlichen Graden.

54 MG Conc. 1 (c. 22, S. 92).

55 Vgl. dazu Constance B. *Bouchard*, Consanguinity and noble marriages in the 10th and 11th centuries, Speculum 56, 1981, S. 268–287.

56 Dekret von Verberie von 753 (MG Capit. 1, nr. 16, c. 6, S. 40); Dekret von Compiègne von 757 (ebda. nr. 15, c. 7, S. 38).

57 Ebda. c. 16 (S. 38).

58 De institutione laicali 2,12 (Migne PL 106, Sp. 188 ff.) (verfaßt vor 828).

59 MG Capit. 2, nr. 252, c. 38 (S. 235).

60 Pactus legis Salicae tit. 100 f. (Anm. 36, S. 414 ff.).

61 Vgl. Collectio capitularium Ansegisi 1,42 (MG Capit. 1, S. 400); Kapitular von Worms von 829 (ebda. 2, nr. 193, c. 3, S. 18 f.); zu Bußbüchern vgl. Kottje (Anm. 48) S. 26 ff.

62 Gregor von Tours, Historien 4,26 (Anm. 12, S. 226 ff.).

63 Die Episode ist ausführlich durch Regino von Prüm, Chronik a. 864–869 (hg. Reinhold Rau, FS 7, [2]1960, S. 192 ff./218 ff.), Synodalakten (MG Capit. 2, nr. 305 ff., S. 463 ff.) und Papstbriefe belegt (vgl. MG Epp. 6, S. 207 ff.).

64 Zu ihrer Verwandtschaft vgl. Karl *Schmid*, Ein karolingischer Königseintrag im Gedenkbuch von Remiremont, FMSt 2, 1968, S. 128 ff.

65 Die Quellen sind zusammengestellt bei Karl *Kroeschell*, Deutsche Rechtsgeschichte 1, Reinbek 1972, nr. 37, S. 144 ff.

66 Annalen a. 1069 (Anm. I/5, S. 114 ff.).

67 Die Literatur zur Frau im Mittelalter ist inzwischen kaum mehr übersehbar. In das Literaturverzeichnis konnten daher nur die wichtigsten Titel aufgenommen werden. Zum Spätmittelalter vgl. jetzt Claudia *Opitz*, Frauenalltag im Mittelalter. Biographien des 13. und 14. Jh. (Ergebnisse der Frauenforschung 5) Weinheim-Basel 1985.

68 Vgl. Wemple S. 125 ff.

69 Vita Liutbirgae 5 (ed. Ottokar Menzel, MG Dt. MA 3, Leipzig 1937, S. 13).

70 Bonizo von Sutri kennt in seinem Fürstenspiegel jedoch, als Ausnahme, immerhin

die «herrschenden Frauen» *(mulieres imperantes)*; dazu Walter *Berschin*, Herrscher, ‹Richter›, Ritter, Frauen ... Die Laienstände nach Bonizo, in: Love and Marriage (LV II.2) S. 116–129.

71 Pactus legis Salicae 20 (Anm. 36, S. 182 ff.).

72 Die Handschriften geben hier verschiedene Sätze an.

73 Lex Alamannorum 56 (hg. Karl August Eckhardt, Germanenrechte, Witzenhausen 1962, S. 47).

74 Vgl. MG Capit. 1, nr. 138 von 818/19, c. 21 (S. 278).

75 Vgl. das Freiburger Stadtrecht vom Ende des 12. Jh.: *omnis mulier est genoz viri sui in hac civitate et vir mulieris similiter* (Elenchus fontium Historiae Urbanae 1, LV VI.o., nr. 55, Leiden 1967, S. 98).

76 Vgl. dazu auch Robert *Fossier*, La femme dans les sociétés occidentales, in: La femme S. 93–104; Marie-Thérèse *d'Alverny*, Comment les théologiens et les philosophes voient la femme, ebda. S. 105–129.

77 Hugo, De sacramentis christianae fidei 1,6,35 (Migne PL 176, Sp. 284); Petrus Lombardus, Sententiae 2, dist. 18, c. 2 (Spicilegium Bonaventurianum 4, Rom [3]1971, S. 416 f.).

78 Dazu Jane Tibbets *Schulenburg*, Sexism and the celestial gynaeceum from 500 to 1200, Journal of Medieval History 4, 1978, S. 117–133.

79 Um 900 gab es auf deutschem Raum etwa 70 Nonnenklöster.

80 So Wemple S. 190 f.

81 Vgl. Herbert *Grundmann*, Religiöse Bewegungen im Mittelalter. Untersuchungen über die geschichtlichen Zusammenhänge zwischen der Ketzerei, den Bettelorden und der religiösen Frauenbewegung im 12. und 13. Jh. und über die geschichtlichen Grundlagen der deutschen Mystik, Berlin 1935 (ND. Darmstadt [2]1961) S. 170 ff.

82 C. 1,23 f. (ed. Bruno Krusch, MG SS rer Merov 2, 1888, S. 372).

83 Vgl. Hinkmar von Reims, De ordine palatii 5 (22) (ed. Thomas Gross und Rudolf Schieffer, MG Fontes iuris Germanici antiqui 3, [2]1980, S. 72 ff.); Capitulare de villis 16 (hg. Franz, Quellen, u. Anm. IV/1, S. 42/43).

84 Dazu Thilo *Vogelsang*, Die Frau als Herrscherin im hohen Mittelalter. Studien zur «consors regni»-Formel (Göttinger Bausteine zur Geschichtswissenschaft 7) Göttingen 1954.

85 Erst gegen Agnes erhoben sich Einwände, die in der berühmten Entführung Heinrichs IV. in Kaiserswerth gipfelten; dabei kritisierte man nach Lampert von Hersfeld a. 1062 (Anm. I/5, S. 72 ff.) nur Lebenswandel und Regierungsweise, nach Adam von Bremen 3,34 (hg. Werner Trillmich, FS 11, 1961, S. 368 ff.) aber auch schon die Frauenregentschaft an sich.

86 Grundlegend David *Herlihy*, Land, Family and Women in Continental Europe, 701–1200, Traditio 18, 1962, S. 89–120, der die Schenkungen von Frauen (im Durchschnitt 12%) und die Nennung der Mutter des Tradenten (bis zu über 7%) auszählt, dessen Folgerungen aber umstritten sind.

87 So Wemple S. 106 ff. zu Besitzübertragungen.

88 De gloria et honore filii hominis super Matthaeum 12 (Migne PL 168, Sp. 1601); vgl. Dinzelbacher S. 197.

89 Vgl. Franco *Munari*, Ovid im Mittelalter, Zürich-Stuttgart 1960, der das 12./13. Jh. eine *aetas Ovidiana* nennt (S. 5).

90 Vgl. Wolfgang *Haubrichs*, Deutsche Lyrik, in: Europäisches Hochmittelalter S. 61 ff.
91 Wilhelm von Malmesbury, De gestis regum Anglorum 5,439 (ed. William Stubbs, Rolls Series 90, 1889, ND. 1964, S. 510 f.).
92 So Joachim *Bumke*, Liebe und Ehebruch in der höfischen Gesellschaft, in: Liebe als Literatur S. 25–45; Ders., Höfische Kultur 2 (LV V.4) S. 529 ff.; vgl. auch Sylvette *Rouillan-Castex*, L'amour et la société féodale, RH 552, 1984, S. 295–329.
93 Vgl. Ulrich *Mölk*, Die französische Lyrik, in: Europäisches Hochmittelalter S. 44.
94 Gilbert von Hoyland, Sermones in Canticum 31 (Migne PL 184, Sp. 163). Einschränkend zur Schönheitsthese jetzt Schnell, Causa amoris S. 185 ff.
95 Vgl. Alfred *Karnein*, in: Europäisches Hochmittelalter S. 125.
96 1,1 (ed. E. Trojel, 1892, ND. München 1964, S. 3) (jetzt mit englischer Übersetzung hg. von P. G. Walsh, London 1982).
97 Vgl. dazu L'érotisme; Noonan, Empfängnisverhütung; Payer, Early Medieval Regulations; Ders., Sex and the Penitentials.
98 v. 1613 ff. (ed. Ulrich Pretzel, Tübingen [4]1973, S. 102).
99 v. 7,118 f. (Anm. I/32).
100 Can. 45 (MG Capit. 2, nr. 252, S. 239).
101 Zu den Bußbüchern vgl. Manselli und Kottje (Anm. 48) sowie Payer.
102 Vgl. Jonas von Orléans, De institutione laicali 2,6 (Anm. 58, Sp. 179 ff.).
103 Regino von Prüm, De synodalibus causis 2,250 f. (Anm. 39, S. 312).
104 So John *Boswell*, Christianity, Social Tolerance and Homosexuality. Gay People in Western Europe from the Beginning of the Christian Era to the Fourteenth Century, Chicago-London 1980. Differenzierter auch Albert *Gauthier*, La sodomie dans le droit canonique médiévale, in: L'érotisme S. 111–122; kritisch zu Boswells Toleranzthese: Payer, Sex and the Penitentials S. 135 ff., und Harry J. *Kuster*/Raymond J. *Cormier*, in: Studi medievali III, 25, 1984, S. 587–610.
105 Vgl. Regino, De synodalibus causis 2,369 (Anm. 39, S. 354); Hrabanus Maurus, Poenitentiale 30 (Migne PL 110, Sp. 491); Burchard von Worms, Decretum 19,152 (Migne PL 140, Sp. 1012 f.).
106 Vgl. Regino, De synodalibus causis 2,62 ff. (S. 239 f.); Burchard von Worms, Decretum 17,52 (Sp. 931).
107 Ebda. 19,156 (Sp. 1013 f.).
108 Liudprand von Cremona, Antapodosis 4,10 (hg. Albert Bauer und Reinhold Rau, FS 8, 1971, S. 410 ff.). Wilhelm von Conches, De philosophia mundi 4,14 (Migne PL 172, Sp. 89) hielt die Frauen für wollüstiger als die Männer, weil ihr Körper kälter war.
109 Liudprand von Cremona, Antapodosis 4,14 (S. 416 f.).
110 Ebda. 2,48 ff. (S. 332 ff.).
111 De philosophia mundi 4,11 (Migne PL 172, Sp. 89).
112 Ebda. 4,15 (Sp. 90).
113 Heilkunde (Hildegard von Bingen, Werke 2, hg. Heinrich Schipperges, Salzburg [2]1957, S. 208 f.).
114 Hansueli F. *Etter*/Jörg E. *Schneider*, Zur Stellung von Kind und Frau im Frühmittelalter. Eine archäologisch-anthropologische Synthese, Zs. für schweizerische Archäologie und Kunstgeschichte 39, 1982, S. 48–57.
115 Wesentlich niedriger, nämlich bei 9%, lag die Kindersterblichkeit im Alter bis zu

6 Jahren nach den Ausgrabungen auf frühmittelalterlichen Gräberfeldern in Schwaben; vgl. Skelette erzählen (LV I) S. 10 f. Letzte Sicherheit ist in dieser Frage also noch nicht gewonnen.

116 Die absolute Kinderzahl lag vielleicht etwas höher, weil ältere (erwachsene) Kinder möglicherweise bereits das Haus verlassen hatten, in fremden Diensten standen oder selbst eine Familie gegründet hatten. (Das Polyptychon verrät nichts über die Altersstruktur.)

117 So Emily R. *Coleman*, L'infanticide dans le Haut Moyen Âge, Annales ESC. 29, 1974, S. 315–335.

118 Vgl. zuletzt Herlihy, Medieval Households S. 63 ff.

119 Vita Liudgeri 1,6 (ed. Wilhelm Diekamp, Die Vitae sancti Liudgeri [Die Geschichtsquellen des Bistums Münster 4] Münster 1881, S. 10 f.).

120 So Etter/Schneider (Anm. 114).

121 Dazu Gerhard *Schmitz*, Schuld und Strafe. Eine unbekannte Stellungnahme des Rathramnus von Corbie zur Kindestötung, DA 38, 1982, S. 363–387.

122 Vgl. etwa Petrus Damiani, ep. 8,4 (Migne PL 144, Sp. 468 ff.).

123 Vgl. Le Goff, Kultur des europäischen Mittelalters (LV.0) S. 478 f.

124 Vita Karoli 19 (Anm. I/44, S. 190 f.).

125 Georges *Duby*, Dans la France du Nord-Ouest au XIIe siècle: Les «Jeunes» dans la société aristocratique, Annales ESC. 19, 1964, S. 835–846.

III. Kloster und Mönchsleben

1 Vgl. hier wie zum Folgenden den Kartenanhang bei Prinz, Frühes Mönchtum.

2 So Angenendt (Anm. 3) S. 124 ff.

3 Zu Pirmin, der so bedeutende Klöster wie Hornbach und Reichenau gründete, vgl. Arnold *Angenendt*, Monachi Peregrini. Studien zu Pirmin und den monastischen Vorstellungen des frühen Mittelalters (Münstersche MA-Schrr. 6) München 1972.

4 Vgl. Rudolf *Schieffer*, Die Entstehung von Domkapiteln in Deutschland (Bonner Historische Forschungen 43) Bonn 1976, S. 171 ff.

5 Vgl. *Prinz*, Frühes Mönchtum S. 263 ff.; Ders., Monastische Zentren im Frankenreich, Studi medievali 19, 1978, S. 571–590, nennt noch andere Möglichkeiten (Constantius von Albi). Jedenfalls kam die Benediktregel aus Rom ins Abendland.

6 Vgl. Josef *Semmler*, Benedictus II: Una regula – una consuetudo, in: Benedictine Culture S. 1–49.

7 Vgl. auch Schreiner, Mönchtum zwischen asketischem Anspruch und gesellschaftlicher Wirklichkeit.

8 Vgl. Sackur, Die Cluniacenser.

9 Vgl. dazu Felten, Äbte und Laienäbte im Frankenreich.

10 Vgl. Joachim *Wollasch*, Parenté noble et monachisme réformateur. Observations sur les «conversions» à la vie monastique aux XIe et XIIe siècles, RH 264, 1980, S. 3–24, zu Cluny.

11 Vgl. Karl *Schmid*, Adel und Reform in Schwaben, in: Investiturstreit und Reichsverfassung (VuF 17) Sigmaringen 1973, S. 295–319.

12 Vgl. Ruotger, Vita Brunonis 10 (Anm. I/29, S. 192/93).

13 Thietmar, Chronik 6,21 (Anm. II/37, S. 264/65).

14 Zu Cluny vgl. Cluny, hg. Helmut Richter; de Valous, Le monachisme clunisien; Neue Forschungen über Cluny und die Cluniazenser; Fechter, Cluny, Adel und Volk; Cowdrey, The Cluniacs and the Gregorian Reform; Bulst, Wilhelm von Dijon.

15 Dazu Jakobs, Die Hirsauer.

16 Vgl. Jakobs, St. Blasien.

17 Dazu Semmler, Die Klosterreform von Siegburg.

18 Lampert von Hersfeld, Annalen a. 1075 (Anm. I/5, S. 332/33).

19 Ebda. a. 1071 (S. 150ff.).

20 Dazu der Aachener Ausstellungskatalog: Die Zisterzienser. Die Zisterzienser bilden den Schwerpunkt des Berliner Arbeitskreises für Ordensgeschichte: Zisterzienserstudien Bd. 1–4, Berlin 1975–79; Erg.-Bd., hg. Kaspar *Elm*, 1982. Zu den Eremiten als Vorläufern dieser Orden vgl. jetzt Leyser, Hermits and the New Monasticism.

21 Vgl. Michael *Töpfer*, Die Konversen der Zisterzienser. Untersuchungen über ihren Beitrag zur mittelalterlichen Blüte des Ordens (Berliner Historische Studien 10 = Ordensstudien 4) Berlin 1983.

22 Vgl. Wolfgang *Ribbe*, Die Wirtschaftstätigkeit der Zisterzienser im Mittelalter: Agrarwirtschaft, in: Die Zisterzienser S. 203.

23 Zur Leistung abwägend zuletzt Werner *Rösener*, Zur Wirtschaftstätigkeit der Zisterzienser im Hochmittelalter, Zs. für Agrargeschichte u. Agrarsoziologie 30, 1982, S. 117–148. Die Rodungstätigkeit darf danach nicht überbewertet werden; eher wurden Sumpfgebiete kolonisiert.

24 Vgl. Jürgen *Miethke*, Bernhard von Clairvaux, in: Die Zisterzienser S. 50f.

25 Chronik 7,35 (hg. Walther Lammers, FS 16, 1960, S. 564/65).

26 Jonas, Vita Columbani 1,10 (hg. Herbert Haupt, FS 4a, 1982, S. 428ff.).

27 Wetti, Vita s. Galli 10ff. (ed. Bruno Krusch, MG SS rer. Merov. 4, S. 262ff.).

28 Vgl. Prinz, Frühes Mönchtum S. 544.

29 Altfrid, Vita Liudgeri 1,21 (Anm. II/119, S. 24f.); Vita II, 1,29 (ebda. S. 75ff.). Vgl. Wilhelm *Stüwer*, Die Reichsabtei Werden an der Ruhr (Germania Sacra n. F. 12. Das Erzbistum Köln 3) Berlin-New York 1980, S. 88ff.

30 Vgl. Wilhelm *Kohl*, Bemerkungen zur Typologie sächsischer Frauenklöster in karolingischer Zeit, in: Untersuchungen zu Kloster und Stift S. 112–139.

31 Vgl. Wilhelm *Störmer*, Beobachtungen zur historisch-geographischen Lage der ältesten bayerischen Klöster und ihres Besitzes, in: Frühes Mönchtum in Salzburg (Salzburg-Diskussionen 4) Salzburg 1983, S. 109–123.

32 Vgl. Prinz, Frühes Mönchtum, Karte VI.

33 Dazu Josef *Semmler*, Traditio und Königsschutz. Studien zur Geschichte der königlichen monasteria, ZRG, Kan. Abt. 76, 1959, S. 1–33.

34 Vgl. zum Folgenden auch Karl Suso *Frank*, Vom Kloster als *scola dominici servitii* zum Kloster *ad servicium imperii*, SMGBO 91, 1980, S. 80–97.

35 Vgl. die Aufsätze von Karl *Schmid*, großenteils gesammelt in: Ders., Gebetsgedenken und adliges Selbstverständnis im Mittelalter. Ausgewählte Beiträge. Festgabe zu seinem 60. Geburtstag, Sigmaringen 1983; ferner Franz-Josef *Jakobi*, Früh- und hochmittelalterliche Sozialstrukturen im Spiegel liturgischer Quellen, GWU 31, 1980, S. 1–20. Vgl. jetzt auch: Memoria. Der geschichtliche Zeugniswert des liturgischen Gedenkens im Mittelalter, hg. Karl *Schmid* und Joachim

Wollasch (Münstersche MA-Schrr. 48) Münster 1984. – Das älteste Gedenkbuch von St. Peter in Salzburg stammt aus dem 8. Jh.

36 UB. der Abtei St. Gallen 2, hg. Hermann Wartmann, Zürich 1866, nr. 691.

37 Vgl. Arnold *Angenendt*, Pirmin und Bonifatius. Ihr Verhältnis zu Mönchtum, Bischofsamt und Adel, in: Mönchtum, Episkopat und Adel zur Gründungszeit des Klosters Reichenau, hg. Arno Borst (VuF 20) Sigmaringen 1974, S. 251–304.

38 Vgl. Oexle, Forschungen zu monastischen und geistlichen Gemeinschaften (LV III.3) S. 101/111.

39 UB. St. Gallen 2 (Anm. 36) nr. 697.

40 MG Capit. 1, nr. 22, c. 72 (S. 60).

41 Zu den Lehrbüchern vgl. Paul *Abelson*, The Seven Liberal Arts. A Study in Mediaeval Culture, New York 1965; Günter *Glauche*, Schullektüre im Mittelalter. Entstehung und Wandlungen des Lektürekanons bis 1200 nach den Quellen dargestellt (Münchener Beiträge zur Mediävistik und Renaissanceforschung 5) München 1970.

42 Zur Reformzeit vgl. Raymund *Kottje*, Klosterbibliotheken und monastische Kultur in der 2. Hälfte des 11. Jh., ZKG 80, 1969, S. 145–162.

43 Ordericus Vitalis, Historia ecclesiastica 3 (2,49 f.) (ed. Marjorie Chibnall, Bd. 2, Oxford 1980, S. 50); die Zitate bei Wilhelm *Wattenbach*, Das Schriftwesen im Mittelalter, Leipzig [3]1896, S. 431 ff.

44 Zur typischen Mönchskultur vgl. Jean *Leclercq*, Wissenschaft und Gottverlangen. Zur Mönchstheologie des Mittelalters, Düsseldorf 1963 (franz. 1957).

45 Vgl. dazu Hans *Patze*, Klostergründung und Klosterchronik, Bll. dt. LG 113, 1977, S. 89–121; Ludwig *Holzfurtner*, Gründung und Gründungsüberlieferung. Quellenkritische Studien zur Gründungsgeschichte der bayerischen Klöster der Agilolfingerzeit und ihrer hochmittelalterlichen Überlieferung (Münchener Historische Studien. Abt. Bayer. Gesch. 11) Kallmünz 1984.

46 Chronik 7,35 (Anm. 25, S. 562/63).

47 Literatur vgl. Anm. I/27.

48 Vgl. etwa Siegfried *Epperlein*, Zur weltlichen und kirchlichen Armenfürsorge im karolingischen Imperium. Ein Beitrag zur Wirtschaftspolitik im Frankenreich, JWG 1963/I, S. 41–60.

49 Georges Duby, Krieger und Bauern (LV IV.0) bes. S. 52 ff.

50 Vgl. Joachim *Wollasch*, Gemeinschaftsbewußtsein und soziale Leistung im Mittelalter, FMSt 9, 1975, S. 268–286.

51 Vgl. Anm. I/13.

52 La Regle de Saint Benoît (ed. Adalbert Vogüé und Jean Naufville, Sources chrétiennes 181–186, Paris 1971–72 (mit Kommentar), hier: cap. 53,1 f. (Bd. 182, S. 610).

53 UB. St. Gallen 2 (Anm. 36) nr. 572.

54 Vgl. Hans *Goetting*, Das reichsunmittelbare Kanonissenstift Gandersheim (Germania sacra n. F. 7. Das Bistum Hildesheim 1) Berlin-New York 1973, S. 81 ff.

55 Regino von Prüm, Chronik (ed. F. Kurze, MG SSrG 1890, S. 41 f.).

56 Dazu Karl *Schmid*, Religiöses und sippengebundenes Gemeinschaftsbewußtsein in frühmittelalterlichen Gedenkbucheinträgen, DA 21, 1965, S. 18–81. Zu Gedenkbucheinträgen vgl. o. S. 38.

57 UB. St. Gallen 2 (Anm. 36) nr. 697.

58 Zum Kriegsdienst von Bischöfen und Äbten vgl. Friedrich *Prinz,* Klerus und Krieg im früheren Mittelalter. Untersuchungen zur Rolle der Kirche beim Aufbau der Königsherrschaft (Monographien zur Gesch. d. MAs 2) Stuttgart 1971.

59 Dazu Theo *Kölzer,* Mönchtum und Kirchenrecht. Bemerkungen zu monastischen Kanonessammlungen der vorgratianischen Zeit, ZRG Kan. Abt. 100, 1983, S. 121–142.

60 Vgl. dazu Wehlt, Reichsabtei und König.

61 Vgl. Josef *Semmler,* Karl der Große und das fränkische Mönchtum (1965), in: Mönchtum und Gesellschaft S. 204–264; Felten, Äbte und Laienäbte.

62 Vgl. Felten S. 248 f.

63 Gesta abbatum Fontanellensium 10 (ed. S. Loewenfeld, MG SSrG 1886, S. 29 ff.).

64 Lampert von Hersfeld, Annalen a. 1063 (Anm. I/5, S. 80/81)

65 MG DK I 19.

66 MG DLD 70.

67 Vgl. Wehlt S. 75 f. Zum Servitium: Brühl (Anm. V/2).

68 Vgl. dazu Joachim *Wollasch,* Kaiser und Könige als Brüder der Mönche. Zum Herrscherbild in liturgischen Handschriften des 9. bis 11. Jh., DA 40, 1984, S. 1–20.

69 Vgl. Peter *Willmes,* Der Herrscher-‹Adventus› im Kloster des Frühmittelalters (Münstersche MA-Schrr. 22) München 1976.

70 Ekkehard IV., Casus s. Galli 14/16 (ed. Hans F. Haefele, FS 10, 1980, S. 40 ff.).

71 Eine Liste von 817 (MG Capit. 1, nr. 171, S. 349 ff.) hält fest, welche Klöster *dona* und Kriegsdienst, welche nur *dona* und welche nur Gebetsdienste zu leisten hatten. Im Laufe der Zeit erhöhte sich gerade der Kriegsdienst aber erheblich.

72 Dazu Walther *Laske,* Zwangsaufenthalt im frühmittelalterlichen Kloster, ZRG Kan. Abt. 95, 1978, S. 321–330.

73 MG Epp. 4 (Epistolae Variorum nr. 33, c. 2 u. 17, S. 548 ff.).

74 C. 5 f. (Anm. 70, S. 24 ff.).

75 RB 67, 3 ff. (Anm. 52, S. 662).

76 Richer, Historiae 3,36 (Anm. I/10, S. 44).

77 RB 66,6 ff. (Anm. 52, S. 660).

78 Die Kopie stellt nur eine vereinfachende Nachzeichnung dar; das Original ist ein großes Pergamentblatt mit Erklärungen in roter Tinte. Vgl. dazu Studien zum St. Galler Klosterplan; Horn/Born, The Plan of St. Gall; zuletzt sehr ausgewogen Hecht, Der St. Galler Klosterplan.

79 Dagegen betont Günter Noll, The origin of the so-called plan of St. Gall, Journal of Medieval History 8, 1982, S. 191–240, den angelsächsischen Einfluß und hält das Original für einen Plan des Kathedralklosters von Canterbury vom Ende des 7. Jh.

80 Dazu Fred *Schwind,* Zu karolingerzeitlichen Klöstern als Wirtschaftsorganismen und Stätten handwerklicher Tätigkeit, in: Institutionen, Kultur und Gesellschaft im Mittelalter. Festschrift Josef Fleckenstein, Sigmaringen 1984, S. 101–123.

81 Johannes *Duft,* Regula Benedicti und abendländisches Leistungsprinzip, SMGBO 91, 1980, S. 61–79.

82 C. 26 (ed. G. Waitz, MG SS 15/1, S. 319 f.).

83 Dazu Jacques *Hourlier,* Das Kloster des hl. Odilo (1962), in: Cluny (LV III.1) S. 1–21 (mit Zeichnung).

84 In dieser Ordnung zusammengestellt in der Übersetzung von Ernst Müller-Holm, Berlin 1910, S. 11 ff.
85 Lampert von Hersfeld, Annalen a. 1063 (Anm. I/5, S. 74 ff.).
86 Die Klostergemeinschaft von Fulda im früheren Mittelalter. Nachträge: Karl *Schmid*/Gerd *Althoff*, FMSt 14, 1980, S. 188–218. Vgl. auch Wollasch, Mönchtum (LV III.1).
87 Dazu Franz *Neiske*, Konvents- und Totenlisten von Montier-en-Der, FMSt 14, 1980, S. 243–273.
88 Vgl. Eduard *Hlawitschka*, Beobachtungen und Überlegungen zur Konventsstärke im Nonnenkloster Remiremont während des 7.–9. Jh., in: Secundum regulam vivere. Festschrift Norbert Backmund, Windberg 1978, S. 31–39.
89 Zu St. Gallen vgl. demnächst: Alfons Zettler, Klosterbau und Mönchskonvent. Untersuchungen zum frühmittelalterlichen Mönchtum in den Bodenseeklöstern, vornehmlich nach der Memorialüberlieferung, archäologischen Zeugnissen und dem St. Galler Klosterplan.
90 Zu den westfränkischen Klöstern vgl. Oexle, Forschungen S. 96 ff.
91 Vgl. Karl *Schmid*, Mönchslisten und Klosterkonvent von Fulda zur Zeit der Karolinger, in: Die Klostergemeinschaft von Fulda Bd. 2.2, S. 571–639; Otto Gerhard *Oexle*, Mönchslisten und Konvent von Fulda im 10. Jh., ebda. S. 640–691.
92 Eckhard *Freise*, Studien zum Einzugsbereich der Klostergemeinschaft von Fulda, in: Die Klostergemeinschaft von Fulda Bd. 2.3, S. 1003–1269.
93 Das lag nicht etwa an der Namensarmut, denn bei den Zeugennamen waren es nur 58%, bei den Hörigen nur noch 50%.
94 Zum Abt vgl. Hegglin, Der benediktinische Abt; de Vogüé, La communauté; Salmon, L'abbé.
95 Vgl. dazu Robert *Sommerville*, «Ordinatio abbatis» in the Rule of St. Benedict, Revue bénédictine 77, 1967, S. 246–263; Herbert *Grundmann*, Zur Abt-Wahl nach Benedikts Regel, ZKG 77, 1966, S. 217–223.
96 Casus s. Galli 128 ff. (Anm. 70, S. 248 ff.).
97 Bruun Candidus, Vita Eigilis 5 (ed. Georg Waitz, MG SS 15/1, S. 224 f.).
98 Annalen a. 1075 (Anm. I/5, S. 324 f.).
99 Gesta abbatum Fontanellensium 17 (Anm. 63, S. 49 f.).
100 Vgl. Mechthild *Sandmann*, Wirkungsbereiche fuldischer Mönche, in: Die Klostergemeinschaft von Fulda Bd. 2.2, S. 692–791.
101 MG Capit. 1, nr. 106 (S. 221 f.).
102 Vgl. die Faksimileausgabe von Johanne Authenrieth, Dieter Geuenich und Karl Schmid, MG Libri memoriales et necrologi n. s. 1, 1979.
103 Vgl. Karl *Schmid*, Probleme der Erforschung frühmittelalterlicher Gedenkbücher, FMSt 1, 1967, S. 366–389. Eine Übersicht bieten Karl *Schmid* und Joachim *Wollasch*, Societas et Fraternitas. Begründung eines kommentierten Quellenwerks zur Erforschung der Personen und Personengruppen des Mittelalters, ebda. 9, 1975, S. 1–48.
104 Vgl. Jakobi (Anm. 35).
105 Franz-Josef *Jakobi*, Die geistlichen und weltlichen Magnaten in den Fuldaer Totenannalen, in: Die Klostergemeinschaft von Fulda Bd. 2.2, S. 792–887.
106 Zum Klosterleben vgl. Moulin; Fichtenau, Lebensordnungen (LV 0) S. 347 ff.; zur Körperpflege der Mönche vgl. Zimmermann, Ordensleben und Lebensstandard.

107 Schreiner (LV III.1) S. 258.
108 Dazu Kassius *Hallinger*, Zur geistigen Welt der Anfänge Clunys, in: Cluny (LV III.1) S. 96 ff.
109 Schreiner (LV III.1) S. 260 ff.
110 Chronik 7,35 (Anm. 25, S. 560 ff.).
111 Hermann *Greeven*, Die Wirksamkeit der Cluniacenser auf kirchlichem und politischem Gebiete im 11. Jh., Diss. Jena 1870, S. 12 f./25.
112 Gesta Frederici 1,14 (hg. Franz-Josef Schmale, FS 17, 1965, S. 154 ff.).
113 Gesta Karoli 1,31 (Anm. I/22, S. 368 ff.).
114 Lampert von Hersfeld, Annalen a. 1064 (Anm. I/5, S. 92/93).
115 Vgl. Zimmermann S. 140.
116 Dialogus miraculorum 4,38 (Anm. 84, S. 81 f.).
117 Historia ecclesiastica 3,8,26 (Anm. 43, Bd. 4, S. 320/21).
118 Notker, Gesta Karoli 2,12 (Anm. I/22, S. 402/3).
119 Vgl. Jean *Leclercq*, Zur Geschichte des Lebens in Cluny, in: Cluny (LV III.1) S. 254–318, bes. S. 297 ff.
120 Chronik 7,35 (Anm. 25, S. 562/63).
121 C. 105 (Anm. 70, S. 212/13).
122 Vgl. Semmler, Benedictus II (Anm. 6) S. 45 f.
123 Vgl. Alfred *Wendehorst*, Die geistliche Grundherrschaft im mittelalterlichen Franken. Beobachtungen und Probleme, in: Die Grundherrschaft im späten Mittelalter 2 (LV IV.1) S. 9 f. – Zur Kontroverse um die Menge der Mönchsnahrung vgl. Anm. I/20.
124 Casus s. Galli 137–143 (Anm. 70, S. 266 f.).
125 Vgl. Semmler, Benedictus II (Anm. 6) S. 44 f.
126 Vgl. Zimmermann S. 238.
127 Vgl. Paul Gerhard *Schmidt*, Ars loquendi et ars tacendi. Zur monastischen Zeichensprache des Mittelalters, Berichte zur Wissenschaftsgeschichte 4, 1981, S. 13–19; Edition: Walter *Jarecki*, Signa loquendi. Die cluniazensischen Signa-Listen (Saecula Spiritalia 4) Baden-Baden 1981.
128 Vgl. Zimmermann S. 120 f.
129 Ekkehard, Casus s. Galli 14 (Anm. 70, S. 40 ff.).
130 Vgl. Zimmermann S. 88.
131 Dialogus miraculorum 11,36 (Anm. 84, S. 236 f.).
132 Richer von Reims, Historiae 3,37 ff. (Anm. I/10, S. 44 ff.).
133 Casus s. Galli 52/62 (Anm. 70, S. 116/17, 134/35).
134 So Zimmermann S. 211.

IV. Bäuerliches Leben in der Grundherrschaft

1 Vgl. neben der allgemeinen Literatur (LV IV.0) die Quellensammlung: Quellen zur Geschichte des deutschen Bauernstandes im Mittelalter, hg. Günther *Franz* (FS 31) [2]1974.
2 Vgl. Kurt *Ranke*, Agrarische und bäuerliche Denk- und Verhaltensweisen im Mittelalter, in: Wort und Begriff Bauer (LV IV.3) S. 207–221.
3 Vgl. Epperlein, Der Bauer im Bild des Mittelalters; Ders., Bäuerliche Arbeitsdarstellungen (LV IV.3).

4 Einhard, Vita Karoli 29 (Anm. I/44, S. 200/201).

5 Zur Grundherrschaft vgl. neben den im LV IV.1 angegebenen Titeln: Brunner, Land und Herrschaft (LV II.1); Lütge, Geschichte der deutschen Agrarverfassung; Ders., Agrarverfassung; Dopsch, Wirtschaftsentwicklung; Ders., Herrschaft und Bauer; Kuchenbuch, Bäuerliche Gesellschaft (alle LV IV.0).

6 Dazu Klaus *Schreiner*, «Grundherrschaft». Entstehung und Bedeutungswandel eines geschichtswissenschaftlichen Ordnungs- und Erklärungsbegriffs, in: Die Grundherrschaft im späten Mittelalter 1, S. 11–74.

7 So Adriaan *Verhulst*, La genèse du régime domanial classique en France au haut moyen âge, in: Agricoltura e mondo rurale in Occidente nell'alto medioevo (SSCI 13) Spoleto 1966, S. 135–160.

8 Vgl. Dieter *Hägermann*, Einige Aspekte der Grundherrschaft in den fränkischen Formulae und in den Leges des Frühmittelalters, in: Le grand domaine S. 51–77.

9 Zur geistlichen Grundherrschaft vgl. Wolfgang *Metz*, Zu Wesen und Struktur der geistlichen Grundherrschaft, in: Nascità dell'Europa ed Europa carolingia: un' equazione da verificare (SSCI 27) Spoleto 1981, S. 147–169.

10 Zu den einzelnen Theorien vgl. Schulze, HRG 1, Sp. 824 ff.

11 Vgl. Lütge, Geschichte der deutschen Agrarverfassung S. 31 ff.

12 Ebda. S. 38 ff.

13 So Rösener, Bauern (LV IV.3) S. 24.

14 Zum System dieser Beziehungen vgl. Ludolf *Kuchenbuch*, Probleme der Rentenentwicklung in den klösterlichen Grundherrschaften des frühen Mittelalters, in: Benedictine Culture (LV III.1) S. 132–172.

15 MG Capit. 1, nr. 128, c. 25 ff. (S. 254 ff.).

16 Ganz ähnlich lautet das Inventar des Hofes Staffelsee in Oberbayern, ebda. S. 251 f. (= Franz, Quellen nr. 27, Anm. 1, S. 66 ff.).

17 MG Conc. 2,1, nr. 39, c. 122 (S. 401) (= Franz, Quellen nr. 33, S. 78 ff.).

18 MG Capit. 1, nr. 32 (S. 82 ff.) (= Franz, Quellen nr. 22, S. 38 ff.).

19 Zum späten Mittelalter vgl. Werner *Rösener*, Grundherrschaften des Hochadels in Südwestdeutschland im Spätmittelalter, in: Die Grundherrschaft im späten Mittelalter 2, S. 87–176.

20 Vgl. dazu Franz *Irsigler*, Die Auflösung der Villikationsverfassung und der Übergang zum Zeitpachtsystem im Nahbereich niederrheinischer Städte während des 13./14. Jh., ebda. 1, S. 295–311. Die hier dargestellte Entwicklung ist allerdings nicht einfach auf andere Landschaften übertragbar und verlief keineswegs immer so schematisch.

21 Einen umfassenden Wandel bezweifelte schon Dopsch, Herrschaft und Bauer S. 129 ff.

22 Im einzelnen sind wieder landschaftliche Unterschiede und verschiedenartige Systeme einzelner Träger der Grundherrschaft zu berücksichtigen.

23 So Otto *Brunner*, Europäisches Bauerntum, in: Deutsches Bauerntum im Mittelalter (LV IV.0) S. 12.

24 Norbert, Vita Bennonis 8 (Anm. I/29, S. 386/87).

25 Dazu Bosl, Familia (Anm. II/1).

26 Franz, Quellen nr. 54 (Anm. 1, S. 134 ff.).

27 Cap. 62 (Anm. 15, S. 54 ff.).

28 So Erich *Wisplinghoff*, Bäuerliches Leben am Niederrhein im Rahmen der bene-

diktinischen Grundherrschaft, in: Villa – curtis – grangia (LV IV.0) S. 149–163, bes. S. 154 f.

29 Vgl. Waltraut *Bleiber*, Grundherrschaft und Markt zwischen Loire und Rhein während des 9. Jh. Untersuchungen zu ihrem wechselseitigen Verhältnis, JWG 1982/3, S. 105–135.

30 Vgl. MG Capit. 1, nr. 41, c. 5 (S. 117 f.); nr. 56, c. 1 (S. 143).

31 Capitula Ansegisi IV, 1 (ebda. S. 436).

32 Vgl. Hanna *Vollrath*, Herrschaft und Genossenschaft im Kontext frühmittelalterlicher Rechtsbeziehungen, HJb 102, 1982, S. 33–71. Die Gewohnheit hob allerdings nicht die Herrschaft auf; vgl. Hans-Werner *Goetz*, Herrschaft und Recht in der frühmittelalterlichen Grundherrschaft, ebda. 104, 1984, S. 392–410.

33 Vgl. Dopsch, Wirtschaftsentwicklung 2, S. 51; Bosl, Familia S. 413.

34 Weinrich, Quellen nr. 23 (Anm. II/34, S. 88 ff.).

35 Grundlegend Epperlein, Herrschaft und Volk; Ders., Bauernbedrückung und Bauernwiderstand.

36 MG Capit. 2, nr. 273, c. 29 (S. 323).

37 Vgl. Wolfgang *Eggert*, Formen der sozialen Auseinandersetzung im frühmittelalterlichen Frankreich, JWG 1971/4, S. 273–285; ältere Aufsätze sind jetzt zusammengefaßt in: Feudalismus. Entstehung und Wesen, hg. Eckhard *Müller-Mertens*, Berlin 1985. Die marxistische Forschung, die den Klassenkampfcharakter dieser Erhebung hervorhebt, ist ihrerseits über die Frage zerstritten, ob es sich bereits um einen Aufstand von Hörigen gegen ihre Grundherren oder um eine Erhebung freier Bauern gegen die Einführung von Feudalordnung und Grundherrschaft handelte.

38 So Wolfgang *Eggert*, Rebelliones servorum. Bewaffnete Klassenkämpfe im Früh- und frühen Hochmittelalter und ihre Darstellung in zeitgenössischen erzählenden Quellen, ZfG 23, 1975, S. 1147–1164.

39 Landrecht 1,54, § 2 f. (ed. Karl August Eckhardt, Germanenrechte, Göttingen 1955, S. 54).

40 Ep. 30, c. 5 (MG Epp. 5, S. 452). Dazu Epperlein, Herrschaft und Volk S. 37 f.

41 Casus s. Galli 48 (Anm. III/70, S. 108 ff.).

42 Vgl. Linck S. 51 ff.

43 Franz, Quellen nr. 149 (Anm. 1, S. 384 ff.).

44 Zum Bauernhaus vgl. Hermann *Hinz*/Konrad *Bedal*, Artikel «Bauernhaus», Lexikon des Mittelalters 1, 1980, Sp. 1606–1619; Konrad *Bedal*, Historische Hausforschung. Eine Einführung in Arbeitsweise, Begriffe und Literatur, Münster 1978; Dölling, Haus und Hof in westgermanischen Volksrechten; Fehring, Zur archäologischen Erforschung mittelalterlicher Dorfsiedlungen; Donat, Haus, Hof und Dorf; Chapelot/Fossier, Le village et la maison au moyen âge.

45 Vgl. Walter *Schlesinger*, Die Hufe im Frankenreich, in: Untersuchungen zur eisenzeitlichen und frühmittelalterlichen Flur 1, S. 41–70. *Mansus* und *hoba* hatten ursprünglich wahrscheinlich unterschiedliche Bedeutungen; *mansus* ist seit dem 7. Jh. in westfränkischen, *hoba* seit dem 8. Jh. in ostrheinischen Gebieten bezeugt. Nach Lütge war der *mansus* durch eine geringere Abhängigkeit charakterisiert, nach Perrin bezeichnete er die landwirtschaftliche Nutzfläche, nach Schlesinger meinte er zunächst die Hofstatt und erst später, in der Gesetzgebung Karls des Großen, die Hufe. In der Folgezeit wurden beide Begriffe aber identisch.

46 Vgl. Dopsch, Wirtschaftsentwicklung 1, S. 329ff.
47 Vgl. Kuchenbuch S. 68f.
48 Ein *bunuarium* entsprach etwa 130 Ar. Vgl. auch Charles-Edmond *Perrin*, Observations sur le manse dans la région parisienne au début du IXe siècle, Annales d'histoire sociale 8, 1945, S. 39–52.
49 Ganz ähnliche Verhältnisse ermittelt Schuler, Familien (LV II.0) für Farfa.
50 Vgl. Kuchenbuch S. 86f.
51 MG Capit. 2, nr. 275, c. 12 (S. 337).
52 In Lauterbach findet sich im übrigen das einzige mir bekannte Beispiel dafür, daß ein Ehepaar beide Elternteile bei sich hatte, also der Vater noch lebte: Die Traditionen des Hochstifts Regensburg und des Klosters St. Emmeram, hg. Josef Widemann (Quellen und Erörterungen zur bayerischen Geschichte n. F. 8) München 1943 (ND. Aalen 1969), nr. 17 (S. 21); dazu Heinzelmann (Anm. II/23).
53 Vgl. J. *Bessmerny*, Les structures de la famille paysanne dans les villages de la Francia au IXe siècle, MA 90, 1984, S. 165–193, der daraus wohl zu Unrecht eine Rückentwicklung zur Großfamilie erschließt.
54 Vgl. zu Südfrankreich Stephen *Weinberger*, Peasant Households in Provence, ca. 800–1100, Speculum 48, 1973, S. 247–257, der hier im 11. Jh. einen völligen Wandel der Gesellschaft zur Ausbreitung und Flexibilität hin feststellt; zur Problematik des Begriffs vgl. Jean-Pierre *Devroey*, *Mansi absi:* indices de crise ou de croissance de l'économie rurale au haut moyen âge? MA 82, 1976, S. 421–451.
55 In Lauterbach II (dem Klosterbesitz) (Anm. 52) ist nur auf drei der 20 Hufen jeweils ein *mancipium* bzw. eine *puella* genannt; auf dem Besitz des Abtes Siegfried dagegen sind auf 4 der 10 Hufen insgesamt 10 *mancipia* bezeugt. In der Prümer Grundherrschaft finden wir auf etwa einem Viertel (440) der rund 1700 Hufen *mancipia* (Kuchenbuch S. 79).
56 Sie schwankte in Saint-Germain zwischen 0 und 9 und lag im Durchschnitt bei zwei bis drei Kindern je Familie (vgl. o. S. 62). In Gagny hatte 1 Familie 6, 2 Familien 5, 5 Familien 4, 8 Familien 3, 4 Familien 2 Kinder, 5 Familien ein, 4 Familien kein Kind.
57 In Lauterbach wird zwischen *infantes* und *filii* unterschieden; nur die letzteren sind namentlich erwähnt.
58 Zum Dorf vgl. Das Dorf der Eisenzeit und des frühen Mittelalters; Donat, Haus, Hof und Dorf; Chapelot/Fossier, Le village; W. Rösener/W. Janssen/H. Jäger/J.-M. Pesez/K. S. Bader/L. Genicot u. a., Artikel «Dorf», Lexikon des Mittelalters 3, 1985, Sp. 1266ff.; Schulze, Grundstrukturen 2, S. 59ff.
59 Vgl. Rudolf *Schützeichel*, ‹Dorf›. Wort und Begriff, in: Das Dorf der Eisenzeit S. 9–36; Helmut *Jäger*, Das Dorf als Siedlungsform und seine wirtschaftliche Funktion, ebda. S. 62–80.
60 Vgl. Harald von *Petrikovits*, Kleinstädte und nichtstädtische Siedlungen im Nordwesten des römischen Reiches, ebda. S. 86–135.
61 Vgl. Michael *Müller-Wille*, Bäuerliche Siedlungen der Bronze- und Eisenzeit in den Nordseegebieten, ebda. S. 153–218; Herbert *Jankuhn*, Typen und Funktionen eisenzeitlicher Siedlungen im Ostseegebiet, ebda. S. 219–252. Zum Dorf als neuer Organisationsform des Landes: Philippe *Leveau*, La ville antique et l'organisation de l'espace rurale: villa, ville, village, Annales ESC 38, 1983, S. 920–942.
62 Vgl. Ernst *Schubert*, Entwicklungsstufen der Grundherrschaft im Lichte der Na-

menforschung, in: Die Grundherrschaft des späten Mittelalters 1 (LV IV.1) S. 75–95.

63 Vgl. Fred *Schwind*, Beobachtungen zur inneren Struktur des Dorfes in karolingischer Zeit, in: Das Dorf der Eisenzeit S. 444–493: Dopsch, Wirtschaftsentwicklung 1 (LV IV.0) S. 130f.

64 Vgl. Walter *Janssen*, Dorf und Dorfformen des 7. bis 12. Jh. im Lichte neuer Ausgrabungen in Mittel- und Nordeuropa, in: Das Dorf der Eisenzeit S. 285–356, bes. S. 313ff.

65 Dazu: Untersuchungen zur eisenzeitlichen und frühmittelalterlichen Flur.

66 Vgl. Ulrich *Scheuermann*, Die sprachliche Erschließung der Dorfflur mit Hilfe von Flurnamen, ebda. 2, S. 323–353.

67 Vgl. Ulrich *Willerding*, Anbaufrüchte der Eisenzeit und des frühen Mittelalters, ihre Anbauformen, Standortverhältnisse und Erntemethoden, ebda. S. 126–196.

68 Janssen (Anm. 64) S. 338ff.; Ders., Mittelalterliche Dorfsiedlungen als archäologisches Problem, FMSt 2, 1968, S. 305–367. Vgl. o. S. 22.

69 Vgl. Lynn *White* jr., The Life of the Silent Majority, in: Life and Thought in the Early Middle Ages, ed. Robert S. Hoyt, Minneapolis 1967, S. 85–100, zum Ruodlieb.

70 Vgl. Ruth *Schmidt-Wiegand*, Das Dorf nach den Stammesrechten des Kontinents, in: Das Dorf der Eisenzeit S. 408–443.

71 Tit. 45 (De migrantibus): Franz, Quellen nr. 6 (Anm. 1, S. 10ff.).

72 Vgl. Walter *Janssen*, Gewerbliche Produktion des Mittelalters als Wirtschaftsfaktor im ländlichen Raum, in: Das Handwerk 2 (LV VI.3) S. 317–394.

73 Vgl. dazu: Die Anfänge der Landgemeinde (Zusammenfassung von Theodor *Mayer*, Bd. 2, S. 465–495); Bader, Rechtsgeschichte des mittelalterlichen Dorfes; Nikolay-Panter.

74 DLD 145.

75 Vgl. zu diesem Abschnitt: Wort und Begriff «Bauer»; Martini, Das Bauerntum im deutschen Schrifttum; Rösener, Bauern im Mittelalter; Epperlein, Der Bauer im Bild des Mittelalters; Fourquin, Le paysan (alle LV IV.3); ferner Kuchenbuch, Bäuerliche Gesellschaft; Franz, Geschichte des deutschen Bauernstandes; Deutsches Bauerntum; Dollinger, Der bayerische Bauernstand (alle LV IV.0). Zur Problematik des Begriffs vgl. Reinhard *Wenskus*, «Bauer» – Begriff und historische Wirklichkeit, in: Wort und Begriff «Bauer» S. 11–28; Werner *Rösener*, Lexikon des Mittelalters 1, 1980, Sp. 1563ff.

76 «Bauer» ist derjenige, der das Land «bebaut»; vgl. lateinisch *agricola* von: *agrum colere*.

77 Vgl. Ruth *Schmidt-Wiegand*, Der «Bauer» in der Lex Salica, in: Wort und Begriff «Bauer» S. 128–152.

78 Vgl. Wenskus (Anm. 75) S. 25; Rolf *Bergmann*, Althochdeutsche Glossen zu «Bauer», in: Wort und Begriff «Bauer» S. 89–127; Karl *Stackmann*, Bezeichnungen für «Bauer» in frühmittelhochdeutschen Quellen, ebda. S. 153–180; Gerhard *Köbler*, «Bauer» (agricola, colonus, rusticus) im Frühmittelalter, ebda. S. 230–245.

79 Liste bei Bergmann S. 103ff. und 122ff.

80 Franz, Geschichte des deutschen Bauernstandes S. 13.

81 Vgl. Georges *Duby*, Die drei Ordnungen. Das Weltbild des Feudalismus, Frankfurt 1981 (franz. 1978); Otto Gerhard *Oexle*, Die funktionale Dreiteilung der

‹Gesellschaft› bei Adalbero von Laon. Deutungsschemata und soziale Wirklichkeit im früheren Mittelalter, FMSt 12, 1978, S. 1–54; Josef *Fleckenstein*, Zur Frage der Abgrenzung von Bauer und Ritter, in: Wort und Begriff «Bauer» S. 246–253; Ders., Zum Problem der Abschließung des Ritterstandes, in: Historische Forschungen für Walter Schlesinger, Köln–Wien 1974, S. 252–271.

82 Vgl. Werner *Rösener*, Bauer und Ritter im Hochmittelalter. Aspekte ihrer Lebensform, Standesbildung und sozialen Differenzierung im 12. und 13. Jh., in: Institutionen, Kultur und Gesellschaft (Anm. III/80) S. 665–692.

83 Weinrich, Quellen nr. 57, § 12 (Anm. II/34, S. 220/21).

84 Ebda. nr. 73, § 14 (S. 294/95).

85 Franz, Quellen nr. 122, § 71 (Anm. 1, S. 326 ff.).

86 Ebda. nr. 82 (S. 220 ff.).

87 Ebda. nr. 122, § 71 (S. 328/29).

88 Vgl. Jacques *Le Goff*, Les paysans et le monde rural dans la littérature du haut moyen âge (V^{e}–VIe siècles), in: Agricoltura (Anm. 7) S. 723–741.

89 Der Bauer im Bild des Mittelalters; Ders., Bäuerliche Arbeitsdarstellungen.

90 Vgl. Franz, Geschichte des deutschen Bauernstandes S. 38.

91 Speculum ecclesiae. Sermo generalis (Migne PL 172, Sp. 866).

92 Franz, Quellen nr. 56 (Anm. 1, S. 144/45).

93 Vgl. Ranke (Anm. 2) S. 211.

94 *Villanus*, «Bauer», wurde im Englischen schließlich zum Schurken *(villain)*, im Französischen zum Flegel *(vilain)*.

95 Wenskus (Anm. 75) S. 16 ff.

96 Vgl. Kuchenbuch S. 318 f.; Fichtenau, Lebensordnungen (LV o) S. 399 ff.; Regino von Prüm, De synodalibus causis 2,5,42 ff. (Anm. II/39, S. 212 ff.).

97 Vgl. Kurt *Ranke*, Germanische Flurumgänge, in: Untersuchungen zur eisenzeitlichen und frühmittelalterlichen Flur (LV IV.2) 2, S. 361–369; Holger *Homann*, Der Indiculus superstitionum et paganiarum und verwandte Denkmäler, Diss. Göttingen 1965, S. 133.

98 Zitiert nach Le Goff, Kultur des europäischen Mittelalters (LV o) S. 495.

99 Die Lieder Neidharts, L 10,6 f. (hg. Siegfried Beyschlag, Darmstadt 1975, S. 48 ff.).

100 Vgl. Meier Helmbreht v. 1106 f.: «Lieber bin ich Bauer als ein armer Höfling.»

101 Vgl. Dollinger, Der bayerische Bauernstand (LV IV.o) S. 196 ff.; zur Frühzeit Hermann *Nehlsen*, Sklavenrecht zwischen Antike und Mittelalter. Germanisches und römisches Recht in den germanischen Rechtsaufzeichnungen (Göttinger Studien zur Rechtsgeschichte 7) Göttingen–Frankfurt–Zürich 1972.

102 In der Grundherrschaft von Saint-Remi bei Reims fehlten die Kolonen; das Urbar unterschied nur zwischen *ingenuii*, *epistolarii* und *servi*. Hier war der Anteil der Freien daher entsprechend höher.

103 Vgl. Kuchenbuch S. 356 ff.

104 Vgl. zum schwäbischen Raum Karl Hans *Ganahl*, Studien zur Verfassungsgeschichte der Klosterherrschaft St. Gallen von den Anfängen bis ins hohe Mittelalter (Forschungen zur Geschichte Vorarlbergs und Liechtensteins 6) Innsbruck 1931, S. 94 ff.

105 *Mancipia* konnte bald aber wie *servus* auch alle Hörigen bezeichnen.

106 Weinrich, Quellen nr. 25 (Anm. II/34, S. 108/9).

107 UB zur Geschichte der mittelrheinischen Territorien I,1, nr. 119/120 von 881/82 (hg. Heinrich Beyer, Coblenz 1860); vgl. Kuchenbuch S. 249 ff.

108 Vgl. Anm. 52.

109 Vgl. o. S. 121.

110 Vgl. zu Prüm Kuchenbuch S. 314 ff.: Sonntäglicher Gottesdienst in nüchternem Zustand und angemessener Kleidung, Armen- und Krankenpflege, Kommunion, Taufen, Beerdigungen usw.

111 Vgl. Knut *Schulz*, Zum Problem der Zensualität im Hochmittelalter, in: Beiträge zur Wirtschafts- und Sozialgeschichte des Mittelalters. Festschrift Herbert Helbig, Köln–Wien 1976, S. 86–127.

112 Chronicon Ebersheimense 3 (MG SS 23, 1874, S. 433).

113 Vgl. Duby, L'économie rurale 1 (LV IV.0) S. 91.

114 Brunner, Europäisches Bauerntum (Anm. 23) S. 9.

115 Zur bäuerlichen Arbeit vgl. Abel, Geschichte der deutschen Landwirtschaft; Duby, L'économie rurale; Kuchenbuch, Bäuerliche Gesellschaft; Rösener, Bauern (alle LV IV.0); ferner François-Louis *Ganshof*, in: HEWSG 2, S. 157 ff.; Wilhelm *Abel*, in: HDWSG 1, S. 83 ff. und 169 ff.; Fichtenau, Lebensordnungen (LV 0) S. 437 ff.

116 Vgl. Epperlein, Bauer S. 207 ff.; G. *Wirth*/A. *Hertz*/J. *Le Goff*/Ch. *Verlinden*, Artikel «Arbeit», in: Lexikon des Mittelalters 1, Sp. 869 ff.; G. *Binding*, Artikel «Arbeitsbilder», ebda. Sp. 883 ff.; Jacques *Le Goff*, Artikel «Arbeit», in: Theologische Realenzyklopädie 3, 1978, S. 626 ff.

117 Franz, Quellen nr. 43 (Anm. 1, S. 110 ff.).

118 Über die Arbeitsgeräte vgl. Bentzien, Bauernarbeit im Feudalismus; vgl. auch Axel *Steensberg*, Agrartechnik der Eisenzeit und des frühen Mittelalters, in: Untersuchungen zur eisenzeitlichen und frühmittelalterlichen Flur 2 (LV IV.2) S. 55–76.

119 Die mittelalterliche Technik S. 42 ff.

120 Duby, L'économie rurale 1, S. 74 ff.

121 Vgl. Marc *Bloch*, Avènement et conquête du moulin d'eau (1935), in: Ders., Mélanges historiques 2, Paris 1963, S. 800–821; demnächst: Dietrich *Lohrmann*, Le moulin à eau dans l'expansion de l'économie neustrienne, in: La Neustrie. Les pays au nord de la Loire entre 650 et 850 (Beihefte der Francia) Sigmaringen 1987.

122 Zur Verbreitung vgl. die Abb. 4 bei Willerding (Anm. 67) S. 143.

123 UB. St. Gallen 1 (Anm. III/36) nr. 39.

124 Ed. Bernard Guérard, Polyptyque de l'abbé Irminon 1, Paris 1848, S. 925.

125 Vgl. Wolfgang *Metz*, Die Agrarwirtschaft im karolingischen Reiche, in: Karl der Große. Lebenswerk und Nachleben 1, Düsseldorf [3]1967, S. 489–500.

126 Vgl. Abel, Geschichte der deutschen Landwirtschaft S. 23 ff.

127 Ders., in: HDWSG 1, S. 88.

128 A. *Déléage*, La vie rurale en Bourgogne jusqu'au début du onzième siècle 2, Macon 1941, S. 1096 (zitiert nach Kuchenbuch S. 73 Anm. 66).

129 Franz, Quellen nr. 22, c. 69 (S. 58/59).

130 Vgl. Harald *Siems*, Flurgrenzen und Grenzmarkierungen in den Stammesrechten, in: Untersuchungen zur eisenzeitlichen und frühmittelalterlichen Flur 1 (LV IV.2) S. 267–309.

131 De mensium duodecim nominibus signis culturis aerisque qualitatibus (ed. Ernst Dümmler, MG Poetae latini 2, S. 604 ff.).

132 Vgl. Perrine *Mane*, L'apport de l'iconographie des calendriers pour l'étude de la vie rurale en France et en Italie aux XIIe e XIIIe siècles (exemple: la taille de la vigne), in: Bäuerliche Sachkultur (Anm. E/21) S. 265–275.
133 Vgl. vor allem Ketsch, Frauen im Mittelalter 1 (LV II.3) S. 79 ff.
134 Vgl. Kuchenbuch S. 109.
135 Odo von Cluny, Vita Geraldi 1,21 (Migne PL 133, Sp. 655 f.).
136 MG Capit. 1, nr. 22, c. 81 (S. 61).
137 Vgl. Kuchenbuch S. 108 ff.
138 Das soeben zitierte Verbot der «Admonitio generalis» wurde 852 auf einem Mainzer Konzil wiederholt (MG Capit. 2, nr. 249, c. 14, S. 190) und zu Beginn des 10. Jh. von Regino von Prüm in sein Visitationshandbuch (c. 1, 383/385, Anm. II/39, S. 175 f.) aufgenommen.
139 Vita Liudgeri III, 2,10 (Anm. II/119, S. 118 f.).
140 MG Capit. 1, nr. 31, von 800 (S. 81 f.).
141 Vgl. Wisplinghoff (Anm. 28) S. 153.
142 Codex Laureshamensis nr. 3671 (ed. Karl Glöckner, Bd. 3, Darmstadt 1936, S. 173).
143 Das Prümer Urbar, hg. Ingo Schwab (Rheinische Urbare 5) Düsseldorf 1983, c. 6 (S. 171 f.).
144 Die Urbare der Abtei Werden an der Ruhr, hg. Rudolf Kötzschke (Rheinische Urbare 2) Bonn 1906.
145 Kuchenbuch S. 233 ff.; vgl. Ders., Probleme der Rentenentwicklung (A. 14).
146 Bartholomäus wurde nach einer Überlieferung als Märtyrer geschunden.
147 MG Capit. 1, nr. 128,3, c. 25 (S. 254).
148 Vgl. Raymond *Delatouche*, Regards sur l'agriculture aux temps carolingiens, Journal des Savants 1977, S. 73–100; Joachim *Herrmann*, Probleme der Fruchtwechselwirtschaft im Ackerbau des 8. und 9. Jh. am Beispiel ausgewählter schriftlicher und archäologischer Quellen, Zs. f. Archäologie 15, 1981, S. 1–9; Jean *Durliat*, *De conlaboratu:* faux rendements et vrai comptabilité publique à l'époque carolingienne, Revue historique de droit français et étranger 56, 1978, S. 445–457, deutet diesen Bestand dagegen als den Teil, der nach allen Abgaben dem König verblieb.
149 Bäuerliches Leben (Anm. 28) S. 157 f.

V. Rittertum und höfisches Leben

1 Zu den Pfalzen vgl. Deutsche Königspfalzen. Beiträge zu ihrer historischen und archäologischen Erforschung, 3 Bde., Göttingen 1963, 1965, 1979 (Veröffentlichungen des MPI für Geschichte 11); Adolf *Gauert*, Art. «Königspfalzen», HRG 2 (1978) Sp. 1044–1055; Jacques *Gardelles*, Les palais dans l'Europe occidentale chrétienne du Xe au XIIIe siècle, Cahiers de civilisation médiévale 19, 1976, S. 115–134; Die deutschen Königspfalzen. Repertorium der Pfalzen, Königshöfe und übrigen Aufenthaltsorte der Könige im deutschen Reich des Mittelalters, hg. Thomas Zotz (erscheint in Lieferungen).
2 Vgl. Carlrichard *Brühl*, Fodrum, Gistum, Servitium Regis. Studien zu den wirtschaftlichen Grundlagen des Königtums im Frankenreich und in den fränkischen Nachfolgestaaten Deutschland, Frankreich und Italien vom 6. bis zur

Mitte des 14. Jh. (Kölner Historische Abhandlungen 14) Köln–Graz 1968, S. 168 ff.

3 Im späten Mittelalter wichen sie oft vor dem Domkapitel und der Bürgergemeinde in einen kleinen Ort in der Nähe aus.

4 Vgl. Investiturstreit und Reichsverfassung, hg. Josef *Fleckenstein* (Vorträge und Forschungen 17) Sigmaringen 1973.

5 Vgl. dazu Mayer, Fürsten und Staat.

6 Vgl. Ders., Die Ausbildung der Grundlagen des modernen deutschen Staates im hohen Mittelalter (1939), in: Herrschaft und Staat im Mittelalter (WdF 2), Darmstadt 1956, S. 284–331.

7 Vgl. exemplarisch Peters, Fürstenhof und höfische Dichtung.

8 Vgl. dazu: Literarisches Mäzenatentum; Bumke, Mäzene im Mittelalter (Zeugnisse S. 455 ff.).

9 Vita Brunonis 5 (Anm. I/29, S. 186 ff.).

10 Vgl. Bumke, Literarisches Mäzenatentum S. 1. – Zum gesellschaftlichen Hintergrund jetzt Bumke, Höfische Kultur 2, S. 595 ff.

11 Dazu Hans *Patze*, Adel und Stifterchronik. Frühformen territorialer Geschichtsschreibung im hochmittelalterlichen Reich, Bll. dt. LG 100, 1964, S. 8–81; 101, 1965, S. 67–128.

12 Chronica de gestis consulum Andegavensium, hg. Louis Halphen und René Poupardin, Paris 1913, S. 162 f.

13 Vgl. Europäisches Hochmittelalter (LV II.4); Hans *Eggers*, Deutsche Dichtung in der Stauferzeit, in: Die Zeit der Staufer 3 (Ausstellungskatalog), Stuttgart 1977, S. 187–199.

14 Erst im 13. Jh. wurde die Literatur wirklichkeitsnäher, zeigten selbst Idealhelden wie Gawain gelegentlich Schwächen.

15 Zu Hartmann von Aues «Erec» vgl. o. S. 55 f. Zur höfischen Liebe vgl. Bumke, Höfische Kultur 2, S. 503 ff.

16 Chronica de gestis consulum Andegavensium (Anm. 12) S. 140.

17 Vgl. jetzt einschränkend Michael *Curschmann*, Hören – Lesen – Sehen. Buch und Schriftlichkeit im Selbstverständnis der volkssprachlichen literarischen Kultur Deutschlands um 1200, Beiträge zur Geschichte der deutschen Sprache und Literatur 106, 1984, S. 218–257.

18 Vgl. zu diesem Kapitel H. *Hinz*/M. *Petry*, Artikel «Befestigung», Lexikon des Mittelalters 1 (1980) Sp. 1785–1793; G. *Binding*/H. *Ebner* u. a., Artikel «Burg», ebda. 2 (1983) Sp. 957–1003; Herwig *Ebner*, Die Burg als Forschungsproblem mittelalterlicher Verfassungsgeschichte, in: Die Burgen im deutschen Sprachraum 1, S. 11–82; Fred *Schwind*, Zur Verfassung und Bedeutung der Reichsburgen, vornehmlich im 12. und 13. Jh., ebda. S. 85–122; Hans *Patze*, Die Burgen in Verfassung und Recht des deutschen Sprachraumes, ebda. 2, S. 421–441; Jäschke, Burgenbau und Landesverteidigung um 900; Hotz, Pfalzen und Burgen der Stauferzeit; Hans-Martin *Maurer*, Burgen, in: Die Zeit der Staufer 3, Stuttgart 1977, S. 119–128; Hinz, Motte und Donjon; Elsbet *Orth*, Ritter und Burg, in: Das ritterliche Turnier (LV V.4) S. 19–74; Schulze, Grundstrukturen 2 (LV 0) S. 83 ff., Bumke, Höfische Kultur 1, S. 137 ff.

19 Vgl. Ebner (Anm. 18) S. 35.

20 Vgl. Jäschke S. 7 f. und 115.

21 Otto von Freising, Gesta Frederici 1,12 (Anm. III/112, S. 152/53).

22 Vgl. dazu Walter *Janssen*, Die Bedeutung der mittelalterlichen Burg für die Wirtschafts- und Sozialgeschichte des Mittelalters, in: Das Handwerk 2 (LV VI.3) S. 261–316.

23 Vgl. dazu Ursula *Lewald*, Burg, Kloster, Stift, in: Die Burgen im deutschen Sprachraum 1, S. 155–180; jetzt vor allem Streich, Burg und Kirche.

24 So zum Beispiel 1133 Altenberg, als die Grafen von Berg auf «Schloß» Burg übersiedelten.

25 Zum Bauvorgang selbst vgl. Alexander *Antonow*, Planung und Bau von Burgen im süd- und südwestdeutschen Raum im 12. und 13. Jh., in: Das Handwerk 2 (LV VI.3) S. 535–594. Ausführlich zu Bau und Besatzung, allerdings fast ausschließlich im späten Mittelalter: Hellmut *Kunstmann*, Mensch und Burg. Burgenkundliche Betrachtungen an ostfränkischen Wehranlagen (Veröffentlichungen der Gesellschaft für fränkische Geschichte. Reihe IX. Darstellungen aus der fränkischen Geschichte 25) Würzburg 1967.

26 Vgl. Jürg *Tauber*, Herd und Ofen im Mittelalter. Untersuchungen zur Kulturgeschichte an archäologischem Material vornehmlich der Nordwestschweiz (9.–14. Jh.) (Schweizer Beiträge zur Kulturgeschichte und Archäologie des Mittelalters 7) 1980.

27 Gesta Frederici 4,86 (Anm. III/112, S. 712/13).

28 Hans-Martin *Maurer*, Rechtsverhältnisse der hochmittelalterlichen Adelsburgen, vornehmlich in Südwestdeutschland, in: Die Burgen im deutschen Sprachraum 2, S. 183 f.

29 Allgemeine Literatur zum Rittertum: van Winter, Rittertum; Das Rittertum im Mittelalter, hg. Arno Borst (mit reicher Bibliographie); Brunner/Daim, Ritter, Knappen, Edelfrauen; Josef *Fleckenstein*, Das Rittertum der Stauferzeit, in: Die Zeit der Staufer 3, Stuttgart 1977, S. 103–118; Arnold, German Knighthood; zur «Vorgeschichte»: Flori, L'idéologie du glaive; zur Dichtung: Bumke, Höfische Kultur 2, S. 381 ff.

30 45 Schillinge nach der Lex Ribuaria; vgl. Fleckenstein, Rittertum S. 104; Werner *Rösener*, Ritterliche Wirtschaftsverhältnisse und Turnier im sozialen Wandel des Hochmittelalters, in: Das ritterliche Turnier (LV V.4) S. 296–338.

31 Vgl. van Luyn, Les milites, Tab. 3 (S. 46 ff.).

32 Zum Ritterbegriff vgl. Reuter, Die Lehre vom Ritterstand; Bumke, Studien zum Ritterbegriff; Johrendt, ‹Milites› und ‹Militia›; van Luyn, Les milites.

33 Duby, La société, bes. S. 191 ff.

34 Vgl. Arno *Borst*, Das Rittertum im Hochmittelalter. Idee und Wirklichkeit (1959), in: Das Rittertum S. 212–246; John B. *Freed*, The Origins of the European Nobility: The Problem of the Ministerials, Viator 7, 1976, S. 211–241.

35 Vgl. *Fleckenstein*, Zum Problem der Abschließung des Ritterstandes (Anm. IV/81); Ders., Die Entstehung des niederen Adels und das Rittertum, in: Herrschaft und Stand S. 17–39.

36 In Italien war sie schon um 1100 erfolgt; vgl. dazu Hagen *Keller*, Adel, Rittertum und Ritterstand nach italienischen Zeugnissen des 11.–14. Jh., in: Institutionen, Kultur und Gesellschaft (Anm. III/80) S. 581–608.

37 Zur Ausbildung des Ritters in England vgl. jetzt Nicholas *Orme*, From Childhood to Chivalry. The education of the English kings and aristocracy 1066–1530, Lon-

don–New York 1984, dessen Beispiele allerdings vornehmlich dem späten Mittelalter entstammen. – Zur Ritterweihe vgl. Jean *Flori*, Chevalerie et liturgie. Remise des armes et vocabulaire «chevaleresque» dans les sources liturgiques du IXe au XIVe siècle, MA 84, 1978, S. 247–278 und 409–442; Ders., Les origines de l'adoubement chevaleresque. Étude des remises d'armes et du vocabulaire qui les exprime dans les sources historiques latines jusqu'au début du XIIIe siècle, Traditio 35, 1979, S. 209–272; Ders., Du nouveau sur l'adoubement des chevaliers (XIe–XIIIe siècle), MA 91, 1985, S. 201–226.

38 Historia Gaufredi ducis Normannorum 1 (Anm. 12) S. 179.

39 Johannes von Salisbury, Policraticus 6,10 (ed. C. C. J. Webb, Bd. 2, Oxford 1909, ND. 1965, S. 25).

40 Sie sind allerdings auch im Zusammenhang mit der adligen Herrschaftsbildung zu sehen; vgl. dazu jetzt Lutz *Fenske*, Adel und Rittertum im Spiegel früher heraldischer Formen und deren Entwicklung, in: Das ritterliche Turnier (LV V.4) S. 75–160.

41 V. 1, 18–47 (Anm. I/32, S. 86 ff.).

42 Zu den Ursprüngen dieser Entwicklung vgl. Gerd *Althoff*, Nunc fiant Christi milites, qui dudum extiterunt raptores. Zur Entstehung von Rittertum und Ritterethos, Saeculum 32, 1981, S. 317–333.

43 Vgl. Paul *Rousset*, La description du monde chevaleresque chez Orderic Vital, MA 75, 1969, S. 427–444.

44 Fulcher von Chartres, Historia Hierosolymitana 1,3,7 (ed. Heinrich Hagenmeyer, Heidelberg 1913, S. 136). *Christi* ist in den meisten Handschriften getilgt.

45 Policraticus 6,8 (Anm. 39, S. 23).

46 So Althoff (Anm. 42) S. 333.

47 Vgl. Ritterliches Tugendsystem, hg. Günter *Eifler* (WdF 56) Darmstadt 1970.

48 V. 1–262 (Anm. II/98).

49 Ep. 94 (Migne PL 207, Sp. 293 ff.).

50 Die wenigen Arbeiten, die sich mit dem ritterlichen Leben befassen – vor allem Schultz und Pastoureau – beruhen ganz auf literarischen Quellen. Vgl. jetzt Bumke, Höfische Kultur.

51 Vita Brunonis 30 (Anm. I/29, S. 222/23).

52 Vita Karoli 24 (Anm. I/44, S. 194/95).

53 Vita Brunonis 30 (Anm. I/29, S. 222/23).

54 Einhard, Vita Karoli 23 (Anm. I/44, S. 194/195); vgl. Thegan, Vita Hludowici 19 (ebda. S. 228/29) über Ludwig den Frommen.

55 Gesta Karoli Magni 2,17 (Anm. I/22, S. 416 ff.).

56 Einhard, Vita Karoli 23 (Anm. I/44, S. 194/95). Zur Kleidung in der Dichtung vgl. Bumke, Höfische Kultur 1, S. 172 ff.

57 Ebda. 24 (S. 194/95).

58 Gesta Karoli 1,18 (Anm. I/22, S. 346 ff.).

59 Gerhard, Vita Oudalrici 4 (Anm. I/29, S. 74 ff.).

60 Antapodosis 6,5 (Anm. II/108, S. 488/89).

61 Ebda. 6,8 f. (S. 490 ff.). Zu den Festen in der höfischen Literatur vgl. Bumke, Höfische Kultur 1, S. 276 ff.

62 Vgl. Salmen S. 67 ff. – Zur Musik an den Höfen vgl. auch Žak (Anm. I/34).

63 Dazu Hartung, Die Spielleute; Salmen, Der Spielmann im Mittelalter.

64 Hartung S. 9 f.
65 Gesta Karoli 1,13 (Anm. I/22, S. 338/39).
66 Dazu Werner *Mezger*, Hofnarren im Mittelalter. Vom tieferen Sinn eines seltsamen Amtes, Konstanz 1981.
67 Vgl. Philippe *Corbett*, The scurra, in: Hommages à André Boutemy (Collection Latomus 145) Brüssel 1976, S. 23–31.
68 Vgl. neben Hartung und Salmen: Carla *Casagrande*/Silvana *Vecchio*, Clercs et Jongleurs dans la société médiévale (XIIe–XIIIe siècles), Annales ESC 34, 1979, S. 913–928.
69 Elucidarium 2,18 (Migne PL 172, Sp. 1148).
70 Theologia christiana 2,129 (ed. E. M. Buytaert, Corpus Christianorum. Cont. med. 12, Turnhout 1969, S. 192 f.). Vgl. Hartung S. 41 f.
71 Adam von Bremen, Gesta Hammaburgensis ecclesiae pontificum 3,39 (Anm. II/85, S. 376 ff.).
72 Ebda. 3,40 (S. 378/79).
73 Dazu jetzt: Das ritterliche Turnier im Mittelalter. Dadurch sind ältere Arbeiten wie R. Coltman *Clephan*, The Tournament. Its Periods and Phases, London 1919, die sich ganz auf das Spätmittelalter konzentrieren, überholt. – Zu den Ursprüngen in Frankreich vgl. Michel *Parisse*, Le tournoi en France, des origines à la fin du XIIIe siècle, in: Das ritterliche Turnier S. 175–211. Zur Dichtung Bumke, Höfische Kultur 1, S. 342 ff.
74 Josef *Fleckenstein*, Das Turnier als höfisches Fest im hochmittelalterlichen Deutschland, ebda. S. 229–256 (hier S. 256).
75 Vgl. Sabine *Krüger*, Das kirchliche Turnierverbot im Mittelalter, ebda. S. 401–422.
76 Dazu Josef *Fleckenstein*, Friedrich Barbarossa und das Rittertum. Zur Bedeutung der großen Mainzer Hoftage 1184 und 1188 (1971), in: Das Rittertum S. 392–418. Wichtigste Quelle ist das Chronicon Hanoniense Giselberts von Mons 108 (ed. Léon Vanderkindere, Commission royale d'histoire 3,1, Brüssel 1904, S. 156 ff.).
77 Zum Frühmittelalter vgl. jetzt Jörg *Jarnut*, Die frühmittelalterliche Jagd unter rechts- und sozialgeschichtlichen Aspekten, in: L'uomo di fronte al mondo animale nell'alto medioevo (SSCI 31) Spoleto 1985, S. 765–808.
78 Vgl. Werner *Goez*, Das Leben auf der Ritterburg, in: Mentalität und Alltag im Spätmittelalter (Anm. E/21) S. 9–33.

VI. Stadt und Bürgertum

1 Eine Quellensammlung zur städtischen Verfassungsgeschichte bietet: Elenchus fontium historiae urbanae, T. 1, hg. B. *Diestelkamp*, M. *Martens*, C. *van den Kieft*, B. *Fritz*, Leiden 1967. Zur allgemeinen Literatur vgl. LV VI.1 und Schulze, Grundstrukturen 1, S. 127 ff.
2 Vgl. Heinrich *Schmidt*, Die deutschen Städtechroniken als Spiegel des bürgerlichen Selbstverständnisses im Spätmittelalter (Schriftenreihe der Historischen Kommission bei der Bayerischen Akademie der Wissenschaften 3) Göttingen 1958.
3 Vgl. Ursula *Peters*, Literatur in der Stadt. Studien zu den sozialen Voraussetzungen und kulturellen Organisationsformen städtischer Literatur im 13. und

14.Jh. (Studien und Texte zur Sozialgeschichte der Literatur 7) Tübingen 1983.

4 Vgl. Theuerkauf, Accipe Germanam pingentia carmina terram; Classen, Die Stadt im Spiegel der Descriptiones und Laudes urbium.

5 Vgl. Franz-Josef *Schmale*, Das Bürgertum in der Literatur des 12.Jh., in: Probleme des 12.Jh. (VuF 12) Konstanz–Stuttgart 1968, S.409–424.

6 Vgl. neben der allgemeinen Literatur (Anm.E/21) Joseph und Frances *Gies*, Life in a Medieval City, London 1969; Aus dem Alltag der mittelalterlichen Stadt (Handbuch zur Sonderausstellung im Bremer Landesmuseum für Kunst- und Kulturgeschichte) (Hefte des Focke-Museums 62) Bremen 1983. Zu erwarten: Die Stadt um 1200, in: Zs.f. Archäologie des Mittelalters 1986.

7 Gerhard *Dilcher*, Rechtshistorische Aspekte des Stadtbegriffs, in: Vor- und Frühformen der europäischen Stadt S.12–32.

8 So zuletzt Gerhard *Köbler*, Mitteleuropäisches Städtewesen in salischer Zeit. Die Ausgliederung exemter Rechtsbezirke in mittel- und niederrheinischen Städten, in: Beiträge zum hochmittelalterlichen Städtewesen S.1–13.

9 Gesta Frederici 1,13 (Anm.III/112, S.152/53).

10 Annalen a. 1073 (Anm.I/5, S.208/9).

11 Vgl. Carl *Haase*, Die mittelalterliche Stadt als Festung (1963), in: Die Stadt des Mittelalters 1, S.384–414; Manfred *Petry*, Die niederrheinische Stadt als Festung im Mittelalter, Rheinische Vierteljahresblätter 45, 1981, S.44–74.

12 Märkte gab es auch auf dem Land; vor allem in Bayern unterschied man in der Klassifizierung noch lange zwischen «Stadt» und «Markt» als einer unterstädtischen Siedlungsform.

13 Vgl. Zentralität als Problem der mittelalterlichen Stadtgeschichtsforschung, hg. Emil *Meynen* (Städteforschung A: Darstellungen 8) Köln–Wien 1979.

14 Grundlegend sind die Arbeiten Walter *Schlesingers*, wie: Burg und Stadt (1959), in: Ders., Beiträge zur deutschen Verfassungsgeschichte des Mittelalters 2, Göttingen 1963, S.92–147; Stadt und Burg im Lichte der Wortgeschichte (1963), in: Die Stadt des Mittelalters 1, S.102–128; vgl. daneben aber Gerhard *Köbler*, Civitas und vicus, burg, stat, dorf und wik, in: Vor- und Frühformen der europäischen Stadt S.61–76; Ders., «burg» und «stat» – Burg und Stadt? HJb 87, 1967, S.305–325.

15 Dieselbe Bedeutung hat das slawische *-gorod/-grad.*

16 Köbler (Anm.8) S.13.

17 Vgl. zu diesem Abschnitt besonders Ennen, Die europäische Stadt S.14ff.; Dies., Frühgeschichte der europäischen Stadt; Studien zu den Anfängen des europäischen Städtewesens; Vor- und Frühformen der europäischen Stadt; Fernand *Vercauteren*, Die europäischen Städte bis zum 11.Jh., in: Die Städte Mitteleuropas S.13–26.

18 So Ennen, Europäische Stadt S.46f.

19 Vgl. Hall (LV VI.2) S.35ff.

20 Zu den römischen und mittelalterlichen Wurzeln des heutigen Stadtbildes vgl. Emil *Meynen*, Der Grundriß der Stadt Köln als geschichtliches Erbe, in: Civitatum Communitas 1, S.281–294.

21 Vgl. Das Marktproblem im Mittelalter (Referate und Aussprachen auf der 3.Arbeitstagung des Kreises für Stadtgeschichte), Westfälische Forschungen 15, 1962,

S. 43–95; Walter *Schlesinger,* Der Markt als Frühform der deutschen Stadt, in: Vor- und Frühformen der europäischen Stadt S. 262–293; Mitterauer, Markt und Stadt im Mittelalter.

22 MG Capit. 1, nr. 12, c. 6 (S. 30).

23 Ebda. 2, nr. 273, c. 19 (S. 317 f.).

24 Vgl. Bleiber, Naturalwirtschaft (LV IV.1); Dies., Grundherrschaft und Markt (Anm. IV/29).

25 Vgl. Traute *Endemann,* Markturkunde und Markt in Frankreich und Burgund vom 9.–11. Jh., Konstanz–Stuttgart 1964.

26 Vgl. Erich *Maschke,* Die Brücke im Mittelalter, in: Die Stadt am Fluß, hg. Erich Maschke und Jürgen Sydow (Stadt in der Geschichte 4) Sigmaringen 1978, S. 9–39.

27 Vgl. Leopold *Schütte,* Wik. Eine Siedlungsbezeichnung in historischen und sprachlichen Bezügen (Städteforschung A. Darstellungen 2) Köln–Wien 1976; kritisch dazu Ruth *Schmidt-Wiegand,* Wik und Weichbild. Möglichkeiten und Grenzen der Rechtssprachgeographie, ZRG-Germ. Abt. 95, 1978, S. 121–157.

28 Vgl. Köbler, Civitas (Anm. 14) S. 66 ff.

29 Ennen, Europäische Stadt S. 51, möchte den Begriff lieber ganz vermeiden.

30 Viele Quellen sprechen einfach vom *portus.*

31 Vgl. Co *van de Kieft,* Das Reich und die Städte im niederländischen Raum zur Zeit des Investiturstreits, in: Beiträge zum hochmittelalterlichen Städtewesen S. 149–169.

32 Hall (LV VI.2) S. 62 ff.

33 Vgl. dazu Richard *Strobel,* Regensburg als Bischofsstadt in bauhistorischer und topographischer Sicht, in: Bischofs- und Kathedralstädte S. 60–83; Bosl, Sozialstruktur (LV VI.3).

34 Vgl. Karl-Heinz *Spiess,* Zur Landflucht im Mittelalter, in: Die Grundherrschaft im späten Mittelalter 1 (LV IV.1) S. 157–204.

35 Vgl. zuletzt Karl *Bosl,* Alt(en)stadt und Neustadt als Typen in Bayern, in: Civitatum Communitas 1, S. 158–180.

36 Vgl. zuletzt Hagen *Keller,* Über den Charakter Freiburgs in der Frühzeit der Stadt, in: FS. Berent Schwineköper, Sigmaringen 1982, S. 249–282.

37 Keller nimmt eine Siedlung seit 1091 an, die von dem Zähringer Konrad ins Leben gerufen wurde.

38 Klaus *Flink,* Stand und Ansätze städtischer Entwicklung zwischen Rhein und Maas in salischer Zeit, in: Beiträge zum hochmittelalterlichen Städtewesen S. 170–195, bes. S. 188.

39 Vgl. Walter *Schlesinger,* Über mitteleuropäische Städtelandschaften der Frühzeit (1957), in: Die Stadt des Mittelalters 1, S. 246–280.

40 Vgl. dazu Schwineköper, Königtum und Städte.

41 Vgl. Friedrich *Prinz,* Die bischöfliche Stadtherrschaft im Frankenreich vom 5. bis zum 7. Jh., in: Bischofs- und Kathedralstädte S. 1–26; Kaiser, Bischofsherrschaft zwischen Königtum und Fürstenmacht.

42 So Prinz (Anm. 41) S. 19. Vgl. auch Georg *Scheibelreiter,* Der Bischof in merowingischer Zeit (Veröffentlichungen des Instituts für Österreichische Geschichtsforschung 27) Wien–Köln–Graz 1983, S. 177 ff.

43 Vgl. Strobel (Anm. 33) S. 79.

44 Weinrich, Quellen nr. 23, c. 20 und 27f. (Anm. II/34, S. 96ff.).

45 Vgl. Philipp *Dollinger,* Der Aufschwung der oberrheinischen Bischofsstädte in salischer Zeit (1025–1125), in: Beiträge zum hochmittelalterlichen Städtewesen S. 138.

46 Dagegen war in Sachsen und Thüringen kein Widerstand der Bürger gegen den Stadtherrn zu bemerken; vgl. Schwineköper S. 156ff.

47 Dazu Georg *Droege,* Der Einfluß der mittelalterlichen Freiheitsbewegung auf die frühe Stadt, in: Civitatum Communitas 1, S. 56–70.

48 Vgl. vor allem Hermann *Jakobs,* Stadtgemeinde und Bürgertum um 1100, in: Beiträge zum hochmittelalterlichen Städtewesen S. 14–54 (mit Regesten über die Stadtbildung). Zu Mainz vgl. Dieter *Demandt,* Stadtherrschaft und Stadtfreiheit im Spannungsfeld von Geistlichkeit und Bürgerschaft in Mainz (11.–15. Jh.) (Geschichtliche Landeskunde 15) Wiesbaden 1977. Zur Gilde vgl. jetzt: Gilden und Zünfte (LV VI.3). Ihr Einfluß auf die Stadtwerdung wird hier in einigen Beiträgen wieder höher eingeschätzt. Oft sind Kaufmannsgilden aber auch erst nach der Stadtbildung bezeugt.

49 Vgl. Jakobs (Anm. 48) S. 16ff.

50 So Jakobs S. 29.

51 Das betont Hagen *Keller,* Der Übergang zur Kommune: Zur Entwicklung der italienischen Stadtverfassung im 11. Jh., in: Beiträge zum hochmittelalterlichen Städtewesen S. 55–72, bes. S. 62ff., für Italien.

52 Lampert von Hersfeld, Annalen (Anm. I/5, S. 208/9).

53 DH IV 267.

54 Vgl. Edith *Ennen,* Erzbischof und Stadtgemeinde in Köln bis zur Schlacht von Worringen (1288), in: Bischofs- und Kathedralstädte S. 27–46.

55 Das betont Eckhard *Müller-Mertens,* Bürgerlich-städtische Autonomie in der Feudalgesellschaft. Begriff und geschichtliche Entwicklung, ZfG 29, 1981, S. 205–225.

56 Elenchus nr. 80 (Anm. 1, S. 137f.).

57 Zur Topographie vgl. neben Herzog, Hall, Guidoni, Leudemann und Meckseper (LV VI.2) auch Cord *Meckseper,* Städtebau, in: Die Zeit der Staufer 3, Stuttgart 1977, S. 75–86; Hans *Koepf,* Das Stadtbild als Ausdruck der geschichtlichen Entwicklung, in: Stadt und Kultur, hg. Hans Eugen Specker (Stadt in der Geschichte 11) Sigmaringen 1983, S. 9–28.

58 Vgl. Meckseper S. 263.

59 Vgl. Leudemann S. 57ff.

60 Vgl. Anne *Lombard-Jourdan,* Oppidum et banlieu. Sur l'origine et les dimensions du territoire urbain, Annales ESC. 27, 1972, S. 373–395. (Französisch banlieue bedeutet eigentlich: «Bannmeile»!).

61 Vgl. Meckseper S. 71f. Zu den Straßen in spätmittelalterlichen Städten zuletzt Leguay (LV I).

62 Vgl. Duisburg im Mittelalter, Duisburg 1983, S. 29ff.

63 Dazu Helmut *Maurer,* Konstanz als ottonischer Bischofssitz. Zum Selbstverständnis geistlichen Fürstentums im 10. Jh. (Veröffentlichungen des MPI für Geschichte 39 = Studien zur Germania sacra 12) Göttingen 1973; Ders., Kirchengründung und Romgedanke am Beispiel des ottonischen Bischofssitzes Konstanz, in: Bischofs- und Kathedralstädte S. 47–59.

64 Vgl. Meckseper S. 108 ff. – Zum Bürgerhaus im Rheinland vgl. Anita *Wiedenau*, Romanischer Wohnbau im Rheinland (16. Veröffentlichung der Abteilung Architektur des Kunsthistorischen Instituts der Universität Köln) Köln 1979.

65 Vgl. Oskar *Moser*, Zum Aufkommen der «Stube» im Bürgerhaus des Spätmittelalters, in: Das Leben in der Stadt des Spätmittelalters (Anm. E/21) S. 207–228.

66 Vgl. Meckseper S. 149.

67 Vgl. Gerhard *Nagel*, Das mittelalterliche Kaufhaus und seine Stellung in der Stadt. Eine baugeschichtliche Untersuchung an südwestdeutschen Beispielen, Berlin 1971.

68 Hektor *Ammann*, Wie groß war die mittelalterliche Stadt? (1956) in: Die Stadt des Mittelalters 1, S. 415–422.

69 Die Berechnungen schwanken allerdings zwischen 80 000 und 275 000; der «Etat général des feux» von 1328 zählt über 61 000 Herdstellen.

70 Dazu Wilhelm *Ebel*, Der Bürgereid als Geltungsgrund und Gestaltungsprinzip des deutschen mittelalterlichen Stadtrechts, Weimar 1958.

71 Vgl. dazu jetzt Gilden und Zünfte (LV VI. 3).

72 Vgl. Schulz, Ministerialität und Bürgertum; Bosl, Sozialstruktur.

73 Dazu: Städtische Mittelschichten.

74 Vgl. Knut *Schulz*, Zensualität und Stadtentwicklung im 11./12. Jh., in: Beiträge zum hochmittelalterlichen Städtewesen S. 73–93; Renate *Brandl-Ziegert*, Die Sozialstruktur der bayerischen Bischofs- und Residenzstädte Passau, Freising, Landshut und Ingolstadt. Die Entwicklung des Bürgertums vom 9. bis zum 13. Jh., in: Die mittelalterliche Stadt in Bayern (ZBLG Beih. 6) hg. Karl Bosl, München 1974, S. 18–127.

75 Vgl. dazu: Das Handwerk in vor- und frühgeschichtlicher Zeit.

76 Vgl. Ruth *Schmidt-Wiegand*, Gilde und Zunft. Die Bezeichnungen für Handwerksgenossenschaften im Mittelalter, ebda. 1, S. 355–369, bes. S. 361 f.

77 Elenchus nr. 50 (Anm. 1, S. 78 f.).

78 Ebda. nr. 56 (S. 102).

79 Ebda. nr. 61 (S. 107 f.).

80 Wegweisend Erich *Maschke*, Die Unterschichten der mittelalterlichen Städte Deutschlands (1967), in: Die Stadt des Mittelalters 3, S. 345–454.

81 Zum Spätmittelalter vgl. jetzt Franz *Irsigler*/Arnold *Lassotta*, Bettler und Gaukler, Dirnen und Henker. Randgruppen und Außenseiter in Köln 1300–1600 (Aus der Kölner Stadtgeschichte) Köln 1984.

82 Vgl. Georg *Wacha*, Tiere und Tierhaltung in der Stadt sowie im Wohnbereich der spätmittelalterlichen Menschen und ihre Darstellung in der bildenden Kunst, in: Das Leben in der Stadt des Spätmittelalters (Anm. E/21) S. 229–260.

83 Vgl. Maschke, Unterschichten (Anm. 80) S. 361.

84 Zum späten Mittelalter vgl. jetzt: Haus und Familie in der spätmittelalterlichen Stadt, hg. Alfred *Haverkamp* (Städteforschung Reihe A. Darstellungen 18) Köln–Wien 1984.

85 Vgl. Ketsch 1 (LV II. 3) S. 141 ff. (zum Spätmittelalter).

86 Annales a. 1074 (Anm. I/5, S. 248/49).

87 Historiae 3,101 (Anm. I/10, S. 128/29).

88 Vgl. Städtische Versorgung und Entsorgung im Wandel der Geschichte, hg. Jürgen *Sydow* (Stadt in der Geschichte 8) Sigmaringen 1981.

Literaturverzeichnis
(Auswahl. Literatur zu Einzelaspekten in den Anmerkungen)

0. Allgemeine und übergreifende Literatur

Morris Bishop, The Penguin Book of the Middle Ages, Harmondsworth 1971

Hartmut Boockmann, Einführung in die Geschichte des Mittelalters (Beck'sche Elementarbücher) München ^{2}1981

Arno Borst, Lebensformen im Mittelalter, Frankfurt–Berlin 1973

Robert Delort, La vie au moyen âge, Lausanne–Paris 1982

Heinrich Fichtenau, Lebensordnungen des 10. Jh. Studien über Denkart und Existenz im einstigen Karolingerreich (Monographien zur Geschichte des Mittelalters 30) 2 Bde., Stuttgart 1984

Robert Fossier, Enfance de l'Europe. X^{e}–XIIe siècles. Aspects économiques et sociaux. Bd. 1: L'homme et son espace; Bd. 2: Structures et problèmes (Nouvelle Clio 17/17bis) Paris 1982

Handbuch der deutschen Wirtschafts- und Sozialgeschichte Bd. 1, hg. Hermann Aubin und Wolfgang Zorn, Stuttgart 1971

Handbuch der europäischen Wirtschafts- und Sozialgeschichte Bd. 2: Europäische Wirtschafts- und Sozialgeschichte im Mittelalter, hg. Jan van Houtte, Stuttgart 1980

Jacques Le Goff, Kultur des europäischen Mittelalters, München–Zürich 1970

Werner Meyer, Hirsebrei und Hellebarde. Auf den Spuren des mittelalterlichen Lebens in der Schweiz, Olten-Freiburg/B. 1985

Edmond Pognon, La vie quotidienne en l'an mille, Paris 1981

Pierre Riché, Die Welt der Karolinger, Stuttgart 1981 (La vie quotidienne dans l'Empire carolingienne, Paris 1973)

Hans K. Schulze, Grundstrukturen der Verfassung im Mittelalter, 2 Bde. (Urban 371/372) Stuttgart 1985–86

I. Mensch, Natur, Kultur

Bevölkerungsgeschichte Europas, hg. Carlo M. Cipolla und Knut Borchardt, München 1971

The Climate of Europe: Past, Present and Future. Natural and man-induced climatic changes. An European perspective, hg. Hermann Flohn und Roberto Fantechi, Dordrecht–Boston–Lancaster 1984

Fritz Curschmann, Hungersnöte im Mittelalter. Ein Beitrag zur deutschen Wirtschaftsgeschichte des 8. bis 13. Jh. (Leipziger Studien aus dem Gebiet der Geschichte 6,1) Leipzig 1900 (ND Aalen 1970)

Gastfreundschaft, Taverne und Gasthaus im Mittelalter, hg. Hans Conrad Peyer unter Mitarbeit von Elisabeth Müller-Luckner (Schriften des Historischen Kollegs. Kolloquien 3) München–Wien 1983

Walter Janssen, Essen und Trinken im frühen und hohen Mittelalter aus archäologischer Sicht, in: Liber Castellorum. 40 Variaties op het thema kasteel, hg. T. J. Hoekstra, Zutphen 1981, S. 324–337.
Jean-Pierre Leguay, La rue au moyen-âge, Rennes 1984
Emmanuel Le Roy Ladurie, Histoire du climat depuis l'an mil, 1967 (Times of Feast, Times of Famine. A History of Climate since the year 1000, London 1972)
Skelette erzählen ... Menschen des frühen Mittelalters im Spiegel der Anthropologie und Medizin (Ausstellung des Württembergischen Landesmuseums) Stuttgart ²1983

II. Die Familie

II.0. *Allgemeines*

David Herlihy, Medieval Households (Studies in Cultural History) Cambridge/Mass. –London 1985
Famille et parenté dans l'occident médiéval. Actes du Colloque de Paris (1974) organisé par l'École pratique des hautes études (VIe section) en collaboration avec le Collège de France et l'École Française de Rome, hg. Georges Duby et Jacques Le Goff (Collection de l'École Française de Rome 30) Rom 1977
Thomas Schuler, Familien im Mittelalter, in: Die Familie in der Geschichte, hg. Heinz Reif (Kleine Vandenhoeck-Reihe 1474) Göttingen 1982, S. 28–60

II.1. *Haus und Sippe*

Otto Brunner, Land und Herrschaft. Grundfragen der territorialen Verfassungsgeschichte Österreichs im Mittelalter, Wien–Wiesbaden ⁴1959
Felix Genzmer, Die germanische Sippe als Rechtsgebilde, ZRG – Germ. Abt. 67, 1950, S. 34–49
Karl Kroeschell, Haus und Herrschaft im frühen deutschen Recht. Ein methodischer Versuch (Göttinger rechtswissenschaftliche Studien 70) Göttingen 1968
Karl Kroeschell, Die Sippe im germanischen Recht, ZRG – Germ. Abt. 77, 1960, S. 1–25
Alexander Callender Murray, Germanic Kinship Structure. Studies in Law and Society in Antiquity and Early Middle Ages (Studies and Texts 65) Toronto 1983
Walter Schlesinger, Herrschaft und Gefolgschaft in der germanisch-deutschen Verfassungsgeschichte (1953), in: Herrschaft und Staat im Mittelalter, hg. Hellmut Kämpf (WdF 2) Darmstadt 1955, S. 135–190
Walter Schlesinger, Randbemerkungen zu drei Aufsätzen über Sippe, Gefolgschaft und Treue, in: Alteuropa und die moderne Gesellschaft. Festschrift Otto Brunner, Göttingen 1963, S. 11–59
Karl Schmid, Über die Struktur des Adels im früheren Mittelalter, Jahrbuch für fränkische Landesforschung 19, 1959, S. 1–23
Karl Schmid, Zur Problematik von Familie, Sippe und Geschlecht, Haus und Dynastie beim mittelalterlichen Adel, ZGO 105, 1957, S. 1–62

II.2. *Ehe*

Georges Duby, Ritter, Frau und Priester: Die Ehe im feudalen Frankreich, Frankfurt 1985 (franz. Paris 1981)

Marc Glasser, Marriage in Medieval Hagiography, Studies in Medieval and Renaissance History n.s. 4, 1981, S. 1–34

Silvia Konecny, Die Frauen des karolingischen Königshauses. Die politische Bedeutung der Ehe und die Stellung der Frau in der fränkischen Herrscherfamilie vom 7. bis zum 10. Jh. (Dissertationen der Universität Wien 132) Wien 1976

Love and Marriage in the Twelfth Century, hg. Willy van Hoecke und Andries Welkenhuysen (Mediaevalia Lovaniensia 1,8) Leuven 1981

Il matrimonio nella società altomedievale, 2 Bde. (SSCI 24) Spoleto 1977

Paul Mikat, Dotierte Ehe – rechte Ehe. Zur Entwicklung des Eheschließungsrechts in fränkischer Zeit (Rheinisch-Westfälische Akademie der Wissenschaften. Geisteswissenschaftliche Vorträge G 227) Opladen 1978

Paul Mikat, Artikel «Ehe», HRG 1, 1971, Sp. 809–832.

Korbinian Ritzer, Formen, Riten und religiöses Brauchtum der Eheschließung in den christlichen Kirchen des ersten Jahrtausends (Liturgiewissenschaftliche Quellen und Forschungen 38) Münster 1962

Michael M. Sheehan, Choice of Marriage Partner in the Middle Ages: Development and Mode of Application of a Theory of Marriage, Studies in Medieval and Renaissance History n.s. 1, 1978, S. 3–33

II.3. *Frau*

Edith Ennen, Frauen im Mittelalter, München 1984

Edith Ennen, Die Frau in der mittelalterlichen Stadtgesellschaft Mitteleuropas, Hansische Geschichtsblätter 98, 1980, S. 1–22

La femme dans les civilisations du Xe au XIIe siècle, Cahiers de civilisation médiévale 20, 1977, S. 93–260

Histoire mondiale de la femme, hg. Pierre Grimal, Bd. 1, Paris 1965

Peter Ketsch, Aspekte der rechtlichen und politisch-gesellschaftlichen Situation von Frauen im frühen Mittelalter (500–1150), in: Frauen in der Geschichte 2 (Geschichtsdidaktik: Studien, Materialien 8) Düsseldorf 1982, S. 11–71

Peter Ketsch, Frauen im Mittelalter, 2 Bde. (Geschichtsdidaktik: Studien, Materialien 14/19) Düsseldorf 1983/84

Angela M. Lucas, Women in the Middle Ages: Religion, Marriage and Letters, New York 1983

Marie-Louise Portmann, Die Darstellung der Frau in der Geschichtsschreibung des früheren Mittelalters (Basler Beiträge zur Geschichtswissenschaft 69) Basel–Stuttgart 1958

Shulamith Shahar, Die Frau im Mittelalter, Königstein/Taunus 1981

Suzanne Fonay Wemple, Women in Frankish Society. Marriage and the Cloister 500 to 900, Philadelphia 1981

II.4. *Liebe und Sexualität*

Peter Dinzelbacher, Über die Entdeckung der Liebe im Hochmittelalter, Saeculum 32, 1981, S. 185–208

L'érotisme au moyen âge. Etudes présentées au Troisième Colloque de l'Institut d'études médiévales, hg. Bruno Roy, Montréal–Quebec 1977

Europäisches Hochmittelalter, hg. Henning Krauß (Neues Handbuch der Literaturwissenschaft 7) Wiesbaden 1981

Jean Leclercq, Monks and Love in Twelfth Century France, Oxford 1979

Liebe als Literatur. Aufsätze zur erotischen Dichtung in Deutschland, hg. Rüdiger Krohn, München 1983

John T. Noonan, Empfängnisverhütung. Geschichte ihrer Beurteilung in der katholischen Theologie und im kanonischen Recht (Walberburger Studien der Albertus-Magnus-Akademie. Theologische Reihe 6) Mainz 1969 (englisch ²1967)

Pierre J. Payer, Early Medieval Regulations Concerning Marital Sexual Relations, Journal of Medieval History 6, 1980, S. 353–376

Pierre J. Payer, Sex and the Penitentials. The Development of a Sexual Code 550–1150, Toronto–Buffalo–London 1984

Rüdiger Schnell, Causa Amoris. Liebeskonzeption und Liebesdarstellung in der mittelalterlichen Literatur (Bibliotheca Germanica 27) Bern–München 1985

II.5. *Kinder*

Klaus Arnold, Kind und Gesellschaft in Mittelalter und Renaissance (Sammlung Zebra B 2) Paderborn–München 1980

Matthias Winter, Kindheit und Jugend im Mittelalter (Hochschul-Sammlung Philosophie Geschichte 6) Freiburg 1984

III. Kloster und Mönchsleben

III.1. *Mönchtum: Allgemeines und Institution*

Benedictine Culture 750–1050, hg. W. Lourdaux and D. Verhelst (Mediaevalia Lovaniensia I,11) Leuven 1983

Neithard Bulst, Untersuchungen zu den Klosterreformen Wilhelms von Dijon (962–1031) (Pariser Historische Studien 11) Bonn 1973

Cluny. Beiträge zu Gestalt und Wirkung der cluniazensischen Reform, hg. Helmut Richter (WdF 241) Darmstadt 1975

H. E. J. Cowdrey, The Cluniacs and the Gregorian Reform, Oxford 1970

Johannes Fechter, Cluny, Adel und Volk. Studien über das Verhältnis des Klosters zu den Ständen (910–1156) Diss. Tübingen 1966

Franz J. Felten, Äbte und Laienäbte im Frankenreich. Studie zum Verhältnis von Staat und Kirche im früheren Mittelalter (Monographien zur Geschichte des Mittelalters 20) Stuttgart 1980

Karl Suso Frank, Grundzüge der Geschichte des christlichen Mönchtums (Grundzüge 25) Darmstadt 1975

Réginald Grégoire, Léo Moulin, Raymond Oursel, Die Kultur der Klöster, Stuttgart–Zürich 1985

Hermann Jakobs, Der Adel in der Klosterreform von St. Blasien (Kölner Historische Abhh. 16) Köln–Graz 1968

Hermann Jakobs, Die Hirsauer. Ihre Ausbreitung und Rechtsstellung im Zeitalter des Investiturstreites (Kölner Historische Abhh. 4) Graz–Köln 1961
Clifford Hugh Lawrence, Medieval Monasticism. Forms of religious life in Western Europe in the Middle Ages, London–New York 1984
Henrietta Leyser, Hermits and the New Monasticism: A Study of Religious Communities in Western Europe, 1000–1150, London 1984
Mönchtum und Gesellschaft im Frühmittelalter, hg. Friedrich Prinz (WdF 312) Darmstadt 1976
Il monachesimo dell'alto medioevo e la formazione della civiltà occidentale (SSCI 4) Spoleto 1957
Neue Forschungen über Cluny und die Cluniacenser, hg. Gerd Tellenbach, Freiburg/B. 1959
Friedrich Prinz, Askese und Kultur. Vor- und frühbenediktinisches Mönchtum an der Wiege Europas, München 1980
Friedrich Prinz, Frühes Mönchtum im Frankenreich. Kultur und Gesellschaft in Gallien, den Rheinlanden und Bayern am Beispiel der monastischen Entwicklung (4.–8. Jh.), München–Wien 1965
Ernst Sackur, Die Cluniacenser in ihrer kirchlichen und allgemeingeschichtlichen Wirksamkeit bis zur Mitte des 11. Jh., 2 Bde., Halle/S. 1892–94 (ND. Darmstadt 1965)
Klaus Schreiner, Mönchtum zwischen asketischem Anspruch und gesellschaftlicher Wirklichkeit. Spiritualität, Sozialverhalten und Sozialverfassung schwäbischer Reformmönche im Spiegel ihrer Geschichtsschreibung, Zs. für württembergische Landesgeschichte 41, 1982, S. 250–307
Josef Semmler, Die Klosterreform von Siegburg. Ihre Ausbreitung und ihr Reformprogramm im 11. und 12. Jh. (Rheinisches Archiv 53) Bonn 1959
Untersuchungen zu Kloster und Stift (Veröffentl. d. MPI für Geschichte 68 = Studien zur Germania sacra 14) Göttingen 1980
Guy de Valous, Le monachisme clunisien des origines au XVe siècle, Paris ^{2}1970
Hans-Peter Wehlt, Reichsabtei und König, dargestellt am Beispiel der Abtei Lorsch mit Ausblicken auf Hersfeld, Stablo und Fulda (Veröffentlichungen des MPI für Geschichte 28) Göttingen 1970
Joachim Wollasch, Mönchtum des Mittelalters zwischen Kirche und Welt (Münstersche Mittelalter-Schriften 7) München 1973
Die Zisterzienser. Ordensleben zwischen Ideal und Wirklichkeit (Schriften des Rheinischen Museumsamtes 10) Bonn 1980

III.2. *Klosterbau*

Konrad Hecht, Der St. Galler Klosterplan, Sigmaringen 1984
Walter Horn/Ernest Born, The Plan of St. Gall: A Study of the Architecture and Economy of, and Life in a Paradigmatic Carolingian Monastery, 3 Bde. (University of California Studies in the History of Art 19) Berkeley–Los Angeles–London 1979
Studien zum St. Galler Klosterplan, hg. Johannes Duft (Mitteilungen zur vaterländischen Geschichte 42) St. Gallen 1962

III.3. *Mönche und Konvent*

Benno Hegglin, Der benediktinische Abt in rechtsgeschichtlicher Entwicklung und geltendem Kirchenrecht (Kirchenrechtliche Quellen und Studien 5) St. Ottilien 1961

Die Klostergemeinschaft von Fulda im früheren Mittelalter, hg. Karl Schmid, 3 Bde. in 5 Teilbänden (Münstersche Mittelalter-Schriften 8) München 1978

Otto Gerhard Oexle, Forschungen zu monastischen und geistlichen Gemeinschaften im westfränkischen Bereich (Münstersche Mittelalter-Schriften 31) München 1978

Pierre Salmon, L'abbé dans la tradition monastique, contribution à l'histoire du caractère perpétuel des superieurs religieux en Occident (Histoire et sociologie de l'Église 2) Paris 1962

Albert de Vogüé, La communauté et l'abbé dans la règle de saint Benoît (Textes et Études Théologiques) Brügge 1961

III.4. *Klosterleben*

Karl Bosl, Des Mönches Leben am Rande der Gesellschaft und sein Wirken in ihr. Der konstitutive Beitrag des Benediktinerordens zu Europas Christlichkeit und Geistigkeit, Gesellschaft und Kultur, in: Regulae Benedicti studia 10–11, 1981/82, S. 91–107

Leo Moulin, La vie quotidienne des religieux du moyen âge. X^e–XVe siècle, Paris 1978

Michel Parisse, Les nonnes au moyen âge, Le Puy 1983

Gerd Zimmermann, Ordensleben und Lebensstandard. Die cura corporis in den Ordensvorschriften des abendländischen Hochmittelalters, 2 Bde. (Beiträge zur Geschichte des alten Mönchtums und des Benediktinerordens 32) Münster 1973

IV. Bäuerliches Leben in der Grundherrschaft

IV.0. *Allgemeines*

Wilhelm Abel, Geschichte der deutschen Landwirtschaft vom frühen Mittelalter bis zum 19. Jh. (Deutsche Agrargeschichte 2) Stuttgart ²1967

Deutsches Bauerntum im Mittelalter, hg. Günther Franz (WdF 416) Darmstadt 1976

Philipp Dollinger, Der bayerische Bauernstand vom 9. bis 13. Jh., München 1982 (franz. 1949)

Alfons Dopsch, Herrschaft und Bauer in der deutschen Kaiserzeit. Untersuchungen zur Agrar- und Sozialgeschichte des hohen Mittelalters mit besonderer Berücksichtigung des südostdeutschen Raumes (Quellen und Forschungen zur Agrargeschichte 10) Stuttgart ²1964

Alfons Dopsch, Die Wirtschaftsentwicklung der Karolingerzeit vornehmlich in Deutschland, 2 Bde., Weimar 1921/22 (ND. Darmstadt 1962)

Georges Duby, L'économie rurale et la vie des campagnes dans l'occident médiéval (France, Angleterre, Empire). IXe– XVe siècles, 2 Bde., Paris 1962

Georges Duby, Krieger und Bauern. Die Entwicklung von Wirtschaft und Gesellschaft im frühen Mittelalter, Frankfurt 1977 (franz. 1973)

Günther Franz, Geschichte des deutschen Bauernstandes vom frühen Mittelalter bis zum 19. Jh. (Deutsche Agrargeschichte 4) Stuttgart 1970

Ludolf Kuchenbuch, Bäuerliche Gesellschaft und Klosterherrschaft im 9. Jh. Studien zur Sozialstruktur der familia der Abtei Prüm (VSWG Beih. 66) Wiesbaden 1978

Friedrich Lütge, Die Agrarverfassung des frühen Mittelalters im mitteldeutschen Raum vornehmlich in der Karolingerzeit (Quellen und Forschungen zur Agrargeschichte 17) 1937 (ND Stuttgart 1966)

Friedrich Lütge, Geschichte der deutschen Agrarverfassung vom frühen Mittelalter bis zum 19. Jh. (Deutsche Agrargeschichte 3) Stuttgart ²1967

Villa – curtis – grangia. Landwirtschaft zwischen Loire und Rhein von der Römerzeit zum Hochmittelalter, hg. Walter Janssen und Dietrich Lohrmann (Beihefte der Francia 11) München–Zürich 1983

IV.1. *Grundherrschaft*

Waltraut Bleiber, Naturalwirtschaft und Ware-Geld-Beziehungen zwischen Somme und Loire während des 7. Jh. (Forschungen zur mittelalterlichen Geschichte 27) Berlin 1981

Siegfried Epperlein, Bauernbedrückung und Bauernwiderstand im hohen Mittelalter. Zur Erforschung der Ursachen bäuerlicher Abwanderung nach Osten im 12. und 13. Jh., vornehmlich nach den Urkunden geistlicher Grundherrschaften (Forschungen zur mittelalterlichen Geschichte 6) Berlin 1960

Siegfried Epperlein, Herrschaft und Volk im karolingischen Imperium. Studien über soziale Konflikte und dogmatisch-politische Kontroversen im fränkischen Reich (Forschungen zur mittelalterlichen Geschichte 14) Berlin 1969

Le grand domaine aux époques mérovingienne et carolingienne. Die Grundherrschaft im frühen Mittelalter, hg. Adriaan Verhulst, Gent 1985

Die Grundherrschaft im späten Mittelalter, hg. Hans Patze, 2 Bde. (VuF 27) Sigmaringen 1983

Eberhard Linck, Sozialer Wandel in klösterlichen Grundherrschaften des 11.–13. Jh. Studien zu den familiae von Gembloux, Stablo-Malmedy und St. Trond (Veröffentlichungen des MPI für Geschichte 57) Göttingen 1979

Hans K. Schulze, Artikel «Grundherrschaft», HRG 1, 1971, Sp. 1824–1842

IV.2. *Bauernhaus, Hufe und Dorf*

Die Anfänge der Landgemeinde und ihr Wesen, 2 Bde. (VuF 7/8) Konstanz–Stuttgart 1964

Karl Siegfried Bader, Studien zur Rechtsgeschichte des mittelalterlichen Dorfes. 1. Das mittelalterliche Dorf als Friedens- und Rechtsbezirk, Köln–Graz–Weimar 1957; 2. Dorfgenossenschaft und Dorfgemeinde, Köln–Graz 1962; 3. Rechtsformen und Schichten der Liegenschaftsnutzung im mittelalterlichen Dorf, Wien–Köln–Graz 1973.

Karl Baumgarten, Das deutsche Bauernhaus. Eine Einführung in seine Geschichte vom 9. bis zum 19. Jh., Berlin–Neumünster 1980

Jean Chapelot/Robert Fossier, Le village et la maison au moyen âge, Paris 1980

Hildegard Dölling, Haus und Hof in westgermanischen Volksrechten (Veröffentlichungen der Altertumskommission im Provinzialinstitut für westfälische Landes- und Volkskunde 2) Münster 1958

Peter Donat, Haus, Hof und Dorf in Mitteleuropa vom 7. bis 12. Jh.: Archäologische Beiträge zur Entwicklung und Struktur der bäuerlichen Siedlung (Schriften zur Ur- und Frühgeschichte 33) Berlin 1980

Das Dorf der Eisenzeit und des frühen Mittelalters. Siedlungsform – wirtschaftliche

Funktion – soziale Struktur, hg. Herbert Jankuhn, Rudolf Schützeichel und Fred Schwind (Abhh. Göttingen, phil.-hist, Kl. 3,101) Göttingen 1977

Günter P. Fehring, Zur archäologischen Erforschung mittelalterlicher Dorfsiedlungen in Südwestdeutschland, Zs. für Agrargeschichte und Agrarsoziologie 21, 1973, S. 1–35

Marlene Nikolay-Panter, Entstehung und Entwicklung der Landgemeinde im Trierer Raum (Rheinisches Archiv 97) Bonn 1976

Untersuchungen zur eisenzeitlichen und frühmittelalterlichen Flur in Mitteleuropa und ihrer Nutzung, hg. Heinrich Beck, Dietrich Denecke und Herbert Jankuhn, 2 Bde. (Abhh. Göttingen, phil.-hist. Kl. 3,115/116) Göttingen 1979

IV.3. *Bauern*

Karl Brunner/Gerhard Jaritz, Landherr, Bauer, Ackerknecht. Der Bauer im Mittelalter: Klischee und Wirklichkeit, Wien–Köln–Graz 1985

Siegfried Epperlein, Bäuerliche Arbeitsdarstellungen auf mittelalterlichen Bildzeugnissen. Zur geschichtlichen Motivation von Miniaturen und Graphiken vom 9. bis 15. Jh., JWG 1976/1, S. 181–208

Siegfried Epperlein, Der Bauer im Bild des Mittelalters, Leipzig–Berlin–Jena 1975

Guy Fourquin, Le paysan d'Occident au moyen âge, Paris 1972

Fritz Martini, Das Bauerntum im deutschen Schrifttum von den Anfängen bis zum 16. Jh. (Deutsche Vierteljahresschrift für Literaturwissenschaft und Geistesgeschichte 27) Halle/S. 1944

Werner Rösener, Bauern im Mittelalter, München 1985

Wort und Begriff «Bauer», hg. Reinhard Wenskus, Herbert Jankuhn und Klaus Grinda (Abhh. Göttingen, phil.-hist. Kl. 3,89) Göttingen 1975

IV.4. *Bäuerliche Arbeit*

Ulrich Bentzien, Bauernarbeit im Feudalismus. Landwirtschaftliche Arbeitsgeräte und -verfahren in Deutschland von der Mitte des 1. Jahrtausends u. Z. bis um 1800 (Akademie der Wissenschaften der DDR. Zentralinstitut für Geschichte. Veröffentlichungen für Volkskunde und Kulturgeschichte 67) Berlin 1980

Lynn White, Die mittelalterliche Technik und der Wandel der Gesellschaft, München 1968 (engl. 1963)

V. Rittertum und höfisches Leben

V.1. *Allgemeines. Fürstentum und Fürstenhof*

Marc Bloch, Die Feudalgesellschaft, Frankfurt–Wien–Berlin 1982 (franz. 1939/40)

Joachim Bumke, Höfische Kultur. Literatur und Gesellschaft im hohen Mittelalter, 2 Bde. (dtv 4442) München 1986

Joachim Bumke, Mäzene im Mittelalter. Die Gönner und Auftraggeber der höfischen Literatur in Deutschland 1150–1300, München 1979

Literarisches Mäzenatentum. Ausgewählte Forschungen zur Rolle des Gönners und Auftraggebers in der mittelalterlichen Literatur, hg. Joachim Bumke (WdF 598) Darmstadt 1982

Theodor Mayer, Fürsten und Staat. Studien zur Verfassungsgeschichte des deutschen Mittelalters, Weimar 1950 (ND. Köln–Graz 1969)

Ursula Peters, Fürstenhof und höfische Dichtung. Der Hof Hermanns von Thüringen als literarisches Zentrum (Konstanzer Universitätsreden 113) Konstanz 1981

V.2. *Burgen*

Die Burgen im deutschen Sprachraum. Ihre rechts- und verfassungsgeschichtliche Bedeutung, hg. Hans Patze, 2 Bde. (VuF 19) Sigmaringen 1976
Hermann Hinz, Motte und Donjon. Zur Frühgeschichte der mittelalterlichen Adelsburg (Zs. für Archäologie des Mittelalters Beih. 1) Köln–Bonn 1981
Walter Hotz, Pfalzen und Burgen der Stauferzeit. Geschichte und Gestalt, Darmstadt 1981
Kurt-Ulrich Jäschke, Burgenbau und Landesverteidigung um 900. Überlegungen zu Beispielen aus Deutschland, Frankreich und England (VuF Sonderbd. 16) Sigmaringen 1975
Gerhard Streich, Burg und Kirche während des deutschen Mittelalters. Untersuchungen zur Sakraltopographie von Pfalzen, Burgen und Herrensitzen, 2 Bde. (VuF Sonderbd. 29) Sigmaringen 1984

V.3. *Rittertum*

Benjamin Arnold, German Knighthood 1050–1300, Oxford 1985
Karl Brunner/Falko Daim, Ritter, Knappen, Edelfrauen. Ideologie und Realität des Rittertums im Mittelalter, Wien–Köln–Graz 1981
Joachim Bumke, Studien zum Ritterbegriff im 12. und 13. Jh. (Beihefte zum Euphorion H. 1) Heidelberg 1964
Georges Duby, La société aux XIe et XIIe siècles dans la région mâconnaise (Bibliothèque Générale de l'École Pratique des Hautes Études. VIe section) Paris 1971
Jean Flori, L'idéologie du glaive. Préhistoire de la chevalerie (Travaux d'histoire éthico-politique 43) Genf 1984
Herrschaft und Stand. Untersuchungen zur Sozialgeschichte im 13. Jh., hg. Josef Fleckenstein (Veröffentlichungen des MPI für Geschichte 51) Göttingen 1977
Johann Johrendt, ‹Milites› und ‹Militia› im 11. Jh. Untersuchung zur Frühgeschichte des Rittertums in Frankreich und Deutschland, Diss. Erlangen–Nürnberg 1971
Hans Georg Reuter, Die Lehre vom Ritterstand. Zum Ritterbegriff in Historiographie und Dichtung vom 11. bis zum 13. Jh. (Neue Wirtschaftsgeschichte 4) Köln–Wien ²1975
Das Ritterbild in Mittelalter und Renaissance, hg. vom Forschungsinstitut für Mittelalter und Renaissance (Studia humaniora. Düsseldorfer Studien zu Mittelalter und Renaissance 1) Düsseldorf 1985
Das Rittertum im Mittelalter, hg. Arno Borst (WdF 349) Darmstadt 1976
P. van Luyn, Les milites dans la France du XIe siècle. Examen des sources narratives, MA 77, 1971, S. 5–51, 193–238
Johanna Maria van Winter, Rittertum. Ideal und Wirklichkeit, München 1969

V.4. *Höfisches Leben*

Wolfgang Hartung, Die Spielleute. Eine Randgruppe in der Gesellschaft des Mittelalters (VSWG Beih. 72) Wiesbaden 1982
Michel Pastoureau, La vie quotidienne en France et en Angleterre au temps des chevaliers de la table ronde (XIIe–XIIIe siècles) Paris 1976

Das ritterliche Turnier im Mittelalter. Beiträge zu einer vergleichenden Formen- und Verhaltensgeschichte des Rittertums (Veröffentlichungen des MPI für Geschichte 80) Göttingen 1985

Walter Salmen, Der Spielmann im Mittelalter (Innsbrucker Beiträge zur Musikwissenschaft 8) Innsbruck 1983

Alwin Schultz, Das höfische Leben zur Zeit der Minnesänger, 2 Bde., Leipzig 1879 (ND. 1965)

VI. Stadt und Bürgertum

VI.1. *Allgemeines. Die Stadt als Institution*

Altständisches Bürgertum, hg. Heinz Stoob, 2 Bde. (WdF 352/417) Darmstadt 1978

Beiträge zum hochmittelalterlichen Städtewesen, hg. Bernhard Diestelkamp (Städteforschung A. Darstellungen 11) Köln–Wien 1982

Bischofs- und Kathedralstädte des Mittelalters und der frühen Neuzeit, hg. Franz Petri (Städteforschung A. Darstellungen 1) Köln–Wien 1976

La città nell'alto medioevo (SSCI 6) Spoleto 1959

Civitatum Communitas. Studien zum europäischen Städtewesen. Festschrift Heinz Stoob, Bd. 1 (Städteforschung A. Darstellungen 21,1) Köln–Wien 1984

Carl Joachim Classen, Die Stadt im Spiegel der Descriptiones und Laudes urbium in der antiken und mittelalterlichen Literatur bis zum Ende des 12. Jh. (Beiträge zur Altertumswissenschaft 2) Hildesheim–New York 1980

Edith Ennen, Die europäische Stadt des Mittelalters, Göttingen [3]1979

Edith Ennen, Frühgeschichte der europäischen Stadt (Veröffentlichungen des Instituts für geschichtliche Landeskunde der Rheinlande an der Universität Bonn) Bonn [3]1981

Reinhold Kaiser, Bischofsherrschaft zwischen Königtum und Fürstenmacht. Studien zur bischöflichen Stadtherrschaft im westfränkisch-französischen Reich im frühen und hohen Mittelalter (Pariser Historische Studien 17) Bonn 1981

Michael Mitterauer, Markt und Stadt im Mittelalter. Beiträge zur historischen Zentralitätsforschung (Monographien zur Geschichte des Mittelalters 21) Stuttgart 1980

Berent Schwineköper, Königtum und Städte bis zum Ende des Investiturstreits. Die Politik der Ottonen und Salier gegenüber den werdenden Städten im östlichen Sachsen und in Nordthüringen (VuF Sonderbd. 11) Sigmaringen 1977

Die Stadt des Mittelalters, hg. Carl Haase, 3 Bde. (WdF 243–245) Darmstadt [3]1978

Die Stadt – Gestalt und Wandel bis zum industriellen Zeitalter, hg. Heinz Stoob (Städtewesen 1) Köln–Wien 1979

Die Stadt in der europäischen Geschichte. Festschrift Edith Ennen, Bonn 1972

Stadt und Städtebürgertum in der deutschen Geschichte des 13. Jh., hg. Bernhard Töpfer (Forschungen zur mittelalterlichen Geschichte 24) Berlin 1976

Die Städte Mitteleuropas im 12. und 13. Jh., hg. Wilhelm Rausch (Beiträge zur Geschichte der Städte Mitteleuropas 1) Linz 1963

Heinz Stoob, Forschungen zum Städtewesen in Europa. I. Räume, Formen und Schichten der mitteleuropäischen Städte, Köln–Wien 1970

Studien zu den Anfängen des europäischen Städtewesens (VuF 4) Konstanz–Lindau 1958

Gerhard Theuerkauf, Accipe Germanam pingentia carmina terram. Stadt- und Landesbeschreibungen des Mittelalters und der Renaissance als Quellen der Sozialgeschichte, AKG 65, 1983, S. 89–116

Vor- und Frühformen der europäischen Stadt im Mittelalter, hg. Herbert Jankuhn, Walter Schlesinger und Heiko Steuer, 2 Bde. (Abhh. Göttingen, phil.-hist. Kl. 3,83/84) Göttingen 1973/74

VI.2. *Topographie der Stadt*

Enrico Guidoni, Die europäische Stadt. Eine baugeschichtliche Studie über ihre Entstehung im Mittelalter, Stuttgart 1980 (ital. 1978)

Thomas Hall, Mittelalterliche Stadtgrundrisse. Versuch einer Übersicht der Entwicklung in Deutschland und Frankreich (Antikvarist arkiv 66) Stockholm 1978

Erich Herzog, Die ottonische Stadt. Die Anfänge der mittelalterlichen Stadtbaukunst in Deutschland (Frankfurter Forschungen zur Architekturgeschichte 2) Berlin 1964

Norbert Leudemann, Deutsche Bischofsstädte im Mittelalter. Zur topographischen Entwicklung der deutschen Bischofsstadt im Heiligen Römischen Reich, München 1980

Cord Meckseper, Kleine Kunstgeschichte der deutschen Stadt im Mittelalter, Darmstadt 1982

VI.3. *Bürger und Stadtbewohner*

Karl Bosl, Die Sozialstruktur der mittelalterlichen Residenz- und Fernhandelsstadt Regensburg. Die Entwicklung ihres Bürgertums vom 9.–14. Jh. (Abhh. München, phil.-hist. Kl. n. F. 63) München 1966

Gilden und Zünfte. Kaufmännische und gewerbliche Genossenschaften im frühen und hohen Mittelalter, hg. Berent Schwineköper (VuF 29) Sigmaringen 1985

Das Handwerk in vor- und frühgeschichtlicher Zeit, hg. Herbert Jankuhn, Walter Janssen, Ruth Schmidt-Wiegand und Heinrich Tiefenbach, 2 Bde. (Abhh. Göttingen, phil.-hist. Kl. 3,122) Göttingen 1981–83

Knut Schulz, Ministerialität und Bürgertum in Trier. Untersuchungen zur rechtlichen und sozialen Gliederung der Trierer Bürgerschaft vom ausgehenden 11. bis zum Ende des 14. Jh. (Rheinisches Archiv 66) Bonn 1968

Städtische Mittelschichten, hg. Erich Maschke und Jürgen Sydow (Veröffentlichungen der Kommission für geschichtliche Landeskunde in Baden-Württemberg, Reihe B, 69) Stuttgart 1972

Abbildungsnachweis

Abb. 1: Herrad von Landsberg, Hortus deliciarum (12. Jh.). Original verloren. Nach der Ausgabe von A. Straub und G. Keller (Straßburg 1879–99) hg. von Aristide D. Caratzas, New York 1977, fol. XXXbis unten (Ausschnitt).

Abb. 2: Ausschnitt aus dem Teppich von Bayeux (Ende 11. Jh.). Musée de la tapisserie de Bayeux – Bibliothèque, Bayeux.

Abb. 3: Vivianbibel (Tours 845/46). Paris, Bibl. Nat. Lat. I, fol. 423 r (Ausschnitt).

Abb. 4: Herrad von Landsberg, Hortus deliciarum (12. Jh.). Straub/Keller (vgl. Abb. 1) fol. XXXbis oben links.

Abb. 5: Sachsenspiegel, Heidelberger Bilderhandschrift (um 1330). Universitätsbibliothek Heidelberg, Cod. Palatinus Germanicus 164 (zu Ldr. III,27).

Abb. 6: Grandvalbibel (Tours um 840). London, British Museum Add. Ms. 10546, fol. 5 b (Ausschnitt).

Abb. 7: Heidelberger Liederhandschrift. Universitätsbibliothek Heidelberg, Codex Palatinus Germanicus 848, fol. LIII.

Abb. 8: Augustin, Moralia in Iob (Cîteaux, Anfang 12. Jh.). Dijon, Bibliothèque municipale ms. 170, fol. 75 v.

Abb. 9: Notker, Hymnenbuch, Titelseite (Anfang 11. Jh.). Ehemals Berlin, Staatsbibliothek theol. lat. 4°11, fol. 144 r. Foto der verlorenen Handschrift: Wolfram von den Steinen, Homo Caelestis. Das Wort der Kunst im Mittelalter, Bd. 2, Bern–München 1965, Abb. 87 a.

Abb. 10: St. Galler Klosterplan (Anfang 9. Jh.). Umzeichnung aus: HDWSG 1 (LV 0) S. 100.

Abb. 11: Codex aureus von Canterbury (nach 750). Stockholm, Königliche Bibliothek Cod. A 135, fol. 9 v.

Abb. 12: Drogo-Sakramentar (Metz 10. Jh.). Paris, Bibliothèque Nationale Ms. lat. 9428, fol. 87 v.

Abb. 13 Schematische Darstellung der zweigeteilten Grundherrschaft. Entwurf H.-W. Goetz.

Abb. 14: Stuttgarter Bilderpsalter (Saint-Germain-des-Prés um 820/30). Stuttgart, Württembergische Landesbibliothek Bibl. fol. 23, fol. 96.

Abb. 15: Herrad von Landsberg, Hortus deliciarum (12. Jh.). Straub/Keller (vgl. Abb. 1) fol. XXX.

Abb. 16: Stuttgarter Bilderpsalter (vgl. Abb. 14) fol. 146.

Abb. 17: Hrabanus Maurus, De universo (Montecassino, um 1023). Foto: Epperlein, Der Bauer im Bild (LV IV.3) Abb. 4.

Abb. 18: Astronomische Sammelhandschrift (Salzburg, Anfang 9. Jh.). Wien, Österreichische Nationalbibliothek Cod. 387, fol. 90 v.

Abb. 19: Sachsenspiegel, Heidelberger Bilderhandschrift (vgl. Abb. 5, zu Ldr. II 58 §2).

Abb. 20: Evangeliar Heinrichs des Löwen (um 1188). Wolfenbüttel, Herzog August Bibliothek Cod. Guelf. 105 Noviss. 2, fol. 171 v.

Abb. 21: Wartburg, Grundriß. Umzeichnung aus: Hotz, Pfalzen (LV V.2) Z 131, S. 240.

Abb. 22: Wartburg, Palaswand. Foto aus: ebda. T 141.

Abb. 23: Otto von Freising, Chronik (12. Jh.), Codex Jenensis Bose q. 6, fol. 91 b. Foto aus: FS 16 (vgl. Anm. III/25) Taf. 14.

Abb. 24: Hrabanus Maurus-Handschrift (Montecassino 11. Jh.). Florenz, Scala. Foto: Martin Erbstösser, Die Kreuzzüge, Eine Kulturgeschichte, Leipzig 1976, Abb. 40.

Abb. 25: Petrus Lombardus, Psalmenkommentar (Ende 12. Jh.). Bamberg, Staatliche Bibliothek Cod. Bibl. 59, fol. 2 (Ausschnitt).

Abb. 26: Vivianbibel (vgl. Abb. 3) fol. 215.

Abb. 27: Herrad von Landsberg, Hortus deliciarum (12. Jh.). Straub/Keller (vgl. Abb. 1) fol. LV (Ausschnitt).

Abb. 28: Tricktracksteine (11./12. Jh.). Paris, Louvre. Foto aus: Le Goff, Kultur (LV 0) Abb. 167.

Abb. 29: Trier um 1100. Aus: Hall (LV VI.2) Abb. 7b, S. 48.

Abb. 30: Speyer um 1100. Aus: Hall (LV VI.2) Abb. 29 a, S. 96.

Abb. 31: Stadtsiegel von Lübeck (Mitte 13. Jh.). Lübeck, Archiv der Hansestadt, Inv.-Nr. A I, 1.

Abb. 32: Paderborn im hohen und späten Mittelalter. Aus: Hall (LV VI.2) Abb. 16 A/B, S. 74/75.

Abb. 33: Epistolar (Trier, Ende 10. Jh.). Berlin, Staatsbibliothek Ms. theol. lat. fol. 34, fol. 15 v.

Abb. 34: Münstereifel, Romanisches Haus (12. Jh.). Foto: Meckseper (LV VI.2) T 44.

Register

Das Register enthält die wichtigsten Sachbegriffe sowie Namen mittelalterlicher Geschichtsschreiber, sonstige Namen nur, soweit sie für die herangezogenen Beispiele von Bedeutung sind. Abkürzungen: A. = Abt, B. = Bischof, dt. = deutsch, Eb. = Erzbischof, Gem. = Gemahlin, Gf. = Graf, H. = Herzog, K. = König, Kl. = Kloster, Mgf. = Markgraf, P. = Papst, T. = Tochter

Abaelard (Petrus Abaelardus, 1079–1142) 197
Abgaben (Bäuerliche Abgaben) 123ff., 129f., 152, 159ff., 233f.
Abt 66, 70, 82ff., 88, 90, 93, 96ff., 108, 112f.
Abtwahl 84f., 96f.
Ackerbau, Ackerland, Anbaufrüchte 26, 29f., 133f., 137, 147ff., 158f., 161ff.
Adalbert (Eb. v. Bremen, 1043–1072) 197
Adam v. Bremen 260, 277
Adel 37, 39, 45f., 63, 69, 75, 81ff., 84f., 95ff., 113, 117, 122, 166, 172ff., 178f., 184, 190, 233, 237, 240ff.
Adelheid (Gem. Ottos I., †999) 53
Adolf II. v. Schauenburg (Gf. v. Holstein, 1130–1164) 212
Agnes (Gem. Heinrichs III., †1077) 53, 260
Aldrich (B. v. Le Mans, †857) 91
Allmende 130, 134
Alltag, Alltagsgeschichte (Methode) 5ff., 13ff.
Alter 28f.
Andreas Cappellanus 57f.
Annappes (Königshof) 119, 162
Anno II. (Eb. v. Köln, 1056–1075) 71, 217
Ansegis (A. v. Fontanelle, 823–833) 98
Anselm (B. v. Havelberg 1129–1155/58) 73
Arbeit, Arbeitsgeräte 106f., 139, 147ff., 189f., 237, 241
Arme, Armut, Armenfürsorge 27, 66, 71, 80f., 91, 98, 107, 229
Artus (K. der Briten) 170
Augustinus 66

Bad 28, 90, 110, 191, 229, 238
Basilius v. Cäsarea (†379) 66
Bauern 20, 24, 63, 113f., 115–164, 240ff.
Bauernaufstände 124ff., 163
Beatrix (Gem. Friedrich Barbarossas, †1184) 61
Benedikt v. Aniane (†821) 68, 89, 108, 111
Benedikt v. Nursia (†547/560) 66, 68, 72, 101
Benediktregel 68, 81, 92f., 96ff., 101, 103, 105ff., 110ff.
Benno II. (B. v. Osnabrück, 1068–1088) 37, 122
Bernhard v. Clairvaux (†1153) 72f.
Bertha (Gem. Heinrichs IV., †1087) 48
Besitz 110, 146, 161, 232, 235
Bevölkerung 20f., 115, 163, 230f.
Bildung 63, 65, 67, 77f., 98, 171f., 233
Bonifatius (B. v. Mainz, 722–754) 68, 76
Bonizo v. Sutri 259
Brauchtum 33, 163f.
Bruderschaft 17, 217, 234f.
Brun (Eb. v. Köln, 953–965) 169, 191f.
Brunichild (Gem. Sigiberts I., †613) 53
Brunnen 175f., 222, 239
Bürgertum 201f., 216ff., 220, 231ff., 236ff., 240ff.
Burchard (B. v. Worms, 1000–1025, Hofrecht) 60, 125, 215, 258

Burgen 39, 167, 170, 172ff., 197, 204, 208, 220, 226, 243f.
Bußbücher 44f., 59

Cäsarius v. Heisterbach 92, 106, 111
Capitulare de villis 120, 123f., 155
Charibert I. (K. d. Franken, 561–567) 46f.
Childebert II. (K. d. Franken 575–596) 45
Chlodwig (K. d. Franken, 482–511) 37, 51
Chorgebet 105ff., 112
Chrétien de Troyes 55
Chrodechilde (Gem. Chlodwigs, †544) 51
Cluny, Cluniazenser 69ff., 91, 95, 107, 109ff., 113
Columban (†615) 68
Coniuratio 125f., 212, 217f., 231f., 246
Consuetudines (Klostergewohnheiten) 68f., 107ff., 245

Dhuoda (Gem. Gf. Bernhards v. Septimanien) 38
Domesday Book 20
Dorf 21, 118, 131ff., 137f., 152, 155, 163, 174, 216f., 242ff.
Dreifelderwirtschaft 133, 150ff.

Ehe, Eheschließung 28, 34f., 39ff., 59
Eigenkloster, Eigenkirche 81ff., 96f., 124, 136, 146
Einhard 23, 39, 191, 193, 255, 267, 277
Ekkehard (Mgf. v. Meißen, 985–1002) 42
Ekkehard v. St. Gallen 86ff., 97, 104, 108, 110f., 127, 265, 267
Erbe, Erbrecht 35, 41, 125, 131
«Erec und Enîte» → Hartmann v. Aue
Erziehung → Bildung
Essen und Trinken 29ff., 86, 94, 98, 101, 104, 107ff., 112, 163f., 188, 191ff.

Familie 18, 28, 34–64, 66, 95, 100, 122f., 129, 131f., 147, 163, 166, 237
Fest, Festtage 31, 33f., 86, 108, 163f., 175, 180, 193ff., 198, 238
Flur → Ackerland
Flurumgang 140
Flurzwang 152
Frau 28, 33, 35ff., 39ff., 43ff., 46ff., 49ff., 55, 62f., 81f., 104, 131f., 143, 150, 156f., 171, 186, 190f., 232, 237f.
Freiheit 216ff., 231, 245 → Stände
Friedrich I. Barbarossa (dt. K., 1152–1190) 61, 198
Friedrich II. (dt. K., 1212–1250) 61, 199
Friedrich II. (H. v. Schwaben, 1105–1147) 103, 173, 203
Friedrich v. Hausen 170
Friemersheim (Villikation) 119, 124, 147f., 150, 157, 159, 163
Frondienste 123f., 129f., 136, 144f., 157f.
Fürsten 19, 166ff., 200, 242
Fulcher v. Chartres 276
Fulda (Kl.) 68, 77, 84, 94ff., 97, 100, 207

Gasthäuser, Gastung 24, 81, 85f., 90, 93, 229, 238
Gebet, Gebetsgedenken 38, 76, 80f., 85, 99f., 113
Geburt, Geburtstag 61f., 164
Geld, Geldwirtschaft 121, 159, 238
Gemeinde → Dorf, Stadt
Gemeinschaft, Gemeinschaftsleben 17, 29, 66, 90, 101ff., 222, 231, 244
Gerald (Gf. v. Aurillac, †909) 157, 184
Gerard (A. v. Brogne, †959) 69
Gericht → Recht
Geschirr 31
Gesellschaft, Gesellschaftstheorie 17, 138, 178f., 231ff.
Gilbert v. Hoyland 260
Gilden 17, 216, 232, 234
Gisela (Gem. Konrads II., †1043) 53
Gottesfriedensbewegung 184f., 217
Gottfried V. (Gf. v. Anjou, 1129–1151) 179ff.
Grangien 72
Gregor I. (P., 590–604) 68
Gregor v. Tours 36, 44, 46, 258f.
Grimald (A. v. St. Gallen, 841–872) 87

Grundherrschaft 18f., 34f., 83, 115–164, 173, 178, 215, 244

Hadrian II. (P., 867–872) 47
Handwerk, Handwerker 91, 145f., 203, 211, 219, 225, 228f., 233ff., 237f., 241
Hartmann v. Aue 55, 57, 127, 141, 171, 180f., 185, 189
Haus, Haushalt, Hausherrschaft 34ff., 39, 52f., 117, 128f., 137, 210, 212, 223, 225, 227ff., 235, 237f.
Heer, Heeresdienst 20, 83, 86f., 138, 154f., 159, 173ff., 177ff., 181ff., 197
Heiligenkult → Reliquien
Heinrich II. (dt. K., 1002–1024) 48, 70, 207
Heinrich IV. (dt. K., 1056–1106) 21, 48, 53, 97, 217, 260
Heinrich d. Löwe (H. v. Sachsen u. Bayern, 1142/1156–1180) 167f., 170, 212, 214f.
Heinrich v. Veldeke 170, 198
Heirat → Ehe
Hermann I. (Landgraf v. Thüringen, 1190–1217) 168
Herrad v. Landsberg 52
Herrschaft 35, 117, 122ff., 173, 213ff., 220, 231, 242f.
Hildegard (Gem. Karls d. Gr., †783) 61
Hildegard v. Bingen 52, 61
Hinkmar v. Reims 260
Höfische Literatur 52, 55ff., 169ff., 184ff., 192f.
Hörige, Hörigenverband 19, 34, 117, 121ff., 133, 143ff., 233f., 242
Hof (Königshof, Fürstenhof) 22f., 38, 53, 87, 165–200
Hofrecht 124f.
Honorius Augustudunensis 139, 197, 253
Hrabanus Maurus (Eb. v. Mainz, 847–856) 27, 126
Hrotsvith v. Gandersheim 52
Hufe 119, 127, 129ff., 144f., 150, 158ff., 162f., 269
Hugo (K. v. Italien, 926–947) 60
Hugo v. St. Viktor 51, 259f.
Hunger, Hungersnöte 26f.
Hygiene 28, 52, 110, 191

Immunität 84, 124, 214, 222
Irmgard (Äbtissin v. Herford) 127
Irmingard (Gem. Ottos v. Hammerstein, †1042) 48
Isidor v. Sevilla 50, 78
«Iwein» → Hartmann v. Aue

Jagd 154f., 190, 199
Jean de Marmoutier 169
Johannes v. Salisbury 180, 184
Jonas v. Orléans 46, 261
Juden 225, 231f.
Judith (Gem. Ludwigs d. Fr., †843) 41

Kamaldulenser 71
Karl d. Große (K. der Franken, 768–814) 25, 27f., 32f., 37, 61, 63, 77, 84, 87, 94, 115, 120f., 141, 157f., 169f., 187, 191ff., 196
Karl d. Kahle (K. d. Westfranken, 840–877) 41, 48, 87, 208
Karl III. (K. der Franken, 876–887) 41
Karlmann (Hausmeier, †754) 82
Kartäuser 71
Kaufleute 17, 146, 201, 203, 215, 229, 232f., 237
Kinder 28, 37, 39, 44, 47, 54, 61ff., 83, 86, 92, 110, 131f., 145, 179, 235
Kirche 21, 25, 34, 43ff., 46ff., 75, 82, 90, 98f., 136, 166, 174f., 183f., 187, 205ff., 220, 222, 226f.
Klausur (claustrum) 88ff., 93
Kleidung 31ff., 69, 98, 101, 110ff., 113, 138f., 157, 163, 181, 192f.
Klerus 34, 36, 41, 43ff., 49, 51, 59, 63f., 67, 77, 88, 141f., 146, 170, 178, 188, 193f., 214f., 231f.
Kloster 18, 27, 31, 36, 65–114, 207f., 220, 240ff.
Klosterämter 98f., 107
Kolonen 116, 143f.
Kolonisation 22, 163
Konrad I. (dt. K., 911–918) 85f., 110
Konrad II. (dt. K., 1024–1039) 48, 53, 145

Konversen 69, 72, 91
Krankheiten, Krankenpflege 26 ff., 80 f., 90 f., 98, 107
Kreuzzüge 184
Küche → Essen u. Trinken

Lampert v. Hersfeld 21, 48, 71, 94, 97, 203, 252, 262, 265 f., 280
Landflucht 126, 210 f., 216
Lebenserwartung 28 f.
Lérins (Kl.) 67
Liebe 44, 54 ff., 63, 171, 186
Liudger (B. v. Münster, 805–809) 62, 75, 157
Liudolf (H. v. Sachsen, †866) 82
Liudprand v. Cremona 60, 194, 261
Liutbirg (Nonne, †876/882) 50
Liuthar (Gf. d. Nordmark, 985–1003) 42
Lorscher Urbar 160
Lothar II. (K., 855–869) 47 f., 87
Ludwig d. Fromme (K. d. Franken, 814–840) 20, 41, 84, 94
Ludwig d. Deutsche (K. d. Ostfranken, 840–876) 41, 48, 87, 136

Mäzenatentum 169 f.
Mahlzeiten → Essen u. Trinken
Markgenossenschaften 134
Markt, Marktrecht 115, 121, 132, 136, 141 f., 159, 203, 207 ff., 212, 214 f., 220, 222, 224, 229, 234, 238, 278
Marozia (T. Theophylakts, †n. 932) 60 f.
Martin (B. v. Tours, †ca. 400) 67
Mauer, Mauerbau 203, 205, 222 ff.
Medizin 27, 52, 238
Meier 118, 120 f., 127, 135, 145 f., 212, 215, 229, 241
«Meier Helmbrecht» 140 ff., 190 f., 258, 272
Mendikantenorden 73 f.
Ministerialen 145 f., 167, 177, 179, 215, 226, 229, 233, 237
Mission 77, 84
Möbel 129, 175
Mönchtum 18, 22, 34, 65–114, 240 ff.
Monatsbilder 115, 152, 155 f.
Monte Cassino (Kl.) 67, 82
«Moritz v. Craûn» 58, 187
Mühlen 150, 159, 229
Musik 163, 191, 193 ff., 255

Nachbarschaft, Nachbarschaftsverband 135, 231, 237
Nahrungsmittel → Essen u. Trinken
Name, Namengebung 37 ff., 133, 173 f.
Neidhart v. Reuenthal 141
Nibelungenlied 196 f.
Nikolaus I. (P., 858–867) 47
Notker v. St. Gallen 27, 32 f., 104, 107, 192 f., 196, 254 f., 266

Oda (Gem. H. Liudolfs, †913) 82
Odo (A. v. Cluny, 927–942) 101, 184
Otto I. (dt. K., 936–973) 97, 169
Otto III. (dt. K., 983–1002) 53
Otto v. Freising 73, 80, 101, 104 f., 108, 203, 275
Otto (Gf. v. Hammerstein, †1036) 48
Ordericus Vitalis 78, 106, 264
Pachomius (†347) 66
Pacht, Pachtsysteme 121
Patriziat 219, 233
Paulus (Apostel) 44, 51
Peregrinatio 67 f.
Peter v. Blois 188
Petrus Damiani 48, 262
Petrus Lombardus 51, 260
Petrus Venerabilis (A. v. Cluny, 1122–1156) 73
Pfahlbürger 236
Pfalzen 83, 86, 165 ff., 220
Pfarrei 136, 216
Pflüge 148
Pippin I. (K. d. Franken, 751–768) 37 f., 45 f., 74, 82, 84, 208, 258
Pirmin (†753) 76
Prekarie 83, 143
Priester → Klerus
Prüm (Grundherrschaft) 120, 131, 136, 145, 150, 153, 158, 160

Radegunde (Gem. Chlothars I., †587) 52

Räuber 23
Rahewin 176f.
Rat, Ratsverfassung 219, 238
Rathaus 222, 228f.
Recht, Gericht, Gerichtsbarkeit 36, 84, 122ff.
Rechtsstand → Stände
Reisen 23f., 88f., 136, 194, 200
Regino v. Prüm 43, 47, 59, 139, 258f., 261, 264, 273
Religion, Religiosität 29, 52, 66ff., 76, 82, 101ff., 139f., 157f., 216ff., 226, 235, 241, 246
Reliquien, Reliquienkult 27, 80, 82, 140, 208
Richer v. Reims 23, 78, 239, 253, 265, 267
Rittertum 36, 138, 164f., 170ff., 177ff., 189f., 197f., 200, 240ff.
Ritterweihe 179f.
Rodulf (A. v. St. Remi, 969–983) 89, 111
«Ruodlieb» 28, 58f., 181ff., 185ff.
Rupert v. Deutz 54

Saint-Germain-des-Prés (Polyptychon) 20, 62, 94, 120, 130f., 134, 136, 143, 145, 153, 158f., 252, 257, 270
Salhof, Salland 118ff., 135, 144, 158ff.
Salomo III. (B. v. Konstanz, 890–919) 86ff.
Schachspiel 171, 200
Schlaf 105f.
Schöffen 216, 219
Schulen → Bildung
Schultheiß → Meier
Servitium regis 85f., 214
Sexualität 44, 58ff.
Siedlung, Siedlungsraum 21f., 75, 203 → Burg, Dorf, Stadt
Siegel 83, 218
Sippe 34f., 36ff., 41, 46
Skriptorium 78, 90
Sozialfürsorge → Armenfürsorge
Spiele 199f.
Spielleute 171, 194ff., 198
Stadt 19, 115, 201–239, 240ff.
Stadtrecht 216
Stände 17, 38, 130f., 138f., 141, 143f., 178f., 231
Staffelsee (Urbar) 119
Stapelrecht 229
Stephen Harding (A. v. Citeaux, 1108–1133) 72
St. Gallen (Kl.) 74f., 83ff., 87ff., 95, 104, 108ff., 144
St. Galler Klosterplan 89ff., 110
Straßen 23f., 205, 225, 228, 238

Territorialstaaten 167f., 172, 189f., 212f., 215
Thegan 277
Theophanu (Gem. Ottos II., †991) 53
Thietberga (Gem. Lothars II., †n. 869) 47f.
Thietmar v. Merseburg 42, 70, 258, 262
Turnier 175, 180, 187, 190f., 197f.

Udalrich (B. v. Augsburg, 923–973) 28, 194
Udalrich (Gf. v. Linzgau, 885–909) 76, 83
«Unibos» 141f.
Unterschichten 39, 132, 144ff., 235ff.
Urban II. (P., 1088–1099) 183
Urbare 20, 116, 147, 152f.

Vieh, Viehzucht 26f., 30f., 91, 119, 137, 148, 153f., 157, 159f., 236
Villicus → Meier
Villikation 120f.
Vita communis → Gemeinschaftsleben
Vogt, Vogtei 54, 84, 124, 127f., 141f., 159, 212, 214f.

Wachszinsige 143
Wald 21f., 119f., 158f., 199
Waldrada (Gem. Lothars II.) 47f.
Walter Map 188
Weinbau 152, 155, 157
Wetter 25ff., 140, 159
Widerad (A. v. Fulda, 1059–1075) 85, 93
Wik 209

Wilhelm I. (H. v. Aquitanien, 890–918) 57, 69 f.
Wilhelm IX. (H. v. Aquitanien, 1086–1127) 197
Wilhelm v. Conches 61
Wilhelm v. Malmesbury 260
Wüstungen 22, 134
Wunder 27, 80, 92

Zehnt (Kirchenzehnt) 124, 136, 160
Zeit, Zeitablauf, Zeitmessung 24 f.
Zentralität 203
Zisterzienser 22, 71 ff., 95, 106, 110, 111
Zünfte 17, 219, 234 f., 238